高校青年教师
教学策略与方法

主　编◎王远均

副主编◎魏　华　李　颖

西南财经大学出版社

中国·成都

图书在版编目(CIP)数据

高校青年教师教学策略与方法 / 王远均主编;魏华,李颖副主编.--成都:西南财经大学出版社,2025.6.
ISBN 978-7-5504-6765-1

Ⅰ.G645.12

中国国家版本馆 CIP 数据核字第 2025QL7271 号

高校青年教师教学策略与方法

GAOXIAO QINGNIAN JIAOSHI JIAOXUE CELÜE YU FANGFA

主　编　王远均

副主编　魏　华　李　颖

责任编辑:李特军
助理编辑:王晓磊
责任校对:石晓东
封面设计:墨创文化
责任印制:朱曼丽

出版发行	西南财经大学出版社(四川省成都市光华村街55号)
网　　址	http://cbs.swufe.edu.cn
电子邮件	bookcj@swufe.edu.cn
邮政编码	610074
电　　话	028-87353785
照　　排	四川胜翔数码印务设计有限公司
印　　刷	四川五洲彩印有限责任公司
成品尺寸	170 mm×240 mm
印　　张	21.75
字　　数	366 千字
版　　次	2025 年 6 月第 1 版
印　　次	2025 年 6 月第 1 次印刷
书　　号	ISBN 978-7-5504-6765-1
定　　价	88.00 元

编委会

前　言

　　强国必先强教，强教必先强师。习近平总书记强调，要把加强教师队伍建设作为建设教育强国最重要的基础工作来抓，健全中国特色教师教育体系，大力培养造就一支师德高尚、业务精湛、结构合理、充满活力的高素质专业化教师队伍。中国共产党第二十届中央委员会第三次全体会议通过的《中共中央关于进一步全面深化改革　推进中国式现代化的决定》，十九届中央全面深化改革领导小组第一次会议审议通过的《全面深化新时代教师队伍建设改革的意见》和2024年8月发布的《中共中央　国务院关于弘扬教育家精神加强新时代高素质专业化教师队伍建设的意见》等从对标教育强国建设、立足教育改革发展、着眼教育未来方向出发，把加强教师队伍建设作为建设教育强国最重要的基础工作来抓，促进广大高校教师更好地参与中国式高等教育现代化进程。高校教师是培养高素质人才的保障，是铸造高质量教育体系的关键，是发挥好第一资源优势的重中之重。

　　随着智能时代的到来，党和国家对高等教育的人才培养寄予了越来越大的期望，教师在人才培养过程中的胜任力成为社会关注的焦点。全面提升高校教师育人能力，是实现我国高等教育高质量发展的重要抓手，更是促进学生全面发展的重要保障。努力培养造就一大批一流教师，不断提高教师队伍整体素质，是当前和今后一段时间我国教育事业发展的紧迫任务。然而，目前有不少高校青年教师在教学中缺乏对先进教育教学理念的深刻认识、缺乏对教学模式恰当灵活的应用以及对教学内容的巧妙设计，致使教学中不能很好地激发学生的学习兴趣，不能很好地达到教学的目标和要求，进而制约了学科专业教学质量的提高。为此，聚焦新进高校教师教书育人的第一关，练好课堂教学的基本功，对教师职业健康发展和人才培养质量提升具有重大意义。

从高校青年教师教学的实际需求出发，按照课程教学的主要流程和关键环节，本书着重从高校教师教学责任与规范、教学设计、课程教学内容、课程教学方法、课程教学模式、信息技术运用、课题关系构建、学生学业指导、教学考核评价、教学竞赛等方面进行分析介绍，系统化展示如何上好一门课的主要结构和实践要点。同时，本书从遵循教育教学规律、贴近教学一线的具体指向出发，注重课程教学的价值引领、实战实用和教学的可持续发展，精选具有指导性、操作性、借鉴性的教学内容，为广大青年教师提供可以直接参照的教学指南，针对性解决青年教师在教学实践中的具体困境，助力青年教师从教育教学新手向高手转变，走好教师职业发展之路。

参与本书撰写的教师长期从事教学发展和课程教学工作，有深厚的教育教学培训实践经验和理论功底，也了解和熟悉青年教师教学过程的难点和痛点。结合编者的学科专业特点和实践积累，本书框架、结构设计及整体统筹由王远均负责，具体统筹推进由魏华、李颖负责；第一章由马逸宁撰写，第二章由郝晓薇撰写，第三章由周利云撰写，第四章由魏华撰写，第五章由刘亚琨、杜文撰写，第六章由李颖撰写，第七章由李璐名撰写，第八章由张莉撰写，第九章由杨立撰写，第十章由刘晓晶撰写。

读万卷书，行千里路。书上的千言万语，都需要与具体的教育教学进程紧密结合。高校青年教师要在课程教学中带着观察、带着思考、带着行动，将书里的文本知识转化为有效的教学实践，做到融会贯通、运用自如，努力成为具有教育家精神的好老师。教育教学既宏大又细微，面对百花齐放的教育改革实践，本书也存在挂一漏万等不足，还请广大同仁雅正，以共同推进教师教学发展工作，助力教师教学能力提升，为教育强国建设贡献光与热。

王远均

2025 年 2 月

目　录

第一章　高校教师职业规范与发展

百年大计，教育为本。教育大计，教师为本。教师作为人类社会最古老的职业之一，随着人类社会的产生、发展应运而生。2018 年 1 月，中共中央、国务院印发《关于全面深化新时代教师队伍建设改革的意见》，将教师的作用与地位提高到前所未有的高度，明确提出"教师承担着传播知识、传播思想、传播真理的历史使命，肩负着塑造灵魂、塑造生命、塑造人的时代重任，是教育发展的第一资源，是国家富强、民族振兴、人民幸福的重要基石"①。2024 年 8 月，中共中央、国务院印发《关于弘扬教育家精神加强新时代高素质专业化教师队伍建设的意见》，再次强调"教师是立教之本、兴教之源，强国必先强教，强教必先强师"②。高校教师是高校教育教学活动的主要承担者，其数量约占我国教师总数的 11%③。高校教师既有教师职业的共性特征，也有高等教育事业赋予该职业的特殊使命和要求。本章节我们将探讨以下问题：

（1）高校教师在高等教育中扮演什么角色，承担哪些任务，其从事的劳动有什么样的特点？

（2）成为一名优秀的高校教师需要满足哪些要求？

（3）高校教师应该遵守哪些法律法规？

（4）高校教师职业发展有几个阶段？作为一名高校教师，我们应该如何促进自己的职业发展？

---

① 中华人民共和国中央人民政府. 中共中央 国务院关于全面深化新时代教师队伍建设改革的意见[EB/OL]. (2018-01-30)[2024-11-04]. https://www.gov.cn/zhengce/2018-01/31/content_5262659.htm.

② 中华人民共和国中央人民政府. 中共中央 国务院关于弘扬教育家精神加强新时代高素质专业化教师队伍建设的意见[EB/OL]. (2024-08-26)[2024-11-04]. https://www.gov.cn/zhengce/202408/content_6970677.htm.

③ 根据教育部《各级各类学校校数、教职工、专任教师情况》（2022 年）数据计算得出. http://www.moe.gov.cn/jyb_sjzl/moe_560/2022/quanguo/202401/t20240110_1099540.html.

通过对以上问题的探讨，我们将对高校教师职业有更深入的认识，也能提升教师职业胜任力，进而更好地从事教书育人工作，培养德智体美劳全面发展的社会主义建设者和接班人。

第一节　高校教师的职业角色

一、高校教师职业角色与任务

高校教师是高等教育阶段履行教育教学职责的专业人员，承担着教书育人，培养社会主义建设者和接班人、提高民族素质的使命。《中华人民共和国高等教育法》（以下简称《高等教育法》）第五条规定，"高等教育的任务是培养具有社会责任感、创新精神和实践能力的高级专门人才，发展科学技术文化，促进社会主义现代化建设。"可见，高等教育的功能定位与基础教育大不相同，高校教师角色及其任务也更加多元。一般来说，高校教师有教育者、研究者、服务者等多重身份，承担着教育教学、科学研究、社会服务等方面的工作任务。

（一）教育者与育人任务

毋庸置疑，高校教师首先是教育工作者。我国《高等教育法》第三十一条规定："高等学校应当以培养人才为中心，开展教学、科学研究和社会服务，保证教育教学质量达到国家规定的标准。"第五十二条同样也指出："高等学校的教师、管理人员和教学辅助人员及其他专业技术人员，应当以教学和培养人才为中心做好本职工作。"可以说，教育者角色是高校教师扮演的三大角色中最为核心的角色。教师通过传承、发展和创造人类科学技术文化知识，将科学知识、技能传授给学生，帮助学生身心健康发展，促进学生的专业提升和全面发展，将学生培养成为各级各类高级专门人才。因而，高校教师要承担"教书"任务，通过课堂教学，引导学生深入掌握学科专业的基础理论、基本技能和技巧，同时培养学生的智力和综合能力。除此之外，高校教师更是学生成长道路上的重要陪伴者。他们与学生接触密切，对学生的人格塑造、职业选择甚至人生规划都有着深远的影响。因此，高校教师在"育人"方面同样肩负着重大责任。正如孔子在《礼记》中所言，"师也者，教之以事而喻诸德者也"。教师不仅要传授知识，更要注重培养学生的品德。因此，高校教师理应主动承担育人之责，深入认识"培养什么人、怎样培养人、为谁培养人"这一教育的根本问题，深刻领悟"育人的根本在于立德"的真谛，全面贯彻党的教育方针，落实立德树人根本任务，培养德智体美劳全面发展的社会主义建设者和接班人。具体来说，高校教师要大力落实"时代新人铸魂工程"，充分发挥课程、科研、实践、文化、网络、心理、管理、服务、资助、组织等方面的育人功能，努力培养能够担当民族复兴大任的时代新人。

(二) 研究者与科研任务

高校教师是科学研究工作者。高校教师具备深厚的学术背景和丰富的实践经验，长期致力于某一学科领域的研究，对该领域的理论、方法和技术有着独到的见解和把握，不断推动着学科的发展和进步。正如教育家卡乐·雅思贝尔斯在其著作《什么是教育》中谈到的："最好的研究者才是最优良的教师。只有这样的研究者才能带领人们接触真正的求知过程，乃至于科学的精神。他的循循善诱，能在学生心中引发出同样的动机。只有自己从事研究的人才有东西教别人，而一般教书匠只能传授僵硬的东西。"高等教育具有极强的专业性，因此，高校教师不仅要传授人类已有的优秀文化和科学知识、专业技能，还要进行科学研究，不断创新知识、提升技能、发展文化。具体来说，高校教师要持续开展科学研究，提升自己的学术水平和创新能力，掌握科研规律和治学方法；与此同时，把研究所获得的最前沿的学术知识带到课堂，引领学生围绕学术问题进行探讨，帮助学生培养科研意识、提升科研能力。

(三) 服务者与实践任务

高校教师是社会服务工作者。教师的科研成果不仅能促进科学理论的革新完善，还能转变成相应的科学生产力，促进物质文明和精神文明的发展。作为社会服务者，高校教师肩负着重要的社会实践任务，不仅在大学校园内组织教学、参与科研，还以"学者"和"专家"的身份投身于社会活动之中，运用自己所掌握的科研成果，通过学术报告、校企合作、国际合作、创新创业、发展规划、政策论证、咨询建议等方式推进科研成果转化为社会生产力，为社会的发展和进步贡献自己的力量。在社会服务过程中，高校教师除了获得物质回报，还能收获行业影响力和社会声望，实现个人价值和社会价值的统一，从而进一步激发其投身于社会服务工作的热情。同时，教师在实践中发现的问题或现象，不仅能够成为学术研究的新方向，还可以成为教学中的宝贵案例和素材，引导学生关注学术理论向生活实践的转化。纵使服务者角色在经济价值方面会对高校教师产生巨大的吸引力，广大教师仍需牢记教育者这一核心角色以及教书育人本职工作，确保教育和服务工作协调发展。

二、高校教师的劳动特点

劳动是职业存在的基础，没有劳动就没有职业的存在。劳动特点直接反映了职业活动的过程和结果，也体现了劳动者的素质和能力。高校教师本质上是脑力劳动工作者。分析高校教师所从事劳动的特点有助于我们更全面地认识这份职业，以及把握其任职要求。高校教师的劳动特点主要表现为复杂性、创造性、示范性和不易评价性。

（一）高校教师劳动具有复杂性

高校教师的劳动属于复杂劳动。首先，高校教师的劳动对象是复杂的。高等教育阶段的学生是具有思想、情感、理性以及一定的生活经验、科学文化知识和抽象思维能力的人，他们来自不同地区、拥有不同家庭环境和不同成长背景，已形成的个性特点存在不同程度的差别。大学生一般都处在成年早期，思维的独立性、批判性较强，又同社会方方面面有广泛而复杂的联系，这就决定了高校教师的劳动复杂于中小学教师和其他职业的劳动。其次，高校教师的劳动任务是复杂的。为实现高等教育培养高级专门人才的任务，高校教师既要教书，又要注重培养学生的思想品德；既要传授科学知识，又要发展学生的专业技能；既要让学生在毕业后能够适应社会发展的需要，又要帮助学生适应现有的社会关系和社会生活方式，提升发展潜力。再次，高校教师的劳动方式是复杂的。高校人才培养工作是一个系统性工程，想要达到最佳效果，高校教师需要协调社会、学校、家庭三方面的影响，还要立足学校、专业特色，运用好课堂教学、课外辅导、科学实验、社会实践等途径开展教育，并对学生独立组织的各种学习活动、实习劳动进行恰当的指导。最后，高校教师的劳动能力要求是复杂的。高校教师不仅需要具备深厚的学科专业知识和科研能力，还要拥有出色的社会交际和群体协作能力，只有这样，高校教师才能将自己的科研成果有效地推广出去，实现产教研的完美结合，为高等教育的发展贡献自己的力量。

（二）高校教师劳动具有创造性

首先，从劳动对象上看，高校教师的劳动具有创造性。前文提到过高校教师的劳动对象——大学生是复杂且存在个体差异的。因此，高校教师在教育活动中既要遵循教育教学的一般规律和原则，又要根据学生特点因材施教，创造性地选择不同的教育教学方法。由于大学生处在成年早期，社会经验尚浅，因此教师在完成教学、科研和社会服务任务时，要运用教育智慧有目的、有计划地引导学生独立进行思维活动，充分培养学生的创新性思维、情感和意志，帮助其将所学知识转化为智力和综合能力。其次，从劳动内容上看，高校教师的劳动具有创造性。高等教育内容与社会活动紧密相连，它本身就要求不断更新和创造；同时高等教育是学生从学校走向社会的关键阶段，教师教学需要超越简单的概念和定义的传授，更多地关注学生的思路培养和方法指导。最后，从劳动方法上看，高校教师的劳动具有创造性。"教学有法、教无定法"，高等教育的课程更加丰富多元，包含理论课、社会实践课、实习实验课等多种类型，不同课程对应不同教法要求，同时不同教法也需要随着社会的发展、科技的进步等不断创新。

（三）高校教师劳动具有示范性

高校教师的劳动具有鲜明的示范性，这种示范性不仅体现在知识技能的传授上，更体现在对学生全面成长的深远影响上。高校教师不仅致力于丰富学生的阅历、发展学生的智力、提高学生的能力，更需要通过自身的言行和举止，对学生的世界观、人生观、价值观产生深远的影响。一方面，高校教师拥有渊博的学识和科学精神，不仅要传授学科知识，更要着重引导学生如何思考、如何探究，激发学生对知识的热爱和追求。这种对知识的执着和追求，将深深影响学生，使其在未来的学习和工作中始终保持对知识的渴望和探索。另一方面，高校教师的世界观、人生观和价值观对学生来说也具有强烈的示范性。教师以自己的言行践行正面积极的价值观，是学生学习和模仿的榜样。无论是课堂上的严谨治学，还是生活中的点滴细节，高校教师的每一个行为都会对学生产生潜移默化的影响，引导学生形成积极向上的人生观和世界观，更为学生的人生之路照亮前进方向，成为他们成长道路上的灯塔。

（四）高校教师劳动具有不易评价性

高校教师的劳动成果涵盖了人才培养质量和科学研究成果两方面，具有显著的不易评价性。首先，人的成长和发展是一个非线性的、持续的过程，需要经历时间的沉淀和经验的积累。因此，高校教师在帮助学生发展的过程中，所付出的努力往往呈现出"十年树木，百年树人"的长期性特点。这种长期性不仅体现在学生在校期间的学业发展上，更延伸到他们毕业后的职业发展和社会适应中。由于这种长期性和持续性的存在，所以高校教师的劳动成果难以在短时间内得到准确、全面的评价。其次，学生在校期间的成长进步是一个多维度、复杂的过程，很难用单一的量化指标来衡量。除了学业成绩，学生的创新能力、批判性思维、团队协作能力等非学术能力的发展同样重要，但这些能力往往难以通过量化手段来评估。此外，科研成果的效用和影响力同样具有长期性和滞后性。一项科研成果可能在短时间内无法直接转化为生产力或产生显著的社会效益，但其对学科发展的理论贡献和潜在价值却可能在未来得到体现。

第二节　高校教师的职业要求

教师重要，就在于教师的工作是塑造灵魂、塑造生命、塑造人的工作。长期以来，党和国家高度重视教育事业，不断致力于培养造就一支师德高尚、业务精湛、结构合理、充满活力的高素质专业化教师队伍。习近平总书记对教师队伍建设有非常丰富的论述，先后在讲话中提出了"四有好老师""四个引路人""四个相统一"、大力"弘扬教育家精神"等重要内容，这些内容明确提出了优秀教师的基本要求与条件，成为了每一位教师的理想和追求。高校教师作为高等教育培养高素质人才的关键力量，更应该对标上述要求，培养出更多德智体美劳全面发展的社会主义建设者和接班人。

一、争当"四有好老师"

好老师没有统一的模式，他们各有千秋、各显身手，但也有一些共同的、必不可少的特质。2014 年 9 月，习近平总书记在同北京师范大学师生代表座谈时说"怎样才能成为好老师呢?"这一问题作出了回答，提出了"四有好老师"标准，即"第一，做好老师，要有理想信念。第二，做好老师，要有道德情操。第三，做好老师，要有扎实学识。第四，做好老师，要有仁爱之心"①。

具体来说，理想信念是好老师的行动导引，道德情操是好老师的核心品质，扎实学识是好老师的专业素质，仁爱之心是好老师的人格力量，四者有机统一。首先，高校教师要有坚定的理想信念，坚守中国特色社会主义信念，忠诚于党和人民的教育事业。习近平总书记深刻指出："正确理想信念是教书育人、播种未来的指路明灯。不能想象一个没有正确理想信念的人能够成为好老师"。教师的言行举止深受理想信念影响，教师坚定正确理想信念，才能培育出同样有正确理想信念的学生。具体而言，高校教师应坚持高等教育服务于人民、服务于中国特色社会主义、服务于改革开放和社会主义现代化建设的原则，自觉将习近平新时代中国特色社会主义思想作为行动指南，深化对中国特色社会主义的理解和认同，坚守远大理想和共同理想，坚定不移地增强对中国特色社会主义的道路自信、理论自信、制度自信、文化自信。同时，高校教师应坚持"教育者先受教育""传道者自己首先要明道、信道"原则，既要在学术上"授业""解惑"，更要将"传道"作为首要职责，努力做学生为学、为事、为人的示范，成为"大先生"。其次，高校教师要有高尚的道德情操。教师的职业特性决定了他们必须是道德高尚的楷模。对于高校教师而言，高尚的职业道德更是不可或缺的品质。真正的教育不仅发生在课堂上，还发生在师生交流的任何一个时刻，有德之师，方能以优良品德和高尚人格影响学生，引导青少年扣好人生第一粒扣子。教师的道德示范，是学生学习和成长的宝贵财富。教师的道德情操，彰显榜样的力量，体现生命对生命的灌溉、精神对精神的濡染，就像德国哲学家雅思贝尔斯所说的，"教育就是一棵树摇动另一棵树，一朵云推动另一朵云，一个灵魂唤醒另一个灵魂"。再次，高校教师要有扎实的学识。这不仅是教师的基本素质，也是教师传授知识的根本保障。高校教师不仅要具备系统的学科知识、过硬的教学能力和科学的教学方法，还要持续学习，不断更新知识库，成为学生的智慧引路人。在信息社会，教师在拥有扎实学识的同时，更应该拥有传播知识的能力，在对学生"授之以鱼"的过程中实现"授之以渔"的目标。最后，高校教师要怀仁爱之心。仁者爱人。因爱人，而互爱，教育从而拥有了生命的温度。具体而言，高校教师应关爱学生，尊重其个性与选择，平等对待每一

① 习近平：做党和人民满意的好老师——同北京师范大学师生代表座谈时的讲话［EB/OL］.（2014-09-10）［2024-11-05］.https://www.gov.cn/xinwen/2014/09/10/content_2747765.htm.

位学生，用宽容和理解之心对待学生的失误，用赏识的眼光看待学生的成长。在教育过程中，教师要用耐心、真心感染学生，成为他们成长道路上的仁师。虽然高校教师无法成为经济上的大富翁，拥有丰富的物质财富，但"得天下英才而教育之""桃李满天下"的幸福感何尝不是一种金钱都无法衡量的满足呢？

"四有好老师"标准是对高校教师职业的全面要求，其中理想信念是核心，道德情操是基础，扎实学识是保障，仁爱之心是关键。黄大年、李保国等高等教育系统中的优秀教师，正是新时代高校"四有好老师"的典范，他们用自己的行动践行了教育者的初心与使命。广大高校教师应以他们为榜样，争当"四有好老师"，成为培养时代新人的楷模，为实现中华民族伟大复兴贡献力量。

二、做好"四个引路人"

2016年9月，习近平总书记在北京市八一学校考察时强调："广大教师要做学生锤炼品格的引路人，做学生学习知识的引路人，做学生创新思维的引路人，做学生奉献祖国的引路人。"[①]"四个引路人"论述从锤炼品格、学习知识、创新思维、奉献祖国四个方面为高校教师如何引领学生成长指明了方向。高校教师成为"四个引路人"是实现立德树人的重要手段。育有德之人，需成为有德之师。

第一，高校教师要成为锤炼学生品格的引路人。高校教师要通过言传身教，熏陶和训练学生，培养他们积极上进、敢于拼搏、勇于奋斗、脚踏实地、自强不息的品格，并使之贯穿他们学习和生活始终。第二，高校教师要成为学生学习知识的引路人。高校教师不仅要传授科学文化知识，更要激发学生的学习兴趣，挖掘和发挥学生的学习潜能，教授他们学习的方法与技巧，帮助他们实现从被动学习到主动学习的转变，进而提升他们自主学习和终身学习的能力。第三，高校教师要成为学生创新思维的引路人。在信息化时代，高校教师应将创新思维的培育融入教育教学全过程，转变教学观念，引导学生独立思考、分析和解决问题，锻炼他们的创新思维和批判性思维，同时利用线上教学资源，拓宽学生创新思维的训练空间

---

① 习近平在北京市八一学校考察时强调 全面贯彻落实党的教育方针 努力把我国基础教育越办越好[EB/OL].(2016-09-19)[2024-11-05].https://www.gov.cn/guowuyuan/2016-09/09/content_5107047.htm.

与领域。第四，高校教师要成为学生奉献祖国的引路人。高校教师应注重爱国主义教育，引导学生树立正确的世界观、人生观、价值观，将个人理想融入社会整体发展与国家民族大业之中，积极投身于爱国实践，努力成为社会主义事业的建设者和接班人。

三、坚持"四个相统一"

2016年12月，在全国高校思想政治工作会议上，习近平总书记强调加强师德师风建设要坚持"四个相统一"，即"坚持教书和育人相统一，坚持言传和身教相统一，坚持潜心问道和关注社会相统一，坚持学术自由和学术规范相统一，引导广大教师以德立身、以德立学、以德施教"①。"四个相统一"立足高等教育立德树人根本任务，既对高校教师提出了职业要求，又给高校教师提供了涵养高尚师德的方法路径。

第一，高校教师要坚持教书与育人的和谐统一。教书和育人是高校教师核心的职责使命。高校教师不仅要致力于提高教学水平，严谨治学，更要将德育放在教育的核心位置，在教学过程中融入德育教育，扮演好教育者角色，实现教书与育人的双重目标。第二，高校教师要坚持言传与身教的统一。高校教师应以身作则，通过自身的言行来影响和感染学生。教师的每一个举动都应是言传身教的典范，以高尚的人格魅力在潜移默化中引导学生。第三，高校教师要坚持潜心问道与关注社会相统一，在追求学术研究的同时，还需关注社会的变化和需求，将个人的学术追求与社会价值相结合，实现个人价值与社会价值的和谐统一。第四，高校教师要坚持学术自由与学术规范的统一。学术自由与学术规范的统一是高校学术活动的基石。学术自由并非无边界的自由，而是在遵守学术规范的前提下的自由。高校教师应秉持实事求是的态度，坚守学术道德，杜绝学术不端行为，以严谨规范的学术态度推动学术研究的健康发展。

四、弘扬和传承中国特有的教育家精神

2023年9月，习近平总书记在给全国优秀教师代表座谈会与会教师致信中，鲜明地指出了中国特有的教育家精神的深刻内涵，突出强调新征程

---

① 习近平在全国高校思想政治工作会议上强调 把思想政治工作贯穿教育教学全过程 开创我国高等教育事业发展新局面[EB/OL].（2016-12-08）[2024-11-05].https://news.12371.cn/2016/12/08/ARTI1481194922295483.shtml.

上，广大教师要大力弘扬教育家精神，为强国建设、民族复兴伟业作出新的更大贡献。中国特有的教育家精神内涵丰富，体现了一代又一代教育者在长期育人实践中所凝结形成的崇高价值理念、精神特质和师者风范，建构了新时代教师在建设教育强国新征程上所肩负的时代使命与应当追求的精神品格的高标准要求。

习近平总书记关于中国特有的教育家精神的论述从信念、道德、学识、态度、情感和境界六大维度展示了中国特有的教育家精神的丰富内涵。心有大我、赤诚报国的理想信念揭示了中国特有的教育家精神在崇高理想和精神信念方面的思想追求。言为士则、行为世范的道德情操阐明了中国特有的教育家精神在道德修养和职业操守方面的内在规定。启智润心、因材施教的育人智慧表达了中国特有的教育家精神在学识水平和教育艺术方面的根本要求。勤学笃行、求是创新的躬耕态度表现了中国特有的教育家精神在治学态度和实践品格上的精神风貌。乐教爱生、甘于奉献的仁爱之心呈现了中国特有的教育家精神在思想情怀和心灵境界方面的情感特质。胸怀天下、以文化人的弘道追求表征了中国特有的教育家精神在视野格局和价值旨趣方面的人文境界。高校教师应以教育家为榜样，大力弘扬和传承教育家精神：一是要胸怀"国之大者"，把个人的发展与国家的前途命运紧密结合起来，坚守为党育人、为国育才的初心使命，以理想信念筑牢精神之基，厚植爱国主义情怀，坚定教育报国信念，努力在献身教育事业、建设教育强国和民族复兴的伟大实践中实现人生理想。二是要以德立身、以德施教、以德育德，以道德的光辉照耀人、温暖人、感召人，以人格的魅力陶冶人、引领人、感染人，真正担起立德树人的责任，成为"大先生"，做学生为学、为事、为人的示范。三是要掌握科学的教育方法，运用因材施教、教学相长、学思结合等中华优秀传统文化蕴含的教育教学智慧，因事而化、因时而进、因势而新，以春风化雨、浸润人心的方式引领学生实现精神成长和全面发展。四是要树立终身学习的理念，耐得住"诱惑"，坐得住"冷板凳"，潜心向学、持续精进、不断成长，坚持不懈地践行所学，将理论与实践密切结合，做到"知行合一"。五是要以"捧着一颗心来，不带半根草去"的奉献精神对待教育事业，关爱学生、了解学生，尊重学生的个性差异，平等对待每个学生。六是要以天下为己任，以弘道为追求，不拘泥于学校的一方天地，成为先进文化的传承者和人类文明的守护者。

中国特有的教育家精神，内在规定着与教育强国建设和民族复兴伟业相称的师者信念、品格、态度和境界。它既是中国教育实践的思想结晶和精神升华，更是新时代教师力行致远的内在动力，它为新时代新征程强师报国注入了精神支撑，提供了精神指引。广大高校教师应大力弘扬和传承教育家精神，将其转化为思想自觉、行动自觉，践行教师群体共同价值追求。

第三节　高校教师的职业规范

一、高校教师的法律规范

《中华人民共和国教育法》（以下简称《教育法》）、《中华人民共和国高等教育法》（以下简称《高等教育法》）、《中华人民共和国教师法》（以下简称《教师法》）等法律为高校教师职业发展提供了法律保障，确保教师能够在合法的框架内履行职责。教师的权利和义务是该框架的主要内容。我国《教师法》第七条规定了教师享有的六项权利，第八条规定了教师应履行六项义务。高校教师应充分了解《教师法》有关教师权利与义务的内容，严格以法律规范要求自己，正确行使法律赋予的权利，认真履行法律要求的义务，进一步推动我国高等教育事业的高质量发展。

（一）高校教师的权利

教师权利包含两个方面，一是教师作为公民享有的《中华人民共和国宪法》（简称《宪法》）中规定的公民基本权利，二是《教育法》《教师法》中规定的教师作为专业人员的特定权利。我国《教师法》第七条规定教师享有以下权利。

（一）进行教育教学活动，开展教育教学改革和实验；
（二）从事科学研究、学术交流，参加专业的学术团体，在学术活动中充分发表意见；
（三）指导学生的学习和发展，评定学生的品行和学业成绩；
（四）按时获取工资报酬，享受国家规定的福利待遇以及寒暑假期的带薪休假；
（五）对学校教育教学、管理工作和教育行政部门的工作提出意见和建议，通过教职工代表大会或者其他形式，参与学校的民主管理；
（六）参加进修或者其他方式的培训。

根据我国《高等教育法》，高校教师与其他阶段教师在法律层面上的权利没有太多区别。但由于高校教师具有更多元的角色属性，从事更复杂的劳动，高校教师的权利也具有一定的特殊性，具体可以归纳为以下六项权利。

1. 教育教学权

高校教师拥有根据教学内容和学生特性，对教学活动进行科学规划和灵活调整的权利。相较于中小学教师，高校教师在教育教学自主权上享有更广的范畴，其包括但不限于教材的选编、教学内容的确定、学生创新能力和实践能力的培养以及考查方法的制定等。但高校教师的教育教学权并非无边界，教师的教学内容、学术观点必须符合《宪法》和法律的规定，遵循党和国家的教育方针，杜绝传播任何有害于学生成长发展的思想，确保一切教学活动不损害学生的健康成长。

2. 学术研究权

我国《宪法》第四十七条规定了公民有进行科学研究的自由。《高等教育法》进一步保障了高校教师从事科研活动的权利。高校教师有权将教育教学中的实践经验和专业研究成果撰写成学术论文或著作，以推动学术创新和发展；拥有在学术研究中发表个人观点、参与学术争鸣的自由；有权加入合法学术团体开展学术交流。但学术研究权也并非无边界，该权利的行使必须遵循法律法规，不得损害国家、社会、集体的利益，同时也不得侵犯其他公民的合法权益和自由。

3. 学生管理权

高校教师之于学生既要教育，也要管理，拥有学生管理权。高校教师的学生管理权不同于中小学教师，也区别于辅导员、班主任和其他行政管理人员，它深植于教育教学的全过程。在教育教学中，高校教师可以通过评定学生的品行和学业成绩等方式管理学生，与此同时，以评促改、以评促强，把自己作为一名德育工作者参与到学生成长发展的全过程。

4. 报酬待遇权

高校教师作为社会劳动的重要参与者，有权根据其教学、科研和社会服务等劳动的数量和质量获得相应的报酬与待遇。高校教师取得报酬的形式分为三种，分别是工资、津贴和民族地区及边远贫困地区教育教学补贴。根据我国《教师法》第二十八条至第三十条相关规定，教师还享有住房、医疗保健和养老保险等其他待遇。

5. 民主管理权

高校教师拥有参与学校管理的权利。一般而言，教师可以在学校教职工大会上就学校的发展规划、改革方案、教师队伍建设等重大问题展开讨论，并提出宝贵的意见和建议。另外，教师还有权参与讨论内部管理体制改革方案、教职工奖金津贴发放办法等涉及教职工切身利益的事项。同时，教师还享有对教职工住房、医疗等集体福利事项的决策权，以及监督学校各级领导干部的权力。此外，通过学术组织，教师还可以行使学术管理的权利，为学校行政决策提供咨询，确保学术研究与学校发展相协调。

6. 培训进修权

高校教师拥有培训进修权，这既是职业所需，也是时代要求。随着高等教育内容的更新和信息化时代教育技术的广泛应用，高校教师面临着前所未有的挑战。为更好地适应以上挑战，高校教师有权通过培训进修拓宽知识视野、更新专业知识体系、掌握先进的教育科学理论等不断提升自己的教育教学能力。

（二）高校教师的义务

教师义务也包含两个方面。一是教师作为公民应承担的《宪法》所规定的基本义务。二是《教师法》里规定的教师特定义务。我国《教师法》第八条规定教师应履行的义务如下。

（一）遵守宪法、法律和职业道德，为人师表；

（二）贯彻国家的教育方针，遵守规章制度，执行学校的教学计划，履行教师聘约，完成教育教学工作任务；

（三）对学生进行宪法所确定的基本原则的教育和爱国主义、民族团结的教育，法治教育以及思想品德、文化、科学技术教育，组织、带领学生开展有益的社会活动；

（四）关心、爱护全体学生，尊重学生人格，促进学生在品德、智力、体质等方面全面发展；

（五）制止有害于学生的行为或者其他侵犯学生合法权益的行为，批评和抵制有害于学生健康成长的现象；

（六）不断提高思想政治觉悟和教育教学业务水平。

高校教师的义务同样可以归纳为六项：

1. 遵纪守法的义务

高校教师的遵纪守法义务，是宪法对公民义务的具体化，其内涵包括四个方面。一是恪守宪法。高校教师在自己的工作中，必须正确行使宪法赋予公民的权利并履行宪法规定的义务，不得有超越宪法之上的特权。二是遵守法律。这包括由全国人大颁布的法律、国务院颁布的行政法规、各部委发布的规章以及地方性法律法规等，以确保教育教学活动始终在法律框架内进行。三是坚守职业道德。这是从事教育职业所必须遵循的道德原则和行为规范。四是为人师表。教师在思想政治、工作态度、生活作风、言谈举止等方面，都应作出表率，为学生树立正面的榜样。

2. 教育教学的义务

教育教学不仅是高校教师的权利，更是不可推卸的义务。首先，高校教师作为党和国家教育方针的具体执行者，应致力于培养德智体美劳全面发展的社会主义建设者和接班人，服务社会主义现代化建设和人民，实现教育与生产劳动和社会实践相结合。其次，高校教师应严格遵守各项有关教育教学的规章制度，认真执行教学计划，精心组织教学工作，确保教育教学活动有序进行。最后，高校教师应认真履行教师聘约，严格按照约定完成教育教学工作任务。同时，高校教师应将主要精力集中在教书育人工作上，保证教学质量和效果，避免将过多时间和精力投入到其他与育人无关的工作中。

3. 思想教育的义务

我国的高等教育是社会主义性质的。高校教师应将思想政治教育贯穿于大学生专业学习的全过程，不仅要在教学、科研中融入思政元素，更要在社会服务、管理、服务、文化及组织等各个环节中贯穿思想价值引领。通过深入挖掘和运用各类课程中的思政资源，高校教师在传授专业知识的同时，加强思想政治教育，使学生在学习科学文化知识的过程中，自觉提升思想道德修养，提高政治觉悟，成为具备高尚品德和扎实专业知识的优秀人才。

4. 尊重学生的义务

在法律框架内，教师与学生的地位是平等的。尊重学生是高校教师不可或缺的义务之一。首先，高校教师应以平等和关爱的态度对待所有学生，不因民族、性别、家庭背景、外貌或学业成绩等因素而有所偏袒或歧视。其次，尊重学生的人格尊严是教师的核心义务。高校教师不得采取体罚、变相体罚等任何形式的惩罚，更不得侮辱、谩骂、讽刺或挖苦学生。最后，高校教师应致力于促进学生的全面发展与个性发展。在坚持全面发展的基础上，高校教师应树立以人为本、服务学生的教育理念，充分尊重学生的个性差异，鼓励学生发展特长，实现个性化成长。

5. 保护学生权益的义务

高校教师保护学生合法权益的义务涉及三个方面。首先，高校教师应全力保障学生的受教育权。其次，对于滥收费、滥罚款等侵犯学生合法权益的行为，高校教师应及时出面制止，维护学生的经济利益。最后，高校教师还应批评和抵制那些有害于学生健康成长的现象，如扰乱教学秩序、在校园内外乱设摊点以及诱骗学生参与传销等非法活动。特别是面对"黄""赌""毒"等对青年学生极具危害性的因素，高校教师必须坚决抵制，以保护学生的身心健康。

6. 提高专业水平的义务

高校教师有参与培训进修的权利，同时履行提高自身专业水平的义务。为更好应对新时代对高等教育的各项挑战，高校教师务必持续精进，提升自身的专业素养和业务能力，满足大学生日益增长的发展需求。一方面，高校教师必须深化思想政治觉悟和涵养高尚师德师风，要坚定正确的政治方向，坚守爱岗敬业的精神，持续加强职业道德修养。另一方面，高校教师必须不断提升教育教学业务水平，要不断更新知识储备、拓宽知识领域，适应教材内容的变化和学生对于知识的渴求；要深入学习教育学、心理学等相关知识、人工智能等信息化技术，努力成为教育领域的行家里手。

二、新时代高校教师的职业道德规范

师德师风是高校教师素质评价指标的第一标准。2024 年 8 月，《中共中央 国务院关于弘扬教育家精神加强新时代高素质专业化教师队伍建设的意见》特别强调要涵养高尚师德师风，坚持师德师风第一标准、引导教师自律自强、加强师德师风培养、坚持师德违规"零容忍"。教育部也陆续出台了相关制度文件，为新时代高校教师职业道德规范提出了基本遵循。

（一）遵循教师职业道德规范：《高等学校教师职业道德规范》

2011 年 12 月，教育部、中国教科文卫体工会全国委员会印发了《高等学校教师职业道德规范》，并就贯彻落实《规范》有关工作发出通知。该文件依据高校教师的职业特点及其职业道德建设的现实需求，从六个核心维度提出了具体要求，即爱国守法、敬业爱生、教书育人、严谨治学、服务社会、为人师表。爱国守法不仅是对公民的基本道德要求，更是对高校教师政治素养的明确界定；敬业爱生体现了对教师职业的基本尊重与热爱；教书育人是高校教师职业道德的核心，涵盖了教育教学道德的全貌；严谨治学则对教师的学术态度提出了高标准；服务社会彰显了高校教师在社会活动中的道德责任；为人师表则是对高校教师受到社会尊重的总体道德表征。此外，教育部在 2014 年发布的《关于建立健全高校师德建设长效机制的意见》中明确指出，需要系统宣讲《教育法》《高等教育法》《教师法》等法规文件中关于师德的要求，并广泛宣传普及《高等学校教师职业道德规范》，以确保教师职业道德规范深入人心，成为教师自觉遵循的行为准则。

（二）遵守教师职业行为准则：《新时代高校教师职业行为十项准则》

2018 年 11 月，教育部印发《新时代高校教师职业行为十项准则》（以下简称《十项准则》），明确了新时代高校教师的职业行为规范。《十项准则》主要内容包含了"坚定政治方向""自觉爱国守法""传播优秀文化""潜心教书育人""关心爱护学生""坚持言行雅正""遵守学术规范""秉持公平诚信""坚守廉洁自律""积极奉献社会"十项准则，具体内容如下。

新时代高校教师职业行为十项准则

一、坚定政治方向。坚持以习近平新时代中国特色社会主义思想为指导，拥护中国共产党的领导，贯彻党的教育方针；不得在教育教学活动中及其他场合有损害党中央权威、违背党的路线方针政策的言行。

二、自觉爱国守法。忠于祖国，忠于人民，恪守宪法原则，遵守法律法规，依法履行教师职责；不得损害国家利益、社会公共利益，或违背社会公序良俗。

三、传播优秀文化。带头践行社会主义核心价值观，弘扬真善美，传递正能量；不得通过课堂、论坛、讲座、信息网络及其他渠道发表、转发错误观点，或编造散布虚假信息、不良信息。

四、潜心教书育人。落实立德树人根本任务，遵循教育规律和学生成长规律，因材施教，教学相长；不得违反教学纪律，敷衍教学，或擅自从事影响教育教学本职工作的兼职兼薪行为。

五、关心爱护学生。严慈相济，诲人不倦，真心关爱学生，严格要求学生，做学生良师益友；不得要求学生从事与教学、科研、社会服务

无关的事宜。

六、坚持言行雅正。为人师表，以身作则，举止文明，作风正派，自重自爱；不得与学生发生任何不正当关系，严禁任何形式的猥亵、性骚扰行为。

七、遵守学术规范。严谨治学，力戒浮躁，潜心问道，勇于探索，坚守学术良知，反对学术不端；不得抄袭剽窃、篡改侵吞他人学术成果，或滥用学术资源和学术影响。

八、秉持公平诚信。坚持原则，处事公道，光明磊落，为人正直；不得在招生、考试、推优、保研、就业及绩效考核、岗位聘用、职称评聘、评优评奖等工作中徇私舞弊、弄虚作假。

九、坚守廉洁自律。严于律己，清廉从教；不得索要、收受学生及家长财物，不得参加由学生及家长付费的宴请、旅游、娱乐休闲等活动，或利用家长资源谋取私利。

十、积极奉献社会。履行社会责任，贡献聪明才智，树立正确义利观；不得假公济私，擅自利用学校名义或校名、校徽、专利、场所等资源谋取个人利益。

其中，"坚定政治方向""自觉爱国守法"和"传播优秀文化"等要求体现了新时代教师的共性要求，而针对高校教师群体，《十项准则》还特别强调了教书育人、关爱学生、恪守学术道德及保持廉洁自律等具体行为准则。《十项准则》不仅是对《高等学校教师职业道德规范》的拓展和细化，更为高校教师提供了自我约束、规范职业行为、提升个人修养的明确指导。高校教师应以《十项准则》为行为指南，不断提升自身职业道德素养，为培养优秀人才、服务社会发展贡献力量。

（三）守住教书育人底线：《关于高校教师师德失范行为处理的指导意见》

2018 年 11 月，教育部出台《关于高校教师师德失范行为处理的指导意见》，明确指出，高校要建立健全师德失范行为受理与调查处理机制，指定或设立专门的组织负责，对高校教师师德失范行为实行"一票否决"。面对新时代新形势，高校教师队伍建设始终把师德师风建设放在首位，不断健全师德师风建设长效机制，实现师德师风建设常态化。当前仍有极个别教师理想信念缺失、育人意识淡漠、法纪观念淡薄，对学生造成严重伤害，对教师队伍形象造成严重影响。高校教师应以案为鉴，做到守底线、知红线，严格规范自己的职业行为，坚决杜绝出现任何师德失范行为。

第四节　高校教师的职业发展

教育之树常青，在于师者不断精进。随着知识体系的日新月异，高校教师唯有持续促进职业发展，才能紧跟时代步伐，确保传授之学问为时代所需，为学生所益。高校教师的职业发展不仅是其个人成长的必然需求，更是提升高等教育人才培养质量、加快高等教育强国建设的重要基石。

一、高校教师职业发展理论

高校教师职业发展理论是研究高校教师职业发展相关问题的理论，主要有两种研究倾向。一种是从横向角度研究高校教师职业发展的内涵，即职业发展包含哪些方面以及各个方面发展的特征和状况。另一种是从纵向角度研究高校教师职业发展过程的阶段划分以及不同阶段的特征，这种研究也被称为高校教师职业生涯发展研究。下面，我们将从这两种倾向分别介绍高校教师职业发展内涵以及职业生涯发展理论。

（一）高校教师职业发展内涵

由于高校教师职业的专业化属性，学界研究"高校教师职业发展"时常与"高校教师专业化发展"替换使用。我国高等教育学家潘懋元教授将"高校教师职业发展"定义为：所有在职大学教师通过各种方式的理论学习和实践，使自己各方面的水平持续提高、各方面的素质不断完善的过程，主要方面包括学术水平、教师职业知识与技能以及教师师德等，其中学术水平又包括基础理论、学科理论、跨学科的知识面等[①]。李春燕等认为高校教师作为专业人员，为了完成教育教学任务，应具备基于专业理念与师德的专业知识和能力，这些知识和能力涵盖了学科知识、教育知识、教学能力、科研创新、自我发展以及社会服务等多个方面[②]。郭晓笑认为教师发展在不同时期随着社会发展需要的变化有所不同，包括：高尚的职业道德，包含学科知识、教育教学知识、学科教学知识、实践性知识和通

---

① 潘懋元. 大学教师发展与教育质量提升：在第四届高等教育质量国际学术研讨会上的发言 [J]. 深圳大学学报（人文社会科学版），2007（1）：23-26.

② 李春燕，林海，袁虎延，等. 推进高校教师专业发展提高教师教育教学能力 [J]. 中国大学教学，2013（4）：83-85.

识知识在内的专业知识，包含育人能力、教学能力、研究能力、自我发展能力和社会服务能力在内的专业能力，以及健康的体魄和心理①。可见，高校教师职业发展的具体内涵主要分为专业知识和专业能力，职业发展的关键在于这两个方面的提升。专业知识涉及学科、教育、通识、教学和实践性知识；专业能力则涵盖育人、教学、研究、自我发展和社会服务等方面。两者相辅相成，专业知识的增长促进专业能力的提升，专业能力的提升反之又推动专业知识的深化。

（二）高校教师职业生涯发展理论

早期关于教师职业生涯发展的研究主要是一维线性的。费斯勒等人通过将盖茨尔斯的社会系统论用在教师生涯发展的研究中，把教师生涯发展看作是一个动态、可变的过程，而非静止的和固定不变的状态，形成了教师职业生涯发展的循环论，即教师职业生涯发展可以分为：职前期、职初期、能力建构期、热情与成长期、职业受挫期、职业稳定期、职业消退期和职业离岗期八个阶段②。以费斯勒的教师生涯循环论为基础，结合高校教师的实际，我们可以将高校教师职业发展分为六个阶段：适应阶段、调整阶段、成熟阶段、停滞阶段、更新阶段和退出阶段，如表 1-1 所示。

表 1-1　高校教师职业发展阶段特征

职业发展阶段	从教时间	特征
适应阶段	1~2 年	充满初为人师的兴奋，又面临着角色转变的不适应
调整阶段	3~5 年	初步适应教育教学环境，对新知识、新技能有着强烈的需求，并努力寻找形成带有个性特征的教学风格
成熟阶段	6~10 年	成为骨干教帅，形成具有个人特色的教育思想和教学风格，具备较高的教学和科研能力
停滞阶段	10 年以上	缺乏进取心，不会主动追求教学专业上的成长与卓越，甚至出现敷衍塞责的情况
更新阶段	10 年以上	进取向上、积极应对倦怠，通过多种方式找回适应阶段和调整阶段的蓬勃朝气
退出阶段	退休前后	到达法定的退休年龄，开始退出教育岗位

---

① 郭晓笑. 精进与卓越：高校教师专业化发展之路[M]. 杭州：浙江大学出版社，2021：15-16.
② 朱旭东. 教师专业发展理论研究［M］. 北京：北京师范大学出版社，2021：310-313.

处在适应和调整阶段的高校教师一般热衷于教学、科研工作，精力充沛，他们承认自己有许多东西要学，并为之努力。此阶段教师的主要任务是学会如何工作，如何与他人共事，如何充当自己的角色以及逐渐融入群体中。在工作上，新教师的教学方法还不成熟，课堂更易关注自己而忽略和学生的互动。随着教龄的增长，教师越来越关注教学活动本身的价值，关注学生的理解和兴趣，逐步形成了自己的教学风格。这也是教师职业生涯中最具活力、教师不断前进和上升的阶段。成熟阶段的高校教师的主要特征是充满热情，有高度的工作义务感和满足感。他们容易接受新观念积极参与各种学术讨论会，并且把工作看作挑战，渴望改进自己各方面的技能。成熟阶段的教师热爱工作，盼望到学校上班，希望和学生交流，并不断寻求新方法来丰富教学。此时，教师工作能力已经达到较高水平，但专业能力还在继续进步。停滞阶段的高校教师已经进入了职业生涯的高原期，主要特征是面临职业的挫折和幻灭，他们会反思工作意义、工作价值和工作回报。有些教师虽然兢兢业业于本职工作，但处于行政上被领导、学术上不瘟不火的中间状态；有些教师因陷入职业发展下降的波谷阶段而意志消沉；有些教师因缺少有效规划和培养，在教学科研等方面难以取得突破而停滞不前。此阶段的教师产生了"拿多少钱干多少事"的消极想法，不愿意追求完美与成长。同时，由于人到中年，来自工作、事业、父母、子女等多方面的压力可能让他们难以喘息。更新阶段的高校教师在教育教学、生活上都有了新的提高，在同行中，他们也成了资深教师，对自己的教育教学、科学研究工作都有一定的自信。退出阶段的高校教师由于年龄原因开始准备离开专业岗位。同时，此阶段的教师大多在职务、职称上都处在金字塔顶端，且很快面临退休，因此对工作的参与感下降。

　　总的来说，高校教师职业生涯发展并不是一个线性过程，而是一个动态的涨落过程。并不是每个教师都会经历以上发展阶段，如有的教师一直对工作充满热情，就不会有明显的停滞阶段；教师经历的每个阶段的时间长短也是不一样的，如有的教师适应能力较强，则其适应阶段和调整阶段可能会短一些；教师经历每个阶段的顺序也不一定是相同的，如有的教师的停滞阶段可能会提前到来，而成熟阶段可能会姗姗来迟。高校教师职业发展理论为教师个人制定科学的职业发展规划具有重要参考价值，教师应立足个人实际情况，结合专业学科特点，明确发展方向、设定发展目标、规划发展路径，尽快形成具有个人特色的教育思想和教学风格，成长为具备较强的教学和科研能力的骨干教师。

二、高校教师职业发展的路径

好老师不是天生的，而是在教学管理实践中、在教育改革发展中锻炼成长起来的。为促进高校教师的职业化专业化发展，高校要加强教师队伍建设，教师个人也要提升职业发展自主意识，形成教师职业发展内在动力。一般来说，高校教师可以采取积极建构教师身份认同、明确职业发展规划等方式来增强职业发展自主意识，进而促进个人的职业发展。

（一）积极建构教师身份认同

在高校教师专业化发展的路径中，积极建构教师身份认同是至关重要的一环。身份认同不仅是个体内在化、确立身份和寻找归属的过程，更是对"我是谁"这一根本问题的深刻确认。高校教师的身份认同即通过发挥个人主观能动性对社会界定的教师内涵进行认知与体验，确认教师身份，遵从教师行为规范，提升专业知识水平与专业素养，在国家、社会或自身赋予的职业期望和追求中形成的一种对高校教师身份的确认。积极的身份认同建构在高校教师专业化发展中意义尤重。具体来说，高校教师可以通过以下几种方式建构教师身份认同。

1. 坚守初心，强化信念

高校教师一旦选择教师这一职业，就应坚守初心，全心全意投入，尊重并热爱所从事的工作，通过不断地自我完善，肩负起为党育人、为国育才的重任，实现个人价值。高校教师的理想信念必须与国家的发展目标紧密相连，为国家的繁荣和民族的复兴贡献自己的力量。同时，其要真正接纳并珍视教师的身份，从心理到行动都形成强烈的认同，从而激发自我成长的内驱力，提升职业幸福感。

2. 明确方向，稳步前行

面对多变的教育政策和环境，高校教师应明确国家和学校对教师职业的发展要求，结合自身实际，制定清晰的发展目标；通过深入了解所在高校和区域的环境，评估自己的能力和发展方向，确定自己的专业化方向；同时，不断学习新知识，提升教学技能，坚持以学生为中心，关爱、尊重、信任学生，选择适合的教学内容和方法，改进评价方式，激发学生的学习兴趣；此外，加强教学反思，寻求创新和改进，以不断提升教学质量和专业水平。

3. 积极合作，融入社群

教师的身份认同不仅是个人内在化的过程，也是社会情境与个体能动性相互作用的产物。因此，高校教师应积极融入社会情境，参与教育教学改革，与其他老师、学生建立良好的关系。一方面，高校教师应积极参与学术交流和合作研究，与同行分享经验和成果，拓宽自己的学术视野和影响力，同时获得更多的支持和帮助；另一方面，高校教师应与学生建立真正的伙伴关系，关注学生的成长和发展，帮助他们解决学习和生活中的问题。

（二）明确职业发展规划

高校教师作为知识分子群体，在心理、价值观和工作方式等方面具有独特性，具有较强的职业发展规划意识，能主动规划并建构自己的职业发展路径。同时，高校教师的学习能力和自我调适能力也很强，能主动适应变化，持续学习创新，塑造自己的职业角色。高校教师的职业发展规划是高校教师对特定教育情境下的主动适应、条件协调和专业持续发展的个性化体现，其过程具备系统性、目标性等特点。高校教师首先要对自我和环境进行深入的评估与整合，明确总体目标；其次将总目标细化为多个子目标，依据发展规律和需求进行科学合理的组合与排序；最后以总目标为导向，实现系统内部的开放互动，促进各项子目标的达成。高校教师的职业发展规划还需遵循可行性、人性化、共同性和全程性等原则。高校教师要将个人规划与学校发展规划以及党和国家有关高等教育事业发展的规划相结合，实现个人专业成就与人生价值的最大化。基于上述原则，高校教师的职业发展规划可分为以下六个环节。

1. 明确职业志向

职业发展志向一般可分为生存志向和成就志向两大类。生存志向将职业视为一种谋生的手段，其目标是获得物质回报；成就志向将职业视为一种事业，其本质是自我价值的体现。高校教师应以"成就学生、成就自己"为职业生涯发展的核心价值取向，将教书育人视为实现自我价值的重要方式，全身心投入培养社会主义建设者和接班人的崇高事业，而非仅仅作为谋生手段。

2. 确立发展目标

高校教师在确立发展目标之前，需要进行全面的自我评估和环境分析。自我评估涵盖性格、能力和发展志趣等方面，旨在了解自己的优势和不足，以便在职业发展规划中扬长避短。环境分析则聚焦于组织环境、人力资源需求、晋升发展条件等，帮助高校教师理解外部环境对职业发展的要求。在充分评估和分析的基础上，高校教师应设定短期、中期和长期发展目标，并通过自问五个关键问题来检验目标的科学性，分别是：①是否认真选择；②是否认真评估；③是否感到骄傲并充满信心；④是否愿意付诸行动；⑤是否符合价值观。

3. 细化发展目标

高校教师的职业发展目标可以按照时间维度分为短期、中期和长期目标。长期目标是高校教师职业发展的最终目标，也是制定中期目标和短期目标的依据。高校教师在每个目标的确定过程中，要不断开展自我评估和环境评估。职业发展目标还可以按照高校教师专业化发展的不同属性分为外职业生涯目标和内职业生涯目标。外职业生涯目标涉及工作环境、工作内容、工资待遇等外在条件。内职业生涯目标则涵盖价值观念、知识能力、心理素质提升等内在素质。内外职业生涯目标之间互相关联、互相促进。高校教师应积极协调各目标之间的关系，共同推动最终目标的达成。

4. 制订行动计划

职业发展目标一旦确立，高校教师就要精心制订行动计划，在教学、科研、社会服务等多个领域，有针对性地明确提升步骤，设定每项任务的时间节点、明确所需资源、预期达成的效果，并对计划进行全面评估，确保计划的可行性和达成度。

5. 实施与推进

高校教师要按照规划好的行动计划，充分利用现有资源，按时按质完成各阶段任务。各目标间相互关联，需同步推进，避免任何一个环节的滞后影响整体进度。高校教师要保持积极态度，充分发挥自身潜力，确保计划顺利执行。

6. 监控与调整

高校教师职业发展规划是一个不断迭代和优化的过程。在实施过程中，高校教师要持续监控进度，收集反馈，根据实际情况调整计划；通过不断评估和修订，确保职业发展规划始终与个人发展目标、学校事业发展方向保持一致。

高校教师职业发展规划的六个环节相互关联、层层递进。一方面，高校教师要充分发挥主观能动性，主动规划、细化步骤、推动落实；另一方面，职业发展规划的落实过程往往不是一帆风顺的，高校教师也要保持积极的心态、执着的态度，把握机遇、持续学习、不断反思、追求卓越，在个人发展与学校发展的统一中实现自我。

【本章小结】

高校承载着为党育人、为国育才的神圣使命。高校教师是知识的传播者、思想的引领者、学生成长道路上的关键引路人，是高等学校落实立德树人根本任务的关键角色。本章深入分析了高校教师扮演的职业角色、承担的工作任务以及劳动特点，同时分析和讨论了成为一名称职的高校教师应该具备的条件、需要遵守的规范，以及如何通过职业发展规划成为一名优秀的高校教师。相较于基础教育阶段的教师，高校教师职业角色更多元、工作内容更复杂，其劳动成果对学生的未来发展和社会的进步有着深远影响。为了更好地履行职责，高校教师要严格遵守相关规定，在法律层面，需充分了解并忠实履行《教育法》《高等教育法》《教师法》等赋予高校教师的权利和义务；在道德层面，应遵循《新时代高校教师职业行为十项准则》，时刻坚守道德底线，涵养高尚师德；在日常生活中，要关注自身的职业发展，积极建构教师身份认同，明确职业志向，制定科学合理的职业发展规划，确立并细化短期、中期和长期发展目标，认真制定并执行行动计划，根据实际情况灵活监控与调整。此外，高校教师还应对标更高标准，争做"四有好老师"，当好"四个引路人"，坚守"四个相统一"，大力弘扬和传承教育家精神，努力在教育教学、科学研究和社会服务等领域全面提升自我，成为"经师"和"人师"相统一的"大先生"，持续为国家培养德智体美劳全面发展的社会主义建设者和接班人。

参考文献

1. 中共中央 国务院关于全面深化新时代教师队伍建设改革的意见 [EB/OL].（2018-01-30）[2024-11-07].https：//www.gov.cn/zhengce/2018-01/31/content_5262659.htm.

2. 中共中央 国务院关于弘扬教育家精神加强新时代高素质专业化教师队伍建设的意见[EB/OL].（2024-08-26）[2024-11-07].https：//www.

gov.cn/zhengce/202408/content_6970677. htm.

3. 习近平：做党和人民满意的好老师——同北京师范大学师生代表座谈时的讲话［EB/OL］.（2014-09-10）［2024-11-07］.https：//www.gov.cn/xinwen/2014-09/10/content_2747765. htm.

4. 习近平在北京市八一学校考察时强调 全面贯彻落实党的教育方针 努力把我国基础教育越办越好［EB/OL］.（2016-09-19）［2024-11-07］.https：//www.gov.cn/guowuyuan/2016-09/09/content_5107047. htm.

5. 习近平在全国高校思想政治工作会议上强调 把思想政治工作贯穿教育教学全过程 开创我国高等教育事业发展新局面［EB/OL］.（2016-12-08）［2024-11-07］.https：//news.12371.cn/2016/12/08/ARTI1481194 92229548 3. shtml.

6. 庞立生，李铁铮. 中国特有的教育家精神的本质内涵与价值旨趣［J］. 东北师大学报（哲学社会科学版），2023（6）：8-14.

7. 潘懋元. 大学教师发展与教育质量提升：在第四届高等教育质量国际学术研讨会上的发言［J］. 深圳大学学报（人文社会科学版），2007（1）：23-26.

8. 李春燕，林海，袁虎廷，等. 推进高校教师专业发展提高教师教育教学能力［J］. 中国大学教学，2013（4）：83-85.

9. 郭晓笑. 精进与卓越：高校教师专业化发展之路［M］. 杭州：浙江大学出版社，2021：15-16.

10. 朱旭东. 教师专业发展理论研究［M］. 北京：北京师范大学出版社，2021：310-313.

第二章 教学设计：开课前的准备

　　课堂教学是师生双方以既定的内容体系为依托产生特定联结的社会活动，处在特定的场域、具有特定的目标、面临特定的约束。教师想要上好一门课乃至一堂课，首先要解决怎么上的问题，换言之，即针对一个具体的教学活动，首先要解决相应的教学设计问题。有些人认为好的教学是无法设计出来的，或者说好的教学不是靠设计实现的，而是老师和学生客观上水平和能力耦合的自然结果；有些人则认为影响教学设计全面决定教学活动效果的优劣，只要教学设计巧妙有效，师生遵循科学的教学设计就能达成理想的教学目标；更多人认为影响教学目标高效达成的因素有很多种，教学设计只是其中一种，但教学设计对教学效果具有非常重要的作用，有没有恰当的教学设计是同等条件下教学效果不同的先决条件。对于没有多少经验的新手教学者来说，了解和掌握教学设计相关知识和技能，在开展教学活动之前遵循教学规律、运用适当方法进行有效的教学设计，有利于达成更好的教学效果。

　　本章立足教学实践的现实需求，在介绍教学设计基本界定、基础观念的基础上，从一门课到一堂课解析具体教学设计所需进行的工作，为青年教师在开课前开展教学设计提供现实参考。

第一节　教学设计概述

【教学案例】

　　张老师本科专业是物理学，研究生转学心理学，之后一直长期从事认知心理学与脑科学的研究。自 2006 年 9 月起，张老师在香港做大学教师。开始的两年，跟很多新教师一样，他阅读教材、用心备课，力求讲得清楚明白、生动有趣，但课堂氛围平淡如水。老师努力去制造精彩讲解但学生不为所动，对于这样的课堂，不仅学生觉得很无趣，老师也觉

得很无趣，而这是很多大学课堂的普遍状态。

为了改善这种情况，2014年春季学期转到内地大学任教后，张老师按照师生对半分割课堂时间的思路进行了对分课堂教学模式的尝试，在开课前两周对作业布置、讨论组织和成绩考评等作了具体设计。开课三周，组织了两次讨论，学生们积极思考、讨论和反馈，课堂氛围十分热烈。

针对上述案例的情况，大家自然要追问一个问题：为什么同一位老师讲授同一门课，教学效果前后却如此不同？答案十分明显，最根本的原因就在于教师进行了不同的教学设计，进而产生了迥异的教学活动，最终带来了不同的教学效果。"凡事预则立，不预则废"，教学也不例外。教学设计是开课前必不可少的准备，从一门课到一堂课，要实现知识技能观念从教师到学生的转移，要通过"教师教"达成"学生学"的基本结果，教师必须要从教学对象、教学目标、教学内容、教学方法、教学程序、教学评价等方方面面进行科学而系统的设计。做好教学设计，落实课前准备，对教师发展和学生发展都起着至关重要的作用。

一、教学设计基本界定

（一）教学设计概念

教学设计首先是一种设计活动，对设计概念进行梳理考察，是对教学设计概念解析的逻辑起点。设计是人类独有的能力，随着制造工具能力的产生而产生。中国先秦时期就已经对人类有关设计的活动进行了经验性总结，《周礼·考工记》中就中国画理论的论述提及"设色之工，画、缋、钟、筐、慌"①，即指有关设计颜色的五个工种，体现了设计思想在绘画领域的存在；但"设计"一词在我国是一个舶来品，是对英语"design"一词日文翻译的中文表现，其核心意思是指按照任务的目的和要求，预先定出工作计划方案或绘出图样。

教学设计是关于教学的设计而不是其他设计，掌握教学设计的概念还需要全面准确地把握教学的内涵。教学出"教"和"学"两方面构成，早

---

① 其中，画指掌管绘画的工匠，缋（huì，古同"绘"）指掌管绘画刺绣的工匠，钟指专门给羽毛染色的工匠，筐具体工艺不明（可能是专门从事藤、竹、柳等编织的工匠），慌（huāng）指漂练丝的工匠。

在中国古代殷商时期的甲骨文上就已经出现了这两个字;"教"的英文词有 teaching 和 instruct，前者侧重具体行为和日常表达、后者侧重整体情景过程和正式表达，在内涵上并没有本质性差异，因此实践中常常混用。"学"的英文词为 learning。英文文献中常用到 teaching-learning 的组合形式，其被认为与中文的"教与学"相对应。著名教育学家加涅和布里格斯指出:"教学可以被看成是一系列精心安排的外部事件，这些经过设计的外部事件是为了支持内部的学习过程。"① 我国教育学者王策三（1985）认为，教学是"教师的教与学生的学的共同活动。学生在教师有目的、有计划的指导下，积极主动地掌握系统的文化科学基础知识和基本技能，发展能力，增强体质，并形成一定的思想品德。"②

"教学设计"作为一个专业概念，最初出现在美国教育研究者罗伯特·加涅于 1965 年出版的《学习的条件和教学论》一书中，他认为教学是对学生在教师设置的刺激环境中适当反应的强化，并基于此提出了"instruction design"（教学设计）的概念，此后国内外对此在理论和实践方面进行了广泛而深入的探讨。我国学者认为，教学设计是"对整个教学系统的规划，是教师教学准备工作的组成部分，是在分析学习者的特点、教学目标、学习内容、学习条件以及教学系统组成部分特点的基础上统筹全局，提出具体方案，包括一节课进行过程中的教学结构、教学方式、教学方法、知识来源、板书设计等"（顾明远，1990）③。通俗而言，教学设计就是为了达到一定的教学目标，对教什么和怎么教进行设计（李伯黍 等，1993）④。

从系统论角度看，教学设计需要解决教什么和怎么教的问题，其实质是一项针对教学系统进行的规划活动。教学系统是指为了达到特定目的而由各组成要素通过互相联系、互相作用有机结合起来的具有一定教学功能的整体（皮连生，2000）⑤。从理论上讲，教学设计必须围绕教学系统各要素开展。教学作为学校教育的中心活动，由教师的教和学生的学共同构成。教师和学生是教学系统中的能动主体，也是核心要素，教学目的、教学内容、教学方法、教学组织、教学评价则是教学系统中的受动要素，为

① 加涅，等.教学设计原理 [M].5 版.上海:华东师范大学出版社,2018.
② 王策三.教学论稿 [M].北京:人民教育出版社,1985.
③ 顾明远.教育大辞典:第 1 卷 [M].上海:上海教育出版社,1990.
④ 李伯黍等.教育心理学 [M].上海:华东师范大学出版社,1993.
⑤ 皮连生.教学设计:心理学的理论与技术 [M].北京:高等教育出版社,2000.

教学系统有效运行提供内容和程序保障。在上述要素中，师生一旦基于一门课程产生教学关系，那么基于学科知识体系的客观要求和院校专业人才培养的主观追求，教学目标将在实践中成为诸要素中的统领要素。教学设计应首先科学设置或者明确呼应相应教学目标，然后围绕教学目标开展其他要素的规划和准备工作。

（二）教学设计特点

教学设计具有系统性、操作性、灵活性和创造性四个主要特点。

教学设计具有系统性。如前所述，教学系统是由多种要素组成的多任务、多层次的复杂动态系统，系统中的各要素相互联系、相互影响、相互制约，有效教学设计必须从系统性视角出发，采用系统分析的思维去考量各要素在不同时空进程的相互联系，对教学中的各个要素进行系统安排和整合规划。教学设计尤其要在科学的教学目标统领下，综合考虑教师和学生特点、教学内容性质和类别进行展开，突出重点、显示特色。

教学设计具有操作性。教学设计在教育教学理论指导下，明确指向教学实践，并通过拟定一系列的计划和协调操作流程、配置各种教学资源，使教学系统各要素有机整合实现应有的功能。教学设计的具体产出是具有可操作性、能落地到实践的教学实施方案，其可以是针对一整门课、也可以是针对一节课或一定时长、一定内容的教学节段。教学实施方案明确呈现教学系统的各个要素，对于一门课来说，包括课程基本信息、教学目标、教学内容、教学要求、进度安排、评价标准等，对于一堂课来说，包括教学目标、教学内容、教学程序、教学方法等。

教学设计具有灵活性。作为计划安排，任何设计都应该具有灵活性，教学设计也不例外。教学设计先于教学实践进行，在教学各要素方面，教师、学生和教学内容中任何一个具体要素有所改变，都必然生成不同的教学实施方案；教学过程中可能发生的情形无法全面预测，教学设计落实到具体一门课或一堂课中，就必须要保留一定的弹性空间。当然这种弹性并不是随心所欲的，而是要符合教学原理和脑科学原理，并且要和科学的教学目标密切呼应、要有助于保证和促进教学目标的实现。

教学设计具有创造性。教无定法而贵在得法，教学设计的过程就是不断"得法"的过程，是教师根据不同教学目标、不同学生特点、不同教学内容创造性思考和设计教学实施方案的过程。加之不同教师的教学经验、教学技能、教学风格等具有鲜明的个人色彩，教学设计也会不同程度地体现出个性化的创造性。从这个意义上来说，教学设计工作本身就是一种具有教师个性化特征的创造性劳动。

总之，教学设计规定了教学的方向和进程，是师生教学活动的依据。可以说，教学设计是教学活动得以顺利实施的保证。通过教学设计，教师可以对教学活动的基本过程有个整体把握，有助于增强教学的科学性和调控性，进而提高教学效率、优化教学效果。

二、教学设计基础观念

有效的教学设计离不开科学观念的支撑，而科学的教学观念来自反映教学规律的基础理论。教师在进行教学设计时，应自觉以教育教学理论来指导实践工作，应在观念上科学把握学生、内容、学习、教学和评价等问题的性质。[①]

（一）把握学生的全面性和主体性

教师如何看待学生，是教师从事教学活动、开展教学设计的初始起点。

作为教学活动中的核心存在，学生表现为群体和个体两种状态。作为群体的学生具有某些共性特征，教学设计要从不同学生群体的共性特征出发设计针对性的教学活动，并尽可能创造条件发挥学生群体对个体的积极影响，促进学生的学习和发展，充分发挥小组合作、同伴互助等学习方式的作用。作为个体的人，每个学生都有不同程度的个性化特征，都是具有整体性的"全人"，学生的发展是"全人"的发展，而不是单独某个方面的发展。教学设计要关注学生的个性和整体性、起点水平和发展空间，用发展的眼光了解学生的过去和看待学生的未来，用辩证的眼光分析学生的优点和缺点，激发和强化学生积极主动、乐观无私、勤奋勇敢等向善潜能并限制和弱化学生消极被动、悲观自私、懒惰懦弱等向恶潜能。

学生既是教育对象也是学习主体。教师在进行教学设计时，要充分了解和尊重学生作为教育对象的特点，并在此基础上科学发挥教师的主导作用，根据学生已有的水平和身心状况筹划整个教学活动。特别要注意的是，教师必须要明确意识到学生是学习的主体，教师不能代替学生学习，只能为学生创设良好的条件、提供充分的支持，并充分激发学生自己去思

---

① 曾文婕. 运筹帷幄：教学设计的方略 [M]. 北京：北京师范大学出版社，2016.

考，要让学生真正投入观察、体验、练习、讨论。教学设计切忌无视学生的主观能动性、过分重视教而忽略学生学。

（二）把握内容的一般性和变通性

教学内容是教学发生的核心载体，教师和学生围绕教学内容进行教学活动。教学内容最常见的物理载体是教材，教材是教师和学生据以进行教学活动的材料，广义的教材具有丰富多样的形式，既有教科书、讲义和教学参考书等文本教材，也有音频或视频等多媒体教材，还有形象化、物质化的实物教材。其中，教科书是教材的主体，也是日常教学中狭义上的教材。

教材作为教学内容的核心载体，是对教学内容的科学选编和系统化集成，但无论多优秀的教材，都不可能完全涵盖学科领域的全部内容，更不可能全然适合不同水平的师生、也不可能全然适合任何教学情景。因此在教学设计中，教师对待教材的思路应当变"教教材"为"用教材教"，在领会教材编写意图和明确教学目标的前提下，根据具体的教学情境对教材灵活地进行调整或开发。教师既要避免将教材视为圭臬、照本宣科，也要避免将教材视为镣铐、全盘否定。

科学地把握教材性质要求教师在进行教学设计时，要首先做到尊重教材、研读教材，进而在此基础上调整教材、拓展教材。一般而言，教材凝聚了大量专业编者的心血和智慧。作为教学内容的载体，教材中的每一个章节每一个例题都有特定的教学目标，蕴含着特定的编写意图。教师在尊重教材的基础上，研读教材并理顺知识结构，领会编写意图，才能深入地挖掘教材的知识点以提高学生的学习效果。这样的教材观要求教师在改编教材内容之前需慎重考虑两个问题：一是自己是否深入解读了教材并深刻领会了教材的编写意图？二是改编后的效果是否能够超越已有教材？教师在尊重和研读教材的基础上，发挥自己的专业能力和智慧，根据实践中的具体情况，创造性地对教材进行有效调整和拓展，能够显著地提高教学效果。在符合教学内容不同板块内在逻辑联系的前提下，在教学设计中，教师可以根据教学目标和个人偏好对板块顺序进行适当调整，也可以根据地域差别、城乡差别对教材内容进行针对性调整，还可以根据学情等具体情况进行拓展深化。

（三）把握学习的本能性和建构性

在教学活动中，教师的教并不是最终的目的，教师的教是为了学生的学，学生的学才是最终目的。只有学生学到了，学会了，在知识、能力、品德和智慧等方面获得了发展，教师教的价值和意义才彰显出来。因此，如何看待学习，也是影响教学设计的一个关键的、基础的观念。

研究发现，人类的原欲中有食欲、性欲和知欲。食是为了自己的生存，性是为了后代的繁衍，知是为了保护、强化和改进人的生存和繁衍。这三种欲望是人类生生不息的原动力，由此可见，学习是人的本性。如何发现、保护并促成学生学习本性的生长，并利用这一本性提升教与学的效果，进而推动学生的成长与发展，是教学设计应当解决的一个重要而迫切的问题。

学习不是一个搬运的过程，不是教师将自己头脑中的知识搬运到学生头脑中，也不是学生将教材上的知识搬运到自己的头脑中；学习是一个建构的过程，是学生基于自己已知道的知识，去理解和建构新的知识。如果学生对知识能够正确、完整和系统地建构，自然是再好不过的事情；但是学生也有可能对知识进行不完整建构或错误建构，这就需要教师善于发现学生在建构过程中出现的困难和错误，并加以正确而艺术化地引导。另外，在进行教学设计时，教师需要特别注意的是，学习作为一种建构过程，学生在建构知识的同时，还应建构起相应的意义。意义建构可以在获得知识的基础上生成能力，伴随情感的体验和价值观的塑造，能整体地激发学生的学习兴趣、提高学生学习的效果。要引导学生实现知识的意义建构，并不是一件容易的事，这需要教师进行认真深入的探索和精心细致的设计。

学习是通达自由的必经之路。在学习中求真，做到认识、掌握和利用客观规律，可以使人从外在事物的控制与束缚中解放出来，通达人与事物之间关系的自由。在学习中立善，通过学习，将道德的外在规定性转化为学生自身的内在信念，最终转化为"从心所欲不逾矩"的道德自主、自觉和自由的境界，通达人与他人之间关系的自由。在学习中审美，使人的精神从功利欲望的控制与束缚中解放出来，自主地进行精神体验，感应学习内容代表的人类文化生命的呼唤，体悟人类文化生命与自己精神生命交融的和谐与奇妙，通达人与自身精神之间关系的自由。学习通达自由，提出了教育领域的一个新课题，教师可以首先拓展与升华自己对学习的意义与境界的认识，进而在教学设计和课堂教学中熏染和陶冶学生，并充分考虑运用什么策略才能更好地促使学生经由学习而通达自由。教师在进行教学设计时，持有这种学习观念，必然体现更高层面的立德树人追求。

（四）把握教学的侧重点

教学包含教师的教和学生的学，但并不是两者的简单相加。从观念上厘清什么是好的教学，进而以科学适当的教学观引领教学尤为重要。

在教学中应该以学为本。教师应看到并相信学生的学习能动性，进而想方设法去触发和调动学生的学习能动性，让学生自己去思考、自己去学习，这样教学就会变得简单而高效。但在实际的教学实践中，教师的教过多地代替学生的学，以教代学、越俎代庖是较为普遍的情况。这具体表现为两种相互关联的现象：一是教师认为我不教学生就什么都学不到，我教了学生总能学到一些东西，我教得越多学生就能学到越多；二是教师总在思考如何才能将课讲得清清楚楚、明明白白，总是试图将课讲深讲透，这如同教师把食物替学生嚼烂后再喂给学生一样。但是，教师从教的角度对教学内容的咀嚼与学生从学的角度对教学内容的咀嚼并不是完全相同的一个过程，而是有区别的两个过程。如果教师对教学内容的咀嚼过多地代替了学生自己的咀嚼，学生的咀嚼功能退化、消化能力弱化就成为必然。本来教师的出发点是让学生学得更多、学得更透，结果却与初衷背道而驰，更严重的是造成学生将学习视为教师的事情而不是自己的事情的错误观念，教的主体性取代了学的主体性，学习就会成为痛苦和折磨、教学效果就会大打折扣。在教学设计中，教师除了思考教什么和怎样教才能促进学生学以外，还需要考虑不教什么和不怎样教反而更能促进学生学，后者与前者相比同样重要，甚至在一定意义上更为重要。

教学是预设与生成的统一。预设是指教师在课前对教学的规划设计和安排，它表现在课堂上，指的是师生教学活动按照教师课前的设计和安排展开；表现在结果上，指的是学生获得了预设性的发展，或者说教师完成了预先做好的教学设计。预设是必要的，教师在课前对教学目的、内容和过程等有清晰理性的思考和安排，是保证教学质量和效率的基本要求。然而课堂并不是一成不变的。教师与学生、学生与学生、学生与教学内容等的互动均可形成生成的时机。生成表现在课前，指的是教师的有意留白给教学活动留下拓展发挥的空间；表现在课堂上，指的是师生教学活动超越了原有的思路和教学设计方案；表现在结果上，指的是学生获得了预期之外的发展。教育的技巧并不在于能预见课堂的所有细节，而在于根据当时的具体情况，巧妙地在学生不知不觉中做出相应的变动。

从价值层面看待教学是教学观念不可或缺的组成部分。有人认为，教学的价值是传授知识。这种教学观认为教学过程以教科书为内容，是一个将知识单向地输送给学生的过程。教师是教学过程的中心，学生是知识的接受者，教学的效果表现为知识的接受与积累。也有人认为，教学的价值是应付考试。这种教学观认为提高考试成绩是教学的最终目的，并由此决定教学内容和方式。教师是训练者，学生是训练对象，考试需要的各种知识和技能是训练的内容，好的考试成绩是教学追求的目标。还有人认为，教学的价值是发展能力。这种教学观认为教师应该把教学目标放在发展学生能力上，创造良好的情境气氛，让学生在自身已有的基础上主动进行学习，这是教学的关键。学习的过程主要表现为学生与教师、教学内容及学习环境之间的相互作用，学习的效果主要取决于学生自身的努力，而教师要发挥的作用是帮助学生学习。上述观点都失之偏颇，但总的来说，将教学的价值定位为促进每一个学生的成长是基本没有异议的。学生的成长是整体性的，因此要使教学发挥出促进每一个学生成长的价值，则需要教师在教学价值观上，从仅重视知识价值和能力价值等单一要素的单向度认识走向关注多重价值的整体性把握。教师在教学活动中，既需要让学生获得知识、增长能力，也需要让学生体验学习的乐趣、掌握思维的方法并发展学生的情感、态度与价值观。

总之，在教与学的双向活动中，教学设计应该始终以学为本，始终贯彻教师的教是为了激励、唤醒、鼓舞学生的学的理念，从而达到"道而弗牵"的本然状态；同时要艺术性地处理预设与生成的关系，在教学设计中注意适当留白；在教学的价值观方面，教学设计要从根本上涵盖学生全面发展的综合目标。

（五）把握评价的激励性和引导性

评价具有反馈调节、导向激励和反思总结等功能，是教学活动不可或缺的组成部分。教学设计主要关涉的是学生学习活动的教学评价，在教学设计中，教师应当树立科学的评价观念。

从根本上说，评价的目的在于促进学生学习活动的发展与完善，而不是奖优罚劣。评价应当以服务和促进学生学习为基本立足点，教师应争取通过评价使学生学习潜能得到最大限度的发挥。简言之，评价应以学生的学习发展为基本的价值诉求。在评价内容方面，教师要注重整体多维的评价思路，不仅要评价学生的智力活动，而且应当关注学生参与学习活动的态度，在学习活动中表现出来的合作精神、创新精神和实践能力，以及对学习方法和学习策略等的掌握情况。在评价主体方面，教师应当将多元化的评价主体纳入评价共同体中，学生、专家、家长以及相关的社会人士都可以参与进来。学生的学习活动评价特别需要注意在教师评价的基础上，开展生生互评和学生自评。在评价方法方面，除了口头语言的评价，还有体态语言的评价。教师进行肯定评价时，可以用鼓励的眼神、满意的微笑、轻轻地点头等方式，这些行为容易触动被评价者的心灵，使师生产生共鸣，达到良好的评价效果。作业是学生的学习活动之一，教师可以以课堂作业和课后作业为依托对学生的学习状况进行评价，除了布置常规巩固复习性作业外，还可以布置创新性、思辨性作业。在评价理念方面，随着教育教学实践和研究的发展，形成性评估取代了终结性评价，并成为学习评价体系中的优势观念。形成性评估旨在为改进学生的学习表现提供信息，教师通过安排密集的形成性评价活动，收集学生学习数据，并结合师生双方都明确的教学目标进行教学决策，可以很好地回答学生"现在在哪里""需要去哪里""差距在哪里""如何更好地到那里"这四大问题，让学生得到及时反馈和具体指引，最终促使学习和评估一体化，形成学习化评估，达成评估即学习的效果。

具备上述观念后，教师在教学中才能够做到以学生为中心、尊重学生的主体地位，将自身角色定位为学生学习的引路人和支持者，并意识到教学共同体对教学发展的促进作用，主动在教学发展过程中参与教学团队建设、教研活动开展。

第二节 一门课的教学设计

一、一门课教学设计的理论分析

（一）一门课教学设计的基本思路

有效的教学设计需要涵盖一系列教学要素，一般来说，一门课教学设计的基本框架，包括教学目标设计、教学内容设计、教学组织设计、教学评价设计。其中，教学目标设计是教学设计的核心内容，教学目标一旦确定，教学内容、组织和评价的设计都需要服务于教学目标的实现。其中，教学内容和教学评价的设计均分别有专章论述，这里不再展开。

教学目标是指教学活动所要达到的预期结果，对教学活动起着指向作用、激励作用、标准作用。目标的指向作用对于学生的注意力的引领十分重要，在教学开始就向学生提出明确的目标，能够有效促进教学效果的提升。教学目标的激励作用体现在可以激发学生对特定教学内容学习的积极性。需要注意的是，教学目标只有符合学生的内部需要时，才能够激发学生学习的动机、引发学生的兴趣，并转化为学生积极参与教学活动的动力。教学目标确定之后是否达到了既定的目标就自然成为衡量教学效果的尺度。在教学效果的检测和评价中，教学目标的标准作用是显而易见的。教学目标可以是对较长实践教学活动的预期，比如一个学期；也可以是对短期教学活动结果的预期，比如一堂课或一个教学节段。在学校课堂教学中，教师要合理地设立教学目标，也要明确地表述教学目标。教学目标的合理性和明确性可以归纳为两个问题：第一，怎样确定教学目标；第二，怎样表述教学目标。在课堂教学中，教师恰当地解决这两个问题是取得教学成功的先决条件之一，也是教学目标设计的核心内容。布鲁姆按照逻辑关系将学习目标分为三类：认知目标、技能目标、情感目标。在认知领域，教学目标指向智力上的思维能力；在技能领域，教学目标指向学生的身体运动和与操作相关的能力；在情感领域，教学目标指向学生正确的态度和价值观的形成能力。

一门课的教学组织设计，指的是整门课程在既定的学期时间内，在程序和方式上开展和实施的计划方案，具体包括教学结构设计、教学手段选择和教学方法准备。在学校教育中将一学年划分为两个学期或多个学期，这就要求课程必须在一定时限内完成。教师确定具体的时间进度安排时，需要在课程内容和教学时长之间进行适当的匹配，明确不同教学内容需要的绝对时长和在一个学期内的线性时间点上的哪一个日期实现。这样，再加上课堂教学活动具有的明确的空间要求，从而形成了教学结构。不同内容的特点和相应的教学目标，要求在具体的教学实践中选择不同的教学手段和教学方法，这里的教学手段指教学当中的教具材料或硬件环境，教学方法则是教学中采用的软性措施。在进行教学组织设计时，教学手段和教学方法一般都存在于已知的教育资源池，可以根据具体教学内容和教学目标的需求，选择不同的手段和方法。在外在形式方面，教学结构常常表现为教学实施大纲，或者作为一门课教学实施大纲的有机组成部分出现。

（二）一门课教学设计的一般模式

由于教学设计中所面临的教学系统的范围和任务的层次以及个人专业

背景不同，人们对教学设计的理解和认识不尽相同，因此在实践中产生了多种不完全相同的教学设计模式。但无论何种教学模式，都应包括教学系统的各个要素。

教学设计者在教学设计实践的基础上总结出教学设计过程的共同要素，即学习需要分析、学习内容分析、学习者分析、教学目标的阐明、教学方法的确定、教学媒体的选择和运用、教学效果的评价等，这些共同要素构成了一般的教学设计过程模式。学习需要分析及对学习者进行分析，这是教学设计的底层基础工作之一。虽然在教学实施方案的结果框架中不一定呈现相关内容，但"备学生"是教学设计不可绕开的必要步骤，学习者的起点如何、群体特点和个体差异如何、现有水平相对于学习目标的差距如何，影响着其他教学设计的匹配。学习内容有不同的类别和特点，不同类别和难度的学习内容对教学设计的要求不同。教学目标是统领整体教学设计的核心要素，所有其他教学要素的设计都需要围绕教学目标的有效达成展开。教学方法和媒介的选择由教师本人风格、教学内容特点和教学目标共同决定，教学评价主要依托教学目标展开。

教学设计的一般模式要求将上述要素有机整合，并对每个部分进行恰当安排。人为地把教学设计过程分成诸多要素，是为了更加深入地了解和分析并发展和掌握整个教学设计过程的技术。在实际设计工作中，教学设计者要从教学系统的整体功能出发，保证学习者、目标、策略、评价四要素的一致性，使各要素相辅相成，产生整体效应。另外还要清醒地认识到，我们设计的教学系统是开放的，教学过程是个动态过程，设计的环境、学习者、教师、信息、媒介等因素都处于变化之中。因此教学设计者应在学习借鉴别人模式的同时，根据教学实际要求，创造性地开发自己的模式，因地制宜、灵活机动地开展教学设计工作。

二、一门课教学设计的重点策略

(一) 教学目标设计策略

一门课的教学目标设计必须要立足于教学背景分析，具体包括育人要求、课程标准和教学对象（学生情况）。其中，育人要求是指国家、社会、学校、学院、专业对于人才培养提出的目标；课程标准是涉及作为一门专业学科，学生学习应当掌握到什么样的专业水准；教学对象指不同的学生群体具有不同的基础和学情。教学目标的设计必须综合考虑上述因素，在此基础上确立的教学目标，才能有效可行。

教学目标的表述应当全面、适度、明确、具体。全面是指既要有知识方面的教学目标，也要有能力、情感、价值观方面的教学目标；适度就是要求不能过高也不能过低、不能过多也不能过少；明确指目标要抓住重点，不要不分主次地提出一连串教学目标；具体是指教学目标要用学生的学习结果来表述，不要用教师或学生的行为过程来表述。

教学目标应该站在学生的视角，用学生能够理解的语言来描述一门课，学生应当且能够取得的收获。撰写教学目标的关键，是写清楚想要学生产生怎样的学习结果。有效的教学目标需要包括四个要素：对象（audience）、行为（behavior）、条件（condition）、程度（degree）。其中，对象要明确是谁在学习，通常写成学生或您；行为指想让学生做什么，详细说明学生将完成什么，学生需要做什么来证明他们学习了，这要求目标必须包括含一个表示行为动作的动词；条件指用什么方式对学生进行评估，明确学习表现并设置具体指标，即明确教师会怎样开展评估；程度指预期学生表现达到什么水平，设置对学生学习程度的期望值，即会怎样评估学到哪种程度。

教师可以运用SMART原则来评估教学目标的设定是否有效。该原则由管理专家彼得德鲁克于1954年提出，包括以下五个要素：①具体性（specific）：目标应该是明确的，用具体的语言清楚地说明要达成的行为标准。②可测性（measurable）：目标应该是可测的，可以通过一组明确的数据来衡量是否达成。③可达性（achievable）：目标应该是可达到的，既不能过于容易也不能过于困难。④相关性（relevance）：目标应该与专业发展及育人要求具有相关性，确保其与团队或组织的总体目标保持一致。⑤时限性（time-bound）：目标必须具有明确的时间期限，以便于及时掌握其达成进展和变化情况。SMART原则旨在确保目标既明确又可衡量，确保它们是实际可行的，并与组织的总体目标相关联，同时设定了明确的时间框架，以便于对目标进行管理和控制。

【教学目标举例（一门课的教学目标）】

教师通过完成"国家税收"课程一学期的课堂学习、视频学习、作业练习、小组讨论等学习活动，使学生能够在期末达成以下目标：

1. 知识目标

（1）知道并能复述税收学的基本概念和重点知识。

（2）知道并能复述主要税种应纳税额的基本计算规则。

（3）知道中国目前的税制结构、主要税种征管规则。

（4）知道国际税收基本概念与主要内容。

2. 技能目标

（1）正确计算各税种应纳税额。

（2）理论联系实际，运用所学知识分析我国税制存在的问题。

3. 价值目标

（1）认同科学正向的税收观念。

（2）产生财税职业兴趣和追求。

（二）教学组织设计策略

如前所述，教学组织在实践中应该被理解为作为一个动词，包括教学结构的落实、教学手段和方法的选择。后者有专章论述，此处不再展开分析，只围绕教学结构的设计进行介绍。

教学结构是为了完成一定的教学目标，在时间和空间上各种因素的排列和组合。教学结构设计要体现科学性整体性和协调性。由于学科性质不同，课程的类型各异，课程教学结构也存在不同形式。教学结构设计一般遵循三个步骤：一是选取教学环节，根据具体的教学目标、教学对象及教学内容恰当选择教学环节，并把握好每个环节的任务和要求，使之相辅相成。二是具体设计教学各环节的组织，在选取教学环节后，要将各环节进行有机地组织，恰当安排各环节的先后顺序，合理分配各环节的教学时间。三是对各教学环节进行统调，使之从整体上形成最佳组合，以保证整体功能大于各部分功能之和。

一门课教学设计的结果在形式上一般表现为教学大纲或教学实施方案，不同的教学单位对教学实施方案有不同的具体结构要求，但基于核心教学要素的一致性，也都大同小异。以下列示某大学的"国家税收"课程教学实施方案，节省篇幅和聚焦主题起见，具体内容有所删减。

【一门课教学实施方案举例】

一、课程基本信息

课程名称：国家税收

课程代码：PFC201

学　分：3

学　时：3 学时/课，共 51 学时

二、任课教师、教学助理、课程资源、教室等情况

（一）任课教师：

（二）教学助理：

（三）课程资源：中国大学 MOOC 平台"国家税收"异步 SPOC

（四）教　室：

（五）上课时间：

三、阅读材料

（一）推荐教材：

刘蓉，朱明熙. 国家税收 ［M］. 成都：西南财经大学出版社，2022.

（二）参考教材

（1）郝晓薇. 中国税制 ［M］. 北京：高等教育出版社，2021.

……

（三）进一步阅读教材

1. 国家税务总局税收科学研究所编. 马克思恩格斯列宁税收思想 ［M］. 北京：经济管理出版社，1993.

2. 刘尚希，邢丽. 税收蓝皮书：中国税收政策报告（2021-2022）［M］. 北京：社会科学文献出版社，2022.

3. 李炜光. 税收与社会 ［M］. 北京：中国财政经济出版社，2017.

……

7. 高培勇. 财税体制改革与国家治理现代化 ［M］. 北京：社会文献科学出版社，2014.

8. 楼继伟. 深化财税体制改革 ［M］. 北京：人民出版社，2015.

……

19.《税务研究》《财政研究》《税收经济研究》《经济研究》等学术期刊

20. 国家税务总局网站 http://www.chinatax.gov.cn/

四、课程内容概要

（一）课程目标

1. 知识目标

……

2. 技能目标

……

3. 价值目标

……

（二）教学内容

序号	题目	知识点	学时（线下课堂 50%+线上学习 50%）
1	税收概论	（1）税收概念、特征与分类	3
		（2）税收产生与发展	
		（3）税收职能与作用	
2	税制概论	（1）税制要素	3
		（2）税制体系	
3	税收原则	（1）早期税收原则	3
		（2）近代税收原则	
		（3）现代税收原则	
4	税收负担	（1）税负的概念、分类、衡量指标	3
		（2）税负转嫁的形式与一般规律	
5	税收效应	（1）税收效应概述	3
		（2）税收的微观经济效应	
		（3）税收的和宏观经济效应	
6	国际税收	（1）国际税收概述	3
		（2）国际税收基本内容	

序号	题目	知识点	学时（线下课堂 50%＋线上学习 50%）
7	增值税制度	（1）增值税基本原理	9
		（2）增值税制度要素	
		（3）增值税计税方法	
		（4）增值税出口制度	
		（5）增值税征管制度	
8	消费税制度	（1）消费税制度要素	3
		（2）消费税计税方法	
		（3）消费税征收管理	
9	诸小税种制度	掌握以下小税种应纳税额计算等相关内容：土地增值税、城镇土地使用税、耕地占用税、房产税、车船税、车辆购置税、契税、印花税、资源税、烟叶税、城市维护建设税与教育费附加与地方教育附加、关税、船舶吨税、环境保护税	6
10	企业所得税制度	（1）企业所得税基本原理	6
		（2）企业所得税制度要素	
		（3）企业所得税计税方法	
		（4）企业所得税征收管理	
11	个人所得税制度	（1）个人所得税基本原理	6
		（2）个人所得税制度要素	
		（3）个人所得税计税方法	
		（4）个人所得税征收管理	

序号	题目	知识点	学时 （线下课堂 50%+ 线上学习 50%）
12	税收征管制度	（1）概述	0（自学）
		（2）税务管理	
		（3）税款征收	
		（4）税务检查	
		（5）法律责任	
	课时总计	51 学时	

（三）课程要求

1. 根据进度安排，完成视频学习；保质保量完成反思性作业；积极参加小组讨论等课堂活动。

2. 遵守小组讨论规则，积极有序参与小组讨论，开放友善、敢于质疑、鼓励争论。

（四）教学安排

周数	讲授内容	授课方式	作业（教材）/测验	辅助学习材料
1 线下	混合式教学安排 第一章 税收概论 第二章 税制概论 框架、要点	教师讲授	线上学习	1. 相关参考书； 2. 课程配套拓展阅读材料
	教学助理：完成分组、加入 spoc、雨课堂及对分易，建立班级 qq 群，发布学习任务清单			
2 线上	第一章 税收概论 第二章 税制概论 线上视频学习、完成学习任务清单	在线视频	讨论区问题回答：如何认识税收的必要性与合理性？如何设置科学的税制结构	1. 中国大学mooc平台； 2. 相关参考书； 3. 课程配套拓展阅读材料
	教学助理：参与 spoc 在线答疑及讨论区讨论、督促及检查学习任务清单			
3 线下	1~2 章课堂活动 第三章 税收原则 第四章 税收负担 框架、要点	教师讲授 小组讨论	线上学习	1. 上列相关参考书； 2. 课程配套拓展阅读材料
	教学助理：发布 3~4 章学习任务清单；参与 spoc 在线答疑及讨论区讨论			

周数	讲授内容	授课方式	作业（教材）/测验	辅助学习材料
4 线上	第三章 税收原则 第四章 税收负担 线上视频学习	在线视频	讨论区问题回答：如何认识税收公平原则与税收效率原则的关系？税负转嫁受到哪些因素影响？如何影响	1. 中国大学mooc平台； 2. 相关参考书； 3. 课程配套拓展阅读材料
	教学助理：参与spoc在线答疑及讨论区讨论及答疑；督促完成学习任务清单			
5 线下	3-4章课堂活动 第五章 税收效应 第六章 国际税收框架、要点	教师讲授 小组讨论	线上学习	1. 相关参考书； 2. 课程配套拓展阅读材料
	教学助理：协助组织课堂活动；参与spoc在线答疑及讨论区讨论			
6 线上	第五章 税收效应 第六章 国际税收 线上视频学习	在线视频	讨论区问题回答：我国房产税扩围会产生哪些效应？当前国际税收发展有何特点？线上单元测验	1. 中国大学mooc平台； 2. 相关参考书； 3. 课程配套拓展阅读材料
	教学助理：督促检查学习任务清单完成；参与spoc在线答疑及讨论区讨论			
7 线下 8 线下 9 线下	5-6章课堂活动 第七章 增值税制度 1. 增值税基本原理 2. 增值税税制要素 3. 增值税应纳税额计算 4. 税收优惠与征收管理 5. 出口政策 第7章课堂活动 第八章消费税制度框架	在线视频 课堂练习 小组讨论	线上学习 讨论区问题回答：我国增值税制度如何进一步完善	1. 中国大学mooc平台； 2. 相关参考书； 3. 课程配套拓展阅读材料
	教学助理：组织同伴互评；参与spoc在线答疑及讨论区讨论			

周数	讲授内容	授课方式	作业（教材）/测验	辅助学习材料
13 线下 14 线上	第9章答疑反馈 第十章 企业所得税制度 1. 制度要素 2. 应纳税所得额的计算 3. 应纳税额计算 4. 税收优惠 5. 特别纳税调整 6. 申报与缴纳	在线视频 课堂练习	自主学习 单元测验	1. 中国大学mooc平台； 2. 课程配套拓展阅读材料
	教学助理：组织同伴互评；参与spoc在线答疑及讨论区讨论			
15 线下 16 线上	第十章综合反馈 第十一章 个人所得税法律制度 1. 个税制度要素 2. 应纳税额的计算 3. 税收优惠 4. 征收管理	在线视频 课堂练习	自主学习 单元测验	1. 中国大学mooc平台； 2. 课程配套拓展阅读材料
	教学助理：组织同伴互评；参与spoc在线答疑及讨论区讨论			
17 线下	第十一章综合反馈 总复习、结课			
	教学助理：参与spoc在线答疑及讨论区讨论			

五、考核方式

考试形式	考察内容	考察方式	百分比
期末考试	课程全部教学内容	闭卷考试	50%
平时考察	线上学习	视频观看	10%
		单元测验	10%
	课堂表现	小组或个人活动	10%
	课后作业	常规作业	10%
	学习反思	反思性文本	10%

第三节　一堂课的教学设计

这里的一堂课是指一次课或者一节课。在高校课程教学中，根据学分不同，一次课可能有常规的三节课、也可能只有两节课，每节课时长为 40 分钟、45 分钟或 50 分钟；从教学竞赛规制看，一堂课也可以是一个教学节段的完成，可能是 20 分钟、也可能是一节常规课时长或其他规定的时长。

一、一堂课教学设计的理论分析

（一）一堂课教学设计的基本思路

一堂课的教学设计通常应当放在一门课的整体教学结构安排下去进行，一堂课与前面的课程内容沿着时间线向后展开，在课堂教学要素方面也应该包括教学目标、教学内容、教学组织和教学评价，同时还需要特别注意课堂规则和师生互动。

一堂课教学目标的设置思路与一门课的相应设置思路底层逻辑相同，其微观上需考虑客观时间和主观精力的局限性，将教学目标的可达性落实到位即可，尤其注意目标不宜过大。其基本思路是准确把握当堂教学内容在整体课程中的地位和性质，并综合考虑整门课教学目标、课程时长限制、与上次课内容的衔接等方面，在此基础上科学设置该堂课的教学目标。一堂课的教学目标的表述等要点与一门课的教学目标表述要相同，此处不再重复。

对于一堂课教学设计而言，更具体的观察视角要着眼于课堂规则、教室环境和课堂氛围的设计，这对于当堂教学效果具有直接且重大的影响。要使课堂教学顺利进行，就必须有良好的课堂教学秩序。要保持良好的课堂秩序，就需要制定课堂规则，明确规范学生在课堂中的行为。课堂规则，是指课堂之中学生参与各项活动时有关言行举止应该遵守的规范。课堂规则能使学生知道老师的要求、期望或行为标准，并由此产生安定感，可以专心学习。课堂规则具有共同性，也因区域、学校、特定课堂的不同而呈现出差异。课堂规则的内容是多种多样的，几乎涵盖课堂的所有方面。

教室作为学生学习的物理场所，对学生的学习效果也具有直接的影响。教师在安排和布置教室环境时，要特别注意学生座位的安排。合理的教室座位安排能使学生专注于学习活动，因此一般上课听讲要用行列式，即全体学生面向教师；分组讨论则可以让学生围坐，以便于互动。但当学生围坐时，因彼此互动增加，且有些位置侧对或背对教师，所以教师较难维持秩序。此时，教师可以用分组竞赛促成学生自我约束。座位安排的方式可以分为三种：秧田形、马蹄形或新月形、方形或圆形。其中秧田形是传统教师的排列形式，有助于众多学生把注意力集中在教师身上，适合于集体讲授。马蹄形或新月形的座位安排是学生在座谈时能够看见其他人，教师在优字缺口的对面，与学生目光接触频率也会提高，有助于让全班学生尽可能多地参与课堂活动，教师和学生一道讨论研究。方形或圆形的座位安排，有利于讨论者或者开展相互学习活动，一般要求班级规模为 20～25 个学生。

课堂活动是教师、学生和教育情境相互作用的过程，课堂活动开展得好坏除了依赖课堂物质环境外，在很大程度上还取决于课堂心理气氛是否和谐、融洽。良好的课堂心理气氛能调动学生的学习积极性，激发学生的学习兴趣，丰富学生的学习情感体验，进而影响课堂教学效果。影响课堂气氛的因素包括教师、学生及师生互动状态。

（二）一堂课教学设计的参考模型

一堂课的教学设计有各种不同的模式方法，在此介绍一个包含六个元素的有效教学设计模型，用开头字母缩写简称为 BOPPPS。BOPPPS 教学模型以建构主义和交际法为理论依据，以有效教学设计著称，是一个强调学生参与和反馈的闭环教学过程模型。

BOPPPS 的六个元素分别为：导入（bridge-in），吸引学生的兴趣，承前启后；目标（objective），让学生明确知道学习该课程要达到的程度；前测（pre-assessment），了解学生对相关知识的掌握情况；参与式学习（participatory learning），让学生多方位主动参与教学活动从而掌握知识；后测（post-assessment），正式或非正式检测是否达成学习目标；总结（summary），回顾归纳总结知识点。

常用导入方式有讲述法（承前启后）、提问法（从先备知识点到新知识点）、破冰法（说故事或开展小活动调动气氛）、媒介法（影像资料），具体载体形式包括新闻报道、议论点、数据、有趣图片、经验故事、简短文字等。目标的确定通常可以通过板书、PPT、讲解等方式进行呈现，目标的表述要注意使用尽可能准确的动词。前测即教师采用问答、小测验、集体讨论等方式进行课前摸底。

参与式学习是 BOPPPS 教学模型最核心的理念，是培养学生主动学习的重要手段，要求体现"以学生为主体"的教学思想。在讲清概念、重点、难点等主要知识点后，教师通过采用个人报告、分组讨论、角色扮演、动手推算、专题研讨、案例分析等丰富有趣的方式充分激发学生的学习热情，引导学生积极参与到学习活动中来，进一步加深学生对所学内容的理解程度，同时也有助于强化学生的语言表达能力、沟通能力及合作能力等素养的培养。参与式学习体现的是以学生为主体的教学思想。常用的参与式学习组织形式包括：分组讨论、角色扮演、动手推算、专题研讨、案例分析等。

后测（课后测验）是判断学生是否达到预期的重要环节。该阶段的目的是验收学习成果。教师应在课后或者教学过程中及时评估教学效果。教师可通过回答问题、小测验、做习题、操作演示、汇报等方式对教学效果进行评估，并根据评估结果进行教学反思诊改，及时调整教学设计，从而更好地达成教学目标。相对于传统教学模式，BOPPPS 模型强调检测的及时性，即应该在课后或者教学过程中及时评估教学效果。根据评估结果，学生可以及时了解自己对知识的掌握程度，教师可以反思并调整教学设计，使教学目标更易实现。

总结的目的在于通过归纳本节课的知识点和理清知识脉络，进一步加深学生的印象。与传统的教学模式不同，BOPPPS 模型更加强调由学生自己进行知识的归纳总结。总结应以学生为主体，教师主要起引导的作用。教师可以让多个学生进行总结补充，然后自己再强调重点、难点。

作为一种注重教学互动和反思的闭环反馈课程设计模式，BOPPPS 是教师进行教学设计及课堂组织时最为有效的设计模式之一。当然，在应用BOPPPS 教学模型开展教学设计时，教师需要从教学理念、教学目标以及方法上准确把握该模型的内涵，因时制宜，不可拘泥于固定的形式，而是应根据实际情况在教学设计和教学实践中探索出适合自身及学生的有效的教学模式。

二、一堂课教学设计的重点策略

（一）课堂规则设计策略

订立课堂规则的目的，是使课堂中的教学活动得以顺利进行，使学生享有愉快、和谐的群体生活。

制定课堂规则受到多种因素的影响，一般来说主要依据以下四个方面：第一，法令与规章，包括有关的法律法规以及学生守则、学生行为规范条例、学校规章制度等。第二，学校及班级传统。学校和班级长期以来形成的那些对课堂教学活动起着保障与促进作用的优良传统，可以为当前课堂规则制定提供经验、借鉴或参照。第三，学生及家长的期望。学生和家长合理的期望对实现学校教育目标是有益的，可以吸纳积极、正向的期望。第四，课堂风气，即课堂成员间持续而稳定的互动所形成的某些占优势的态度与情感的综合状态。不同课堂往往有不同的风气，规则的制定需要和课堂风气形成补位。

课堂规则应符合四个条件，即简短、明确、合理、可行。课堂规则应通过师生充分讨论，共同制定。让学生参与到课堂规则的制定中去，是因为学生参与制定的规则绝不会轻易地违反，它意味着学生能将他人对自己的期望转变成自己对自己的期望。尽管课堂规则带有一定的限制性或者要求性的意义，但教师还是要注重从正面进行表述：在制定课堂规则时尽量不用或少用"不准""严禁""只要……就"等刺激性的语句，而尽量选用正面的有积极意义的词语和字眼，如"希望""建议"等，这些语句从正面的角度对学生提出要求，有助于满足学生的自尊需要，因而也可以收到较好的效果。

课堂规则的具体制定可以采用民主与集中相结合的方式，一方面让学生用自主参与的方式，围绕明确的目标就如何达成提出自己认为需要遵守的规则条款，考虑到可能存在公共表达的压力，教师可以现场采用线上辅助工具匿名收集，之后进行归纳整合；另一方面，教师要明确知道底线和上线在哪里，能够意识到学生提出的规则哪些是恰当的、哪些是不恰当的，过于严苛和过于松弛都是需要避免的情况。通过上述让学生参与共创的具体途径形成的课堂公约规则，不但能够激发学生的主人翁精神和合作性行为，还有助于为更深的教学共同体的形成打造规则基础。

（二）课堂氛围建设策略

在课堂氛围建设方面，需要教师的理解和配合，要做到这一点，教师要富有爱心、严格公正地对待每一个学生。教师应尽可能详尽地了解自己学生的资料，这不仅有助于让学生感受到自己的一举一动都受到教师的关注，还有助于教师与学生建立起友好、和谐的关系，并能在课堂活动中引导学生的兴趣往正确的方向发展。教师要以行动代替语言，使自己的学生明白你愿意成为他们的朋友。如果教师充满爱心，体贴理解学生，富有同情心，真正把学生当做一个独立的个体来看待，那么学生就会仿效教师的行为，整个班级也会朝着教师所希望的方向发展。

针对违反纪律的学生，教师要从容对待，以下三种做法可供借鉴：第一，正确地对待自己和学生，学生和老师都是普通人，都有可能犯错误，当学生犯错误时教师不要过多指责自己，也不要过多指责学生。第二，不要认为学生违反纪律是对自己个人的侮辱，实际上在大多数情况下，学生违反纪律并非针对教师而来，除非学生感到自己受到了教师的冷落、嘲讽以及不公正的待遇。教师要正确地看待学生的错误行为，应意识到犯错误是年轻人经常发生的事，教师最主要是运用各种方法帮助学生在学业及做人上达到最高目标。第三，教师要具备幽默感及辨别事物轻重缓急的能力，幽默的话题可以缓解班级中紧张的学习气氛，有助于温馨和谐的课堂气氛的建立。

需要特别注意的是，由于教师在师生序位关系中具有先天的相对优势，其整体状态尤其是内在状态对于课堂氛围具有巨大影响。良好的课堂氛围就是让师生构建起一个相互信任、目标一致、共同进取的学习状态，这不仅要求教师具有良好的语言表达、教学技巧的外在状态，而且要求教师具有强大正向的内在状态。教师除了通过培训学习、刻意练习提升自己的外在状态之外，还必须要有意识地去调整优化自己的内在状态。首先，教师在课堂上要有慈悲心，要发自内心地热爱课堂、帮助学生，用爱心和学生建立链接，真正打开学生的心门，引领学生更好地去投入学习；其次，老师在课堂上还要有敬畏心，要尊重学生和自己的时间，要尊重教学规律和学科要求，在讲课过程中始终围绕教学目标进行讲解，如果和教学目标无关，再好的内容也不应该安排；最后，老师在课堂上还应该有自信心，自信的状态不但有利于促进知识的有效传递，还有利于通过身教滋养学生的信心。总之，教师一定要通过充分的准备全方位调整好自己的整体状态，这样才能够有效引导学生共同构建良好的课堂氛围。以下列示某大学的《新市场财政学理论》一堂课的教学设计方案。

【一堂课教学设计举例】《新市场财政学理论》教学设计方案

一、课程信息

"新市场财政学理论"是税务专硕核心课程"中国税制专题"理论内容的一个知识单元，"中国税制专题"一共九周课程，共安排了四大专题（专题一侧重理论，专题二侧重实践，专题三和专题四理论与实践并重）：

专题一 中国税制理论基础（3周）；

专题二 中国税制实务分析（2周）；

专题三 重点税种历史沿革（2周）；

专题四 中国税制改革优化（2周）。

本教学节段属于专题一。

二、教学目标（节段）

学生学习本部分内容之后，能够达到以下目标：

· 知识目标：用自己的语言表示新市场财政学理论核心观点。

· 技能目标：运用该理论分析现实问题。

· 价值目标：认同本土专家观点，强化理论自信。

二、教学理念

教学目标导向。税务专业硕士应该具有扎实的实务功底、良好的理论素养、较好的研究能力、优秀的综合素质、高尚的道德情操、远大的理想信念。教师在专业课教学中，要切实服务于上述目标，进行教学内容选择和教学程序安排。

师教生学并重。教师教得好不等于学生学得好，教学活动是教与学两方面的互动，要想达到好的教学效果，必须以学生为主体、以教师为主导，教和学都落到实处，尤其注意避免以"教"代"学"；教师教不好学生多半学不好，教学活动是可以设计的，教学设计的优化有规律可循，教师要持续学习教育教学理论、切实提升教学技能，同时也要不断精进自身的专业能力和科研水平。

师生教学相长。教师要信任学生的学习力和领悟力，给予学生相对充分的自主学习空间，包容学生的个性化和多元化，根据学生的参与和反馈，不断丰富教学内容和改进教学设计。学习本身具有压力感和挑战性，教师既要尊重学生、有仁爱之心，也要对学生有适当的推动和约束，刚柔并济，以帮助学生克服学习惰性、推进学习进度和达成学习目标。

四、学情分析

本届税务专业硕士入学成绩非常好，但经过调查，有约半数的学生是跨专业考入的，这说明两个问题：一是学生们的学习能力非常强，二是专业基础不够牢固。另外，大部分同学职业目标明确但人生理想境界普遍较为现实朴素，同时也比较反感说教。因此，研究生需要更强的学习能力和研究能力，教师要精心安排自主学习内容和学习程序，基于专业知识传递且高于知识本身，锻炼同学们的思维能力等高阶素质；同时，结合税务专业本身天然具备的国家治理性质，对学生的职业素养、理想抱负、道德情操进行潜移默化的影响。

就本节段内容来说，之前全都没有系统学习过，甚至超过90%的同学没有听说过该理论。为锻炼自主学习能力，教师已经在针对性导学之后提前下发阅读资料，并要求通读学习、思考总结，进而为有效参加课堂讨论奠定基础。

另外，马上将满一个学年，部分同学还存在同班同学认不全的极端情况，大部分情况是平时只和熟悉的几个同学互动。但职场中人际交往和团队合作基本上不以个人偏好为前提，因此分组讨论采用随机分组方式，推动大家跳出人际舒适区，加强锻炼沟通和合作能力。

五、教学内容及思政融入点

新市场财政学理论由中央财经大学李俊生教授于2016年首次提出，是一个不折不扣的本土理论，扎根中国大地、放眼全球各国，具有十分重大的学习价值。主要内容包括：国家分配论、公共财政论、新市场财政论。

教学内容本身就具有课程思政价值。"财政是国家治理的基础和重要支柱"，财政税收相关知识是国家治理的重要工具。本节段内容天然与家国情怀具有直接联系；同时理论的发展优化也体现了历史观、辩证思想和创新要求。

教学目标设计体现思政要求。知识、技能、价值三层立体的教学目标设计中，知识目标即了解国家治理的理论基础，技能目标对应提升学术修养、职业胜任力，价值目标反映社会主义核心价值观。

课堂教学中，开门见山点明理论学习的意义，引用习近平总书记的论断，"我们党之所以能够历经考验磨难无往而不胜，关键就在于不断进行实践创新和理论创新"，引导学生对学习内容和意义进一步重视的同时，也希望对加深学生对党和国家的热爱起到潜移默化的作用。

讲解主体内容一方面通过回顾和分析新市场理论对主要财政学理论学派的扬弃，引导学生提升批判性思维；另一方面通过解读新市场财政学核心观点，帮助学生输入知识、提升理论素养，并自然而然强化理论自信。

教学程序安排上重视小组讨论，组内同伴之间有序逐一发言，相互解答疑问、分享学习体会。这样不仅能锻炼沟通合作技能、强化团队和责任意识、制造面对成功和失败的机会；还能在有限的课堂时间内给予学生更多的发言机会，言为心声，语言是思维的外化，在输入的基础上进行输出有助于加深对问题的理解，进而提高逻辑思维、辩证思维、批判性思维等高阶能力。

结束语结合本专业性质强调，财税学子当心怀天下，引用我国传统文化名言"格物致知诚意正心修身齐家治国平天下（《礼记·大学》）"、"希君生羽翼，一代北冥鱼"（李白），将西财精神"经世济民、孜孜以求"作为课件尾页内容停留展示，从情感唤醒角度强化学生树立正确的学习态度和远大的人生抱负。

六、教学方法和策略

对分课堂与翻转课堂教学模式有机融合。

根据对分课堂教学模式，一个完整的知识传递流程包括四个步骤：教师讲授（presentation）、学生独学（assertation）、小组讨论（discussion）、生师对话（interaction）。其中，讲授即传统讲授法，教师对教学内容进行讲解，但仅针对框架和重点难点，因此涉及对课堂讲解内容的重构。独学是学生独立思考内化的过程，总结收获和疑问，为讨论环节作出必要准备，学生有所准备，讨论才有内容和价值。讨论环节是同伴学习方法的落实，是"生生对话"，学生之间就有准备的共同话题开展思维碰撞，既是对知识点本身的学习和吸收，也有利于锻炼表达、沟通、思辨、创新等多种综合能力。生师对话以教师答疑形式呈现，是对"生生对话"的承接，解决同伴学习无法解决或不能很好解决的高层次问题。对分课堂的包容开放给学生提供了探究式学习的空间，同时强调学生的输入和输出，鼓励多元化观点相互碰撞，相对于传统学习评价机制重在结果性评价而言，其更加重视过程性评价。

翻转课堂教学模式的基本要求是：学生在课堂之外自主完成知识点学习，而课堂活动主要是师生及生生之间的互动交流、练习强化。具体而言，相对于传统教学模式，翻转课堂教学范式具有如下特点：第一，学习流程的重构。传统课堂学习流程为教师在课堂上传授知识，学生在课堂上学习知识；教师布置课后作业，学生在课后通过完成作业来进行知识内化。而翻转课堂则将传统学习流程进行了重构，教师提供课前学习资料并布置好课前任务，学生课前完成知识点学习；教师设计针对性课堂活动，学生在课堂上通过完成各类活动进行知识内化。第二，师生角色的转变。传统课堂上，教师是学习的主导者，学生是学习的接受者；而翻转课堂模式下，教师成为学习的引导者和帮助者，学生成为学习的主导者。第三，评价机制的创新。翻转课堂通过评价机制的改造和细化来对学生自主学习习惯及能力培养提供制度约束，相对于传统教学模式下的结果性评价而言更重视过程性评价。

对分课堂与翻转课堂有机结合，有利于放大二者的优势，尤其对分课堂的结构化，使得翻转课堂更加有序。

另外，在需要教师系统讲授的部分，教师主要采用 BOPPPS 教学法〔BOPPPS 即 bridge（导言）、objective（目标）、pre-assessment（前测）、participation（参与式学习）、post-assessment（后测）、Summary（总结）〕完成课堂内容。在需要学生参与的部分，教师主要采用学生独学内化与小组讨论（同伴学习）前后衔接的方法。独学内化是同伴学习的必要前提，没有内化输入准备的讨论很难有效；同伴学习是独学内化的进阶和延伸，没有讨论输出的检验内化学习效果也会受限。

七、教学安排

课前准备：

通过对分易教学平台提前随机分组，准备好讨论组，并布置阅读任务。

课前阅读属于学生内化（A）。

课堂安排：

教师串讲梗概和重点难点（P，10 min）；

学生思考和小组讨论（A&D，20 min）；

教师反馈和总结（I，10 min）；

布置作业和结束语（5 min），学生课后学习内化（A）。

上述安排从模式上来看实际上是一个隔堂对分嵌套一个当堂对分，并同时体现了翻转课堂的思想。

八、板书设计

以下两处板书设计，时间关系只落实一处，课上酌情灵活选择：

在串讲西方当前财政学理论解释力有限时，列举说明其不能解释的财政现象的关键词：NPM（新公共管理运动）、PPP、中国成功。

学生讨论完毕后抽取小组发言时，板书记录发言关键词。

九、课下思考与作业

小组作业：研读参考资料，思考讨论新市场财政学理论对于治税理念的启发。

十、教学资源

1. 教学课件

2. 指定文献

3. 拓展资源

【本章小结】

教学设计对教学效果具有非常重要的作用，教师想要上好一门课乃至一堂课，首先要解决相应的教学设计问题。本章立足教学实践的现实需求，在介绍教学设计基本界定、基础观念的基础上，从一门课到一堂课解析具体教学设计所需进行的工作，为青年教师在开课前开展教学设计提供现实参考。

教学设计必须围绕教学系统各要素进行开展。教学作为学校教育的中心活动，由教师的教和学生的学共同构成。教师和学生是教学系统中的能动主体，也是核心要素，教学目的、教学内容、教学方法、教学组织、教学评价则是教学系统中的受动要素，为教学系统有效运行提供内容和程序保障。教学设计应首先科学设置或者明确呼应相应教学目标，然后围绕教学目标开展其他要素的规划和准备。

教学设计具有系统性、操作性、灵活性和创造性四个主要特点。有效的教学设计离不开科学观念的支撑，教师在进行教学设计时，应自觉以教育教学理论来指导实践工作，须把握学生的全面性和主体性、内容的一般性和变通性、学习的本能性和建构性、教学的侧重点和生成性、评价的激励性和引导性。

一门课的教学设计基本框架，包括教学目标设计、教学内容设计、教学组织设计、教学评价设计。一堂课的教学设计通常应当放在一门课整体教学结构安排下去进行，一堂课在课堂教学方面也应该包括上述要素，同时还需要特别注意课堂规则和氛围建设。针对上述内容，本章分别安排了相应案例以供参考。

参考文献

［1］陈伟军. 教育学［M］. 济南：山东人民出版社，2014.

［2］顾明远. 教育大辞典：第 1 卷［M］. 上海：上海教育出版社，1990.

［3］李伯黍，等. 教育心理学［M］. 上海：华东师范大学出版社，1993.

［4］皮连生. 教学设计：心理学的理论与技术［M］. 北京：高等教育出版社，2000.

［5］钱玲，喻潜安. 教学设计理论与实践［M］. 北京：教育科学出版社，2012.

［6］田俊国. 让学习真正在课堂上发生［M］. 北京：中国青年出版社，2022.

［7］田俊国. 金课开发15讲［M］. 北京：电子工业出版社，2022.

［8］田俊国. 激活课堂［M］. 北京：机械工业出版社，2023.

［9］王策三. 教学论稿［M］. 北京：人民教育出版社，1985.

［10］曾文婕. 运筹帷幄：教学设计的方略［M］. 北京：北京师范大学出版社，2016.

［11］周军. 教学策略［M］. 北京：教育科学出版社，2003.

第三章　教学内容选择与组织

　　无论您是讲授哪个专业学科的课程，一旦进入教学设计的实践过程，都会面对一个实际问题：作为大学教师，我们在课堂教学过程中应该向学生教什么或者不教什么？这也是您在教学设计时需要思考的一个基础问题。我们还可以进一步追问：

　　（1）教学内容是越多越好吗？

　　（2）谁掌握选择教学内容的权利？

　　（3）教师应该如何对教学内容进行优化组合？

　　（4）既然教材已经对教学内容做了筛选和组织，教师可以直接忠实于教材、照章讲授吗？

　　教学内容是课程与教学系统得以存在和运行的要素之一①。选择与组织教学内容是教学设计的关键环节。只有精心选择与组织教学内容，教师才能科学准确地确定教学目标，才能围绕学生的学习活动安排教学过程，才能明确学习者达成教学目标的评价标准与评价方式。在当前信息爆炸的时代，新知识正在呈几何倍数增长，科学地选择与组织教学内容对高质量开展教学尤为重要。

第一节　教学内容概述

【教学案例】

　　今年，冯老师取得了社会学博士学位，成为中部地区一所知名大学人文学院的专任教师。入职后不久，他就担任了一门新设本科生课程的教学任务。虽然这门课程与他的研究方向相关性不大，但幸好他在求学期间曾经学过这门课程的内容，颇有些学习心得。他回顾了自己的学习

---

① 黄甫全. 现代课程与教学论［M］. 北京：人民教育出版社，2014：98.

经历，从五花八门的教材中挑选出他心中最经典的一本，然后认真选取该教材的精华内容，精心设计了教学活动，兴致勃勃地上了自己教学生涯的第一课。

然而，经过几周教学后，他发现自己每节课都完不成自己设计的教学活动。一方面，该教材的许多内容都十分有价值，前后逻辑严密，而且对初学者来说也有一定难度，需要教师细致讲解，这让他感觉很难直接删除某一部分内容。另一方面，他也设计了不少有趣的学习活动，希望提升学生学习的深度、发展学生的综合素质，但是这些活动特别花时间。他不禁纳闷起来，教学不就是带着学生好好学习经典教材吗？不这样的话怎么教呢？到底应该教哪些内容？教到什么程度呢？

上述案例中的冯老师之所以遇到这样的问题，是因为他在一定程度上将教学内容等同于课本内容，在教学设计时只选择与组织了课本中静态的内容，而没有考虑教学过程中动态、生成性的内容，因此单个课时内他和学生们需要处理的教学内容量实际超过了他的设计。要准确把握教学内容的选择与组织，我们需要首先厘清教学内容的概念与意义。

一、教学内容的概念与意义

（一）教学内容的概念

什么是教学内容？这是教师在教学设计时必然面对的问题。教师对教学内容概念的理解，反映了教师在教学上的价值观、结构观、设计观，影响着教师决定在一门课中教什么和以什么方式呈现这些内容。在日常用语中，人们常常将教学内容和课程内容混用。实际上，教学内容存在课程视角的教学内容和教学视角的教学内容之分。

课程视角的教学内容，其含义接近于课程研究领域的一个基础概念"课程内容"。总体上，课程内容是指根据教育目标从人类经验体系中选择出来并按照一定逻辑序列组织编排而成的知识体系和经验体系，包括了学生需要学习的事实、概念、原理、技能、策略、方法、态度及价值观念等。课程内容规定着学习者学习的范围、层次、广度与深度，反映了一个时代或者一段时期内社会对人才的培养意图，体现了人类社会发展过程中那些经过细心挑选以供后人传承、使用、发展的各类知识。在教育实践中，课程内容通过课程计划、课程标准和种类繁多的教科书得以形式化。中华人民共和国成立后，广泛引进苏联的教育理论。受到苏联凯洛夫主编的《教育学》等影响，人们习惯用"教学内容"探讨"教学大纲、教科书、教学计划"等问题，所以我国存在课程内容与教学内容二词通用的现象。

教学视角的教学内容，其含义接近于教学研究领域所探讨的"教学内容"。在教学的语境中，教学内容通常指一门课程、一个单元、一节课或一个具体教学活动中，作为师生活动对象的具体知识、主题、事实、观念、原理等。教学内容是教师根据教学目标和教学情境，对课程内容的中介形式（例如课程标准、教科书等）进行加工处理，经过"教学化"过程创造而成的内容。它是教师对课程内容的创造性的、个性的演绎。相对课程内容来说，教学内容更加微观，更加具体、个别、开放、动态。课程内容一般被形式化为课程标准、教科书等书面文字材料[①]，而教学内容可以通过多种多样的文字和非文字手段进行表征，不仅包括形式各异的素材内容，也包括一些活动、方法、观念、实践操作等。课程内容是一种抽象的存在，只有当课程内容转化为具体的教学内容时，才能作为教师和学生共同学习、操作、体悟的直接对象。

延伸阅读：

从课程和教学的视角，我国学者朱丹萍将教学内容分为"静态的可能内容"和"动态的现实内容"。静态的可能内容包括通过课程计划、课程标准和教科书等形式书面呈现的内容（即课程视角的教学内容）。这些内容相对于在教学过程中随机生成的教学内容而言是静态的、固定的。在教学过程中，如果教师拘泥于这些已经成文的教学计划、标准等，而不会根据实际情况进行补充完善和灵活调整，就很容易出现"照本宣科""千篇一律"的现象。动态的现实内容是通过现实的教学过程，从静态的教学内容转变或再生产而来的。在这个演变的过程中，由于教学情境是独一无二的，所以每次教学都会产生形式各样、内容不同、数量质量各异的动态教学内容[②]。前文"教学案例"中的冯老师，就是没有充分考虑到动态内容的多样性、特殊性与丰富性。

（二）教学内容的意义

1. 教学内容是人类文化的精华

有计划、有组织地传递人类经验是教育活动的基本规定性。在教育活动中传递的人类经验，具体表现为教学内容。随着历史进程的推进，人类

[①] 张传燧. 课程与教学论 [M]. 北京：人民教育出版社，2008：142-147.
[②] 朱丹萍. 高中古诗词课程内容研究 [D]. 上海：华东师范大学，2011：70.

文化发展的成果不断累积，每个个体都要在有限的寿命中从一个新生儿成长为一个社会人，于是教育活动面临着人类种族经验的无限丰富性与个人学习的时间、精力的有限性及社会教育资源的有限性之间的矛盾。这导致教学内容不可能包括人类社会的所有经验，只能选择人类文化的精华部分。因此，教学内容应该具有基础性、先进性、可迁移性，教师在有限的课时内应该为学生提供最基本、最必需、最先进的经验[①]。

2. 教学内容是师生活动的对象

在教师的教学过程中，教师对教学内容进行选择、组织、设计、呈现，教学内容是教师教学实践的客体。在学生的学习过程中，教学内容被学生接收、加工、转化，是学生学习实践的客体。教学内容作为连接教与学活动的中介，被两个主体共同且同时利用[②]。一些学者也从学生的视角，用"学习内容"指称教学设计中的内容要素[③]。没有教学内容，教学活动与学习活动就无法进行。相对于学生，教师对教学内容往往处于已知或知道得更多的状态，教师很容易将自己定位为教学内容的权威，控制了教学内容的传播。这种情况就需要教师认识到课堂不是教师个人"炫技"的场所，学生也是利用教学内容的主体，需要承担起学习的主体责任[④]。

3. 教学内容是社会育人的载体

教学内容是围绕实现教育的目标而选择、组织并最终呈现的。教育活动的社会目的性决定了教学内容为社会服务。党的二十大报告明确指出："培养什么人、怎样培养人、为谁培养人是教育的根本问题。育人的根本在于立德。全面贯彻党的教育方针，落实立德树人根本任务，培养德智体美劳全面发展的社会主义建设者和接班人。"[⑤] 课程是教育思想、教育目标和教育内容的主要载体，集中体现国家意志和社会主义核心价值观。课程的教学内容要始终服务于为党育人、为国育才的目的。

二、教学内容的类别

按照教学目标或学习成果，教学内容一般分为知识类、动作技能类、

---

① 黄甫全. 现代课程与教学论［M］. 北京：人民教育出版社，2014：99.

② 王天平. 教学活动论［M］. 北京：人民教育出版社，2019：118-123.

③ 周永凯，王文博，田红艳. 现代大学教学设计与案例［M］. 北京：中国轻工业出版社，2010：55-63.

④ 黄甫全. 现代课程与教学论［M］. 北京：人民教育出版社，2014：100.

⑤ 习近平：高举中国特色社会主义伟大旗帜 为全面建设社会主义现代化国家而团结奋斗：在中国共产党第二十次全国代表大会上的报告［EB/OL］.（2022-10-25）［2023-08-10］.https://www.gov.cn/xinwen/2022-10/25/content_5721685.htm.

情感类三大类。

（一）知识类

知识是人类在改造世界的实践中所获得的认识和经验的总和。匈牙利思想家迈克尔·波兰尼从哲学的角度将人类的知识分为显性知识和隐性知识。显性知识是能够被人类以一定符码系统（最典型的是语言，也包括数学公式、各类图表、盲文、手势语、旗语等诸种符号形式）加以完整表述的知识。隐性知识是指那种我们知道但难以言述的知识。奥地利科学哲学家将人类知识划分为七大类：常识，经验性知识，神话故事、传说，科学知识，哲学，艺术知识，宗教。经合组织（OECD）在《以知识为基础的经济》一书中，将知识归纳为四种类型：事实知识（Know-what），原理知识（Know-why），技能知识（Know-how），人力知识（Know-who）[1]。

1956 年，美国著名教育家、心理学家本杰明·布卢姆等人正式出版了《教育目标分类学第一分册：认知领域》一书，标志着教育目标分类学的研究拉开了序幕，对教育领域产生了巨大影响。2012 年，当代课程理论与教育研究专家安德森又对布卢姆认知目标分类进行了修订。修订后的"知识"分为四类：事实性知识、概念性知识、程序性知识和元认知知识。事实性知识是相互分离的、孤立的基本要素，包括术语、具体细节和要素的知识，例如技术词汇、音乐符号、事件、地点、人物、日期、信息源等。概念性知识是指一个整体结构中基本要素之间的关系，包括类别与分类的知识，原理与概况的知识，理论、模型与结构的知识，三角形、推理小说、勾股定理、稳定性、运算律等。程序性知识是关于如何做某事的知识，包括具体学科技能和算法的知识以及具体学科技术和方法的知识，还包括何时运用适当程序的准则知识。元认知知识是关于一般认知的知识以及关于自我认知的知识，例如分析目标，核对答案，知道何时以及为何运用学习策略，了解自己认知活动中的优势和不足，自我效能感等[2]。

（二）动作技能类

动作技能是指以实物或物质化的客体作为动作对象的活动方式，是由一系列外部动作所组成的系统，涉及骨骼和肌肉的运用、发展和协调。动作技能可分为"粗大"和"精细"两类。粗大动作技能是涉及较大肌肉群

---

① ORGANISATION FOR ECONOMIC CO-OPERATION AND DEVELOPMENT. The Knowledge-Based Economy[R/OL].（2024-02-10）[2025-04-28].https://one.oecd.org/document/OCDE/GD（96）102/en/pdf.

② 安德森，等.布卢姆教育目标分类学（完整版）：分类学视野下的学与教及其测评［M］.蒋小平，张琴美，罗晶晶，译.修订版.北京：外语教学与研究出版社，2018：31-44.

（例如手臂或腿）的动作技能，而精细动作技能是涉及较小肌肉群（例如手指）的动作技能。大多数运动需要粗大和精细两种动作技能的结合，即使是通常被认为是精细动作技能的写字，也需要协调手臂中较大的肌肉群。

1956 年布卢姆等人在创立教育目标分类理论时，仅提出动作技能这一领域的存在，但未能制定出具体的目标体系。辛普森等后继者填补了这个空白。辛普森于 1972 年将动作技能分为七级：感知、准备、有指导的反应、机械动作、复杂的外显反应、适应、创新。哈罗于 1972 年提出的分类系统由低级到高级将动作技能分为反射动作、基础性动作、感知能力、体力、技能动作、有意交流。由于反射动作和基础性动作是随着身体发育而自然形成的，不是习得的技能，所以其不纳入教学内容。

（三）情感类

情感是人对外界刺激产生的肯定或否定的心理反应，如喜欢、厌恶等。广义的情感包括所有非智力因素，包括认知成分、情感成分、意向成分和行为成分，例如观念、信念、理想、人生价值、需要、兴趣、情绪、品德、意志、态度、性格、行为倾向等。情感会影响人的行为选择。情感的学习对于形成或改变态度、提高鉴赏能力、更新价值观念、培养高尚情操等密切相关。由于人的情感反应更多表现为一种内部心理过程，具有一定的内隐性和抽象性，因而教师常常感到难以描述这个领域的教学内容和教学目标。

1964 年，克拉斯伍等人制定了情感领域的教育目标分类标准。依据价值内化的程度，他们将情感领域的目标细分为五个层次：接受或注意，反应，评价，组织，价值体系的性格化[1][2]。这个分类法说明，情感的学习是一个价值标准不断内化的过程。教科书、教师以及整个课程传递的价值观，对学生来说是外在的，他们必须经历接受、反应、评价、组织、性格化等过程，才能将其内化为自己信奉的价值。为了落实立德树人的根本任务，教师首先要优化教学内容，增强教学内容的思想性、科学性、时代性、适宜性，其次要改进教学方式，激发学生学习兴趣，引导学生深入内化，春风化雨地帮助学生塑造正确的世界观、人生观、价值观。

---

① 哈罗，辛普林. 教育目标分类学：第三分册 动作技能领域［M］. 施良方，唐晓杰，译. 上海：华东师范大学出版社，1989.

② 布卢姆，等. 教育目标分类学：第二分册 情感领域［M］. 施良方，张云高，译. 上海：华东师范大学出版社，1989.

三、教学内容的来源

关于课程教学内容的来源，长期以来存在不同理论观点。来源的侧重不同，便形成不同的取向，主要有学科知识取向、当代社会生活经验取向、学习经验取向①。

（一）教学内容是学科知识

围绕人类已有的知识体系所形成的学科来组织课程教学，强调学科逻辑和知识积累，这是一种产生较早且影响深远的观点，直到今天仍然广泛存在于世界各国的教育实践之中。无论我国历史上的"六艺"（礼、乐、射、御、书、数），还是欧洲中世纪初的"七艺"（文法、修辞、辩证法、算术、几何、天文、音乐），实质上都将重点放在向学生传递系统化的知识这一基点上。到20世纪，永恒主义、要素主义、结构主义等流派的学者也主张以学科知识作为教学内容。

以学科知识作为教学内容，其优势在于学科知识具有很强的系统性、完整性，便于师生明确教与学的内容，有利于学生系统学习人类文化遗产，掌握知识体系和科学的思维方法。但是其不足在于，首先学科知识瀚如烟海，容易造成教学内容过多且削减起来难度很大。其次，浩繁的学科知识通常被结构化、形式化地表现为教科书，变成既定的、先验的和静态的知识。以学科知识为教学内容，意味着学科专家占据决策"教师应该教什么、学生应该学什么"的权威地位，而教与学活动的主体——教师和学生——只能由外部力量来决定他们实践的对象。最后，如果过分强调学科逻辑，会导致教师出现"以教材为中心"的情况，忽视师生的主动性，难以挖掘潜在课程和其他课程资源的教育机会，难以促进学生的全面发展。

20世纪后期以来，人们越来越需要综合运用多学科知识解决复杂问题，跨学科创新逐渐成为全球科技发展的趋势。在教育领域，"跨学科教学"理念日益受到重视，改正过于细化和分离的分科学习，连通学生的知识与生活、学习与社会，成为各国教育教学改革的普遍要求。

（二）教学内容是当代社会生活经验

把当代社会生活的经验作为教学的主要内容，社会行为主义、社会改造主义、社会批判主义就是这类观点的代表。这些学者关注教育的社会性，认为教学内容应当对社会的需要作出反应，强调学生对社会生活的适应和改造。他们将教学内容看作学习活动，主张学生通过参与和体验中介

---

① 张华. 课程与教学论 [M]. 上海：上海教育出版社，2000：191-209.

实施课程，在"切身体会"中获得发展。他们强调学习者做什么，而不是教材体现的学科体系；强调让学习者积极从事某种活动，而不是教师向学生呈现什么内容；强调课程与社会生活的联系，反对过于详细的分科教学。

以社会生活经验相关的学习活动为教学内容，其优势在于教育学生关注人类社会面临的诸多严重问题，关注实际生活问题的解决，便于加强学生与社会的联系，促进学生发现学习的意义与价值。同时，师生不断批判与超越社会生活经验，也能促进社会变革和完善。其不足在于，首先，每个学习者从活动中获得的意义及其理解方式是不同的，教师容易关注外显的活动，不容易了解学生头脑"黑箱"中的情况。其次，由于对学科系统知识的轻视，教师容易只注意到表面的活动过程而忽略了深层次的知识体系结构，活动可能流于形式。

（三）教学内容是学习经验

泰勒在《课程与教学的基本原理》一书中，用"学习经验"这一术语来区别把教学内容等同于教材或学习活动的观点。把学习经验作为教学内容，强调要围绕学生的兴趣、需要、心理逻辑等组织教学，主张"学生是学习的主动参与者"，决定学习的质和量的是学生而不是教材[①]。教师的职责是建构适合于学生能力与兴趣的各种教育情境，为每个学生提供有意义的学习经验。

以学习经验为教学内容，其优势在于，突出了学生是学习的主体，承认学生是一个主动的参与者，学习的质量取决于学生而不是教师；突出了学生是社会生活经验的创造者，他们有潜力通过日常生活、师生交往、班级活动等生成个人知识和同伴文化；突出了学生是课程的开发者，他们不只是被动接受别人准备好的内容，还有权利与教师、其他学习者一起创造、开发自己的课程。其不足在于，首先学习经验具有高度的个体差异性和过程开放性，教师难以全面掌握每个学生的心理特点，难以准确把握教学环境中每个学生的真实体验，这些会削弱教师对教学的控制、引导与评价。无论是教学设计还是教学实施过程，教师都会面临更大的挑战。其次，这类教学主张学生自己去解读、内化、发挥、表征教学内容，可能不利于建立严密的知识体系。

关于教学内容来源的这三类观点均具有一定的合理性和局限性，过度

---

① 泰勒. 课程与教学的基本原理［M］. 施良方，译. 北京：人民教育出版社，1994：49-50.

强调哪一方都是不可取的。从根本上说，学校课程既不是简单规定一些学科，也不是随意堆积个人经验，更不是零散引入社会问题，而是学科知识、社会需要和学生经验的有机统一。当代世界各国教育大多倡导混合取向的课程，围绕学科逻辑、社会问题和学习者的心理逻辑三方面组织教学内容，强调三者之间的平衡与整合。

延伸阅读

现在，大多数大学课程都有教科书。书籍作为一种信息媒介，具有高度的便携性，读者可以根据自身需要在任何时间、地点进行不同速度和详略程度的阅读。研究表明，对许多人来说，视觉信息处理（例如阅读文本）比听觉信息处理（例如听录音）更快，而且书籍可以一边慢慢细看一边做大量的笔记，也可以快速略读，这使教科书成为一种非常有效的学习资源。

不过，教科书也存在一些局限。虽然一本好书可以吸引和保持学生的兴趣，但它本身不具有互动性，需要教师有意设计一些主动式学习活动，鼓励学生在阅读时提出问题，在文本中寻求答案。学生只有成为积极的阅读者，才能从教科书中获得最大收益。另外，为了满足广大读者的需求，教科书往往篇幅较长，关键信息被淹没其中，容易让学生望而生畏。此外，教科书内容更新频率慢，知识、案例容易过时[1]。

为了满足当代学生的需求，我国正在大力推进新形态教材建设。新形态教材深入浅出、图文并茂，以形式多样的活页式、工作手册式等多种形式呈现，编排方式科学、配套资源丰富、呈现形式灵活，而且运用信息技术紧密融合融媒体元素[2]。新形态教材的出现，为我国教育注入了新的活力。

---

[1] COMMITTEE ON UNDERGRADUATE SCIENCE EDUCATION. Science Teaching Reconsidered：A Handbook ［M］. Washington D. C.：The National Academies Press，1997：47-54.

[2] 教育部办公厅关于印发《"十四五"普通高等教育本科国家级规划教材建设实施方案》的通知［EB/OL］.（2023-12-05）［2024-01-20］. https://www.gov.cn/zhengce/zhengceku/202312/content_6919662. htm.

第二节　教学内容的选择

当今世界，科学技术日新月异，数字经济方兴未艾，人类知识总量呈指数级增长。巴克敏斯特·富勒等人提出的知识倍增曲线显示，信息通信技术发展使得人类知识更新不断加速。十八世纪，知识更新周期为 80 ~ 90 年；20 世纪初，知识更新周期为 30 年；20 世纪六七十年代，一般学科的知识更新周期缩短为 5~10 年；20 世纪八九十年代，许多学科的知识更新周期为 5 年；进入 21 世纪，这个数字已经变为 2~3 年[①]。在这个知识爆炸的时代，学生"可学的"内容远远大于其"能学的"内容。因此，我们必须做好教学内容的选择。

一、影响教学内容选择的因素

一门课涉及的内容很多，但又不可能面面俱到，这就要求教师精选教学内容。教学内容的选择，包括对内容的范围、深度的选择。教师应考虑的基本因素有：

（一）教学目标

教学内容是为实现教学目标服务的，目标对教学内容的选择起着指导作用。教师在内容选择过程中要考虑的最基础的问题，就是每种内容资源如何为学生学习作出贡献。在课程有限的时间范围内，学生需要接触哪些知识、技能或价值观，才有可能达到课程预定的目标？教学内容的选择应该遵循"一致性原则"，即有什么目标，便有什么内容[②]。如果您的课程没有设定目标或者目标不明确、不具体，您可以从评估的角度来思考：学生在完成本门课程、本专业课程时需要面对哪些评估（包括来自社会的评估）？他们需要哪些知识、技能或形成怎样的价值观才能达到评估的标准？教学目标本身需要遵循国家、学校制定的教学大纲、人才培养方案等课程教学文件的规范。以专业学习成果、课程学习成果的评估为导向反思课程的教学目标，进而思考教学内容的选择，有助于教师有组织地选择好教学内容。

---

① PLLANA, DULI. Expanding Entire Volume of Knowledge Influences on Incrementing Individual Knowledge [J]. Global Journal of Human-Social Science, 2019, 19（8）：32-42.

② 吕宪军，王延玲. 基于教学目标的有效教学策略[J]. 教育理论与实践，2014, 34(26)：47-49.

（二）学生特征

课程教学的基本目标就是要促进学生的发展，因此教师选择教学内容之前必须先了解学生学习的规律，关注学生的真实情况，比如调查他们的兴趣、身心发展特点等。首先，兴趣与学生的学习成效有高度相关性。如果学生是被迫学习、没有学习兴趣，就很难发生真正有效的学习。教学是为学生学习服务的，教师无论怎么选择教学内容，最终目的都是让学生真正地学习。只有学生乐意以教师选出来的内容为学习对象，这些内容才具备了价值和意义，学生也会主动参与教学的过程。其次，教师还需要从学生当前的身心发展水平和教育背景出发思考他们对教学内容的接受程度。不同年龄阶段的学生身心发展水平不同，学生的学习方式也受到其文化背景的深刻影响，教师需要根据学生的记忆力、注意力、想象力、语言能力、思维能力、学习风格、学会学习的水平等方面的情况，选择容量、深度、广度、表现形式适宜的教学内容。

（三）社会需要

学生的个体发展离不开社会的发展，因此教师选择教学内容不仅要考虑学生本身，还要考虑当前和未来社会对学生的要求。高等教育与知识特别是高级专门知识和科学技术有着天然的联系，因此高等教育与基础教育相比具有更明显的社会属性。在知识与经济结合更加紧密的时代，在科学技术成为第一生产力的时代，高等教育必然成为推动社会经济发展的重要力量，大学课堂的教学内容需要不断吸收科学技术发展的新成果。同时，教育是为未来社会培养公民的。如果仅仅从当前社会需要出发选择教学内容，那么就会出现人才培养滞后于社会发展的问题。因此，教师选择教学内容不仅要关注时事，还要思考未来社会发展。

（四）学科特点

每一学科在知识结构及其具体内容上都有其特点。比如，数学、物理等基础性学科内容相对比较稳定，持久性强；而医学、计算机技术等专业性强的学科内容更新迭代快，其教学内容的选择应该随着学科发展而保持与时俱进。每一个学科的知识都有其内在系统。一个学科的学术体系和话语体系是不可分割的。学术体系是揭示本学科对象的本质和规律的成体系的理论和知识；话语体系是理论和知识的语词表达，是学术体系的表现形式和语言载体。教师选择教学内容，需要提炼其专业性、系统性的概念、范畴、命题，才能准确、充分地表达该学科的学术体系。

（五）教学时长

时间是选择教学内容必须考虑的一个限制性因素。一门 36 课时的课程与一门 72 课时的课程，能有效涵盖的教学内容总量必然相差甚远。在单位时间内，教学内容不是越多越好。教师需要重点考虑学生理解、加工、生产内容需要的时间。相比在该学科具有多年研究和教学经验的教师来说，学生可能需要数倍的时间才能阅读教科书的一个章节。一个教师眼中"非常简单"的任务，学生可能需要付出整整一周的工作量。随着慕课、混合式教学的广泛推广，许多教师纷纷利用线上教学资源扩展教学内容，引导学生自主学习。然后，教师提供的线上内容过多，将导致学生仍然以被动听课和完成教师布置的规定性作业为主，自主学习的时间被限制。因此，教师需要充分了解学生的学习能力水平，根据时间选择适量的教学内容。

二、教学内容的选择原则

教学内容的选择是一个价值判断的过程，反映了不同的价值观念体系。因此，教学内容的选择绝不是随心所欲的，必须有一定的标准与依据，遵循一定的原则。

（一）导向正确

教学内容选择首先应坚持正确的政治导向。"培养什么人、怎样培养人、为谁培养人"是教育的根本问题。教师教学活动的根本目的是育人，只有教育引导学生树立正确的世界观、人生观、价值观，系统掌握马克思主义基本原理，才能培养和造就一大批担当民族复兴重任的时代新人。教师在选择教学内容时，应旗帜鲜明地以习近平新时代中国特色社会主义思想作为指导精心选择教学内容，以爱党、爱国、爱社会主义、爱人民、爱集体为主线，围绕政治认同、家国情怀、文化素养、宪法法治意识、道德修养等重点优化课程思政内容供给①。

（二）学理科学

选择教学内容一定要尊重学理性。首先，教师要挑选人类文化成果的精华，避免选入错误的事实、概念、原则、方法。其次，教学内容要随着时代的发展而发展，教师虽然需要关注学科历史脉络，但是必须将陈旧的内容排除在外，选择反映学科前沿的内容。最后，人类的知识、文化、思想、价值观有许多不是非黑即白，高校课堂尤其需要呈现评判内容正确性的多元标准，以便在教学过程中引导学生发展思辨的能力。

（三）适合学生

选择的教学内容是给学生学习的，因此教师必须考虑学生的兴趣、需

---

① 教育部关于印发《高等学校课程思政建设指导纲要》的通知［EB/OL］.（2020-06-03）［2023-08-20］.http://www.moe.gov.cn/srcsite/A08/s7056/202006/t20200603_462437.html.

要、经验和能力水平。如果学生不感兴趣或没有能力处理，那么这些内容对他们来说始终停留在外部，对他们的行为、态度、个性等不会产生影响。首先，学生感兴趣的内容常常是与社会生活、学生生活紧密联系的内容，因此教师在选择教学内容时一般需要将理论知识与现实相结合，将教科书内容生活化。其次，教师要考虑学生的现有水平与教学目标之间的差距，以学生的接受度和发展空间为量度，控制好教学内容的广度和深度，排除相关性不高和难度过小、过大的内容。最后，学生的时间、精力、记忆力有限，而且需要在同一时间应对多门课程的学习任务，教师必须筛选出重点内容的关键点及其体系，为后续教学内容的组织、课堂教学过程设计、学习评价设计打好基础。

（四）反映时代精神

随着经济社会的不断发展，人工智能、大数据、量子信息、生物技术等新一轮科技革命和产业变革催生了大量新产业、新业态、新模式，给人类生产生活带来了翻天覆地的变化。为了使学生适应未来社会的变化需要，教师应选用能够反映时代精神的鲜活事例和新资料，教学内容应该具有鲜明的现实性。此外，随着信息时代的到来，社会对人们的数字化信息搜集、处理、分析等"元"能力要求不断提高，教师还应以"学习策略发展"为目标，把数字技术与信息处理相关内容纳入其中。

延伸阅读

泰勒从学生学习的有效性角度，提出了选择"学习经验"的五条原则[①]：

（1）学生必须具有使他有机会实践教育目标所蕴含的那种行为的经验；

（2）学习经验必须使学生由于实践教育目标所蕴含的那种行为而获得满足感；

（3）学习经验所期望的反应，是在学生力所能及的范围之内的；

（4）有许多特定的经验可用来达到同样的教育目标；

（5）同样的学习经验往往会产生几种结果。

[①] 拉尔夫·泰勒. 课程与教学的基本原理［M］. 施良方，译. 北京：人民教育出版社，1994：51-53.

三、教学内容选择的方法

教学内容的选择并非随意为之，而是一个综合决策的过程。由于教师需要考量诸多方面的影响因素和原则，所以其可以对教学内容选择的决策过程进行分解，逐步细化。一般而言，教学内容选择包括以下四个基本步骤（见图3-1）：

图 3-1　教学内容选择四步法

（一）确定教学内容的基本取向

学科知识、当代社会生活经验、学习经验三个取向有各自的合理之处，也都存在各自的缺陷。认识和处理这三者之间的关系，其实是在澄清教师的教学观和学生观等价值观。教师不可采取非此即彼的思维方式，而应结合课程的特点，做到合理综合、取长避短，力求最大限度地发挥教师和学生双方的能动性和创造性，让学生在课程中取得最大的发展。确定教学内容的基本取向不是一件一蹴而就的事情，教师可能在执行其他步骤时又不断返回这个步骤，重新审视您的价值观。

（二）确定教学目标

教学目标是教育宗旨和培养目标的具体体现，是一个课程的灵魂，是教学内容选择的基本方向指引。教师在深入教学设计细节后，常常会遇到偏题、跑题或过于纠结某个问题的情况。有些教师在课堂上随意发挥，想到什么就讲什么，导致内容发散，核心内容教不完讲不透。因此，明确教学目标就显得尤为重要。

阐明希望学生通过本次课在认知、技能、情感方面达到怎样的学习效果，是确定教学目标的主要任务。教师可以从课程目标开始着手，然后再逐步细化至课时目标以及更具体的目标。教学目标需要尽可能具体、可衡量，才能有效发挥其导向作用。本杰明·布鲁姆的教育目标分类学提供了一个实用的框架，可以帮助教师撰写可观察、可衡量的目标。确立课程的教学目标是教学设计的难点，教师可以参考第二章的相关内容进行有针对性的训练。

（三）确定教学主题

确定教学主题是教学内容选择中的关键步骤，是从概括性的目标走向具体的内容之间的桥梁。教师需要在教学目标的指引下，首先拓展出广泛的主题作为基础，评估哪些属于学生必须学习的重点内容，然后再根据教学内容上下文和教学时间、教学环境等条件决定选择哪个特定教学主题或哪几个教学主题。

以下是引导教师思考教学主题的问题：

（1）我的学生必须学习哪些主题的内容才能实现我为课程设定的目标？

（2）从我的课程以及学生人才培养方案中的其他关联课程来说，哪些属于核心的、基础的、必不可少的主题？

（3）从我的实际教学环境来看，我的教学主题能到达何种深度或广度？

【教学案例】

课程背景：这是 2022 级园林设计专业本科生的一门专业必修课"风景园林规划"，选课人数 20 人。分配的教室可容纳 40 名学生，配有白板、电脑、投影仪、可移动的桌椅。您的朋友在本地区一个社区工作，可以帮您联系社区实地考察。

课程名称：园林设计

教学单元：街头绿地设计

教学时长：90 分钟

学习目标：学生将能够与社区管理者讨论他们的需求，并为社区花园选择一个设计主题，根据社区花园所在位置和气候条件制定所选主题的设计方案。

教学主题：

1. 规划过程的步骤

2. 气候对当地园艺的影响

3. 花园作为社区的资源

4. 花园主题

5. 与利益相关者合作

（四）选择具体内容的来源和表现形式

教学主题确定后，教师即可围绕主题有方向地收集和整理更精细的教学内容。根据教学内容的取向，教师可以从不同思路寻找有价值的内容。教学内容来源与表现形式见表 3-1。

表 3-1　教学内容来源与表现形式

教学内容取向	内容来源与表现形式
学科知识	课程标准 教科书 学术专著 学术期刊文章 专科字典 百科全书 中国大学 MOOC 学术报告/会议 图书馆馆藏与电子数据库资源
当代社会生活经验	电视 报刊 网络资源 实践育人项目 电影和故事 艺术展览 摄影
学习经验	学生参与课程的生成内容： 体验 访谈 观察 实验 田野调查 网络信息探索

以下问题可以帮助引导教师开拓选择具体内容的思路：

（1）哪些类型的材料或资源是我的学生必须知晓的？

（2）哪些主题内容有可能反映了学生的某些兴趣或他们的背景情况？

（3）我希望在课程中介绍哪些现实世界的案例或情况？

（4）学生可以提供哪些经验、观点或材料？

【教学案例】

　　课程背景：这是 2022 级园林设计专业本科生的一门专业必修课"风景园林规划"，选课人数 20 人。分配的教室可容纳 40 名学生，配有白板、电脑、投影仪、可移动的桌椅。您的朋友在本地区一个社区工作，可以帮您联系社区实地考察。

　　课程名称：园林设计

　　教学单元：街头绿地设计

　　教学时长：90 分钟

学习目标：学生将能够与社区管理者讨论他们的需求，并为社区花园选择一个设计主题，根据社区花园所在位置和气候条件制定所选主题的设计方案。

教学主题：

1. 规划过程的步骤

2. 气候对当地园艺的影响

3. 花园作为社区的资源

4. 花园主题

5. 与利益相关者合作

内容来源与表现形式：

1. 教材：街头景观规划章节

2. 学术期刊文章

3. 中国大学 MOOC 相关课程的视频

4. 园林设计相关的杂志文章

5. 关于生态文明建设、花园城市建设的国家制度文件、新闻报刊文章

6. 视频网站中的相关短视频

7. 本地社区街心花园实景

8. 学生家庭中的花园景观照片、视频

9. 学生对园林从业人员的访谈记录

10. 学生在网络上检索到的相关资源

丰富的教学内容表现形式对于吸引具有不同需求和学习偏好的学生是至关重要的。有的学生可能更喜欢通过阅读教科书或期刊文章来获取信息，有的学生可能认为插图、图表、地图等视觉材料更有助于理解，有的学生对视频、纪录片等"声光电"多媒体材料表现出浓厚的兴趣，有的学生还希望动手摸一摸、试一试。① 随着现代教育信息技术的迅速发展，多元化的内容表现形式已成为可能，计算机模拟或交互式内容让教学更具吸引力。

教师在选取教学内容的表现形式时，应充分意识到个人学习偏好可能产生的潜在影响。高校教师经过长期严格的学术训练，具备较强的反思观

---

① 盛群力. 现代教学设计论［M］. 杭州：浙江教育出版社，2010：277-279.

察能力和抽象概括能力，因此许多教师在自身学习过程中偏向于选择组织性和逻辑性强的信息呈现方式。这可能导致部分教师不自觉地倾向于从专著和论文中获取教学内容，忽略了学生群体的学习风格。因此，了解和尊重当代学生作为"互联网网民"所具备的特征和学习偏好，是教师在选择教学内容时必修的课题。

第三节　课程教学内容的组织

当教师精心挑选完教学内容之后，如何将其以恰当、有效的方式组织起来，便成为其巧妙推进教学设计的关键。教学内容组织非常重要，因为它直接影响着学生的学习方式和学习感受。从促进学习者实现学习目标的角度来说，教学内容组织也影响着学生学习的效率。教学内容的组织过程蕴含了教师对内容的深度理解和研究。只有在此基础上，教师才能根据实际场景开展教学设计并在教学实施过程中灵活地重新建构。

一、教学内容的组织原则

在 20 世纪 40 年代，美国教育家拉尔夫·泰勒就如何合理、有序地组织课程教学内容提出了三条基本原则：连续性、顺序性、整合性。泰勒认为，教育不是一朝一夕就能够完成的，真正的教育往往是以一种水滴石穿的方式，在潜移默化中对人的行为产生影响。为了让教育产生累积效应，他认为必须要将学习经验组织起来，让它们起到相互强化的作用。[①] 泰勒的这三个基本原则至今仍具有指导意义。

（一）连续性原则

所谓连续性，是指直线式地陈述被选出来的教学内容，并在不同学习阶段进行重复，逐步加深。这一准则在某些需要熟练掌握的技能学习中常常会出现，学生在学习这些技能时，往往需要在一段时间里反复连续训练这一技能。

（二）顺序性原则

所谓顺序性，是根据学科的逻辑体系和学生的身心发展阶段，由浅入深、由简至繁地组织被选出的教学内容。顺序性原则强调的不是重复，而

---

① 拉尔夫·泰勒. 课程与教学的基本原理 [M]. 施良方，译. 北京：人民教育出版社，1994：66-69.

是后续内容应以前面的内容为基础，同时又对前面的内容加以深化、拓展。例如，在学习新知识前，教师会先复习一下上一节课的知识点，然后从旧的知识点延伸到新的知识点上，这就是顺序性准则的体现。

（三）整合性原则

所谓整合性，是指在不同教学内容之间建立横向的联系，整合成有机整体，以帮助学生获得一种统一观念，使学生能够将看法、技能和态度统一起来，并且能将所学的内容整合进个体的行为中。比如学生在学习数学的时候，除了锻炼计算能力外，还需要考虑数学的社会运用场景，比如购物、统计等。学生只有将多种经验结合，才能更加有效地去应用学到的技能。

【教学案例】

课堂黑板上，大大的手掌占据了中间位置，异常显眼。同学们的笔记本上也学着黑板描画手掌，一堂课一只手掌。当回忆知识点时，同学们通常都会眯着眼掐指一算："大拇指是金融学、食指是经济增长、中指是物价稳定、无名指是充分就业、小拇指是国际收支平衡；指甲盖是政策、指节是……手掌是……一切了然于心。"

这样活泼有趣的"巴掌教学"场景，来自某高校一门本科生课程"宏观经济学"。这门课程的任课教师吴老师在教学工作中发现，这门课程知识点数量众多，学生在学习过程中充满困惑。于是，他对课程教学内容进行了归纳总结，并用手掌的形象将知识点串联起来，将知识点和真实生活中的经济现象关联起来，帮助学生更深刻地理解，取得了良好的教学效果。①

二、教学内容的组织方法

在教学设计的众多环节中，有效组织教学内容无疑是至关重要的一环。它影响着教师教学活动的展开，决定着学生学习的效率和深度。合理的组织不仅能够对教学内容构建清晰的逻辑体系，还能够吸引学生的注意力、促进学生的全面发展。教学内容的组织分为课程内容的组织和课时内容的组织两个层次。以下这些组织方式没有优劣之分，教师需要根据教学内容的特征选择适合的方式。当教师考虑学生学习体验，综合性运用这些

---

① 本案例改编自：吴钢.课堂"甩巴掌"，学生"挨"巴掌还喊"巴掌老师"[EB/OL].（2023-09-15）[2025-04-28].https://www.sohu.com/a/227059275_407282.

组织方法时，其将能够为学生创造一个直观生动、引人入胜的教学。

（一）课程内容的组织方法

1. 直线组织法

直线组织是指将一门课程的内容组织成一条逻辑上前后联系的直线，前后内容环环相扣、基本不重复。加涅的层次结构理论按照复杂程度把人类学习分为八类，认为任何复杂学习都是以简单学习为基础，主张将教学内容转化为一系列习得能力目标，然后按这些目标之间的心理关系，把全部教学内容按等级排列，每一个简单的部分都是复杂部分的先决条件，即从较简单的辨别技能的学习到复杂的创新技能的学习。这种组织方式根据概念或技能之间的依赖关系安排内容，确保学生在进入更高级和更复杂的主题之前获得基础知识或技能。直线组织能够较完整地反映一门学科的逻辑体系，是大学教师比较常用的一种教学内容组织方式。

2. 螺旋组织法

螺旋组织是指根据学习准备的原则，在不同学段、单元或不同课程类别中，按照深浅、难易、繁简的程度，重复呈现课程内容，注重前后联系，层层递进，逐步扩大内容范围，按照"螺旋上升"的态势，加大深度。螺旋组织法是20世纪60年代由美国教育心理学家布鲁纳提出的。布鲁纳认为，课程教学内容的核心是学科的基本结构，学生应尽早地、以适合当前智力发展水平的方式接触某一学科的基本结构。

螺旋组织法的使用要点包括两方面。一是学科的基本原理及概念的螺旋式组织。学科的基本概念和原理可分别从动作类、表象类、符号类三种不同智力发展水平进行组织。其涉及的概念和原理可能相同，但教学材料直观程度逐渐降低，抽象程度不断提高，内容不断加深，从而体现了"螺旋"式上升的特点。二是学习与探究态度的螺旋式组织。二是学习与探究态度的螺旋式组织。学习不仅是知识积累，主动探究能力和科学态度也是重要的学习内容。这种组织方式将学习与探究态度的养成也看作一种动态且螺旋递进的过程，强调通过反思、调整、深化和拓展的循环，不断修正和丰富学生的认知模式、激发其探索新知的动力。

【延伸阅读】

思想政治理论课是落实立德树人根本任务的关键课程。习近平总书记2019年3月在学校思想政治理论课教师座谈会上的讲话指出："大中小学循序渐进、螺旋上升地开设思政课非常必要，是培养一代又一代社会主义建设者和接班人的重要保障。"① 当前，大学、中学、小学根据各学段学生身心发展规律和学生特点设置了思想政治理论课的课程目标，小学注重道德情感，初中注重思想基础，高中注重政治素养，大学注重使命担当。各学段的教学内容也是由浅入深、由简单到复杂，是螺旋组织法的应用典型。大学思想政治理论课教师在组织教学内容时，要注意高校思想政治理论课的高阶性，要与中小学思想政治理论课的内容既相互区别又相互联系，避免课程与教学内容的臃肿和不必要的重复。

3. 渐进分化组织法

渐进分化组织是指先教最一般的、涵盖面最广的、抽象性最强的概念，然后根据学科内容的具体细节逐渐加以分化，使其包容性和抽象程度递减，越来越具体直观。概念是我们思考的单元，面向概念和命题的学习是教育最核心的功能。奥苏贝尔认为，概念学习时，教师最好先向学习者介绍一般性、非特指的概念，然后将这些概念按照细节和特质渐进分化。这种组织法的操作难点在于，从所有内容中提炼出哪些是最一般的、非特指的概念，哪些是具体的、下位的概念，这并不是一件容易的事情。教师必须先作一个领域知识的概念分析，分析概念的本质以及概念之间的关系，并把这些关系转化为教学内容。

4. 横向组织法

20世纪70年代以后，一些教育家开始主张学生所学内容要对他们一生具有重要意义，倡导打破学科的界限和传统的知识体系，将各门学科的知识横向联系起来。横向组织是以学生在各个发展阶段需要探索的社会和个人最关心的问题为依据，将课程内容组织成一个个相对独立的专题，以帮助学生将学习内容与校外经验有效联系，从而更好地探索社会和个人最关心的问题。这种组织方式强调的是课程的广度而非深度，关心的是知识的应用而非知识的形式，比较适合通识类课程。

【教学案例】

某高校的程老师从金融学中选取了"货币时间价值"这个核心内容，融合了哲学、文学、物理学、保险学、会计学等多学科知识，设计

---

① 习近平. 思政课是落实立德树人根本任务的关键课程[J/OL].求是,2020(17).(2020-08-31)[2023-08-30].http://www.qstheory.cn/dukan/qs/2020-08/31/c_1126430247.htm.

了一门金融通识课程"生活中的货币时间价值"。除了跨学科的内容外，程老师还从学生当前和未来生活可能面对的生活问题出发组织内容，使得这门课理论性和应用性俱佳，都获得了学习者们的广泛好评。① 下方是其课程大纲：

课程名称：生活中的货币时间价值

第一章　天使还是魔鬼？——货币的多元解读

1.1 货币形态演进溯源

1.2 货币的经济学解读

1.3 货币的人文解读

第二章　两鸟在林，不如一鸟在手 ——货币时间价值原理初探

2.1 多学科视角下的时间概念

2.2 多学科视角下的价值概念

2.3 货币时间价值的金融学内涵

第三章　复利的威力有多大？——货币时间价值计算入门

3.1 货币时间价值基本方程构建

3.2 财务计算器使用入门

3.3 案例分析：24 美元买下曼哈顿岛

第四章　体育明星身价几何？——多重现金流的货币时间价值计算基础

4.1 多重现金流及其表示方法

4.2 多重现金流的现值计算

4.3 多重现金流的终值计算

4.4 案例分析：棒球明星的身价

第五章　个人贷款，您都清楚吗？——年金的货币时间价值计算与应用

5.1 年金的概念

5.2 年金的货币时间价值计算

5.3 案例分析：钱多多的"宝马梦"

---

① 本案例改编自：程静. 生活中的货币时间价值：课程详情[EB/OL].(2022-12-15)[2023-09-10]. https://www.icourse163.org/course/JNU-1002039003.

第六章　证券定价知多少？——贴现现金流估值及其应用

6.1 债券估值及其应用

6.2 股票估值与投资回报

6.3 案例分析

6.3.1 债券价格与利率关系案例分析：平价、折价、溢价，原因何在？

6.3.2 股票投资回报案例分析：这只股票赚了多少？

第七章　我该投资哪个项目？——净现值（NPV）与内部收益率（IRR）的计算与应用

7.1 净现值（NPV）的计算与应用

7.2 内部收益率（IRR）的计算与应用

7.3 案例分析

7.3.1 单一项目投资决策案例分析：这项投资值得吗？

7.3.2 互斥项目投资决策案例分析：我该投资哪个项目？

第八章　为未来储蓄与投资——个人寿命周期理财

8.1 个人寿命周期理财基础

8.1.1 投资专业学位

8.1.2 买房还是租房？

8.1.3 基于个人寿命周期的跨期预算约束方程及其应用举例

8.2 案例分析：老有所依

第九章　货币时间价值，我懂！——课程回顾与展望

9.1 货币时间价值相关概念、原理与应用的总结

9.2 课程寄语：金钱·幸福·生命

（二）课堂教学内容的组织方式

在每一堂课或每一个课时中，良好的教学内容组织方式可以促进学生的学习。课堂教学内容的组织为课堂中的信息沟通提供了一个框架，同时也为教师的教学和学生的学习创造了一个无形的心智模型，可以促进师生之间的有效沟通，为教学过程提供意义，促进学生有效学习。

课堂教学内容的组织方式设计是教学设计的重要组成部分。坚持高级组织策略既有助于教师简化课堂教学设计流程，又能作为引导学生理解内容的一个教学策略。以下是组织课堂教学内容的一些有效方法，教师需要根据教学内容的内在逻辑选择适合的组织方式。

1. 从简单到复杂

教师根据内容的专业水平，先为学生提供简单信息或一般概念，然后再引入复杂信息。这种组织方式可以让学生缓慢入门一个学科，有助于建立学生的信心和知识基础。当课程有一系列相互关联的概念时，例如数学类课、程序设计类课程、科学类课程等，建议用这种方法。

2. 从熟悉到陌生

教师根据学生的生活经验和前期学习情况，先呈现学生已经熟悉的信息或概念，再引入新的信息或概念。这种组织方式主要是利用学生自身的先验知识作为"支架"，促进他们关联旧知与新知，从而理解更复杂或不熟悉的内容。

3. 从整体到部分或从部分到整体

教师首先呈现宏观系统视图，然后深入呈现系统的各个部分，或者反过来。对大学生来说，整体加部分的内容组织方式符合他们作为成年学习者理解信息、建立心智模式的习惯。这种方式提供了一个宏观框架，便于学生整合细节信息形成体系。配合思维导图、树形图、Prezi 等视觉化工具效果更佳。

4. 按照因果关系组织

教师先呈现事件、现象、问题、矛盾，然后分析其原因、可能产生的后果、解决方案。例如，在一个关于蛇咬伤的医学课程中，教师先呈现蛇咬伤的患者案例，然后呈现各类蛇咬伤、毒液的特点，再提供患者症状识别的要点和蛇咬伤的健康风险。

5. 按照时间/过程/步骤/空间组织

教师根据事件发生的时间、过程、步骤、空间顺序构建内容，这种组织方法与社会现象、自然现象的变化顺序和客观事物本身发展的顺序相一致，能使学习者全面认识事物的运动变化规律，在历史类、管理类、自然科学类、医学类等类型的课程比较常用。这种组织方法的关键，在于将教学内容构建为一个顺序结构，并为每一个节点提炼出促进学习者理解和记忆的"钩子"。

6. 按照重要性组织

如果教学内容不适合以上结构，教师可以考虑按照重要性的顺序组织。由于"首因效应"和"近因效应"两种心理现象的存在，学习者在课堂中通常最关注主题的开头和结尾，因此教师可以：将最重要的内容放在开头和结尾，即从最不重要到最重要或从最重要到最不重要。

7. 按数字、字母序列组织

大多数人在童年时期就学会了如何按照数字、拼音字母或英文字母排序，所以按照数字或字母排序，是一种比较直观的组织方式，其可以帮助学生快速轻松地访问信息。即便内容本身没有很明显的内在逻辑，教师仍然可以用数字、字母为其构建结构，例如词汇表、清单、列表等。

8. 按照类别组织

某些内容是扁平结构，没有层次结构。所有主题都处于相同的难度级别，相互之间没有关系。在这种情况下，教师可以尝试创建类别来组织内容。例如，教授文字处理办公软件相关课程时，教师可以按照"任务功能"（比如"文字编辑功能"）将内容进行归类。

三、教学内容的重构

教学内容的重构，一般是指摆脱既有大纲、教材、教案的局限，重新选择与组织内容，使其形成易于课堂表达的体系结构。在当今知识日新月异的时代，教学内容的重构显得尤为重要。它意味着教师需要突破创新，建构出与时代发展相契合、与学生需求相贴合的教学内容，实现教学内容的前沿性、个性化与互动性。

（一）重构的意义

重构教学内容可以采用引入最新的学科研究成果和最新的社会生活经验的方法。其是教学内容保持先进性、时代性，教师解决"教学内容与社会需要脱节"问题的重要举措。尤其对大学课堂来说，一个课程中可能有不同专业、不同就业方向的学生，课程所涉及的科学技术和社会应用也在飞速发展，所以重构是必然的，也是必须的。

通过重构教学内容，教师可以在课程教学中融入自身的研究成果和个人见解，使教学内容的内涵、表达形式与教师的教学策略相匹配，从而更好地让师生之间、生生之间形成"对话"，激发学生的学习动机和深度学习。同时，随着教学实践的发生，课程教学设计的不足之处将暴露出来，为了回应学生的需求和管理者的改革要求，教师往往需要不断重新设计教学目标并调整教学内容。

（二）重构的方法

教学内容的重构主要三个方向：改造既有内容，开发新内容，通过过程生成。

1. 改造既有内容

既有的内容，例如教学大纲、教科书或者课程组提供的教学方案，即便它们可能是经典的，教师仍可以进行个性化地改造。教师可以根据自己完善后的课程教学目标，一是对冗余内容、落后内容、与其他课程重复的内容进行剔除；二是可以从自己的研究领域引入特别的视角、框架、理论，使教学内容差异化；三是可以优化教学理念与教学方法，从教学目标开始进行整体重构。例如，一个课程如果根据"项目式教学"重新设计了学生学习活动，那么教学内容往往也需要根据新的目标、新的学习活动重新组织。

2. 开发新内容

开发新内容不是简单地增加，教师仍需紧密围绕自己完善后的课程教学目标开发。第一种是紧跟社会发展，引入最前沿的技术和应用场景，尤其是与国家战略发展、新一轮产业技术革命紧密相关的技术和应用情况。第二种是把握知识发展阶段，对重要的概念、技术引入既有内容中没有的、不同的学术观点或技术路线，并对其中的差异性进行区分辨析，引导学生多角度思考。不过，在一些人文社会科学类课程中，教师还要注意引导学生正确认识这些差异。[①] 第三种是关联与学生专业背景相关的内容，使教学内容更贴近学生需要。例如，给金融学院学生上"计算机网络"课程，教师不能仅仅列举一些互联网企业、政府机构等场景的应用案例，还应将银行、证券公司的网络布局作为重要案例纳入教学内容中。第四种是教师原创内容，比如将自己个人研究中的重要观点、理论、数据等纳入教学内容，或者是原创设计一些习题、制作一些短视频或手册等。教师的学习能力和研究水平是新内容开发的基础。教师坚持以教学带动科研，以科研促进教学，才能可持续地推动教学内容的迭代更新。

3. 通过过程生成

教师除了发挥自己的能动性，还可以调动学生参与，利用教学过程动态生成教学内容[②]，让教学内容时时处于重构之中。生成性内容包括在课堂情境中由师生互动、生生互动产生的知识，在课外活动中蕴含的隐性知识，以及在社会教育中蕴含的教育内容等。这些内容具有不可预测性、不可测量性、缄默性等特点，不容易被教师掌控，但是它们是教学过程中真实发生的，有可能对学生的价值观发展和能力发展产生深远的影响。教师在选择和组织教学内容时，不能忽视这类无形的资源，相反其更应该开放课堂学习空间、拓展课堂外学生的学习空间，为学生创造参与的条件，引

---

① 刘振天. 论大学教学内容更新的策略选择 [J]. 中国大学教学，2002 (9)：24-27.

② 王天平. 教学活动论 [M]. 北京：人民教育出版社，2019：123-124.

导鼓励学生生成高质量的内容。在这个参与的情境中，教师也很有可能生成非常宝贵的内容。

【教学案例】

某高校何老师面向本科生开设了一门选修课"社会性别与法"。为了建好这门课，她做了大量调研，精心设计课程的教学目标体系和非标准化评价模式。她没有按照"反性别歧视法"专业研究的逻辑选择和组织教学内容，而是按照与性别有关的领域将课程内容分为五个模块，在专业系统性上做了一些让渡，更多关注与同学们生活密切相关的内容和对社会热点问题的及时回应。

何老师不仅自己精心选择和组织教学内容，还非常注重学生生成的内容，"以创造结果来促进学习"。在同学的建议下，她创建了课程公众微信号"性别与法课程"。每次课后每位同学提交300字的感想，然后分小组轮流对这些文字进行选择编辑，写作文章进行发布。迄今已发布了115期，社会公众阅读量近10万人次。

她还引导学生做情景剧。以"反家暴联动机制"这个主题为例，她会提前两周布置任务并给定一些角色，例如原被告、公安、法院、妇联、民政、新闻媒体等，小组可以自由选择，也可以抽签决定。然后学生创作剧本，准备演出。通常班上都会有新闻专业的同学，他们会帮助借两台专业摄影机，在正式演出时用两个机位拍摄。拍摄录像不仅让学生觉得很有仪式感，更重要的是何老师会对照录像进行复盘，对学生们的角色行为在法律上、程序上存在的问题进行讨论。这样大家就会真切了解反家暴的流程，特别是对他们自己掉的那些"坑"体会更深。例如，一个受害人当着正在施暴的加害人的面打电话报警，何老师在复盘时就指出，这样会激化矛盾，导致受害人的安全受到更大的威胁。

除此之外，她还促进学生学以致用。例如，有同学在公务员考试过程中发现了法院、检察院招考公告里有性别限制，有的同学看到了"某个火锅馆有男士抽烟，女生去劝阻被泼油"事件的新闻报道，他们在何老师指导下撰写的提案分别提给当地人民法院、检察院、卫健委，都及时得到了正面具体的回复，并且相关政策文件在第二年就得到更改。学生们感到这是非常大的激励，发现原有自己的声音也是很有价值的，自己的所学也可以为社会带来良好的改变。①

---

① 何霞. 一段相互陪伴的探索之旅我与《社会性别与法》课程 [EB/OL]. (2022-12-15)[2023-09-23]. https://mp.weixin.qq.com/s/mjCZFEQ7eVW0KGJAk2rsxA.

【章节小结】

教学内容的选择与组织是一项系统而复杂的工作，它要求教师具备深厚的专业知识、敏锐的社会洞察力和创新的教学理念。教学内容的选择与组织是教师展开教学设计的核心环节，更是教师保障教学质量和效果的基础。教师在精心选择与组织教学内容时需要牢记，这不是为了满足个人的表达需求，而是为了促进学生的有效学习，为了服务于教育的根本目的——立德树人。

2019 年，教育部发布《关于一流本科课程建设的实施意见》，对高等院校一流本科课程提出"两性一度"（高阶性、创新性、挑战度）的要求①。建设"两性一度"金课，教师需要在选择和组织教学内容注意融入具有广度和深度、体现前沿性与时代性的内容，增加研究性、创新性、综合性内容。我们并非一定要等到学习者完全掌握了基础知识、基本技能后再去接触高阶的教学内容，而是应该为学生提供"支架"并尽可能地将教学内容与学生的亲身经历相联系，引导、鼓励学生去主动探索、逐步攻克高阶性、创新性、有挑战度的内容。无论学生已经具备了何种水平的专门知识，教师在教学过程中都应该积极鼓励他们对教学内容质疑与挑战，持续保持教学内容选择与组织的开放性、动态性。

参考文献

［1］R M 加涅，L J 布里格斯，W W 韦杰. 学习的条件和教学论［M］. 皮连生，庞维国，等，译. 上海：华东师范大学出版社，1999.

［2］程静. 生活中的货币时间价值：课程详情［EB/OL］.（2023-06-09）［2023-09-10］.https://www.icourse163.org/course/JNU-1002039003.

［3］郭成. 课堂教学设计［M］. 北京：人民教育出版社，2006.

［4］何霞. 一段相互陪伴的探索之旅我与《社会性别与法》课程［EB/OL］.（2022-12-15）［2023-09-23］.https://mp.weixin.qq.com/s/mjC-ZFEQ7eVW0KGJAk2rsxA.

［5］河北省教师教育专家委员会. 课程与教学论［M］. 石家庄：河北

---

① 教育部关于一流本科课程建设的实施意见［EB/OL］.（2019-10-31）［2023-09-21］.http://www.moe.gov.cn/srcsite/A08/s7056/201910/t20191031_406269.html.

人民出版社，2007.

[6] 黄甫全. 现代课程与教学论 [M]. 北京：人民教育出版社，2014.

[7] 教育部办公厅关于印发《"十四五"普通高等教育本科国家级规划教材建设实施方案》的通知 [EB/OL]. (2023-12-26) [2024-01-20]. https://www.gov.cn/zhengce/zhengceku/202312/content_6919662.htm.

[8] 教育部关于一流本科课程建设的实施意见 [EB/OL]. (2019-10-31) [2023-09-21]. http://www.moe.gov.cn/srcsite/A08/s7056/201910/t20191031_406269.html.

[9] 教育部关于印发《高等学校课程思政建设指导纲要》的通知 [EB/OL]. (2020-06-03) [2023-08-20]. http://www.moe.gov.cn/srcsite/A08/s7056/202006/t20200603_462437.html.

[10] 拉尔夫·泰勒. 课程与教学的基本原理 [M]. 施良方，译. 北京：人民教育出版社，1994.

[11] 赖绍聪. 论课堂教学内容的合理选择与有效凝练 [J]. 中国大学教学，2019 (3)：54-58+75.

[12] 刘振天. 论大学教学内容更新的策略选择 [J]. 中国大学教学，2002 (9)：24-27.

[13] 洛林·W 安德森，等. 布卢姆教育目标分类学修订版（完整版）——分类学视野下的学与教及其测评 [M]. 蒋小平，张琴美，罗晶晶，译. 北京：外语教学与研究出版社，2018.

[14] 吕宪军，王延玲. 基于教学目标的有效教学策略 [J]. 教育理论与实践，2014，34 (26)：47-49.

[15] 马志颖. 当代课程与教学论 [M]. 上海：上海交通大学出版社，2020.

[16] 裴娣娜. 现代教学论基础 [M]. 北京：人民教育出版社，2015.

[17] 青年教师吴钢：课堂"甩巴掌"，学生"挨"巴掌还喊"巴掌老师" [EB/OL]. (2018-08-13) [2023-09-15]. https://www.sohu.com/a/227059275_407282.

[18] 盛群力. 现代教学设计论 [M]. 杭州：浙江教育出版社，2010.

[19] 孙华. 教学设计论纲 [M]. 重庆：重庆大学出版社，2013.

[20] 王鉴，王明娣. 高效课堂的建构及其策略 [J]. 教育研究，2015，36 (3)：112-118.

[21] 王天平. 教学活动论 [M]. 北京：人民教育出版社，2019.

［22］习近平. 思政课是落实立德树人根本任务的关键课程［J/OL］. 求是,2020(17).(2020-08-31)［2023-08-30］.http://www.qstheory.cn/dukan/qs/2020-08/31/c_1126430247.htm.

［23］习近平. 高举中国特色社会主义伟大旗帜 为全面建设社会主义现代化国家而团结奋斗——在中国共产党第二十次全国代表大会上的报告［EB/OL］.(2022-10-25)［2023-08-10］.https://www.gov.cn/xinwen/2022-10/25/content_5721685.htm.

［24］夏瑞庆. 课程与教学论［M］. 合肥：安徽大学出版社,2002.

［25］张传燧. 课程与教学论［M］. 北京：人民教育出版社,2008.

［26］张华. 课程与教学论［M］. 上海：上海教育出版社,2000.

［27］张释元,谢翌. 课程与教学论［M］. 南昌：江西高校出版社,2018.

［28］钟启泉,黄志成. 美国教学论流派［M］. 西安：陕西人民教育出版社,1993.

［29］钟启泉. 现代课程论（新版）［M］. 上海：上海教育出版社,2015.

［30］周浩波,周润智. 现代教学论［M］. 沈阳：辽宁大学出版社,1999.

［31］周永凯,王文博,田红艳. 现代大学教学设计与案例［M］. 北京：中国轻工业出版社,2010.

［32］朱丹萍. 高中古诗词课程内容研究［D］. 上海：华东师范大学,2011.

［33］Committee on Undergraduate Science Education. Science Teaching Reconsidered：A Handbook［M］. Washington D. C.：The National Academies Press,1997.

［34］Organisation for Economic Co-Operation and Development. The Knowledge-Based Economy［R/OL］. Paris,1996：12.［2024-02-10］.https://one.oecd.org/document/OCDE/GD(96)102/en/pdf.

［35］Pllana,Duli. Expanding Entire Volume of Knowledge Influences on Incrementing Individual Knowledge［J］. Global Journal of Human-Social Science,19（8）,2019：32-42.

第四章　课程教学方法

教学方法是大学教师教学工作专门化的重要特征之一。很多大学教师怀揣远大而崇高的从教抱负，立志为师，但总是不得要领，甚至南辕北辙，事倍功半，其重要原因是"不会教、不善教"。教师熟练掌握并创造性地运用课程教学方法，是一项具有重要意义的基础性工作。在具体的教育教学实践中，我们需要知晓：

（1）有哪些常用的课程教学方法？

（2）不同的课程教学方法有哪些作用？

（3）不同的课程教学方法有哪些基本要素？

（4）如何有效地运用课程教学方法，发挥其应用有的效果？

通过本章节的内容，我们将一起探索课程教学方法的基本内容，深入了解课程教学方法的特点，为开展教育教学实践提供有力的方法支持。

第一节　课程教学方法概述

"工欲善其事，必先利其器。"随着认知科学、脑科学等领域的飞速发展，学习机制的黑匣子逐渐被打开，人们对学习的本质有了突破性的认识与理解。[①] 但是，教师在试图将教育教学的理念落实到课堂教学中时，发现自己面临着一个更为复杂和艰难的问题，即常常感觉无从下手甚至背道而驰，缺乏有效的课程教学方法来推进改革实践。可以说，课程教学方法的选择和运用直接影响到学生的学习兴趣、学习效果和教学质量。教师只有有效掌握了课程教学方法，才能支撑课程教学的改革。一般而言，课程教学方法是指教师在课堂教学过程中，为达成教学目标、传递知识、培养学生综合能力和促进学生全面发展而采用的一系列手段和活动方式的总和。

---

① 张春莉，王艳芝. 深度学习视域下的课堂教学过程研究 [J]. 课程·教材·教法，2021，41（8）：63-69.

一、课程教学方法的重要作用

（一）教学必要条件

工作方法对于任何工作都是十分重要的，教学工作也不例外。教师要完成教学任务，就得采用一定的教学方法。在目的和任务确定之后，方法运用得好坏，就决定了教学工作的成败。教师如果没有采用适当的教学方法，就不可能实现教学的目的和任务，进而也会影响整个教学系统功能的实现。

（二）引发学生参与

德国教育家第斯多惠认为，教学的艺术不在于传授本领，而在于激励、唤醒和鼓舞。[①] 在教学过程中，有效的教学方法将教师的教授活动与学生的学习活动有效地联系起来，为实现教学目的服务。古人有云：事必有法，然后可成，师舍是则无以教，弟子舍是则无以学。

（三）促进深度学习

深度学习指向应用高阶认知策略实现问题解决的学习活动，旨在帮助学习者掌握核心知识，并有效实现应用迁移。[②] 有效的课程教学方法具有促进人的生理和心理由低级到高级，由不全面到全面，由不和谐到和谐，由不充分到充分发展的作用，破解学生被动、机械、低效和浅层学习问题，激发学生的内在学习动机，促进其主动投入，进而提升学生的效能和质量。

（四）加强师生互动

教学方法涉及普遍性的课堂变量，如学习的准备状态、动机作用、呈现的步骤和设施，强化、智慧和情绪方面的功能，以及个人的满足。良好的教学方法旨在唤起准备状态，维持注意与兴趣，调节学习行为，及时解决妨碍教与学的智慧问题和情绪问题，尽力扩大因教学成就带来的满足感，从而取得良好的教学效果和教学质量。

二、课程教学方法基本要素

（一）教学导入

良好的开端是成功的先导，教师应该在开课伊始就激发学生的兴趣，为整堂课打好基础，这就要求教师在导入上下功夫。[③] 教学导入是指引起

---

① 第斯多惠. 外国教育名著丛书德国教师培养指南 [M]. 袁一安，译. 北京：人民教育出版社，1990：177.

② 李奇，李飒，卜彩丽. 深度学习赋能课堂提质增效的机理与路径研究 [J]. 中国教育学刊，2024（3）：70-75.

③ 殷宪峰. 课堂教学导入的技巧 [J]. 思想政治课教学，2009（6）：44.

学生注意、激发学生兴趣、调动学习动机、明确学习目的、提出学习要求、建立知识间相互联系的教学活动环节。平淡低效的导入，不能有效激发学生学习的参与度。良好的教学导入，会使学生很快收心，提高学生的注意力，让学生为学习课程内容做好心理准备。一般而言，有如下几种课程教学导入。

（1）直接导入。课堂教学的导入部分要精心设计，力争用最少的话语，最短的时间，迅速而巧妙地缩短师生间的距离以及学生与文本的距离，将学生的注意力集中到课堂上来。① 在上课开始后，教师开门见山地讲解本次课的教学目标和要求、教学内容、教学进程等，帮助学生了解学习内容或需要解决的问题。直接导入要求课程教学导入"短而快"，迅速触及新课主题，及时起到组织学生进入学习状态的作用。

（2）复习导入。一般来说，新知识是在已有知识基础上发展而来的。教师根据知识间的内在联系，通过已学知识引出新课内容的线索这样既可以引导学生从已有知识出发，进入新的学习领域，还可以使学生产生强烈的求知欲，去探求新知识的奥秘。

（3）设问导入。提出问题让同学们思考，可以激发学生质疑，有效地调动学生急于解决问题的好奇心和探究欲望。问题导入能够直接引发学生的思考，促进学生的主动学习，鼓励他们在课堂上积极参与讨论。通过问题，学生也可以更清晰地了解课程的学习目标和预期成果。

（4）案例导入。这是通过分析真实或虚构的案例来启动课程的一种方法。这种方法能够帮助学生直观理解理论知识在实际中的应用。以案例作为讨论的起点，能够将实际生活与抽象理论教师有机结合，以使学生知晓知识的实际应用场景，从而促进学生更好地理解与应用所学知识。

（5）情景导入。通常情况下，学生的情感需要在一定的情境中才能产生。因此，教师在课程导入时，如果设计与教学内容有关的抒情性较强的语言，有意识地进行情境创设，巧妙渲染一种和教学内容情感基调一致的氛围，可以使学生产生感情上的共鸣，此时引入课堂主题，可以让学生进入课堂"角色"，主动参与到课堂的学习活动中来。②

（6）游戏导入。这是指教师根据教材和学生的特点，以游戏的方式进行导入。教师利用语言、设备、环境、活动、音乐、绘画等各种手段渲染气氛，以激发学生兴趣，提升其注意力，启发其思维，引起其心理共鸣，

---

① 周珏. 学科教学导入四法［J］. 上海教育科研，2015（4）：86-88.
② 朱亚明. 语文课堂教学中导入语的设计［J］. 镇江高专学报，2009，22（2）：121-122.

使其产生深入学习的动力，从而进入学习"角色"。

（二）教学讲解

教学讲解是指教师运用教学语言，辅以各种教学媒体，引导学生理解教学内容并进行分析、综合、抽象、概括、形成概念，认识规律和掌握原理的教学行为方式。讲解的实质是通过语言对知识进行剖析和揭示——剖析其组成要素和过程，揭示其内在含义，从而使学生把握事物的实质和规律。高校教师运用最多的教学技能就是教学讲解。教师在教师中主要有如下几种类型的教学讲解。

（1）描述式讲解。描述的内容主要有人、事或物和事物的发生、发展、变化过程，以及事物形象、结构、要素。描述式讲解能帮助学生对所描述的事物、过程有一个完整的印象，形成一定程度的认识和了解。描述式讲解可以分为两种形式，一是结构性描述。这类描述要注意提示事物结构的层次关系和要素间的关系，突出重点，抓住关键，并运用生动形象的比喻和类比方法。二是顺序描述的。这是按事物发生、发展变化的时间顺序进行描述的。此种描述要注意事物发展的阶段性，注意抓事物发展的关节点，而不是无重点、无要点、流水式的叙述。

（2）阐述式讲解。解释式讲解是运用知识陈述、程序说明、结构显示、符号转译等方式进行的讲解。其注重以概念、规律、原理、理论等中心内容进行讲解，是教学中最重要、最基本的技能。阐述式讲解经常使用叙述加议论的表达方式，从一般性概括的引入开始，然后对一般性概括进行论述、推证，最后得出结论，又回到一般性概括的复述。在推证过程中，教师还要提供有力的证据，利用例证和统计数据进行讲解。在讲解过程中，教师应交替运用各种逻辑方法，强调论证和推理的过程，既注重科学性，又讲究趣味性。

（3）问题式讲解。教师根据教材的内容来创设一定的问题情境，设置一些优质的问题，引导学生解决问题，或者让学生带着问题来听课。当然，引导学生提出问题也是问题式教学法的一种有效形式。教师在进行问题式教学时需要结合学生的提问来开展。教师在讲解中要注意体现启发性，善于利用迁移规律启迪学生积极思维。[①] 可以说，问题式讲解离不开知识和思维能力的培养，常常带有一定的探究性。

（4）启发式讲解。启发式是以解答问题为中心的讲解，常用于启发学生的思维，培养学生分析问题和解决问题的能力。其在探究学习过程中，

_____

① 裘大彭，任平. 课堂教学中的讲解技能［J］. 人民教育，1994（3）：40-41.

具有重要作用，属于高级类型的讲解。启发式讲解的一般教学流程为：提出问题—明确标准—选择方法—解决问题—得出结论。启发式讲解适用于重点、难点、智慧技能和认知策略的教学，通常与提问、讨论等其他教学技能搭配使用。

(三) 教学提问

教学提问是指教师通过提出问题，激发和引导学生进行深入思考，分析和解决问题，发展思维能力，并以此了解学生的学习情况的教学行为方式。"提问"是师生互动的重要途径，教师可以通过发表自己的意见和创设新的思考条件，帮助学生改善原有认识，形成新的认识。提问的技能是教师在课堂中使用的最为复杂的技能，很多大学课堂存在提问不足的现象。教学提问主要分为如下几种方式。

(1) 直接提问法：这是最简单直接的提问方式，教师直接向学生提出问题，要求学生直接回答。例如："这个公式是如何推导出来的?"直接提问要注意检查学生对问题理解程度，一般有三种方式：一是一般理解提问，即学生用自己的语言描述事实或解释现象；二是深层理解提问，即学生必须对问题的本质有深入的理解；三是对比理解提问，即学生对事实或事件进行对比，区别其本质。

(2) 间接提问法：教师不直接提出问题，而是通过引导学生思考、讨论或观察等方式，让学生自己发现问题并尝试回答。例如："你们看看这个图表，能发现什么规律吗?"

(3) 开放型提问法：教师提出一个开放性的问题，没有固定的答案，鼓励学生自由思考、发挥想象力。这种提问方式可以激发学生的创新思维和批判性思维。例如："你认为这个观点有哪些优点和不足?"

(4) 封闭型提问法：教师提出有固定答案的问题，学生只需从给定的选项中选择或回答"是"或"否"。这种提问方式主要用于检验学生对基础知识的掌握情况。例如："这个化学方程式的配平是否正确?"

(5) 分析型提问。这种提问的主要目的是帮助学生识别事物的条件与原因，或者找出事物条件之间、原因与结果之间的关系。因为所有的高级认知提问大都没有现成答案，所以学生不能依靠死记硬背回答问题。

(6) 综合型提问。它是指教师为培养学生综合思维能力所作的提问。学生需要进行分析、综合、推理、想象，进而回答问题。这类问题能够激发学生的想象力和创造力，能够刺激缺乏独立创造精神的学生进行创造性思维。

(7) 评价型提问。它是指教师为培养学生判断能力所作的提问，能帮助学生对各类事物进行分析、比较，做出价值判断，并解释判断的理由。

（四）教学演示

教学演示是指教师在课堂教学过程中向学生展示实物或实物的模型、标本、挂图，或通过幻灯片、投影仪、交互式媒体等展示教学内容，说明事物的特点和发展变化过程，使学生获得感性认识的教学行为方式。教学演示可以帮助学生获得生动而直观的感性认识，为学生提供支持深入思考的感性材料，将抽象的教学内容与鲜活的社会实践相结合。

（1）实体或模型演示。在教学过程中，出示实物、标本和模型的目的是使学生充分感知教学内容，了解其形态和结构的基本特征。为了使学生的观察更为有效，教师必须在演示的同时，使用精准和简洁的语言适时地加以说明或提示，以启发学生的思维，使其更好地理解和分析所观察的内容。

（2）图片演示。图片演示是教学中最早使用的一种直观教学辅助手段。教师通过展示图片、图表等视觉材料，帮助学生理解抽象概念和复杂关系。它不但制作方法简单，而且使用灵活方便，不受地点条件的限制。图片一般包括两类：一类是正规的印刷挂图；另一类是教师自制的简略图、设计图、结构图、分类图、表格图和象形图等。

（3）多媒体演示。多媒体演示是运用幻灯片、投影仪等设备进行的演示，能够化抽象为具体，向学生提供相关事物的直观材料。教师能利用多媒体设备展示课件、视频、音频等教学资源，丰富教学内容和形式。教师进行多媒体演示时，要提前准备好教学资源；课件设计要简洁明了，重点突出；素材要与教学内容相符，具有启发性和教育性；演示内容要有趣生动，避免学生分心。

（4）影像视频演示。这类演示是利用计算机等现代教学媒体进行的。视频具有鲜明生动、直观形象、动态连贯的特点，并且视听同步。大学课堂中的教学课件常常采用视频的方式呈现。视频最大的优势在于可以打破教室空间的限制，将流动的、声像并茂的"真实世界"引入作为特定学习空间的大学课堂，使学生能够打开天窗看世界。

（五）教学总结

教学总结应该具有完整性、前后呼应性、系统性等特征。教学总结可以起到提纲挈领、巩固知识、突出重点、提炼概括、立意开拓、勾连过渡等作用。[①] 教学总结必须抓住教学的重点、难点，有针对性地帮助学生思

---

① 郭芬云. 课的导入与结束策略［M］. 北京：北京师范大学出版社，2010：54.

考核心的学习内容。

（1）提炼型总结。一次课的信息量很大，学生不可能将所有信息输入大脑的工作系统。教师在课堂教学结束时，要提炼课程内容的核心概念、关键含义、主要观点等，并将这些内容作为引发学生思考和分析的"生发点"，帮助学生抓住课的最核心之处，集中精力，思考关键问题。

（2）合作型总结。按照"主导—主体"的教学理论，教师可以邀请学生参与课堂教学总结活动。学生自己总结学习成果，一方面，可以更好地达到总结的效果；另一方面，能够提升其抽象思维能力。教师可以通过提问的方式，询问学生的学习心得体会、最大的收获是什么；也可以通过群体讨论的方式进行教学总结，让学生各抒己见，分享学习结果。

（3）对比型总结。教师设计一系列学习活动，帮助学生解决问题，充分体现课堂教学内容的完整性和系统性。在总结阶段，教师还可以将新学习的内容与已学习的内容进行比较，重点帮助学生理解和区分不同学习内容的差异性和相似性，使学生加深对学习内容的认识。

（4）开放型总结。教师可以通过教学总结，引领学生展开积极的想象与联想，帮助学生将思维焦点指向未来。教师可以在总结时基于所学内容，向学生提出课后需要继续深入思考的问题，使学生带着疑问与好奇离开课堂，将学习活动延续到课下，正所谓"言有尽而意无穷"。

三、课程教学方法使用要点

教学方法的使用需要如实反应学生的需求，教学内容类型的选取需要匹配特定学习结果和可利用的资源。只有清楚正在努力实现的目的，了解各种方法的功能，教师才能挑选出合适的教学方法。[1] 为此，在课程教学方法的使用过程中，教师需要注意以下几个方面，以便更好地使教学方法与教学对象、教学内容等匹配。

（一）教学方法的选择依据

（1）遵循现代教学观的视野。教学方法须从观念层面引导教师由传统教学观强调的"教师、教材和课堂"旧三中心向现代教学观所倡导的"学生、社会知识和活动"新三中心转变，使学生成为教学中心。[2] 教师在运用教学方法时，必须树立以学习者为中心的教学观，尊重学生学习的主体

---

① 克里斯托弗·布彻，等. 设计学习：从课程模块到有效教学 [M]. 罗晓杰，译. 杭州：浙江大学出版社：79.

② 罗三桂. 高校慕课教学方法改革的路径选择 [J]. 中国大学教学，2018（9）：74-77.

性。师生应是教学的合作伙伴，共同探索教育教学问题。

（2）明确课程教学目标和任务。不同的目标、任务，需采用不同的教学方法。教师在选择教学方法时必须注意在使学生获得扎实的专业知识和熟练的专业技能的基础上，把培养学生独立获取知识的能力、独立从事专业工作的能力和独立从事科学研究的能力放在最重要的位置，尽可能地选择符合大学教学目标和任务的最优教学方法来开展教学工作。① 教师应根据教学目标在知识理解、实践操作等方面的要求，合理选取讲解、案例、实验等方式方法。

（3）具体课程教学内容特点。选用的教学方法要与学科的性质、特点相适应。一门学科常用的教学方法往往与这门学科所属的科学研究的方法有关。如物理、化学、生物多选用实验法；而政治则多选用讲授法、讨论法。

（4）学生达到的知识水平。学生的年龄、学科水平、兴趣等都会影响教学效果。为此，教师在选择教学方法时要考虑到学生的实际情况，基于学生的年龄阶段和知识储备情况，选择适合他们的教学方法。

（5）教师自身的教学能力素养。教师在选择教学方法时应扬长避短，根据自己已有的经验、理论素养、实际的准备程度乃至个性品质来选用教学方法。有些方法虽好，但教师缺乏必要的素养，驾驭不了，就不能产生良好的效果。

（6）具有的教学基础条件。不同的教学方法对教学时间、设备、条件等有着不同的要求，有些方法需要较长的时间，有些方法对教学设备的要求较高。因此，教师在选择教学方法时要充分考虑能够有效支撑教学方法实施的因素，从而确保能够达到教学目的。

（二）教学方法的运用要求

（1）要发挥学生学习的主体性。学生是教学活动的主体，教师应尊重学生的主体地位，鼓励学生积极参与教学过程；避免采用满堂灌的教学方式，让学生充分发挥自己的主动性和创造性；要积极采用启发式、探究式的教学方法，调动学生的积极性、独立性、自觉性和主动性，引导学生通过自己积极的学习活动去掌握知识，从而让学生从"要我学"向"我要学"转变。

（2）要综合运用教学方法。教师应深入了解每种教学方法的基本原理、实施步骤和适用场景，明确不同教学方法的相对优势。教师应充分考

---

① 孙泽文. 简析大学教学方法选择的依据 [J]. 教育与职业，2006 (23): 134-135.

虑教学目的、教学内容、教学方法、教学组织形式和教学评价等的因素，根据教学目标和内容选择合适的教学方法，确保教学方法与教学目标和内容相匹配。

（3）要灵活运用教学方法。不同的教学方式方法各有优缺点，教师应根据教学内容和学生特点，灵活运用多种教学方法，以达到最佳的教学效果；积极关注学生的学习状态和反馈，及时调整教学方法和策略，以满足学生的需求；要创造性地运用教学方法，并充分利用各种教学资源，如多媒体、实验设备、图书资料等，以提高教学质量和效率。

（4）不要过度追求教学形式化。在教学过程中，有些教师可能会过度追求教学形式的多样化和新颖性，而忽视教学内容的实际效果。这种追求形式化的做法容易分散学生的注意力，影响教学效果。因此，教师在选择教学方式方法时，应注重实际效果而非形式。

第二节　讲授式教学法

讲授式教学法（讲授法）是教师通过口头语言向学生描绘情境、叙述事实、解释概念、论证原理和阐明规律的教学方法。① 作为最长久和最基本的教学模式，讲授式教学法主要是通过语言的形式讲述事实、概念、原则、基本技能和其他形式的观念性知识，来发展、补充、提炼原有的知识。讲授式教学法的主要特点是教师通过口头语言向学生传授知识、对学生进行思想教育的方法，在以语言传递为主的教学方法中应用最为广泛。

一、讲授式教学法特点

讲授式教学法通过叙述、描绘、解释、推论来传递信息、传授知识、阐明概念、论证定律和公式，引导学生分析和认识问题。有学者认为讲授法是"前技术时代的遗留，那时书籍十分稀缺，讲授是学生获取知识的主要途径"，既然如此，为何我们今天仍然奉行这种教学方法呢？威尔伯特·麦吉奇指出了印刷和网络时代里讲授具有的五种功能：一是讲授能让学生获取学科领域最新的资讯和观点；二是讲授能够综合和比较多篇文章、多部著作，使我们能够在短时间内大范围地探讨藕断丝连的话题或背景知识；三是讲授能够根据坐在我们跟前的听众的反应作出调整；四是讲授能够激励学

---

① 陈振华. 讲授法的危机与出路 [J]. 教育理论与实践，2011，31（16）：50-53.

生，鼓舞他们学习，这是书面文字无法企及的；五是为讲授写稿，能够促进教师学科专业知识的积累。[①] 讲授式教学法作为一种常用的教学方法，具有如下主要特点：

（1）教师主导：教师处于主导地位，负责组织和控制整个教学过程。教师通过富有情感的语言表达，向学生传递知识，解释概念，阐述原理，并引导学生理解和学习，从而达到教育学生的目的。讲授法在特定时空范围内，能够覆盖数量众多的学生，达到批量生产的效果。

（2）系统传授：强调按照学科的逻辑结构，有计划、有步骤地向学生进行知识讲授，注重知识的讲解和解释，帮助学生理解知识、掌握知识、应用知识。

（3）简洁高效：教师经过课前的精心准备和课堂中的系统化讲述，可以在短时间内把大量有价值的信息传递给学生。特别是依托班组的教学组织形式，使信息以一对多的方式传递，大大节约了教学成本，提高了教学效率。

（4）使用灵活：在讲授法教学过程中，教师掌握着教学主动权，可以更好地把握知识的难易、教学的节奏、师生的互动，并根据教学内容和学生特点随机应变，以达到较好的教学效果。

二、课程讲授的实施运用

研究表明，学生的成绩跟好老师的两个特点密切相关，即备课充分、课堂组织好，讲课清晰、易于理解。[②] 讲授式教学法的优势就在于教师的讲解为学生提供了清晰且易于理解的知识内容。为此，教师需要从以下方面进行讲授式教学法的实施。

（一）总体策略

（1）清晰明确。教师的讲授应该清晰明确，确保学生能够准确理解其所传授的知识。教师应使用简单、直接的语言，避免使用过于复杂或模糊的术语。在讲授之前，教师应明确教学目标，并使学生了解他们将在本次课程中学习什么。

（2）组织条理。教师应按照学科的知识结构组织教学内容，确保知识的连贯性和系统性。为了让学生感受到连续性和意义，教师在引入新话题

---

① 詹姆斯·M郎. 开启教学生涯：大学新教师的关键15周 [M]. 胡公博，等，译. 广州：华南理工大学出版社，34.

② 芭芭拉，格罗斯，戴维斯. 一个好老师必备的教学工具 [M]. 韩金龙，等，译. 广州：华南理工大学出版社：140.

的时候，要解释这个话题与之前的材料和课程主题间的联系。教师应使用提纲、思维导图或幻灯片等工具来帮助学生更好地理解教学内容。

（3）突出重点。为了抓住学生的注意力，教师可以通过解决具体问题或解释某一个现象，来强调话题的重要性。对于重要的关键词和概念，教师应使用不同的方式（如加重语气、提高音调、重复强调等）来引起学生的注意；还可以通过板书、PPT或其他视觉辅助工具来突出显示这些关键词和概念。

（4）精简内容。如果学生感觉到信息如洪水涌来，他们会感到困惑、不堪重负或枯燥。因此教师应给他们最重要的信息，使信息量合适；重点讲解基本内容，多归纳，讲规则时不要给出太多例外情况。

（5）控制语速。解释新材料、复杂话题或抽象问题时，或者学生记笔记时，教师讲话要慢一点。教师在讲述话题间的联系、总结要点或举例子时可以改变语速，以便学生跟上进度。

（6）关注学生。教师要及时了解和发现学生在学习中的反馈，注意与学生进行眼神交流，观察学生对于讲授内容的反应，适时调整授课策略，以促进课堂授课的顺利开展。教师运用轻松幽默的教学语言来激发学生求知欲望，既能调动课堂气氛又能促进学生掌握知识。

（二）帮助学生理解

（1）深度阐释。如果解释的内容超出了学生的理解能力，或者解释时未能考虑到他们对话题的已有的错误理解，他们就很难理解教师的解释。

（2）重点提醒。提醒学生注意最难理解的内容。因为一堂课上学生的注意力经常会分散，所以教师在解释一个比较难的要点时，要努力重新提起他们的兴趣。

（3）层层推进。讲课内容要从简单到复杂，从熟悉到陌生。教师可以先理出最重要的基本内容，再引入复杂一些的内容；从学生已知的内容入手，再进入全新的未知领域；还可以先讲一般性陈述，再提供具体例子。

（4）注重联结。教师应帮助学生建立知识体系，明确知识点之间的联系和区别；引导学生将新知识与旧知识相结合，形成完整的知识网络；鼓励学生从多角度、多层面分析问题，培养他们的批判性思维和解决问题的能力。

（5）留白思考。在讲授过程中，教师应预留一定的时间让学生自主思考、提问和讨论；鼓励学生发表自己的观点和看法，培养他们的创新精神和独立思考能力。

（三）做好内容组织

（1）精选一节课的主要内容。教师一次讲授的时间不宜过长，并且切忌面面俱到，而是要突出教学重点、难点，要为学生提供充裕的信息加工时间。① 所以，教师要毫不留情地削减要讲的要点，用更多例子和图示清楚说明课程教学内容；宁可把讲不完的要点整个删掉，也不要为了保留所有要点而压缩讲解；可以推荐有兴趣的学生课下去看看有更详细解释的资源。

（2）吸引学生关注重点、要点。如果学生不知道教师要做什么，为什么要讲这个内容，只是老师讲一步，学生跟一步，那么学生的学习就是被动的、浅层次的。如果老师不说，学生可能不知道一个要点很重要，所以要说，"这一点非常重要，所以要注意听"或者"要记住的最重要的一点是……"或者"你不用记住这个课程的所有内容，但应该记住……"然后解释清楚为什么这一点很重要。

（3）演示而不是描述一个过程。不要告诉学生如何展示一个很有逻辑的观点，而是亲自展示这个有逻辑的观点，帮助学生分析这个观点。不要描述如何解决一个问题，而是亲自在学生面前解决这个问题，一边解决一边写出解决这个问题的步骤。

（4）用生动直观的载体来解释。人们一般更容易记住图片和有趣的事件。教师要用生动的图片、趣闻或者具体的联系来解释抽象的内容，帮助学生理解和记忆重要观点。教师可以借助多媒体等现代信息化教学手段，通过图、文、声、像等调动学生的兴趣，使讲授法更具形象性、进而提高课堂教学效率。

（四）重复和强调

（1）重复重要材料加以强调。尽管通常认为学生只能集中精力 15 分钟，之后就会开始走神。但是，研究者发现几乎没有实验数据证明注意力的持续时间是 15 分钟。学生的确会走神，但是到底能集中注意力多长时间就走神，并没有确切的数据。为了强调一个要点的重要性，教师要多讲几次。

（2）用不同方式解释同一个要点。没有哪一种解释方法能让所有学生都明白，所以，教师要用不同方式讲解重要要点，而且要让学生明白你是在用不同方式讲解同一个要点。

（3）用重复的方式使学生能够赶上进度。如果学生还在努力理解第一个话题，他们就难以开始第二个话题。所以，教师要暂停，或者重复第一个话题，给学生机会补上还没完全理解的内容。

---

① 李香林. 论"讲授法"及其在课堂中的合理运用 [J]. 江苏师范大学学报（教育科学版），2013，4（S1）：69-71.

三、讲授式教学注意事项

讲授法具有适应性强和灵活性大的优点，能在各种情况下进行。教师能根据学生的反应，随时调整，吸引学生的注意力，启发学生思维。但讲授法使用不当，将会使学生产生疲劳、厌倦，从而不能保持良好的注意。另外，由于学生主动活动的机会很少，其也不利于学生探索精神和创造能力的培养。要使讲授法在教学中充分发挥它特有的作用，教师在运用时要注意以下几点：

（1）要科学地组织教学内容。教师的讲授内容本身必须具有逻辑意义。学生的知识结构是从教材的知识结构转化来的，要让学生建立良好的知识结构，教师讲授的内容必须是精心组织的最佳知识结构。只有最佳的知识结构的教学内容，才能对学生产生潜在意义。因此教师在教学前要认真钻研教材，根据学生认识新事物的自然顺序和认识事物的组织顺序，巧妙地组织教学内容。讲授时，教师要遵循由整体到部分，由一般到特殊的"不断分化"的原则，加速知识的同化；要遵循综合贯通的原则，建立知识群之间的内在横向联系。

（2）要严格控制课堂讲授时间。讲授法虽然是必要的，但如果不控制讲授时间，就容易出现"满堂灌"的局面。所以，为了防止"满堂灌"，教师要明确设立讲授时间的限度。并且，教师要在讲授一些知识之后给予学生一些时间，让学生自己思考，相互提问和辩论，或者询问教师、扮演角色等，以使学生进一步加工和深入理解所接受的知识。这样可以使学生大脑进行适当的休息，进而让学生继续思考学习，促进学生更好地理解消化新知识。

（3）要注意激发学生学习动机。由于学生学习的内容不是学生自己选择的，不一定能满足当前生活的需要，加上学习的内容学生并不熟悉，不一定感兴趣，易使学生产生厌学情绪。因此教师要特别重视贯彻启发式教学原则，寓教于趣、以趣培志，巧设疑难，点燃学生思维的火花，使学生的头脑中时时有悬念；重在教会学生如何学习，使学生既肯于思维，又善于思维。教师只有重视培养学习兴趣，激发学习动机，明确学习目的，使学生有强烈的学习心向，才能把讲授的内容转化为学生的需要，使讲授收到预期效果。

（4）要提高语言素养和组织才能。教师语言素养的高低，直接影响课堂教学效果的好坏，尤其是运用讲授法上课，更能体现语言素养之重要。"言语讲解教学法"之所以"公然遭到教育理论家的摒弃"，"蔑视地把它当作声名狼藉的旧教育传统的残余而加以抛弃"，一个重要的原因是教师"运用不当"，"导致学生只能机械地学习"。[1] 因此，教师的语言必须准确、简洁、生动活泼、引人入胜、逻辑性强，这样才能加速学生概念的同化、知识的条理化。讲授法有利于班级教学。学生年龄不大、自制力差，面对几十名个性不一的学生，教师如果没有一定的课堂教学组织能力，也很难达到预期的教学效果。所以我们要十分重视提高教师的组织才能。

（5）要强调多种方法并用。科学的讲授法是课堂教学中比较有效的教学方法，但它不是万能的教学方法。讲授有法，但无定法，妙在变化，重在得法。每种教学方法既有其独特功能，又有其局限性，讲授法也不例外。教师在课堂授课过程中，只有根据不同知识特点、依据各种教学方法的特点，采用适合知识传授的方式进行知识讲解，才能达到理想的教学效果。教师应从教学实际出发，基于整体教学设计的视角，结合具体教学内容和学生学习情况，将多种教学方法综合运用，扬其长，避其短，注重整体效益。

第三节　讨论式教学法

教师通过课堂讨论的教学形式，使学生成为发现者、研究者和探索者，能够激发学生内心产生真正的学习动力和热情。讨论式教学有利于激发学生的学习兴趣，打开其思路，提高其学习能力，有利于师生互动，教学相长。在讨论式教学模式中，学习者成为真正的学习中心和主体，并且通过自我学习和协作学习的方式，进行深入的建构。

一、讨论式教学法概述

讨论式教学法是现代教学改革中比较受推崇的一种教学方法，是指教师在分析教学目标的基础上精心设计某一问题，并指导学生在讨论中各自发表意见，以寻求问题的答案，从而使学生的能力得到锻炼的一种教学方法。[2] 讨论教学模式是一种真正意义上的建构主义教学模式，体现了建构主义的核心理念。所以通常大家说到"建构主义教学"，想到的就是讨论

---

① 奥苏伯尔，等. 教育心理学：认知观点［M］. 佘星南，等，译. 北京：人民教育出版社，1994：666.

② 杨春梅. 关于讨论式教学法及其应用问题探究［J］. 教育探索，2014（1）：62-63.

教学模式，为了强调"学习者为中心"，讨论教学模式更多地被称为"讨论学习法"，这个说法也更容易理解：学习者在讨论中学习、成长、建构。讨论式教学法是一种极为有益的教学方法，对促进教学和学生学习具有重要意义。[①] 一般而言，讨论式教学法有如下主要特点：

（一）注重教师引导作用

在讨论式或研讨式教学中，教师扮演着引导者和促进者的角色。教师需要设计问题情境、提供学习资源、引导学生思考和探索，同时也要对学生的学习过程进行监控和评价。教师在讨论课上要尽量鼓励同学们大胆提问，表达不同观点，挑战权威，不盲从，不跟风，逐渐将讨论引向深入。教师重在提出问题以唤醒学生内在的"知觉"，让潜伏于同学们心中的种子发芽成长。

（二）注重发挥学生的主体性

讨论式教学鼓励学生们发挥好奇心，鼓励他们不断追问，用自己的眼睛看问题，用自己的脑子思考问题，并鼓励他们有自己的选择和答案；强调学生的主体性，即以学生为中心，让学生成为学习的主人。在教学过程中，学生不再是被动地接受知识，而是需要主动参与、积极思考，通过讨论或研讨来解决问题，获取知识。这种教学方式有助于提高学生的自主学习能力和问题解决能力。

（三）注重创设问题情境

讨论式教学注重将问题置于具体的情境中，让学生在实际情境中分析和解决问题。这种方式有助于培养学生的实践能力和应用能力，使学生能够将所学知识应用于实际情境中，解决现实生活中的问题；鼓励学习者积极研讨，加强教学者与学习者之间以及学习者与学习者之间的信息交流和反馈，使学习者能深刻地领会和掌握所学知识。

（四）注重进行合作交流

讨论式教学法鼓励学生之间的合作与交流。通过小组讨论、角色扮演、辩论等形式，学生可以充分表达自己的观点和想法，倾听他人的意见，学会与他人的合作和沟通。这种教学方式有助于提高学生的沟通能力和团队合作能力，培养学生的团队精神和协作意识。

（五）注重进行开放探究

讨论式教学鼓励学生自主思考、提出问题，并在集体讨论中寻求答案。这种过程能够激发学生的好奇心和探究欲望，使他们更加主动地参与

---

① 马岭. 讨论式教学的意义及其方法［J］. 法学教育研究. 2021（02）：119-133.

到学习中来。同时，在讨论式教学中，由于学生拥有不同的背景、不同的知识和经验，因此他们能够提出各自独特的观点和见解。这有助于学生进行多视角的多元探究，从多个角度理解和分析问题，从而培养了他们的批判性思维能力。

二、教学讨论的实施运用

一场好的讨论依赖于所有的参与者，而不仅仅是教师。作为讨论的引导者，教师需要依赖整个讨论小组的准备水平、热情程度、自愿参与程度。有一种宽泛的讨论结构，几乎适合于任何一种小组教学。它的实施要点主要有①：①一系列准备好的问题；②一个足够大的小组，能够划分成几个细分小组，每个细分小组大概有 4 名学生；③细分小组用一半时间来解决问题（所有问题或部分问题）；④每个小组对工作进行简短汇报；⑤在小组汇报的基础上进行班级讨论。除了这些宽泛的讨论结构外，为了适应各种特殊的小组教学情境，教师还应组织不同形式的小组讨论。

（一）一对一讨论

一对一讨论是开展讨论式教学的基础，它对于提高倾听技巧极有价值。这种方法能有效阻止持强硬观点的个人居于支配地位，因为他们也被要求倾听其他人的观点，并要向整个小组表达他们的观点。一对一讨论的程序见表 4-1。

表 4-1　一对一讨论的程序

序号	内容
1	小组成员（最好也包括老师）分成两人一组，每个人被指定为 A 或 B
2	在讨论的课题上，A 不被打断地向 B 讲述 3~5 分钟
3	B 倾听，不做任何提示或提问
4	A 与 B 变换角色，B 说 A 听
5	讨论时间到后，及时停止各小组的讨论
6	邀请部分同学总结小组讨论的情况，并请其他同学做补充
7	教师根据小组讨论内容，做好总结补充，深化讨论

（二）"苏格拉底"式讨论

"苏格拉底"式讨论主要采用对话式、讨论式、启发式的教育方法，

---

① 邢磊. 高校教师应该指导的 120 个教学问题［M］. 北京：北京大学出版社，2022：145.

通过向学生提问，不断揭露对方回答问题中的矛盾，引导学生总结出一般性的结论。"苏格拉底"式讨论通常在观点辩论时使用，而且多是用于和许多人进行讨论。这一方法通常是在质疑他人的观点和信念时，为了寻求真理、理解、一致性和清晰的思维，与他人进行讨论，以证明假设的确定性或正确性。"苏格拉底"式讨论的程序见表4-2。

表4-2 "苏格拉底"式讨论的程序

序号	内容
1	设定清晰的话题
2	教师选择学生开始讨论，分享对一个问题的看法
3	教师通过提问，鼓励学生详细分析其信念、观点或者论证所依据的命题、概念、范畴、前提和假设
4	选择与其他的学生参与对话，以便其他的学生有机会进一步对原来那个学生的回答进行质疑和挑战，或者为他们争论的焦点提供更多支持
5	教师梳理同学们的观点，进一步聚焦观点的核心议题，深挖问题，请同学对问题进行深度思考

(三) "头脑风暴"会议

当教师希望学生宽泛和创造性地思考问题时，其可以考虑采用"头脑风暴"。当高度挑剔的小组成员似乎要妨碍讨论的进行时，这种技巧也很有价值。频繁地使用这种方法，可以训练学生在拒绝或批评他们观点之前先把观点都想出来。成功进行"头脑风暴"的关键是区分两个过程，即观点的产生过程和通过对这些观点进行评价得到问题可能的解决方案的过程。"头脑风暴"会议的程序见表4-3。

表4-3 "头脑风暴"会议的程序

序号	内容
1	向小组成员解释"头脑风暴"的规则： ①在观点产生期间拒绝评论； ②所有的观点都是受欢迎的； ③目标是观点或想法的数量（为了提高好观点出来的概率）
2	向小组陈述问题
3	在学生写下他们的观点时，允许进行一段时间的沉默思考
4	将观点记在黑板、幻灯片或白板纸上，以便所有人看到
5	当列出所有的观点并完成了观点的整合和改进后，开始讨论和评价

（四）角色扮演

角色扮演教学法是一种情景模拟教学方法，它通过让学生扮演特定的角色和身份，使学生能够理解和掌握相关的知识和技能。角色扮演教学法有助于提高学生的实践操作能力、团队合作能力和创新思维能力。这种方法在人际交往技能，特别是在复杂的情感领域教学中有非常大的价值，它能帮助人们改变观念和发展移情。但这种方法的使用需要有相关经验，因此教师在课程中使用它之前应该先了解角色扮演课程。角色扮演的程序见表4-4。

表4-4　角色扮演的程序

序号	内容
1	解释活动的性质和目的
2	明确活动的背景和情境
3	选择学生扮演角色
4	向表演者提供角色的真实描述或者是剧本，给他们准备的时间，如果必要，给他们练习的时间
5	给不参与表演的学生指定观察任务
6	给角色扮演留出充分的时间
7	与表演者及观察者讨论和探索经验

（五）辩论式的会议

辩论是讨论式学习的一种重要的组织形式。它是以学生为主体，以反向思维和发散性思维为特征，由小组或全班成员围绕特定的主题进行辩驳问难，各抒己见，互相学习，在辩论中主动获取知识、提高素养的一种学习方式。辩论通常按小组进行，其可以帮助学生提高各维度的能力，如查找筛选和重新构建信息的能力、逻辑思考能力、语言组织和表达能力、对辩论现场的控场能力、对信息的理解能力。辩论式讨论的程序见表4-5。

表4-5　辩论式讨论的程序

序号	内容
1	明确制定辩论的规则
2	提出有价值的话题，组织不同的小组
3	让不同小组先进行思考讨论

表4-5（续）

序号	内容
4	然后小组 A 的组长邀请小组 B、C、D 中的成员向小组 A 中的任何成员提问
5	规定时间到后，小组 B 的组长报告小组 B 中的讨论，每个小组重复上述过程
6	报告时间和互动规则必须严格遵守，避免出现过激反应

三、讨论式教学注意事项

相对于传统讲授法来说，讨论式教学法的课堂要难控制得多，不可预见的干扰因素也更多。这就要求教师要有更强的掌控能力和教育机智，要及时制止跑题的苗头，引导学生正确地、顺利地完成讨论探究，并使学生的能力得到提高。为此，在组织实施研讨式教学前，教师需要做好充分的准备，系统把握整个流程和要求。

（1）明确讨论目标和问题。在开始讨论之前，教师应明确讨论的目标和所要解决的问题，确保学生清楚讨论的目的和方向。如是否希望学生应用新学习的技能、思考新的学科问题、学会批判性地分析观点，或者将学习的内容与他们自己的生活关联起来。

（2）准备充分的支撑材料。教师应提前准备与讨论主题相关的材料，如案例、数据、文献等，以供学生在讨论中参考和引用。

（3）明确讨论的规则要求。教师应根据讨论的主题和学生的特点，选择适当的讨论形式，如小组讨论、全班讨论、角色扮演等，基于确定的讨论形式，制定好讨论的规则要求，并要求同学们在实践中遵循；创造良好的讨论氛围，鼓励学生积极参与讨论，表达自己的观点和想法，并且尊重他人的意见。

（4）注意进行监督反馈。在讨论过程中，教师应引导学生深入思考，让他们不仅要关注问题的表面现象，还要探讨问题的本质和根源，以培养他们的思维能力和分析能力；观察学生的讨论情况，及时给予学生反馈和指导，避免小组讨论中的偏题或者冷场的情况；合理掌控讨论时间，确保学生有足够的时间来思考和交流。

（5）保持积极开放心态。当讨论的进展和希望的方向不一致时，教师不要突然把这部分工作接管过来。同样，如果通常由你来决定接下来说些什么，学生没有采纳你的意见时，你也不要惊讶，不要急于进行否定。你要主动分析和把握讨论的分歧，及时抓住学生所提出的观点，通过不断追问相应的问题，适时纠正概念和理解的偏误，聚焦并引导研讨的方向，一步一步推动学生深入思考，直至帮助学生利用所学理论，寻求到解决问题的方案。①

（6）避免把讨论形式化。有些教师一想到讨论式教学法，就认为是单独准备一节课由老师精心准备好讨论的问题，然后让学生分组讨论，各组派学生代表发言，最后老师进行总结。按照这种形式运用讨论式教学法无可厚非，但如果认为只要运用讨论式教学法就得严格按照这个步骤来进行就有些过于形式化了。教师可以根据讨论主题和学生特点灵活调整讨论形式，以达到最佳的教学效果。

第四节　探究式教学法

教学不仅仅是传播知识，还需要培养学生的批判式思维和创造性思维。当前一些"满堂灌、死记硬背、机械训练"的教学方式，不利于培养学生获取新知识、分析问题、解决问题的能力以及团队合作的能力等，因此我们要实现大学教学从"以传授知识为主"向"以培养能力为主"的转变。② 为此，教师需要运用探究式教学，帮助学生培养主动思维的意识和能力，促进学生进行积极思考和探索。

一、探究式教学法概述

探究式教学法，顾名思义是指教师引导学生主动探索，让其自行发现并掌握相关知识、相应原理进而得出感悟或者结论的教学方法。它聚焦学生发展核心素养的培养，遵循"从讲授主导型走向发展主导型""由抽象知识转向具体情境""由知识中心转向素养中心"的总体要求，故而成为当前教学方法改革的趋势之一。探究式教学涵盖了围绕科学性问题展开探究活动，获取可以帮助学习者解释和评价科学性问题的证据，根据事实证据形成解释来对科学性问题做出回答，学习者通过比较其他可能的解释来

---

① 吴健. 基于案例的参与式研讨教学法：结合"资源与环境经济学"教学的思考 [J]. 中国大学教学，2020（9）：38-42.

② 蒋宗珍，李军. 高校探究式教学的理论内涵及组织策略 [J]. 重庆第二师范学院学报，2013，26（4）：153-154，170，176.

评价他们自己的解释，学习者要交流和论证他们所提出的解释五个方面的内容。[①] 一般而言，探究式教学法是以学生为主体，具有问题导向、探究式教学法启发和合作等特点，旨在培养学生的创新精神、实践能力、思维能力和自主学习能力。

（一）学生主体性

探究式教学法强调学生的主体地位，鼓励学生主动参与、积极探索，通过亲身实践去发现和掌握知识。

（二）问题导向性

探究式教学法以问题为起点，引导学生通过探究来解决问题，培养学生的问题意识和解决问题的能力。

（三）注重启发性

教师应通过启发性的引导，帮助学生发现问题、分析问题、解决问题，鼓励学生自主思考、创新实践，培养学生的创新精神和实践能力。

（四）强调合作性

探究式教学法注重小组合作和交流，培养学生的团队协作能力和沟通能力，让学生在合作中共同学习、共同进步。

（五）具有实践性

探究式教学法鼓励和支持学生的实践探索，围绕具体的实践活动来加深学生对知识的理解和应用，增强学生的学习参与度。

二、探究教学的实施运用

探究式教学是一种以教授学生如何思考为目的而开发的教学方法。教师在探究课堂上的基本作用是保证探究活动的顺利进行，维持学生的注意力，督促他们不断反思。虽然探究课堂有多种授课方式，但其基本流程由六个部分组成。

（一）说明流程

当教师第一次使用探究式教学模式时，其需要向学生讲清楚课程的目标及整个流程。特别重要的是通过解释，能让学生理解这类课程最重要的目标是学习与探究本身相关的技能和过程。

（二）情景创设

教师根据教学目标和课程内容，创设与现实生活紧密相关的问题情

---

① "科学探究性学习的理论与实验研究"课题组. 探究式学习：含义、特征及核心要素 [J]. 教育研究，2001（12）：52-56.

境，引导学生发现并提出问题。学生更愿意对自己感兴趣的事情进行深入的调研。因此教师想要安排一堂探究课，首先要让学生对探究的主题感兴趣。如思考以下问题：围绕这个主题的哪些内容可以唤起学生的共鸣？哪些内容与学生的日常生活息息相关？哪些信息和现象打破了学生的固有认知？

（三）聚焦问题

教师需要围绕教学主题或者想要学生探究的主题，明确一个核心的问题，这个问题可以是有确定答案的，也可以是开放的。问题在设置的时候，也需要想好，学生可以如何通过自己的探索找到问题的答案。问题不要是简单的"是""否"问题。试着用"怎么样……""为什么……""如何……"还有"什么是……"构思你的探究问题。

（四）引导探索

有了探究问题，学生探究就有了明确的研究方向。教师可以将探究材料或者如何获取探究材料的方法告诉学生。学生在进行探究的过程中，教师的角色是辅助者、引导者；鼓励学生提问，形成假设，帮助解释所发生的现象；需要耐心等待和接受学生在探究过程中所有的看法，不要急于去纠正。

（五）组织讨论

在组织讨论时，教师应要求学生在实验和可获得的数据的基础上做出解释或得出结论。所有的解释都应该被接受，但是教师的质询可以让学生思考与自己观点不同的解释。比如：你对你的结论有多大的自信？如果我认为……会影响到你的思考吗？你会把你的结论和……的结论做怎样的比较？不同点在哪里？为什么？

（六）总结反思

这也许是探究课程最重要的阶段了。在这个阶段，教师主要鼓励学生回顾他们做了什么，分析他们随课程进展而进行的整个思考过程。教师可以通过使用以下几个问题来达成这一目的。比如：你什么时候想到了对你来说有意义的假设？这个假设最后证明是准确的吗？探究过程中你的思考有过变化吗？如果有，是什么导致了这个变化？如果再给你提供一个类似的问题情境，你会如何解决这一情境？

此外，作为一种常见的"基于问题的探究教学模式"，其强调了 5E：引入（engagement）、探索（exploration）、解释（explanation）、加工（elaboration）和评估（evaluation）。这些过程是学生使用探究方法来学习重要信息、培养批判性思维和学习元认知技能的关键。教师可以根据表 4-6

考虑应该做什么和说什么，以及希望学生在参与有价值的问题解决活动时做什么、说什么，从而合理组织实施探究式教学模式。

表 4-6　基于问题的探究式教学模式中教师和学生的潜在行为①

步骤	教师	学生
1. 引入，即引入问题	·准备一系列的活动和演示来吸引学生对问题的兴趣 ·提出符合课程和标准的开放式、可研究的问题 ·评估学生对问题的兴趣，如有需要进行调整 ·介绍基于问题的探究图表	·注意教师的演示活动，并评估自己对问题的兴趣 ·与同学分享兴趣和关注点 ·必要时就内容和程序性问题进行提问 ·将先前的知识和经验与基于问题的任务联系起来
2. 探索，即用基于问题的探究图表探索问题	·讨论问题，并突出基于问题的探究图表的用途 ·为学生探究问题分析问题的过程提供教学支架 ·提醒学生假设生成的过程 ·对整体概念进行设计、组织和实施教学 ·提供内容来源和反馈 ·通过观察和反馈监督基于问题的探究图表的进展 ·检查学生对内容和过程的理解	·根据演示和教师提供的信息阐明可研究的问题 ·（与教师和同学）探究问题和分析问题 ·将问题陈述与先前的知识和经验联系起来 ·创建可能解决问题的假设 ·探索、设计和规划数据收集方法 ·通过探究图表反思并评估对问题的探究
3. 解释，即解释与分享信息	·提醒学生资源的作用以及哪些是证实了的或矛盾的信息，指出不同的观点 ·促进学生讨论有关数据收集、可能的解决方案，提醒学生了解需要从特定来源获得的支持等 ·辅助学生使用基于问题的探究图表 ·要求学生注意并分享有关内容和过程中的困难	·通过基于问题的探究图表制订可能的问题解决方案 ·分享不同的数据收集途径和可能的解决方案 ·参考基于问题的探究图表 ·用图表反思个人的挑战与生成解决方案的过程

---

① 托马斯·H 埃斯蒂斯，苏珊·L 明茨. 十大教学模式 [M]. 盛群力，徐海英，冯建超，译. 上海：华东师范大学，2022：275.

表4-6（续）

步骤	教师	学生
4. 加工，即精细加工与采取行动	·向学生提出有关决策和行动计划的问题 ·就计划的逻辑性和可行性提供反馈和建议 ·鼓励学生评估行动计划 ·监督学生的讨论活动	·加工和应用可能的解决方案 ·通过收集到的信息和利用先前的知识和经验来支持解决方案 ·制订和评估行动计划，以帮助解决问题 ·解决与行动计划相关的潜在问题
5. 评估，即评估过程	·设计和管理有关内容和过程的形成性和总结性评估 ·促进探究过程的讨论 ·提出未来改进探究过程的想法 ·考虑学生的想法	·评估过程和行动计划 ·将新的信息和兴趣与先前的知识和经验相联系 ·参与教师领导下的评估 ·反思探究过程、个人挑战和新的学习 ·为未来的基于问题的活动提供建议

三、探究式教学注意事项

人们在理解和实施探究式教学中容易出现两方面的偏差，一是对探究的泛化，二是对探究的神化。因为有不同类型的思维存在，所以教师需要根据想要培养的思维类型调整培养思维的方式。在组织实施探究式教学中，教师应关注如下几个方面的事项：

（一）理解思维的过程

教师需要认识思维过程，包括它的要素、概念、规则和可能的谬误，并以此设置讨论，留意讨论中产生的问题以及思维偏离轨道的地方，必要时为学生示范思维过程。批判式思维要求学习者通过仔细的、合乎逻辑的推理步骤系统化地找出考虑周全的解决方案。创造性思维需要长期的准备、灵感的迸发、以新的视角看待事物以及持之以恒地细化加工。而对话式思维则涉及不同观点或参照系之间的对话或扩展交流，从而促进彼此之间更好地理解。

（二）精心设计问题

问题是探究式教学方法的核心要素。教师应该精心设置问题情境，帮助学生主动地投入到教学活动中，为学生进行自主探究学习做好准备，引导学生将客观的知识转化为主观的知识。教师设计探究型问题，需要注意两点：一是问题设计与教学目标相符，引发学生思考；二是问题有悬念，能够激发学生探究的欲望。

（三）进行巧妙提问

探究中最好不要寻找答案而是寻找有助于讨论的有用而诚实的回应。教师期待的回应是有价值的信息、定义和重新定义、需澄清的问题、证据的基本规则、已确定的价值、可行的假设、创造性的洞见、其他视角和暂时性的结论等。基本问题示例有：①要求更多证据的问题——你是怎么知道的？哪些内容能支持你的论点？②要求澄清的问题——你能换个方式表达吗？举个例子呢？③关联性问题——你与某某说的之间有什么关联，是质疑还是支持呢？④假设性问题——如果这没有发生，情况可能会有什么不同？⑤因果问题——这可能产生的影响是什么？⑥综合问题——这个主题还有哪些未解决的问题？你更好地理解了什么？

（四）进行有效推动

教师必须主动对讨论进行操控，对观点进行重新叙述和反馈，并要求学生进一步说明；询问学生同意或不同意该意见，鼓励其发表看法，表明大家倾向于同意什么、不同意什么；知道何时或怎样改变讨论的方向；提出更多问题，建立联系，尊重不同的视角。无论是在线、书面还是面对面，教师在反馈学生的评论时都应该保持中立的态度。因为，一旦教师说："对，你回答正确"或者"这个想法很好"，就会暗示学生不需进一步思考这个话题了，而中立的反馈并提出中立的跟进问题会让学生继续思考。

（五）注意论之有据

分析揭示探究的问题要与学生必学的科学概念相联系，并且能够引发他们进行实验研究，从而使他们开展收集数据和利用数据对科学现象做出解释的活动。避免无逻辑或者无依据的泛泛而谈。教师和学生在参与探究的过程中，需要运用证据对科学现象做出解释。

（六）合理进行评价

做好学生学习评价与指导是非常重要的，因为这能确保学生的学习过程得到有效的监控和支持，从而帮助他们达到学习目标。除了传统的考试和作业评价外，教师还可以采用口头报告、小组讨论、角色扮演等多种评价方式，以全面评估学生的学习成果。

第五节　案例教学法

案例教学是一种理论与实践相结合的有效的教学模式。从1870年哈佛法学院首倡案例教学至今，案例教学已有一百多年的历史。它能创设一个良好宽松的教学实践情境，通过呈现案例实践材料，让学生经过分析讨论，加深学生对理论的认识，将书本中的理论与实践中得来的案例材料结合起来，并利用理论分析说明复杂的案例内容，提升教学效果。[①]

一、案例教学法概述

案例教学法就是一种运用案例进行教学的模式或者方法，具体而言就是指提供一个含有问题的典型案例，然后组织学生围绕一个或几个问题开展讨论、分析，提出各自的见解，以培养和提高学生思考、分析和解决问题的能力的一种教学方法。案例教学融理论教学、实践教学为一体，案例教学以案例为载体，以课堂生生之间、师生之间的讨论为核心，以完全平等合作的师生关系作为教学发展的根本动力，以培养学生的综合能力，特别是分析问题、解决问题的能力为目标。一般而言，案例教学法具有如下主要特点。

（一）实践性

案例教学法聚焦实际问题和现象，使学生通过深入分析案例来增强对知识的理解。这种实践性特点使学生能够综合运用所学知识和技能，增强了他们的动手能力和解决问题的能力。

（二）创新性

案例教学法鼓励和支持学生进行积极主动的思考，让他们围绕案例提出解决问题的方案和策略，有利于培养学生的创新能力。

（三）综合性

案例教学法通常涉及多学科的知识，能促进不同学科之间的联结，深化学习者对知识和技能的深度理解和掌握。

（四）合作性

案例教学法常常以小组的形式组织实施，能充分发挥小组间的合作精神，从而共同解决案例所揭示的问题，有利于培养学生的团队合作精神和

---

① 许传红. 高校思想政治理论课案例教学研究 [M]. 北京：人民日报出版社，2018：2.

沟通能力。

为此，在组织实施案例教学过程中，教师需要遵循以下主要原则。

（一）注重发挥学生的主动性

在案例教学中，教师更多地从讲台前站到了学生的背后，这既调动了学生的积极性，也能使学生有展示自己能力的机会。案例教学要求学生自己搜集资料、进行独立思考，并且每位学生都要就自己和他人的方案发表见解，从而有利于学生始终对学习、讨论保持高度注意。

（二）围绕案例创设问题情境

教师要紧扣教学目标，通过提供学习材料、组织实践等方式，将案例进行适当加工，精心设计问题产生的情境，激发学生产生积极探究的愿望；让学生在案例情境空间中获得情感交融，在互动讨论中激发灵感和观点，在任务驱动下会积极主动思考，在动手过程中会产生立体式切身体验，从而最大限度地激发学生的积极性与创造性。

（三）进行周全细致的案例剖析

好的案例能够揭示丰富的现象，深入的案例剖析能够对事实进行翔实的描述，帮助学生实现系统理解，获得一个较全面与整体的认识。因此，精心选择案例并进行深入研究、刻画和剖析是成功实施案例教学的重要保障。

（四）加强理论与实践的深度融合

案例教学的目的就是通过案例呈现与情境模拟，实现理论与实践的融合。其路径大致有二：一是"案例→知识"模式，即在案例分析的基础上归纳解决案例问题所需的理论、知识与技术；二是"知识→案例"模式，即在传授知识的基础上通过案例情境来直接呈现理论、知识和技术在解决实际问题中的运用。无论采用哪种路径，案例教学的目的都是启发学生独立自主地去思考、探索，培养学生独立思考能力。

二、案例教学的实施运用

案例教学是一项系统工程，包括案例的选择与整编、案例情境的创设、学员角色扮演与实战体验、讨论与互动环节的安排、案例的点评与知识点的阐释等诸多环节。一堂完整的案例教学课，往往需要教师进行长时间的精心准备与谋划。从基本流程来看，案例教学在具体实施运用中分为案例选择、情境创设、任务设定、角色扮演、过程控制、点评讲解。

（一）案例选择

实施案例教学的第一步是选择典型案例。案例选择至少应遵循三个标准：一是案例应紧扣教学内容。案例教学的目的是通过案例分析和情境模拟，使学生能够深刻理解所学的理论知识与技能，并能够灵活运用到解决问题的实践工作中去。案例本身不是目的，而是实现教学目标的载体。二是案例应源于实践或贴近实际。案例不能主观臆造、凭空想象，而应从实践中来，以确保创设的情境贴近实际工作情况。这样的案例情境模拟才有实战价值。三是案例要有典型性和可操作性。典型性体现为案例能够涵盖所教授的知识与技能；可操作性是指案例所呈现的问题难度适当，并且要考虑案例教学实施所需的条件，如互联网、数据库、机房、分析软件等设备。

(二) 情境创设

情境创设又称情景模拟，是指在教学过程中，教师围绕特定的教学内容，对选定的实际案例进行加工，模拟具体的实践情境，让学员通过角色扮演、互动、参与和体验，切实感受实战，提高学习兴趣，促进学生对知识和技能的掌握。一是教师尽管可以根据教学的需要适当加工案例，但情境创设应根据实际工作中的情境来设计，而不能凭空捏造、脱离实际。我们可以运用"情境移植"的方法来创设情境，即从其他案件中移植特定的情境来补充本案例细节的缺失与不足。二是情境创设应该充分考虑教学条件，离开现实的教学条件进行情境创设就没有可操作性。三是授课教师应适时向学生提供各种案情细节，帮助其尽快融入角色，并使其感受临战状态的紧张气氛。

(三) 任务设定

案例情景创设完成后，进入任务设定环节。任务设定是案例教学具体实施的第一步。任务设定分为三步：一是角色分工，即根据案例情境与执行任务的需要，把学生分成若干任务小组，并确定每个学生所扮演的角色。角色分工既可以由学生自主确定，也可以由教师指定。二是制订计划阶段，即各小组进行交流讨论、分析研判，形成详细的行动计划和方案，并做好行动准备。三是任务执行阶段，即小组成员根据行动计划分工协作，完成情境任务。

(四) 过程控制

案例情境模拟训练的关键就是要让学生亲自动手和体验，避免"眼高手低"。学生可以独立完成任务，也可以团队合作完成任务。在该过程中，学生若遇到困难或问题，教师不应着急给出答案，而应鼓励学生尽力通过互联网或其他途径寻求解决问题的办法。如果是团队作战，教师应注意考察团队成员的分工、讨论、交流与合作情况，对于"搭便车"的情况（即个别学生不参与工作任务）要及时进行干预。在学生确实无法完成任务时，教师应适时予以指导，避免耽误时间，提高教学的质量。

（五）点评讲解

在学生完成案例研讨、角色扮演并汇报完成果后，进入教师点评和讲解环节，这个环节至关重要。点评是否精准到位，讲解是否全面系统，决定了整个案例教学的质量，精彩的点评讲解能起到"画龙点睛"的作用。点评环节可以分为三步：一是由各小组自行进行交流、讨论和总结，分析情境模拟过程中任务完成的得与失，分析存在的问题，总结经验，提出改进建议。二是在小组讨论总结的基础上，各小组之间进行交流讨论，开阔分析和解决问题的思路，探讨疑难问题。三是在全班讨论研究的基础上，授课教师总结和评价学生在本次练习中的表现，对每一小组的模拟进行点评，帮助学生认识模拟过程中的问题。评价的内容包括模拟主题的把握度、情景设计的完整度和逻辑性、小组成员的团队配合度、行为举止的得体度、语言表达能力、灵活度、创新度、方法技术运用情况，以及在分析问题和解决问题的过程中存在的问题、经验、教训和改进策略等。

三、案例教学注意事项

案例教学能够成为教学中的一种"范式"，说明它有自己独特的作用，如让抽象的知识更加"接地气"，让学生自行建构、生成观点结论，从而加深印象等。但如果给案例教学戴上"有利于培养能力""有助于问题解决"等"帽子"，不分场合、不讲条件地加以推广，其教学效果必然会适得其反。[1] 为此，进行案例教学需要注意做好以下事项。[2]

（一）案例选择与内容匹配

教师在使用案例教学法时，应明确教学目的。选择的案例应具有独特性和代表性，与相应的教学目标和课程内容相匹配，能够有效联结学生的知识储备，引起学生的兴趣和共鸣。

（二）教师要明确角色定位

教师在案例教学中作为设计者和激励者，要引导学生积极参与讨论。在学生分析完所有的事实前，教师要隐藏自己的观点，直到学生形成了自己的观点。在学生遇到分析困难时，教师可以提出以下问题让讨论继续下

---

① 周序，周灵润. 如何认识案例教学?：关于"案例教学法"提法的思考 [J]. 中国教育学刊，2020（4）：74-78.

② 芭芭拉，格罗斯，戴维斯. 一个好老师必备的教学工具 [M]. 韩金龙，等，译. 广州：华南理工大学出版社，2014：199.

去：有哪些可能的行动方案，每种方案的后果是什么，这种分析可以遵循什么概念、原理或理论等。

（三）鼓励学生积极参与

案例教学强调学生的主动参与性和互动性，适合采用小规模的团队方式，不同的观点能够促进批判性的评价和更深入的理解。教师应通过各种方式（如小组讨论、辩论比赛等）激发学生学习的主动性，促进他们之间的交流和合作。

（四）及时总结关键要点

案例教学要注重通过系统、精炼的总结，强调重点并解释案例与前面所学或将来涉及的课程内容的关联。教师要详细列出案例中哪些问题得到了处理、哪些问题被忽略了，还有哪些关键问题依然存在。教师点评还要结合教学内容和教学案例，将学生的思维从案例内容所表现的典型问题情境中拉回社会现实生活中，帮助学生学会举一反三。

（五）教学环境与资源支持

为使案例教学更有效，学习环境必须能为受训者提供案例准备及讨论案例分析结果的机会。

【本章小结】

课程教学方法需要遵循"教无定法""殊途同归"的总原则。其应具有灵活性、融合化、对象化、适切性。"教无定法，教学有法"即不提倡任何一种固定的教学模式，但教学又必须有"法"，也就是教学必须共同遵循的规律。课程教学方法必须以大纲和教材为"本"，不能随心所欲；注重引导学生通过分析、对比、推理、判断的思维过程，探求问题的答案或结论；要照顾学生的学习情况，并充分估计学生的接受能力，在教学设计中安排足够的内容以满足学生的求知欲。对浅显的内容：深入开掘，不要停留在知识表面，而要揭示其内涵。对深奥的内容：将难点解剖成若干个较易理解的组成部分，用通俗易懂的语言分析阐释。同时，我们也要认识到，课程教学是整个教学过程的一个重要组成部分，但决不是全部。教师在课外还必须通过批改作业、个别辅导、与学生交谈等才能完成教学任务。若上完课即走人，课外不与学生接触，不主动收集学生反馈的信息，也就是不把课堂教学延续到课外，那么，课上得再"漂亮"也决然收不到良好的教学效果。

参考文献

［1］钟启泉，汪霞 编著. 课程与教学论［M］. 上海：华东师范大学出版社，2009.

［2］李芒. 大学教师教学能力的培养［M］. 北京：科学出版社，2022.

［3］克里斯托弗，布彻，等. 设计学习：从课程模块到有效教学［M］. 罗晓杰，译. 杭州：浙江大学出版社，2021.

［4］詹姆斯·M 郎. 开启教学生涯：大学新教师的关键 15 周［M］. 胡公博，等，译. 广州：华南理工大学出版社，2014.

［5］芭芭拉，格罗斯，戴维斯. 一个好老师必备的教学工具［M］. 韩金龙，等，译. 广州：华南理工大学出版社，2020.

［6］邢磊. 高校教师应该指导的 120 个教学问题［M］. 北京：北京大学出版社，2022.

［7］理查德·I 阿伦兹. 学会教学［M］. 从立新，等，译. 北京：中国人民大学出版社，2016.

［8］James R Davis，Bridget D Arend. 高效能教学的七种方法［M］. 陈定刚，译. 广州：华南理工大学出版社，2014.

［9］胡庆芳，杨翠蓉 等. 有效小组合作的 22 个案例［M］. 上海：华东师范大学出版社，2021.

［10］张春莉，王艳芝. 深度学习视域下的课堂教学过程研究［J］. 课程·教材·教法，2021，41（8）：63-69.

［11］第斯多惠. 外国教育名著丛书德国教师培养指南［M］. 袁一安，译. 北京：人民教育出版社，2001.

［12］李奇，李飒，卜彩丽. 深度学习赋能课堂提质增效的机理与路径研究［J］. 中国教育学刊，2024（3）：70-75.

［13］殷宪峰. 课堂教学导入的技巧［J］. 思想政治课教学，2009（6）：44.

［14］周珏. 学科教学导入四法［J］. 上海教育科研，2015（4）：86-88.

［15］朱亚明. 语文课堂教学中导入语的设计［J］. 镇江高专学报，2009，22（2）：121-122.

[16] 裘大彭, 任平. 课堂教学中的讲解技能 [J]. 人民教育, 1994 (3)：40-41.

[17] 郭芬云. 课的导入与结束策略 [M]. 北京：北京师范大学出版社, 2010.

[18] 罗三桂. 高校慕课教学方法改革的路径选择 [J]. 中国大学教学, 2018 (9)：74-77.

[19] 孙泽文. 简析大学教学方法选择的依据 [J]. 教育与职业, 2006 (23)：134-135.

[20] 陈振华. 讲授法的危机与出路 [J]. 教育理论与实践, 2011, 31 (16)：50-53.

[21] 李香林. 论"讲授法"及其在课堂中的合理运用 [J]. 江苏师范大学学报（教育科学版), 2013, 4 (S1)：69-71.

[22] 奥苏伯尔, 等. 教育心理学：认知观点 [M]. 佘星南, 等, 译. 北京：人民教育出版社, 1994.

[23] 杨春梅. 关于讨论式教学法及其应用问题探究 [J]. 教育探索, 2014 (1)：62-63.

[24] 马岭. 讨论式教学的意义及其方法 [J]. 法学教育研究. 2021 (02)；119-133.

[25] 吴健. 基于案例的参与式研讨教学法：结合"资源与环境经济学"教学的思考 [J]. 中国大学教学, 2020 (9)：38-42.

[26] 蒋宗珍, 李军. 高校探究式教学的理论内涵及组织策略 [J]. 重庆第二师范学院学报, 2013, 26 (4)：153-154, 170, 176.

[27] "科学探究性学习的理论与实验研究"课题组. 探究式学习：含义、特征及核心要素 [J]. 教育研究, 2001 (12)：52-56.

[28] 托马斯·H 埃斯蒂斯, 苏珊·L 明茨. 十大教学模式 [M]. 盛群力, 徐海英, 冯建超, 译. 上海：华东师范大学, 2022：275.

[29] 许传红. 高校思想政治理论课案例教学研究 [M]. 北京：人民日报出版社, 2021.

[30] 周序, 刘周灵润. 如何认识案例教学?：关于"案例教学法"提法的思考 [J]. 中国教育学刊, 2020 (4)：74-78.

第五章　课程教学模式

　　作为一名教师，无论是初踏杏坛的新手期教师，还是深耕教坛的成熟期教师，在教学工作的不同阶段都会面临这样的思考——"如何高质量开展课程教学？"以加涅、约翰逊等教育学家为代表的目标本质观强调教育效率及教育控制，关注教育目标的最终达成；以塔巴、比彻姆等教育学家为代表的手段本质观则强调教育计划性及教学规划，侧重教育抓手的显性凸显。究其根本，皆是追求在课程丰富性与复杂性中实现平衡及最优，从而克服实践的偏颇，实现教育的目的。课程教学模式便是在这样的发展历程中应运而生的实践机制。选择合适的教学模式对提高教学效果至关重要。

　　本章将介绍三种常见的课程教学模式：对分课堂模式、项目式教学模式和五星教学模式。教师应通过灵活、规范和适当地运用这些教学模式，来激发学生动机、提升教学成效。

第一节　课程教学模式概述

　　课程教学模式，即教师根据学生的发展需求和学习特点，有选择性、针对性地采用不同的教学方法和教学策略，形成相对稳定的结构框架和活动程序，以更好地组织教学内容，调动学生的积极性和主动性，从而提高学生的学习效果。

一、课程教学模式的功能

（一）课程教学模式的理论功能

　　教学模式是教学理论的集中展现和简化表达。科学有效的教学模式在遵循和应用教学客观规律的同时，为发现教学规律、发展教学理论提供重要的实践经验。在当下的教育科学发展道路上，教学模式和教学理论相辅相成，相互促进，共同发展。

　　大量教学理论的研究皆只涉及教学实践的部分环节或教学原理的个别方面，并未全面考察并反映教学活动全过程，因此人们在推广和应用教学理论观点时，容易陷入应用层面的片面性。另外，教学理论研究中不断涌现的新观点、新方法也带来了实践层面的新问题，即在教学实践活动中如何取舍、如何整合、如何有效应用教学理论。

　　为了克服理论研究与应用实践的片面与割裂，防止应用层面的不良倾向，苏联著名教育家尤里·康斯坦丁夫·巴班斯基总结出了"教学教育过程最优化理论"，该理论运用系统论的原则和方法，对教学理论进行综合性的研究和探索。其创造性地指出"最优"并非教育实践活动的最好方案、最理想情况，而是基于现有条件及学生学情，使教学过程中的角色、条件、结构、环节等最适宜，教育实践活动在系统视野下具备更开放、更综合、更多元的相对空间。基于此，我们更加能够肯定，尽管教学理论是对教学过程的要素、环节的认识与总结，但面对复杂的教学环境，教学问题与教学环节的错综交叉，教师还是很容易在应用实践层面出现局促与脱节。因此，教学模式的理论价值便从其应用层面升华，其以更加系统的方法论视角，全面纳入教学活动中的主体（教师、学生）、设计（目的、内容、过程、方法）、环节（引入、新知、深化、总结等）等要素，形成广泛适应的、灵活多元的教学框架，在其适用的条件和场合下，指导教师的教学实践活动。与此同时，教师在真实教学实践活动中会遇到新问题、新挑战，当其无法从现有理论中寻求解决方案时，也会促使教学理论研究者进一步修正、发展、改进、完善甚至建立新的教学理论，从而实现教学理论发展与教学模式发展的相互促进。

（二）课程教学模式的实践功能

　　课程教学模式能为多学科教学提供具有一定理论依据的、跨学科适用的、模式化的教学方法体系，为教师开展教学活动提供框架性指导，为师生共建课堂搭建起有效的桥梁。

　　1. 构造功能

　　课程教学模式通过简明扼要的符号、图示来构建和展示所依据的教学理论的基本特征，从而形成一个程序清晰、步骤明确的教学程式。其高效率地回答了"如何组织课程内容""如何将学生的学习活动和认识提升组织起来""如何开展课堂活动"等教育实践活动层面的组织构造问题，为高质量构建课堂教学提供了重要的实践参考。

2. 推断效能

课程教学模式兼具结构清晰、内容开放的优势，且实践性强，为教师开展教育实践活动明确了条件，确定了程序。相较于自主摸索的教学形式而言，其在更好地帮助教师确定教学进程和提升教学成效的可预期性方面具有强大的实践优势。

3. 启发功能

当下的教育环境，摒弃了"教师满堂灌"的教学形式，提倡向"学生主体，教师主导"的教学形式转变，对于教师的教育教学更是提出新的要求。课程教学模式由其自身所兼具的参照性和开放性，恰好满足这一提升要求，教师可以根据所授内容选择相宜的教学模式，并在实际的教学应用中，不断地根据学情和教学反思来总结、调整和完善，从而形成相应课程的更完备、更优化的教学实践框架。

4. 育人效能

课程教学模式能够激发学生的学习兴趣和积极性。通过灵活多样的教学方式和活动设计，教师能够让学生主动参与和积极思考，使他们对学习内容感兴趣，并主动探索和学习。

课程教学模式注重培养学生的综合能力和创新思维。通过项目制学习、实践探究等方式，学生可以主动运用所学的知识解决实际问题，提升自己解决问题的能力和创新思维。

课程教学模式能够提高教学效果和学习成果。不同的学生具有不同的学习方式和习惯，教师通过灵活运用不同的教学模式，能够更好地满足学生的学习需求，提高他们的学习效果和学习成果。

课程教学模式能够培养学生的合作与交流能力。现代社会注重团队合作和沟通能力。通过团队合作、讨论互动等教学模式，学生能够在与同学的合作中培养合作与交流能力，学会倾听和尊重他人的观点，提高团队协作能力。

二、课程教学模式的运用

课程教学模式的运用对于教育领域的发展起着至关重要的作用。随着科技的不断进步和教育理念的不断演变，传统的教学模式已经不能满足现代学生的需求。因此，许多教育机构和学校纷纷采用创新的课程教学模式，以更好地激发学生的学习兴趣和潜能。

（一）对分课堂

对分课堂，顾名思义，是将课堂以时间为单位，将一半的课堂时间划分给教师教授（presentation），另一半的课堂时间划分给学生内化知识（assimilation），最后通过讨论（discussion）展现学生学习成果的同时，也为教师评估和系统总结课程知识提供空间，因此其也被称为"P-A-D模式"。例如，针对金融学中金融市场这一章节，其概念、分类、功能及发展趋势等都是教学重难点，教师在讲授过程中可以针对难点进行指导，学生可以通过自主整合、参阅教材或线上学习资源等方式实现知识的内化，教师再通过案例或者理论考察的方式检阅学生的学习成效，从而提升师生共建课程的参与度。

（二）项目式

项目式课程教学模式（project based learning，PBL），是指基于真实情景，以真实问题为驱动，形成探究主题，周密规划项目，通过探究，达成问题解决并进一步进行思维迁移的学习过程。其主要特征是"以项目为主线、教师为引导、学生为主体"。在具体的教学实践中，该教学模式适用于实际操作空间大，需团队协作的课程。例如，在涉及定量研究的经济社会类课程上，老师可以组织学生进行一个实际的数据搜集、分析项目，让学生在项目中学习统计应用的实践。

（三）五星教学式

五星教学式课程教学模式下，教师通过评价学生的学习表现，给予相应的奖励和鼓励，进而激发学生的兴趣，提高学生的效能感，强化学生的正确学习行为。其本质是"聚焦解决问题"。在具体的教学实践中，该教学模式较适宜于可概括化的技能的教学。例如，在涉及方法性教学的课程上，教师可以通过一种情境到另一种情境的迁移，来检验学生的学习成效，或者通过知识点联动来提升学生在该教学模式中效能感、自主感。

第二节　对分课堂教学模式

一、对分课堂教学模式概述

对分课堂是复旦大学张学新教授在 2014 年提出的一种新型教学模式。它是基于脑科学与学习科学原理设计的新型教学理论和教学方法，对分课堂彻底变革讲授式课堂，以科学的方式把课堂还给学生，让尊重、理解和关爱在教学过程中自然体现，激发学生的内驱力，让学生爱上学习，让师生关系更加融洽，实现指向创新思维和综合能力发展的高质量学习。对分课堂教学模式中师生作为教学中对立统一的两个主体，以科学的方式分配对教学活动的掌控权，从而构建真正的师生学习共同体，让教育教学获得最大程度的价值——对分课堂教学模式的核心理念是把课堂时间进行切分，一部分给教师讲授，另一部分时间分配给学生以讨论的形式进行交互式学习，是教与学的责、权切分①。

对分课堂教学模式的理论基础包括系统地采纳了近一个世纪最具影响力的四大学习理论——人本主义、认知主义、建构主义和行为主义，以及三大教学理论——发展性教学理论、发现式教学理论和范例教学理论的核心原则。在学习动机的激发上，对分课堂教学模式充分体现了人本主义学习理论的精髓，强调满足学生的学习能力发展需求，并激发他们的自我实现欲望，从而促进他们在认知、技能、情感和价值观等方面的全面成长。

在教学内容的传授上，对分课堂教学模式深受认知主义学习理论的影响，注重学生基于学科体系构建自己的认知结构，其不仅追求知识的传递，更重视思维能力的培养。在教学过程的设计上，对分课堂教学模式则借鉴了建构主义学习理论，认为认知结构的形成是一个渐进的过程，包括个人基于内化和吸收的建构，以及群体间通过互动实现的社会建构。在教学方法和策略的选择上，对分课堂教学模式融合了认知主义学习理论，既强调教师的系统讲解，也鼓励学生进行发现式学习和知识的有意组织。

在效果评价方面，对分课堂教学模式体现了行为主义学习理论的精

---

① 张学新. 对分课堂：中国教育的新智慧 [M]. 北京：科学出版社，2016：12.

神，强调学习的实际结果和效果的反馈，其中的自我评价更是融入了人本主义自我教育的理念。因此，对分课堂教学模式并非单一学习理论的产物，其各个环节均得到了丰富理论的支撑。

对分课堂教学模式由四个教学环节（元素）组成：精讲、独学反思、讨论和答疑，也称四元教学。参考布鲁斯·乔伊斯和玛莎·韦尔在《教学模式》（第九版）中的分类，对分课堂教学模式融合了多种教学模式的特点：强调讲授，展现信息加工教学模式的系统性；倡导独立学习，体现个体化教学模式的自主性；鼓励合作学习，彰显社会互动教学模式的交流性；重视作业与成果的展示，体现行为控制教学模式的外在行为监控。自20世纪80年代以来，中国教育界也发展出了多样的教学模式，对分课堂教学模式与国内的教学模式分类的关联见表5-1

表5-1　对分课堂教学模式与国内教学模式的关联

序号	教学模式名称	核心特点	对应的对分课堂模式特点
1	传递接受模式	侧重教师讲授和学生被动接收	讲授环节与本模式相契合
2	自学指导模式	以学生自学为核心，教师提供指导	独立学习与讨论体现本模式，学生在教师指导下进行个人学习并通过小组讨论获得反馈
3	目标导控模式	明确目标导向，通过评价和行为矫正促进学生掌握教学内容	独立学习及作业部分符合本模式，教师通过评价机制促进学生学习行为的养成
4	引导发现模式（问题-探究模式）	倡导探究和发现学习	精讲留白部分符合本模式，教师提供框架引导，学生进行开放性探索
5	情境陶冶模式	创设情感与认知互动的教学情境，促进知识获取和情操培养	过程与评价遵循本模式，鼓励积极的学习体验，实现情感与认知的协调发展

对分课堂教学模式并非单一教学模式的复制，而是对传统教学活动关键要素的创新组合。该模式在教学方法、作业布置、过程管理、结果评估、学习动机等方面均有周密设计，各环节相互协调、相互增益。对分课堂将讲授与讨论结合起来，通过独立学习中的内化和吸收，实现讲授内容的深入理解和讨论中的有效表达，从而发挥出超越单一教学模式的教学效果。该模式的提出，体现了中国教育的新智慧。对分课堂教学模式的特色见表5-2。

表 5-2　对分课堂教学模式的特色①

对分课堂特色	理论支撑	整合与创新	教学模式的发展
教学过程的全面性	四大学习理论+三大教学理论	吸收理论精粹，重新组合，扬长避短	全面性、高层次的整合
结构性变革	坚实的理论支撑	创造新模式	结构性变革
原创性的发展	吸收和传承以往教学模式	根本不同，原创性	对传统模式的超越

二、对分课堂教学模式应用

（一）对分课堂教学环节

对分课堂教学模式分为四个步骤（环节）：精讲、独学（完成学习任务、进行反思、提出自己问题等）、小组讨论、对话（见图 5-1）。

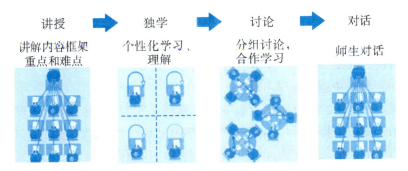

图 5-1　对分课堂教学模式的步骤

（二）对分课堂教学模式实施步骤

1. 精讲

（1）精讲的目的

精讲的目的是引发学生学习的兴趣，促进学生主动进行随后的学习，并让学生感觉不太难。在传统课堂中，教师的讲授事无巨细、全面覆盖，人们一般认为教师讲得越系统、越完整、越全面、越深刻、越透彻、越清楚、越详细、越生动、越有趣、越精彩越好。但在对分课堂教学模式中这些观念都被颠覆，教师恰恰不需要讲得太系统、太完整、太全面、太深

① 布鲁斯·乔伊斯，玛莎·韦尔. 教学模式（第九版）[M]. 上海：华东师范大学出版社，2021：8.

刻、太透彻、太清楚、太详细、太生动、太有趣、太精彩。激发学生学习的兴趣，促进学生随后的学习，是教师对学生学习引导者和促进者理念的集中体现。

（2）讲授原则①：精讲留白

讲授环节，针对同样的教学内容，教师只有原来的部分时间进行讲授，不可能细致覆盖，因此其应该做引导性的、框架式的讲授，讲解学习目标、章节内容的逻辑结构，与其他内容的关联和关系，在整个课程中的地位等。精讲是在相对宏观的层面上，告诉学生为啥学、学什么和如何学。

（3）精讲留白的运用

精选教学内容、精准讲解。需要教师重构学习内容与评价、减轻学生的学习负荷，对于不同科目，需要省略哪些细节是不同的。举例如下：

文科教学内容：讲一个名人。传统讲授：详细介绍其背景、生活逸事等；对分的精讲留白：直接讲其成就、贡献和意义。

理工科教学内容：讲定理。传统讲授：完整推演，一步不漏；对分精讲留白：核心思想、前提、结论、最关键的几步（其中一步）是关键概念、机构、框架、关系、逻辑层次等重点。

（4）精讲中遵循的学习原则

精讲中遵循的学习原则：水平适宜原则（了解学情，前测）、情感价值原则：吸引学生注意力、激发学生的学习动机、意义学习原则，（给出学习的理由、意义感）内部动机原则，外部动机原则，

（5）精讲中遵循的教学原则

精讲中遵循的教学原则：在学习目标维度遵循的教学原则，面向全体原则，学生需求原则，尊重学生原则，高阶性、创新、挑战性（度）原则；在学习内容维度遵循的教学原则：知结构原则，认知发展原则，教与学的匹配原则，教材中心原则，知识生成性原则；在学习策略维度遵循的教学原则：接受学习原则，系统讲解原则，情境性原则，范例性原则，递进原则，最近发展区（支架）操作性程序原则，探索发现学习原则，观察学习原则，成就原则，发展元认知原则。

---

① 张学新. 对分课堂：中国教育的新智慧 [M]. 北京：科学出版社，2017：131-140.

案例示范 1（见图 5-2）

章节名称	税务专业硕士《中国货劳税制专题》当堂对分教案		
	货劳税基础知识——关键概念（45min）		
教学目标	知识目标：规范表述相关概念、特征、作用及概念之间的关系； 能力目标：通过巩固基础知识提高专业能力素养； 价值目标：通过深化认识学科意义增进学科认同。		
教学内容	税收、税制及税法概念、特征、作用 税收、税法及税制三者关系；		
教学重难点	能正确陈述概念、特征以及关系，作用		
教学工具	教学 PPT		
一课时 45 分钟	教学步骤	教学内容	学生活动
当堂对分	精讲留白 12 分钟	首先，从学科视角概括介绍税收、税制及税法；  然后，依次精讲税收、税法及税制概念以及三者关系；	听讲 简要记录

图 5-2　案例示范 1

案例示范 2 (见图 5-3)

章节名称	第八讲　律师职业伦理之其他伦理（共 4 课时） 第二节　律师应当规范收费（1 课时）		
教学目标	1.了解并陈述律师收费的基本理论和律师收费相关规范内容和违规后果。 2.掌握应用律师规范收费具体要求，分析与判断律师收费环节可能发生的风险及应对措施。 3.理解遵守律师收费规范要求的意义，自觉遵守规范、维护职业形象。		
教学内容	1.律师收费依据、项目类别、收费方式及发展趋势等基本理论。 2.律师规范收费相关规范的具体要求和违规后果。 3.律师执业收费环节可能发生的风险及应对措施。 4.律师收费违规案例分析。		
教学重难点	重点：律师规范收费具体要求。 难点：律师收费环节风险控制——预知可能发生的风险及应对措施。		
教学工具	PPT　《法律职业伦理案例集》　《法律职业伦理规范集》 （说明：此两集系第三周隔堂对分学生完成的课后独学任务，自寻自编，汇集成册）		
一课时 45 分钟	教学步骤	教学内容	学生活动
当堂对分	精讲留白 8 分钟	一、概述律师收费基本理论　3 分钟 　　1.简要说明律师收费的依据、项目、定价方法、收费方式和发展趋势。 　　2.指明规范收费之于律师职业的意义——避免风险，树立职业形象。 二、律师规范收费的具体要求　4 分钟 （一）各层级规范对律师收费的具体规定 PPT 简要列明　规范名称和条款序号　内容不展开（留白） （二）律师应当规范收费的注意事项 1.律师不得私自收费——事务所统一收费，统一开票。 2.律师事务所及律师不得超范围收费。 3.不得以低收费进行不正当竞争。 4.严格遵守风险收费的禁止性规定——两大类案件禁止和限额禁止。特别提示《律师服务收费管理办法》第 11、12、13 条关于实行风险收费应具备的条件及不得实行、禁止实施风险代理的案件类别和风险代理最高限额的规定。 三、违反收费规范可能承担的法律后果　1 分钟 简要说明　责任种类　具体责任　不展开（留白）	听讲 简要记录

图 5-3　案例示范 2

2. 独学

（1）独学

独学的含义：是指独自学习，学生独学就是教师留出时间，让学生带着教师精心设计的学习任务先进行思考和内化吸收，独立思考，自己理解，形成成果。学生通过看书、动笔，发现问题、记录问题。独学是学生激活旧知识，内化吸收（同化、顺应）关联的过程，是用个人思维、语言文字、肢体表达产生个人版本的理解过程。

（2）独学的目的

独学的目的：让学生有时间内化吸收教师的精讲内容，并带着学习任务，把自己的旧知与新知进行联结。培养学生的独立思考之精神，自由、创新之思想。

（3）独学过程

独学的过程：在这个环节中，学生需要激发旧知，关联新知并根据教师给出的学习任务完成"亮""考""帮"三个部分的作业。"亮"是指"亮闪闪"，即写出本次课程你学会的知识、技能、情感体验等收获；"考"是指"考考你"，是学生自己认为自己已经掌握应用的知识、技能等并将其变为问题去考一考其他同学；"帮"是指"帮帮我"，是指学生在学习过程中产生的疑问与需要他人帮助的问题。学生能够根据"亮""考""帮"结构性思维与反思能力训练作业，不断建构完成自己的学习任务。

（4）独学的学习任务设计

教师学习任务的设计非常关键。其在设计时需要注意以下几点。相关性：学习任务与讲授内容直接相关；基本性：包含最基本的内容，每个学生都能够完成；挑战性：有一定难度，太容易会导致学习深度不够；开放性：避免有固定的答案和确定的解决思路；个性化：不同学生的任务作业各有特色，交流起来趣味性强、效果好、意义大；梯度性：体现分层教学，有从低到高的一个任务梯度。

如何设计与把握学习任务结构化程度？结构化程度高：以结构为支架，作业形式明确、要求具体，确保对既定内容的覆盖，适合于基础、能力差的学生。结构化程度低：作业形式开放、灵活，开放性强，为学生提供发挥个性化的空间。适合于基础好、能力强的学生。

（5）独学的学习原则

独学的学习原则包括：新旧知识关联原则、独立思考原则、观察学习原则，归纳学习原则，直觉思维原则，过程性原则，主动学习、求知动机原则，舒适原则；产生联想、判断、分析的高阶思维过程、探索发现学习原则、个性化建构原则。

案例 1

独学内化 5 分钟	针对上述学习内容进行思考，完成独学任务后，学生总结出"亮""考""帮"收获或疑问。组内小组讨论结果，收获和未能解决的疑问（3分钟，随机抽查在全班分享）。	独学不交流 1.独学材料，以 PPT 内容作为独学支撑。2. 各自形成小组分享的"亮和帮"，简要记录关键词和要点即可
独学内化 12 分钟	在上次课后独学基础上，当堂重点完成下列任务： 一、独学范围 1.《律师职业操守》第六章第三节规范收费 P211——234 2.《法律职业伦理》第二编第九章第四节律师收费之伦理规范 P146－152 二、独学任务——简要记录关键词或问题答案要点 1.学习规范内容，列出规范文件名称、阅读相应条文并划线标注重点，了解律师应当规范收费的规范规范的具体要求和违反规范收费规范相应后果。 2.结合案例，思考规定风险收费适用条件及限制性要求的意义是什么？ 3.分析风险收费的利弊，尝试列举风险收费可能出现的违规情形及避免措施。列出关键词或要点即可。	独学不交流 1.结合案例学习规范，思考问题。2. 各自形成小组分享的"亮和帮"，简要记录关键词和要点即可

3. 小组讨论

（1）小组讨论的目的

小组讨论的目的：（同伴讨论）小组内同学彼此分享、更正、完善彼此的思维过程，能显性化输出；能培养学生开放与包容、和谐、民主的思想，理性、求真的科学精神。同伴讨论（小组讨论）是人际交往的练习场，是培养学生平等、尊重、倾听、包容、处理冲突、整合不同观点、接受批判、处理挫败、对待胜利、培育民主与理性、培养和谐的精神与能力的学习场域，深刻的讨论能有效带给学生良好的核心素质与能力的发展与提升。讨论是培养人的高阶思维的重要方法。

（2）小组讨论的有效性

有效讨论为什么在传统课堂很难进行？传统教学方法，是教师抛出问题，学生讨论回答，学生很少有独学内化的时间与思考。在对分课堂里，教师只是设计学习任务，通过学习任务让学生产生疑难，而不是设计问题，供学生讨论。学生通过学习任务的引导下独立内化后，对产生的真实问题进行讨论。学生带着个人版本的理解、问题、质疑等准备进行组内思维、思想交互碰撞、交流沟通。生生互动讨论解决低阶问题，提炼共有的困难问题。学生通过交流学会发现彼此的问题，并在小组中提炼共有问题，从而训练了学生提出问题、表达问题的能力，培养了学生解决问题的能力，提升了学生的高阶思维能力。

（3）小组讨论的设计

社会心理学依据：社会心理学显示，信息的有效性常常不在于信息的内容，而在于信息的传递方式。小组讨论的设计：对分小组是一个亲密的小社群，场景中蕴含着大量动态的社会性学习场域认知、技能、情感、价值等信息。在这个场景中进行的学习信息的交流，能从情感、心理、价值观等多方面发挥作用，能带给学生更深刻的场景化学习印象，更深刻地触动学生的情感和内心，触发其认知与能力态度的正向发展，从而产生积极的行为改变，使有效的学习在课堂中真正发生。

（4）讨论分组设计

讨论分组设计：可以 3~5 人一组，通常 4 人一组。（ ABBC 组内异质分组、组间同质。A 代表学习能力较强的学生，B 代表学习能力一般的学生，C 代表学习能力较弱的学生）

讨论时间：时间可以比较灵活，比如，可以为 5~20 分钟。要求学生围绕任务作业，特别是"亮""考""帮"，针对各自的收获、困惑、疑难，互相讨论学习，共同解决问题。小组讨论环节要尽量保证每一位同学都能开口，发表自己的想法和见解，这个过程有利于锻炼学生的逻辑思考能力、交流沟通能力以及解决问题的能力。小组讨论时，教师巡回督促所有学生认真参与，但不要过多涉入。

（5）小组讨论的学习原则和心理学过程

小组讨论的学习原则与心理学过程：社会化建构、社会化交互原则，利用错误原则，高阶性、创新、挑战性（度）原则，递进原则，最近发展区（支架）。

案例 1

小组讨论 15分钟	小组讨论（15分钟）： 针对精讲和独学内容进行小组讨论， 先是每人依次发言1分钟 （收获和疑问，共4人共4分钟）； 然后自由讨论，相互回应同伴疑问（8分钟）； 教师随机抽查小组。	组内 1.分享各自观点； 2.碰撞交流； 3.凝练总结，形成本组亮和帮。
小组讨论 10分钟	独学三个任务——每个人都共同学习全部内容，讨论相对聚焦——每组讨论一个任务，形成本组亮和帮，分工如下： 1.第1、2组讨论——独学任务1， 2.第3、4组讨论——独学任务2， 3.第5、6组讨论——独学任务3。 **强调各组注意整体讨论时间分段控制——建议小组内5分钟分享观点、3分钟碰撞交流、2分钟凝练总结。**	组内 1.分享各自观点； 2.碰撞交流； 3.凝练总结，形成本组亮和帮。

4. 全班对话讨论答疑

（1）全班讨论答疑的目的

全班讨论答疑的目的：让思维深度碰撞，大胆质疑、严谨辨析。

让学生自己发现自己的疑难，并清晰地表述出来，先通过组间讨论尝试解决，如果解决不了，再通过全班交流、教师答疑来解决。

（2）全班讨论、答疑环节的原则

全班讨论答疑环节遵循的学习原则：安全原则，归属原则，信任原则，自尊原则，合理归因原则，自我效能感原则，社会化交互原则，社会建构原则，认知冲突原则，多重建构、精细加工原则，信息组织原则、顿悟学习原则，同辈学习、因材施教、尝试错误原则。

（3）全班讨论答疑的方法

各组凝练共有问题，抛给其他组来答疑，各组都无法解决的问题，最后由教师进行全班答疑、凝练与升华。

案例 1

对话总结 13分钟	教师反馈（10分钟） 　　教师随机抽查小组，随机指定小组成员面向全班介绍小组讨论情况（每组2-3min，抽查2组，共约6分钟）。 　　针对小组发言进行反馈，点评小组收获、解答小组疑问、补充重点难点（4分钟）。	1.分享 2.思考 3.记录 4.总结 5.反馈	
课后反馈与反思	带着"亮""考""帮"进入讨论的方法，更高效。		

对话总结 15分钟	分为四个环节进行，设置学生计时员计算时间、监督执行。 **一、随机抽查　6分钟** 1.每个任务随机抽查1组，展示本组"亮"和"帮"。 2.每组2分钟，3题抽3组，共6分钟。 **二、自由提问　1分钟** 自愿，补充1~3个"帮帮我"的问题，只提问，不解释。 **三、互帮互助　3分钟** 1.提倡学生之间互相帮助，解答上述"帮帮我"的问题。 2.鼓励没有被抽到的小组推荐同学帮助任何一组的"帮帮我"的问题 **四、教师答疑　5分钟** 1.针对学生"帮帮我"的问题，通过互帮互助将没有消化的问题进行答疑。 2.进行本节课程教学的内容总结。	1.分享 2.思考 3.记录 4.总结 5.反馈	
课后反馈与反思	1.此次课程小组讨论环节设计，系根据学生上次课后学生反馈进行的调整——学生希望讨论环节能够充分，故，限于课时有限，采取聚焦的方法，在每个人全面学习的基础上，小组讨论聚焦一个问题。 2.课后反馈，采取聚焦讨论的方法，更高效，而全面学习，由精讲、独学、对话补足。		

5. 关于作业批改与评价

如果一次作业是 5 分，学生只要提交，无论好坏都可得 3 分（及格）；如果比较认真，态度好，可得 4 分（良好）；如果有新意，与众不同，可得 5 分（优秀）。以此鼓励学生进行独特的思考，鼓励创新。

三、对分课堂教学模式

对分课堂可细分为当堂对分课堂教学模式和隔堂对分教学模式。

（一）当堂对分课堂教学模式

当堂对分课堂教学模式的环节见图5-4。

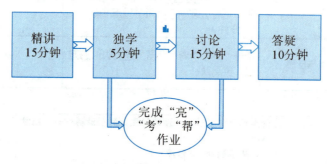

图5-4　当堂对分课堂教学模式的环节

以上时间安排只是举例，具体时间分配，根据教师班级的学情和课程内容进度安排，遵循预留大约一半时间给学生进行独学内化与讨论交流。当堂对分完整案例见表5-3，表5-4。

表5-3　当堂对分完整案例1

章节名称	税务专业硕士"中国货劳税制专题"当堂对分教案 货劳税基础知识——关键概念（45分钟）		
教学目标	知识目标：规范表述相关概念、特征、作用及概念之间的关系； 能力目标：通过巩固基础知识提高专业能力素养； 价值目标：通过深化认识学科意义，增进学科认同。		
教学内容	税收、税制及税法概念、特征、作用； 税收、税法及税制三者关系；		
教学重难点	能正确陈述概念、特征以及关系，作用		
教学工具	教学PPT		
一课时 45分钟	教学步骤	教学内容	学生活动

表5-3(续)

当堂对分 四元结构	精讲留白 12分钟	首先,从学科视角概括介绍税收、税制及税法; 货劳税基础知识——关键概念 然后,依次精讲税收、税法及税制概念以及三者关系; 货劳税基础知识——关键概念 税收是国家为了满足公共需要,凭借政治权力按照法定标准和程序参与社会剩余产品分配,强制、无偿、固定地取得财政收入的一种形式。 货劳税基础知识——关键概念 ·税制是国家及其相关部门制定的税收法律、法规、规章及其由此所形成的税收分配、税收征纳、税收文化等的综合体系。 货劳税基础知识——关键概念 ·税法是国家制定的用以调整国家与纳税人之间在征纳税方面的权利及义务关系的法律规范的总称。 税法特点 ·从立法过程看,税法属于制定法。 ·法律性质看,税法属于义务性法规, ·从内容看,税法具有综合性。 货劳税基础知识——关键概念 税收、税法与税制的关系:既有密切联系,又有根本区别 税收属于经济基础,税制属于上层建筑,税法属于工具手段 税收实践决定税税制度,税收制度反作用于税收实践。 税制是税收本质的具体体现。 税法是税制的外在形式,税制是税法的本质内容。 最后,总结知识内容,布置独学任务。	听讲 简要记录

表5-3（续）

			独学不交流
当堂对分	独学内化 5分钟	针对上述学习内容进行思考，完成独学任务后，学生总结出"亮""考""帮"收获或疑问。组内小组讨论结果，收获和未能解决的疑问 （3分钟，随机抽查在全班分享）。	1. 独学材料，以PPT内容作为独学支撑。 2. 各自形成小组分享的"亮和帮"，简要记录关键词和要点即可
四元结构	小组讨论 15分钟	小组讨论（15分钟）： 针对精讲和独学内容进行小组讨论，先是每人依次发言1分钟（收获和疑问，共4人共4分钟）；然后自由讨论，相互回应同伴疑问（8分钟）；教师随机抽查小组	组内 1. 分享各自观点 2. 碰撞交流 3. 凝练总结，形成本组"亮"和"帮"
	对话总结 13分钟	教师反馈（10分钟） 教师随机抽查小组，随机指定小组成员面向全班介绍小组讨论情况（每组2-3分钟，抽查2组，共约6分钟）。针对小组发言进行反馈，点评小组收获、解答小组疑问、补充重点难点（4分钟）。	1. 分享 2. 思考 3. 记录 4. 总结 5. 反馈
课后反馈与反思		带着"亮""考""帮"进入讨论的方法，更高效。	

表 5-4　当堂对分完整案例 2

章节名称	第二讲 田径短跑（50米）项目　1课时（45分钟）
学习目标	1. 说出短跑项目名称、环节； 2. 精讲、展示50米跑的技术； 3. 说出、展示50项目运动专项素质特征和练习策略； 4. 说出短跑项目的运动损伤预防与简单处理； 5. 理解、记忆并实践短跑裁判法； 6. 公平平等原则、规则意识、诚信、心理与身体抗压、应急反应能力、果敢、勇于拼搏、勇于挑战自我。
教学内容	1. 短跑项目组成、短跑技术环节（蹲踞式起跑、加速跑、途中跑、终点冲刺跑）； 2. 专项素质特征和练习策略； 3. 短跑项目的运动损伤预防与简单处理； 4. 短跑裁判法。
教学重难点	1. 精讲各环节技术要领； 2. 展示各环节技术。

表5-4(续)

教学工具	田径场、起跑器、计时秒表、标志带等			
一课时 45分钟	教学 步骤		教学内容	学生活动
当堂对分	精讲 10分钟	导入 2 分钟	作为初一年级（水平四）的体育教师，第一次50米跑，你如何进行教学设计与准备？ 你将面临怎样的困难？	思考 情境角色
		精讲 8 分钟	1. 50米跑项目的价值； 2. 运动过程与环节名称； 3. 各环节专项素质特征和练习策略； 4. 短跑项目的运动损伤预防与简单处理； 5. 理解、记忆并展示短跑裁判法。	听讲 简要记录
	独学 内化 2分钟		一、独学范围 手机上观看学习通相关视频后思考并准备 1. 短跑项目名称、环节； 2. 50米短跑的各环节技术和练习策略。 二、独学任务——简要记录关键词或问题答案要点	独学 不交流 结合案例学习规范，思考问题
四元结构	小组实践与讨论 30分钟	理论实践讨论 5分钟	一、四组同时进行的讨论 每个环节的技术特征、要领、练习策略 1. 每组讨论一个任务 （1）第1组讨论——独学任务1起跑； （2）第2组讨论——独学任务2加速跑； （3）第3组讨论——独学任务3途中跑； （4）第4组讨论——独学任务4冲刺跑。 强调各组注意整体讨论时间分段控制。 2. 组内讨论 （1）分享各自观点； （2）思维碰撞交流； （3）总结形成小组的"亮和帮"。	积极发言、平等尊重交流、组内分享 1. 分享各自观点； 2. 碰撞交流； 3. 凝练总结，形成本组"亮和帮"； 4. 组间分享并展示； 5. 实践部分：全组成员分工协作，全体参与
		实践部分 25分钟	一、准备活动5分钟（游戏设计） 二、分组进行展示、汇报(5分钟＊4组) 1. 每组精讲自己的任务并展示讨论内容，(每组成员分工：主讲、示范、器材道具、录像、时间管理员等)； 2. 陈述本组的"亮与帮"。 三、组间互动与自由提问（1分钟＊4） 每个小组展示结束后，其他小组给出"帮帮我""亮闪闪"回应	
	对话总结 3分钟		教师答疑 1. 针对学生"帮帮我"的问题，通过互帮互助，将没有消化的问题进行答疑； 2. 进行本节课程教学内容总结。	1. 分享 2. 思考 3. 记录 4. 总结 5. 反馈

表5-4(续)

课后反馈与反思	1. 此次课程小组讨论环节设计，系根据学生上次课后学生反馈进行的调整——学生希望讨论环节能够充分，故，限于课时有限，采取聚焦的方法，在每个人全面学习的基础，小组讨论聚焦一个问题。 2. 课后反馈，采取聚焦讨论的方法，更高效，而全面学习由精讲、独学、对话补足。跨学科考入的学生，学科基础薄弱，认知负荷偏大	—

(二) 隔堂对分教学模式

（1）"隔堂对分"教学模式

"隔堂对分"是更有深度的对分课堂教学模式。即把每次课堂教学前一半时间用于讨论上一次课后独学与完成的"亮""考""帮"作业，后一半时间用于讲授新课内容。

隔堂对分课堂教学模式环节见下图 5-5。

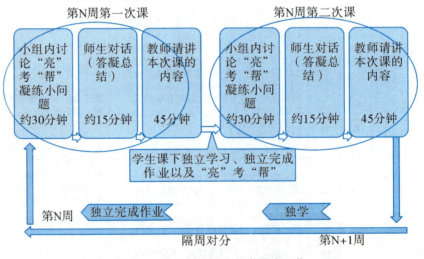

图 5-5　当堂对分课堂教学模式环节

（2）隔周对分课堂教学模式

隔周对分课堂是指：在一周的隔堂对分课堂教学模式环节的基础上，把独学内化与小组讨论之间的时间延长到一周时间，余下环节不变。适用于教学比较有难度的目标内容部分。详见以下案例：

大学本科公共体育选项课 体育实践性课程"健美操"隔周对分课堂

教学对象：非体育类普通本科 大一、大二

教学时间：18 周，每周 2 课时

学情分析：零基础、普通本科学生，第七周~第八周课(共计 90 分钟＊2)

学习目标：说出动作＊＊名称、运动路线

　　　　　说出身体素质对一个人的健康意义

　　　　　以小组的形式完整正确展示动作组合

　　　　　说出膳食营养成分、每天摄取标准量

　　　　　根据自己的实际情况，设计自己的一周膳食计划

教学评价：同学互评+教师评价

隔周对分课课堂程流程图 5-6。

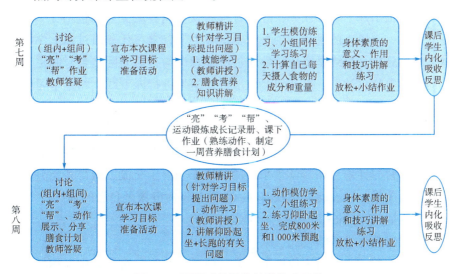

图 5-6　隔周对分课堂教学模式环节

隔周对分课堂教学模式文字说明

第七周 45 分钟＊2

第一环节：小组讨论+教师答疑：学生先根据第六周教师提出的学习任务以及完成的"亮""考""帮"作业进入到小组讨论的过程中，教师在学生小组讨论时，巡回观察并记录学生的问题。学生讨论完毕后，教师对小组凝练得还没有解决的问题进行解答。

教师宣布第七周学习目标和进行准备活动。

第二环节：教师精讲

教师先进行第一部分动作技术精讲：第一组合的动作教学的精讲，动

作示范教学时，让学生发现并提出动作重难点、动作路线等问题，引发学生进行思考，帮助学生对动作进行拆分、模仿学习，然后进行小组练习。动作教学的精讲后需要解决的问题包括了学生记忆并说出动作名称、动作路线以及完整正确展示动作。教师在课上提出的学习任务都是为了学生能够完整并正确地展示动作。教师进行动作的精讲以及学生练习；教师安排进行身体素质的练习和牵拉放松。

进入了课程第二部：分膳食营养理论精讲：对学生学情需求收集到学生的膳食营养知识问题的精讲，教师用四张图片讲解营养膳食知识，包括人体所需三大类营养素占比（蛋白质、碳水化合物、脂肪）、身体一天所需能量、每克营养素所产生的能量。

教师提出课下学习任务：健康合理的饮食内容成分应该包括什么？18岁的青年一天摄入的量是多少等问题，学生带着学习任务通过课上学习和课下思考分析，最终是要让学生通过所学理论与自己实际结合，制定自己一周的营养膳食计划，提交到课程平台，学生进行课下线上相互学习借鉴与互评。

然后进行课后小结，最后再一次提出学生课后内化吸收需要解决的问题（布置课后作业：完成"亮""考""帮"、能够说出动作名称和路线、制订膳食营养计划）培养学生小组团结协作、善于交流、懂得并能分析健康与膳食关系，以及课程思政内容：管理与保持健康是自己的责任。

第八周 45 分钟 * 2

隔周对分课堂教学模式

第三环节：小组讨论包括了对第七周所学的第一组合动作名称的口头描述以及动作展示、制定的膳食营养计划的交流和"亮""考""帮"作业。并且小组讨论时要进行动作的评价和互相帮助解决彼此问题。小组讨论的过程教师要进行巡回观察和记录。

隔周对分课堂教学模式

第四环节：教师根据小组凝练的问题进行答疑。

第八周 新一轮

精讲环节：第一部分动作技术精讲教师要分别进行第一组合左边方向的动作和仰卧起坐动作的精讲，在精讲的过程中教师要针对动作提出问题，学生一边观察进行模仿练习，一边思考问题。

精讲和学生独学内化后，教师安排进行身体素质的练习和牵拉放松，然后进行课后小结，最后再一次提出学生课后内化吸收需要解决的问题（记忆第一组合动作名称和路线、熟练练习并完整展示第一组合动作、完成仰卧起坐的练习。）以及完成"亮""考""帮"。

（三）对分课堂教学模式应用注意事项

（1）尝试使用对分课堂教学模式前，认真研读《对分课堂：中国教育的新智慧》，或参与相关的培训；理解对分课堂教学模式的学习理论与教育理论，在理论的指导下，熟悉此教学模式的四大环节与实施步骤。

（2）实施初期：注意学习环境中社会化学习环境的营造，即让学生彼此认识和熟悉，营造有安全感、归属感的学习环境。教师从自己的课堂教学课时小目标开始，小步迭代；可以先从 8~10 分钟的课时小目标、内容着手，试着使用当堂对分形式，然后迭代为 40~45 分钟的一堂课。课后及时收集学生的反馈，不断调整教学目标和内容。

（3）实施中期：注意个体角色与身份的转化，即教师是讲授者，更是引导者、促进者、支持帮助者等。教师应根据课程的目标、课时目标内容，适当调整与重构教学内容，不断尝试精讲练习，确保能预留一定时间让学生进行独学内化与小组讨论。学习任务的布置需要从易到难、由小到大。学生讨论的时间掌控：建议每个小组设置一位时间管理者，并确保每个学生开口发言。学生讨论后凝练的问题可以是认知、技能、情感态度等维度的。学生撰写"亮""考""帮"初期，教师可以先示范，让学生各写一个，然后逐步增加，可以每次课进行，也可以每周进行，注意根据学生的认知负荷及时调整。及时反馈非常重要。教师在最后的讨论答疑环节，积极应对课堂中的不确定因素，以开放、坦诚、平等、尊重、实事求是与严谨务实的态度面对学生提出的问题，做好教学相长。师生是学习共同体，共同进步成长。

（4）实施后期：及时收集相关学习效果资料，进行自我教学反思与反馈，不断总结经验，改进不足，进行从小步慢走到大步快跑的教学节奏调整与精进迭代。教学课程改革需要教师有不断走出自己的舒适区的勇气与智慧。

第三节　项目式教学模式

一、项目式教学模式概述

（一）定义

项目式学习（Project-Based learning，简称 PBL），最早源于杜威的"做中学"（learning by doing）。美国进步主义教育学家克伯屈认为，项目式学习应当让学生在实践活动中完成学习过程，在真实情境下处理并应对问题，在必要时向教师求助或教师在必要情况下给予指导，最终完成学习项目，达成学习目标。因此在本质上，运用项目式教学模式，是在运用一种基于"关系"的教学范式，学生在处理"主观世界与客观世界"的关系中、"个人与他人"的关系中，充分探究、积极合作，实现掌握知识、习得技能、强化思维等教学目标。

（二）基本环节

开展项目式教学模式包括确定项目目标、项目设计、团队组建、项目实施、成果展示、评估和反思环节（见图5-7）。

图 5-7　项目式教学模式

确定项目目标是起始环节，目标设置的合理性评估对项目式教学开展是否顺利、教学目标是否能达成起着方向性作用。结合维果茨基"最近发展区理论"，教师确定项目目标应当充分考虑学生学情，设定具有挑战性和启发性的目标，让学生在达成目标的过程中，既能够充分展现自身能力，又能够促成自身创造力和探索性的延展；并且应当注意"目标"本身的明确、具体和可衡量，要让学生在参与前清楚了解项目预期目的。

项目设计在项目式教学模式中起结构化作用。在此环节，教师应该充分考量项目的整体结构和时间安排，合理分配项目的各个阶段和活动，确定学生能够在规定时间内完成项目。

团队组建是当前教学中常见的教学活动前置环节。教师为进一步优化或提升项目式教学模式的体验及成效，可以考虑多样化的分组形式，如同质化分类，提升组间异质性，增强组内同质性，进而开展对比教学等；或匹配分类，保证组间分组条件一致性，组间特征均衡，增强组内成员差异，强化差异性观察学习在教学活动中的实现。

项目实施是项目式教学模式的主体环节，是学生充分获取经验、掌握知识、展现能力、习得技能、浸润情感、强化思维、朋辈交互的主要空间。学生根据项目要求开展调研、记录、分析、总结、问题解决等活动。在项目实施环节，教师应当提供两类资源，一类资源是必要的学习教具或信息平台等操作性资源，如指导语段、文本材料、技术设备等，以确保学生能够顺利完成项目；另一类资源是情绪价值等感受性资源，如适时地鼓励，激励学生开展创新和探索；及时地反馈，给予学生积极关注和适度指导等。

成果展示环节是团队实践常见的后置活动，由学生团队依次介绍团队实践的过程记录、成果汇报和心得分享，这个环节常常与评估和反思环节联合开展，也可合称为"展示及反馈环节"。为增强师生功能的区分和学生的课堂参与度，教师可以在展示及反馈环节设置"朋辈评价"及"教师评价"的部分。朋辈评价包括作为倾听者的学生群体在展示后提出积极的评价（即肯定优势）、改进的空间（即不足之处及建议改善的方向和内容）、学习的成果（即将自身体验思考与他人表现结合所形成的发展思路）等，并进行评分；教师评价包括成果定级（即明确告知学生在评价体系中该表现的评级）、特征反馈（即对观察结果的总结和对优势特征的褒扬）、改进建议（即明确不足之处及针对性提出发展建议），并进行评分。

（三）关键问题

当前，针对项目式教学模式基本环节陆续形成了需要应对好的关键问题，以确保项目式教学模式的完整落地。

其一是核心问题的提出与真实情境的创设。教师在进行项目式教学模式设计之初，应当对对应章节的知识点进行分级分类地掌握，区分哪一类知识点的掌握适合项目式教学；对指向核心问题的核心知识进行深度理解，增强核心知识透视度。同时，基于对于核心问题的理解，设置学生的学习目标，使二者相对应，让学生在解决问题的过程中去达成对于知识与技能的认知、理解和掌握。创设一个真实性的情境，既是项目设计环节的重点问题，也是项目实施环节的重要前提，是项目式教学模式中非常核心的要素，也是项目顺利完成的基础和保证。对于情境创设，教师需要从"情境"本身出发，何谓"情境"？社会心理学认为"情境是个人对所处社会环境的感知和解释"，认知心理学则进一步将个体发展与情境的关系阐释为"情境认知强调学习、知识和智慧的情境性，知识是不可能脱离活动情境而抽象地存在的，学习应该与情境化的社会实践活动结合起来"。基于此，我们可以看出，情境至少应当包含"个体、环境、交互"，展现"三化"——具体化、生动化、典型化，凸显一个核心——"真"。学生作为个体，被动接受知识显然是不良好的一种学习状态，也无法真正地培养出某个具体的能力。但在一个真实且典型的环境中，学生通过与环境中的具体的人与物产生生动交互，开展探索与创新的活动，在环境与群体对个体产生的真实影响中，获得在该情境下的经验与感知，习得在该情境下的知识与技能，建构个人的认知框架与知识体系，更有利于促进其对知识进行有效掌握、转化和运用。

其二是知识整合的动态性和学习手段的多样性。在环境信息越来越丰富、知识越来越多的时候，学习不只是简单地对知识进行"贮藏"和"叠加"，而是不断地通过知识的"整合"达到知识的"完善"。以皮亚杰为代表的日内瓦学派提出了"建构主义"，其坚持从内因和外因相互作用的观点来研究个体认知发展，强调学习者的主动性，认为学习是学习者基于原有的知识经验生成意义、建构理解的过程，而这一过程常常是在社会文化互动中完成的。项目式教学模式对于"整合"至"完善"的教学路径具有极强的可操作性。学生在项目实践的过程中，会不断地进行"建构"，将新的经验、新的内容、新的知识与已有经验、已有知识、已有认知不断进行关联，将已有的事实性经验作为起点，利用原有知识对新知识、新技能进行主动地吸收。这样的动态地关联越是频繁、越是紧密，学生在大脑中形成的知识链接就越稳定、越灵活，对于新知识的掌握就越深刻、越牢固，对于知识体系掌握的透明度、完整度就越高。这样的学习本质上就是进行"思维系统整合"，进而形成"新的知识网络"。值得一提的是，项目式教学模式的"整合"不仅限于"本学科的学科主题"，更是鼓励应用于"跨学科的互联互通"。回归其重要要素——"情境"，真实的情境本身具有极强的"复杂性"，大多数现实生活中所面临的问题或遭遇的困境并非单一的，而是复杂的，单从一个角度看问题很容易陷入片面，甚至无法解决问题。我们应分析情境不同的学科，从不同的视角，或殊途同归得出普遍的规律，或各执一词碰撞差异的视角，从而跳出学科壁垒看待"情境"。当然，我们还应认识到情境的"完整性"。基于此，深度理解、充分整合"情境"，是对"差异性"的广泛包容，是对当前"学科交叉"的生动实践。因此，项目式教学模式应当追求让学生从简单情境到复杂情境中不断去整合，不断去迭代，从而有意识地构建更广博的认知结构（不单指知识）。另外，在传统教育的模式中，教师可能"喋喋不休地灌溉、填充"，而学生对于知识接受的通道也单一地被局限在了"竖起耳朵听我讲"和"看黑板"之间，这对于可以支持开展丰富活动的"大脑"而言，真是莫大的遗憾。且传统教育的评价机制也较为单一，即"得高分者得天下"，但事实上而言，我们对于教育的期待，还包括健全人格和积极品质的培养，促进学生对社会的适应。项目式教学模式在应用层面很好地填补了传统教学在情境、关系中的短板，在一定程度上实现了"自由的教育"，让学生能够在"真实的情境""朋辈的关系"中，相对自由地去探索与合作。并且由于项目式教学模式本身包含了"引导"与"目标"，因此学生在项目式教学模式下，不再各自为营，而是通过形成团队、梳理分工、确定责任来形成有效合力，进一步去查阅资料、整理思路、共享资料、整合信息、分析讨论、总结归纳等，这个过程既尊重了学生思考的独立性，也促进了学生融入共同体，在"关系"中体验团队协作、沟通交流、倾听自省等多种人际交互中所需要形成的特质与能力。更重要的是，在项目式教学模式中，学习的对象不仅限于教师、"绩优学生"等，它可以广泛地包括全体每一位学生，使学习的对象及其行为表征进一步丰富。而教师在这个过程中扮演的"观察者"和"指导者"角色，这也有利于实现"因材施教"，教师可以更充分地看见每一位学生在学习活动中的多元的表现，并能适时地基于学生的表现，在困惑之处施以援手，去调控、推进、启发等，促进了"把课堂还给学生"理念的扎根，将学生的主体性、主导性进一步凸显。

其三是评价形式的多元化。一方面是评价形式的多元化。传统的教学模式注重结果性评价，而结果又相对单一，大都以考试成绩作为唯一的衡量标准，而项目式教学模式的评价形式涉及多个方面。按照主体分，形式评价可以有教师评价、学生互评、自我评价；按照阶段分，其可以有过程性评价、结果性评价；按照视角分，可以有主观评价、客观评价；按照组别分，其可以有组内评价、组间评价等。多元化的评价形式在一定程度上扩宽了学生的评价视野，完善了学生的评价机制，不再局限于过度自我的觉知，改善了绝对依赖外部评价的倾向，对于学生形成良好的自我同样有较强的促进作用；也通过对学生的全时程表现、综合性表现的统揽，展现对个体差异性的尊重，对教育全过程的尊重。另一方面是评价内容的全面化。分数大都反映对知识点的掌握程度，但是由于现代社会的竞争对全面发展、综合塑造提出了更高的要求，学生的成长点也不再基于分数与知识的对照，而是是否在评价体系中反馈新的"成长增长点"，项目式教学模式的评价与反馈能够很好地实现多视角、全过程的记录与反馈。相应的，学生能够在项目式学习的整个过程中充分参与，并且能够源于积极参与而得到丰富而客观的评价，学生的体验感和获得感也会更好，学习效果会更好。

二、项目式教学模式应用

本节将通过案例来进一步深化解读项目式教学模式在教学过程中的应用。

教学主题：习得性无助

教学目标：理解"习得性无助"的产生原因；探索改善"习得性无助"状态的途径；掌握消除"习得性无助"状态的方法。

教学形式：项目式教学模式

教学过程节选（见表5-5）：

表 5-5　项目式教学模式教学过程节选

环节	教学设计	设计思路
①项目目标	通过合作，探索并掌握"习得性无助"的产生原因，进一步探索潜在的改善方式，并通过整合掌握科学的方法去改善"习得性无助"状态	目标设置有三点，引导学生通过"分析""发散""归纳"三个步骤去解读核心问题，即"通过观察、针对现象、结合经验开展原因分析"、"针对现象、结合经验、查阅资料探索潜在改善方式""整合展示、充分讨论、归纳总结科学方法"。这个目标设置紧密围绕"现象"，纳入"经验"，指向"科学"，既考虑了学生的学情又尊重了高等教育的规律性
②项目设计	①实验讨论：提供塞利格曼1967年动物实验的相关图文素材给学生进行学习，并提问"生活中类似的现象是否存在？能否举例？" ②案例讨论：提供匿名化心理咨询案例，标准化展现现实生活中"习得性无助"的案例，并据此提问"你会如何帮助对方？" ③情境模拟：学生模拟互助，检验上一环节的方法适用性、感受性。 ④班级展示：每个小组依次展示他们的探索过程及成果。 ⑤自由讨论、发言：鼓励学生在班级范围内自主、积极表达 ⑥教师总结：针对学生探索的内容、教学目标的科学知识进行体系化总结	项目设计充分考量科学性与现实性的结合，保障情境的创设具备典型性和真实性，让学生能够充分调用自身的经验及感受，在交互中链接人与人之间的关系，链接已有经验与现有情况的关系，进而促成对新知识的探索、新情境的适应。 教师总结环节要充分体现评价与反馈的机制，针对学生的表现、学生对于成功的贡献、学生的优势表现及不足之处以及对于知识的整体形成，都要充分展现

表5-5(续)

环节	教学设计	设计思路
③团队组建	思路一：通过课前前测，利用心理弹性、应对方式等维度，对学生进行分类分组。 思路二：随机在课堂上进行分组	思路一："习得性无助"是一种在反复遭遇挫折或失败后产生的一种以效能感缺失、行动力不足为特点的状态，而应对"习得性无助"的因素诸多，如个性特征、积极心理品质、行为模式等。创设充分的观察学习对象的情境也是项目式教学模式的一大显著优势。 思路二：项目式教学模式中对于创设"真实"的情境有一定的要求，随机分组的好处在于保障多样性，不同的组别可能会交互出不同的体验，在小组汇报和分享的时候可以听到不同的声音
④项目实施	①发放项目材料：将每一个程序所需要的视听材料和指导语以组别为单位发放给学生。 ②学生开展项目：学生按照指导语要求依次开展项目活动。 ③教师记录和指导：教师作为"观察者"和"指导者"及时地进行活动记录及项目指导	这一阶段的教学环境应该是最"自由"的，学生可以在每一个项目环节中自由地查阅资料、思考表达、沟通辩论等。教师也可以充分地观察记录学生的表现，适时地调整学生的讨论方向并督促项目完成进程，师生共建共享项目式教学模式下的良好学习氛围
⑤成果展示	学生以组别为单位，依次就项目过程及成果进行汇报	成果展示阶段应当充分展现学生在项目实施环节的阶段性成果和总结性成果，分享思考路径及问题解决的难点、痛点，提升交流过程中学习内容的丰富性
⑥评估和反思	①评价环节：通过组内互相评价、班级范围内组间互相评价、教师评价等外部评价以及自我评价，完成新一轮项目实践过程的信息搜集与整合。 ②反思环节：师生总结思考此次项目式教学模式下的表现、收获等	项目式教学模式是一种学习形式，总归是服务于学习体验、学习目的、学习能力等方面的，因此师生都有必要对已经完成的这一次项目式教学进行总结、反思和整合，为未来有可能开展的项目式教学模式储备经验

三、项目式教学模式注意事项

许多青年教师热衷于尝试多样化的教学模式，项目式教学模式是当前教育实践中广泛使用的一种教学模式，因其具备的情境化特征，其实施过程中的不确定性既是一种风险，也是一种优势。因此，为进一步保障项目式教学模式落地促进教学成效，教师在具体实施环节还应当注意以下两方面的问题。

其一，团队组建环节注意小组人数及明确成员责任。"情境构建"要考量其社会性因素的影响。社会心理学中提出的"责任分散现象"，是指在面对一项任务时，当个体被单独要求完成时，责任感会促使其积极应对；当一个群体共同完成时，群体中个体的责任感会随着人数的增加而逐渐分散，导致责任模糊、责任逃避等现象的出现。由于项目式教学模式，团队组建对于后续项目实施、达成项目目标等具有至关重要的影响。因此在实际开展项目式教学模式的过程中，教师应当注重评估目标的达成与小组人数的平衡，注重对阶段目标的指引与下达，注重对人员状态的关注等，防止由小组成员人数过多或目标不清晰导致的成员消极参与，教学效果降低。

其二，项目实施环节应当注重运用激励、社会比较等手段调控进程与参与氛围。在项目式教学模式下，目标制定、环节设计等都是课堂教学前的准备，正式实施更多是以团队组建为开端，加上实施与汇报，成为"学生为课堂主体"的主要阶段。一般项目实施环节的时长为 60~90 分钟，甚至于 100~120 分钟。为最大程度上保障学生整体参与度足够，教师应当做好两方面的准备。一方面是在实施环节中，教师要适当运用"社会比较机制"，通过营造组内积极合作、组间良性竞争的环境，激发学生的投入度。另一方面是在过程中，教师要适当运用"激励机制"，通过设置进度奖励，调控学生自身对于项目完成的时间管理意识，同时应当注意自身注意力的分配，对于值得肯定的行为可以适度在过程中即刻反馈，强化学生的积极表现。

项目式教学模式是一项以"目标"为导向，以"情境"为依托，以"关系"为重点的教学模式，注重学习过程中的"真实性""交互性"，强调学生"主体性"。教师在实施过程中应当注重对知识点的选择以及对教学方案的准备，进而保障发挥项目式教学模式的效能，促进学生学习效果的提升。

第四节　五星教学模式

一、五星教学模式概述

（一）定义

五行教学模式的提出是基于多元化的理论基础，包括行为主义、认知主义和建构主义的学习理论。五星教学模式强调"通过观察学习，来学习反思"，并重视"强化"在学习中的应用，认同刺激与反应、不断强化进而稳定联结的观念。五星教学模式明确提出学习动机与学习兴趣的激发和维持在教学中的关键性。同时，五星教学模式通过聚焦情境、聚焦协同、聚焦自主等方面，将建构主义中知识学习个体的主动性与创造性的重要性充分展现。综上，我们不难看出，五星教学模式是一种以问题或任务为中心，强调学生的主动性和能动性，创设情境、重视交互的教学模式。

（二）基本要素

五星教学模式包括五个要素，分别是聚焦任务、激活旧知、示证新知、应用新知和融会贯通（见图5-8）。

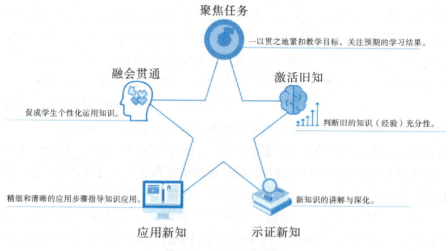

聚焦任务
一以贯之地紧扣教学目标，关注预期的学习结果。

融会贯通
促成学生个性化运用知识。

激活旧知
判断旧的知识（经验）充分性。

精细和清晰的应用步骤指导知识应用。

新知识的讲解与深化。

应用新知　　　　示证新知

图5-8　五星教学模式

聚焦任务是五星教学模的中心环节，以此为牵引促进学习。学生应当被明确告知完成任务是为了学习什么知识，学习什么技能可以促进解决什么样的问题，在任务要求和任务获益之间，形成联结，确保学生带着这样的思维进入教学活动。

激活旧知即通过即兴提问、自由讨论或演示教学等方式判断学生对于"应当掌握的旧知识"或"新知识相关的知识经验"的掌握程度。如果学生展现出良好的回顾表现，那么"原有的知识经验"就成为了新知识学习过程中的基础；如果学生不具备相应的知识经验，那么教师就应当扮演好"相关知识经验提供者"的角色。

示证新知在五星教学模式中起到"中流砥柱"的作用。梅里尔将知识分为"呈现信息"和"具体刻画"两种类型，前者是指简单地呈现信息，后者是指聚焦任务进行精细化的讲解示范。五行教学模式认为善于运用媒体更加有利于新知识、新技能的掌握。

应用新知是践行五星教学模式的一个难点。五星教学模式采用紧扣目标操练、渐减指导练习和变式问题操练的程序进行应用练习，足够的练习用以保障学习能够不断抵达目标。教师的指导由"示范勘误"转变为"由扶到放渐撤支架"的过程，练习对象在难度得到控制的前提下不断进行变化，丰富练习的层次性和多样性，进而确保学生对知识技能的深度理解，掌握问题的本质。

融会贯通是学生在经历了学习、运用、反馈后，面对不同的问题情境，能够灵活选择和应用新知的表现，涉及实绩、反思，达成灵活运用等。其中，实绩包含如知识记忆、知识理解、知识应用程度等；反思是一个重要的反馈，指的是学生应当思索自己的水平、使用灵活性等，促成知识应用的再深化。

（三）关键问题

当前，五星教学模式正广泛应用于多学科新教法的探索与实践，但是仍旧存在主体角色不明、应用成效不佳等问题，为进一步指导青年教师良好运用五星教学模式，本节在此进一步明确需注意的关键问题。

其一是厘清五星教学模式的教学主体角色。五星教学模式努力促成教师角色和学习者地位的明显转变，凸显学生在学习过程中的主体地位。教师综合把控教学全局，而学生则是通过调动自身积极性将学习到的新知识和新技能迁移到不同情境中，通过反馈和反思形成更加良好的适应和扩展。除此之外，五星教学模式还认为除了典型的"指导"与"反应"外，师生之间的简单的"教学交互"应当丰富为行为、情感、认知乃至于社会化等个体发展的过程参与。比如教师鼓励学生开展尝试、进行反思等，这个鼓励的过程就属于"情感过程"，而学生将新知识、新技能实际迁移到现实场景或者多种应用领域中，这就是在进行"社会化过程"，极大程度地加深了现代教育对于应用性的需求满足。

其二是弱化固化五星教学模式教学结构的倾向。在实际的教学活动中，不同的知识类别、不同的学习要求、不同的应用形式等的差异，都昭示着固化应用某一类教学模式是不容易达到融会贯通的。因此，青年教师在实践五星教学模式的过程中，可以通过两个阶段达成对该教学模式的灵活掌握。第一阶段是选取典型知识点进行构思：通过五星教学模式的概念及基本要素我们容易发现，五星教学模式更适合情境性强或者实操性强的学科或知识点。那么选取相应的知识点，对照教学示例的文本或视频进行模仿构思，教师更能够在典型的迁移中掌握该教学模式的基本运用。第二阶段是辨析教学重难点并进行侧重拆分：在运用五星教学模式这一类灵活性较强的教法的，教师应当进一步增强自身对知识点的分级分类意识，对于了解、理解、掌握、运用，对于难点、次难点、重点、次重点，要清晰区分，提前谋划，避免在教学活动中由于场景灵活性而顾此失彼，影响教学目标的达成。

二、五星教学模式应用

本节将通过案例来进一步深化解读五星教学模式在教学过程中的应用。

教学主题：认知行为疗法如何参与情绪管理

教学目标：掌握认知行为疗法调节情绪的方法

教学形式：五星教学模式

教学过程节选（见表5-6）：

表 5-6　五星教学模式教学过程节选

环节	教学设计	设计思路
问题引入	情绪发生的过程是什么？你认为影响一个人情绪变化的重要因素是什么？如果你尝试调节情绪，你会先从哪一个步骤或方面开始	聚焦问题/激活旧知——本节课核心在于"调节情绪的方法"，也就是我们常说的"How"这个部分，所以我们应当在导入环节检验与之相关联的知识经验。认知行为疗法有一个基本的模式就是：A（事件）→B（想法）→C（情绪），认为改善情绪的关键点在于调节"B"，因此围绕是否知晓这个过程、关键因素是什么、你的调节着眼点在何处，依次检验学生对情绪调节问题的认知，从而确定教师教学的程度。如学生对认知行为疗法的基本模式有一定的认知，那么这堂课后续就可以升级为"深化运用"；如学生对认知行为疗法的基本模式无法在过往的知识经验中找到支撑，那么这堂课后续就应当先夯实理论基础再进行深化应用的扩展
新知讲授	①质疑②发散思维③检查证据质量④寻找反证教师通过推理、演示演绎新知；学生通过思辨、练习掌握新知	示证新知——围绕"如何调整想法、感受、思维（B）"进行探讨。具体的方法包括四项，但于学生而言，这些方法或思路的践行，既存在理论方面的逻辑性困难，也存在实践层面的操作偏差，因此在这个环节，教师的指导显得尤为重要。教师通过"推理、演示"两个阶段引导学生了解、理解运用以上方法的科学逻辑，并结合现实案例演绎如何使方法落地。学生通过"思辨、练习"两个阶段尝试剥离旧的思维逻辑，完善形成新的思维逻辑，并且可以通过分组练习等方式增强思维逻辑运用的强化，进而熟练掌握运用
综合实践	教师提供一个完整的、典型的案例——可以是视频或者文本，邀请学生综合运用以上方法开展"认知行为疗法调节情绪"	应用新知——知识的综合灵活运用是教学中的难点。在这个环节，教师要有计划地促进学生把知识深化熟练，促进学生能够迁移运用知识。因此，教师可以通过挑选典型案例的形式以及分组讨论或者示范应用等方式，促进学生相互学习，加深学生在复杂情境下对于知识的运用灵活性
课后延展	学生通过课后开展朋辈的心理咨询实践，尝试在现实情境中，利用认知行为疗法调节情绪	融会贯通——为确保教学的可持续性及拓展性，该环节要求学生对现实的案例开展完整的心理咨询，并进行视频拍摄并上传超星平台。教师进行场外指导并提出改进建议。教师通过场景设置及视频拍摄的方式，将学生作业以具象化的形式展示，确保学生的参与度，在提升学生问题解决能力的同时融合其他课程知识，如咨询设置、咨询程序、谈话技巧等，多维度锻炼学生，有效实现理论和实践间的融会贯通、课程与课程间的融会贯通

三、五星教学模式注意事项

结合五星教学模式的特点，在具体实施环节我们还要再强调两个重要建议。

其一是注重"主体"的调动。五星教学模式反复提及要关注已有经验，关注学情等，这对于建构知识体系，激发学生参与学习的动机都发挥着重要的基础作用。但很多青年教师会反映由于学生体量大、课程容量大，因此无法考虑和照顾到每一个学生的个性化需求。这一个现实的挑战。应对这样的挑战比较简易的操作就是不断优化和设置课程前测，动态把握学生的水平，根据学生的水平不断地调整课程知识难度等。过于难的知识，教学和体验都费劲，学生的学习动机会有所降低；过于容易的知识，教学和体验难以丰富，学生的学习动机可能调动不足。所以结合学情不断调整从而调动主体的参与，对于师生双角色而言都是有益的。

其二是注重"做"的设置。通过第二节的案例我们不难看出，在五星教学模式中，近乎是以贯通课堂内外的"做"，来支撑"学"。由此也为教学准备工作提出了一个不小的挑战，就是"如何做"才能保证"做得对""做得有意义"。一方面，教师可以采用"碎片"到"整合"的思路来考虑"做的设置"这一问题。知识的学习都分阶段或者要点，在不同的阶段或要点上。为了强化学生的学习过程的路径意识，我们可以将"做的设置"依附于每一个要点，"碎片化"地设置操作空间。当学生在课堂时间内通过观察"示范'做'"，练习"强化'做'"后，教师可以在课堂外设置更具有综合性、情境性的训练材料，促进学生在复杂问题中寻找清晰的践行路径，提升学生的知识综合性运用能力。另一方面，操作要求的"等级意识"应该被看重。不可否认，学生的学习能力、适应水平存在客观的差异，"一刀砍"的标准是一种不尊重个体差异性、忽视发展基础的设置，已经不适用当前素质教育、全人教育的追求了。教师在设置操作环节时，可以根据知识的难易程度和学生的学情，将时间任务划分为简易、稍难、偏难、复杂四种等级，确保不同程度的学生都有能力和机会参与其中。

五星教学模式是一种以"任务"为核心，以"实操"为重点的教学模式，注重学习过程中的"能动性""结构性"。教师在实际实施过程中应当注重对学生积极性的调动以及对教学材料的区分度把控，进而保障五星教学模式能够充分发挥其促进学生"做中学"的功用。

许多青年教师在选择教学模式时，容易出现"刻板"或"不适配"的倾向。青年教师要想有效地选择教学模式，需遵循以下重要原则。一是紧盯教学目标。教学目标的设置是开展一切教学工作的核心。作为教师，清晰地把握所授课程知识点的学习要求、难易程度尤为重要。另外，教学目标应该贯穿教学活动始终，教学设计始终服务于教学目标的实现。因此，在选择教学模式上，关键之一在于是否实现了教学范式的选择与教学目标的适配，适配度高的教学范式更有利于实现教学目标。二是灵活创新实践。大多教学模式的导向性是趋同的，但在实际操作中确实是存在差异的。因此，青年教师在设置教学任务的过程中，应结合实际情况，有技巧地去调整教学模式的使用教学范式。高级课程教学模式其高度及难度都源于基于科学复合的教学理论，对教育实践经验持有高的要求，这是青年教师生涯中的重要挑战，也是美好机遇，相信通过不断学习、思索、践行，青年教师将在实践中展现更精彩的课堂风貌。

【本章小结】

高校青年教师的课堂教学模式运用需要平衡规范与创新，其精髓在于实现教学目标与教学方法的深度契合。青年教师应当认识到，无论是传统讲授还是创新模式，本质都是服务于育人目标的工具。成功的教学实践首先要求教师具备清晰的目标意识，将"立德树人"细化为可操作的教学目标，并贯穿于教学设计全过程。从课堂导入到课后延伸，每个环节都需形成指向核心素养培育的连贯链条，避免教学环节与目标脱节导致的碎片化现象。青年教师需在教学模式运用上遵循"因标择模"的灵活思路，深入理解各类教学模式的理论内核，把握其共通的育人导向，同时根据学科特性、学情特点进行创造性转化。这种转化不是对现成模式的简单套用，而是基于教学目标对教学要素的重新组合。建议建立"理论认知-实践验证-反思优化"的专业发展路径，通过持续地教学诊断与改进，逐步实现从模式模仿到自主创新的跨越，最终形成既有理论支撑又具个人特色的教学风格。这种既坚守教育本质又勇于突破创新的教学实践，正是提升课堂质效的关键所在。

参考文献

［1］张学新. 对分课堂：中国教育的新智慧［M］. 北京：科学出版社，2017.

［2］布鲁斯·乔伊斯，玛莎·韦尔，艾米莉·卡尔霍恩. 教学模式［M］. 兰英，等，译. 上海：华东师范大学出版社，2021.

［3］托马斯·H 埃斯蒂斯，苏珊·L 明茨. 十大教学模式［M］. 盛群力，徐海英，冯建超，译. 上海：华东师范大学出版社，2022.

［4］加里·D 鲍里奇. 有效教学方法［M］. 易东平，译. 上海：华东师范大学出版社，2021.

［5］布鲁克斯. 建构主义课堂教学案例［M］. 范玮，译. 北京：中国轻工业出版社，2005.

［6］戴维·梅里尔. 首要教学原理［M］. 盛群力，钟丽佳，译. 福州：福建教育出版社，2016.

［7］罗斯·库珀，埃琳·墨菲. 项目式教学：教师不可不知的 8 个关键问题［M］. 赵小莉，译. 上海：上海教育出版社，2024.

［8］盛群力，魏戈. 聚焦五行教学［M］. 福州：福建教育出版社，2015.

［9］靳玉乐. 课程论［M］北京：人民教育出版社，2015.

［10］吕立杰. 课程论研究［M］福州：福建教育出版社，2021.

第六章　信息技术与课程教学的融合

信息技术的快速发展和全方位渗透为高校教育教学带来了全新机遇，衍生出了翻转课堂、混合式教学、融合式教学等系列新型教学模式。信息技术与课程教学的有机融合能够提高学生的学习成效，培养他们的数字素养和综合能力。然而，当前许多教育工作者缺乏相关技术知识与能力的储备，而学生在技术使用方面的能力和熟练程度也各异。因此，在信息技术融入课程教学的具体实践中，我们面临的困惑有：

（1）信息技术的融入于师生而言意义何在？

（2）信息技术融入课程教学的主要方法/教学模式有哪些？

（3）如何把握好不同教学模式？需要做哪些准备？在具体教学过程中应注意哪些问题？如何有效地应对？

本章将在接下来的内容里针对以上问题，重点阐释信息技术与课程教学融合的意义、发展阶段、主要方法（翻转课堂、混合式教学、融合式教学），以促进高校教师加深对二者融合的理解和应用，进而推动教育教学的创新发展。

第一节　信息技术与课程教学融合概述

一、信息技术与课程教学融合的意义价值

信息技术与课程教学融合为教学带来了丰富的教学资源和个性化学习的机会，拓展了学习空间和时间，促进了互动与合作。它提供多样化的教学内容和实践机会，提高教学效果和效率。这种融合不仅能为教师提供个性化、多样化的教学方式，而且能满足学生的多样化需求，还能培养学生的创新能力和增强学生的数字素养，具体意义如下。

（一）对于教师教学的意义价值

1. 帮助教师提升课堂教学效果

信息技术与课程教学的融合对于提升教学效果具有重要的意义。教师通过多媒体展示、虚拟实验、互动教学等方式，能激发学生的学习兴趣和积极性，帮助学生更好地理解和掌握知识，提高教学效果。

信息技术使得多媒体教学资源的制作和使用更加便捷。教师可以使用图片、音频、视频等多种形式的资源来呈现教学内容，使得学生的学习更加生动有趣。

教师还可借助信息技术为学生提供合作学习和实践性学习的平台和工具。在教师的引导下，学生可通过在线协作、论坛讨论等方式与同学进行合作学习，促进知识的共享和交流。学生也能在虚拟环境中进行实验和操作，提高实践能力，同时降低实验成本和安全风险。研究表明，合作学习有助于促进学生批判性思维的发展、形成积极的人际关系并维持健康的心理。[①]

2. 提供个性化的教学内容

信息技术与课程教学融合对于提供个性化学习的支持具有重要的意义。传统的课堂教学往往是以教师为中心，学生被迫按照统一的进度和内容进行学习。然而，每个学生的学习能力、兴趣爱好和学习风格都是不同的。教师通过定制化的教学内容和学习路径，可以满足不同学生的学习需求，为其提供个性化的学习资源和学习活动，提高学生的学习效果和自主学习能力。

信息技术还可以通过智能化的学习评估和反馈，帮助教师为学生提供个性化的指导和支持。传统的评估方式往往只是简单地给出分数或等级，无法深入了解学生的学习情况和需求。而信息技术的应用可以通过智能化的学习评估系统，对学生的学习过程和学习成果进行全方位的监测和分析。基于学习分析的结果，教师可以针对学生的特点和需求，提供个性化的反馈和指导，帮助学生更好地理解和掌握知识。

3. 提供丰富多样的教学资源

信息技术与课程教学的融合对于提供丰富多样的教学资源具有重要的意义。教师可以通过信息技术更好地呈现教学内容，使教学更加生动、直

---

① 孟宪乐，王润强，曹雪菲. 教育原理与教学技术概论［M］. 北京：研究出版社，2022：160-161.

观，提高学生的学习兴趣和参与度。

信息技术可以为教学提供多种形式的教学资源，如图文、音频、视频等。教师可以利用多媒体素材、在线教材、教学应用程序等资源来丰富教学内容，使用不同类型的资源满足学生不同的学习方式和学习需求，提高教学的灵活性和个性化。

(二) 对于学生学习的意义价值

1. 培养学生的创新能力

信息技术的应用可以培养学生的创新思维和解决问题的能力。教师通过设计和实施信息技术相关项目和任务，可以锻炼学生自主学习、合作探究、创新设计等能力，提高其综合素养和创造力。

信息技术可以为学生提供创新的工具。学生可以利用计算机、互联网、虚拟现实等信息技术进行信息检索、数据分析、模拟实验等，从而获取更广泛的知识，并将其应用于创新活动中。应用信息技术，学生可以更加便捷地获取各种信息，激发创新思维和想象力，培养解决问题的能力。

信息技术的融入可以促进学生的合作与交流。在信息技术的支持下，学生可以突破时间和空间的限制，在虚拟环境中进行实时的协作和交流以及资源经验的共享；可以相互借鉴和启发，拓宽思维和视野，培养自己的合作和沟通能力。

信息技术可以为学生提供自主学习和探究的机会。学生可以根据自己的兴趣和需求利用信息技术进行自主学习和研究，通过开放式的学习平台、在线资源和工具等，进行自主的学习和创新实践。这种自主性的学习方式可以激发学生的主动性和创造性思维，培养学生的创新能力。

2. 增强学生的数字素养

信息技术的融入可以提高学生的数字素养。学生在信息技术环境中学习和应用知识，可以培养其获取、评估、处理和利用信息的能力，提高其信息技术应用水平，使其适应信息化、智能化社会的发展需求。

信息技术的融入可以培养学生的信息处理和分析能力。信息技术提供了各种工具和软件，如数据分析工具、图表制作软件等，可以帮助学生有效地处理和分析信息。学生可以运用信息技术进行数据清洗、统计分析、图表绘制等，从大量的信息中提取有用的信息，发现规律和趋势，培养学生的信息处理和分析能力，提高其数字素养。同时这也提升了学生在面对复杂的信息时做出准确的判断和决策的能力。

3. 拓展学生的学习资源与空间

信息技术打破了时间和空间的限制，为学生提供了更广阔的学习空间，使得学生可以随时随地通过网络平台、在线图书馆等途径来获取全球范围内的教育资源和学术文献，并能与优秀的学习者进行互动和交流。这样既可以拓宽学生获取学习资源的范围，又能拓展学生学习的空间，让学生更广泛地了解和学习相关领域的知识，提高他们的综合素质和学科能力。

信息技术的融入可以让学生实现学习的个性化和自主化。学生可以根据自己的兴趣和需求，在线自主学习，选择适合自己的学习内容和学习方式，自主安排学习时间和学习进度，拓展学习的空间和时间，提高学习的自主性和灵活性。

信息技术的应用可以促进学生在资源和空间上进行跨界融合。现代社会的发展要求学生具备跨学科的综合能力。而信息技术的应用让学生能够在跨学科的学习环境中进行学习和实践。例如，学生可以利用信息技术进行数据分析和可视化，将多个学科的知识和技能进行整合和应用。这种跨界融合的学习方式可以拓宽学生学习的空间和视野，培养学生的创新思维和综合能力。

二、信息技术与课程教学融合的发展阶段

起初，信息技术主要被用作教学辅助工具，教师只是使用多媒体软件展示课程内容；随后，个性化学习和互动交流成为重要的发展方向，学生能够根据自身需求获取个性化学习资源并与教师、同学互动交流；进一步，资源共享和在线教育平台的出现，使教师和学生能够共享和共建教学资源。当前，智慧教学成为主要发展方向，人们通过人工智能、大数据、元宇宙等技术手段，实现了时空解禁，创设智慧化的教学环境和学习体验。据此，我们将信息技术与课程教学融合的发展历程划分为三个主要阶段，分别是替代阶段、增强阶段和融合阶段（见表6-1）。

表6-1　信息技术与课程教学融合的发展阶段

发展阶段	时间	信息技术的作用
替代阶段	1970—2000 年	辅助教学的工具
增强阶段	2001—2010 年	实现个性化学习和互动交流
融合阶段	2011 年至今	创设教学环境和学习体验

（一）替代阶段

替代阶段指的是将传统的课程教学方式替代为信息技术辅助的教学模式。这个阶段主要是信息技术用于替代传统的教学手段和资源。例如使用电子教材替代纸质教材，使用电子白板替代传统黑板，使用多媒体课件替代纯文字的教材等。在替代阶段，教师利用多媒体教学软件、互动白板等工具来展示教学内容，使学生能够更加直观地理解和吸收知识。同时，学生也可以通过电子课本、网络资源等方式获取更多的学习材料，拓宽学习视野。在替代阶段，信息技术的应用使得教学更加灵活多样化。教师可以根据学生的不同特点和学习需求，灵活调整教学内容和教学方式，提供个性化的教学服务。学生也可以根据自己的学习进度和兴趣选择不同的学习资源，实现自主学习。这个阶段主要是将信息技术引入教学过程，提升教学的效率和便利性。替代阶段还促进了教育资源的共享和交流。教师可以通过网络平台分享教学设计和教学资源，从而提高教学质量和效率。学生也可以通过线上学习社区与其他学生进行互动和交流，拓展学习网络。

（二）增强阶段

增强阶段指的是将信息技术应用于课程教学中，提升教学效果和学习体验。在这个阶段，信息技术被广泛运用于教学过程中，以提供更加丰富和个性化的学习体验。通过虚拟现实（VR）、增强现实（AR）等技术，学生可以身临其境地体验各种场景和情境，激发学生的学习兴趣和积极性。同时，教师可以利用这些技术创造出更加生动有趣的教学内容，使课程学习更加具有参与性和体验性。在增强阶段，信息技术还能够提供更加精准的学习评估和反馈。借助智能化的学习系统和学习分析工具，教师可以对学生的学习情况进行实时监测和评估，及时发现学生的学习问题并提供个性化的辅导和指导。学生通过这些工具可以及时了解自己的学习进度和水平，从而有针对性地调整学习策略。

（三）融合阶段

融合阶段指的是信息技术与课程教学完全融合，形成一种全新的教学模式。在融合阶段，信息技术不仅仅是教学的辅助工具，而是与课程教学深度融合，共同构建智慧化教学环境和学习体验。教师利用信息技术的各种功能和工具，设计和开发与课程内容紧密结合的教学资源和活动。学生通过多种信息技术手段来探索、创造和分享知识，实现知识的全面、深入和主动学习。在这个阶段，信息技术的应用使得教学变得更加个性化、自主化。教师可以根据学生的不同学习风格和能力水平，利用信息技术提供个性化的学习资源和学习路径。

此外，融合阶段还促进了跨学科和跨界合作。信息技术的应用使得不同学科之间的知识和技能可以更加深入地融合，教师可以通过跨学科的项目和活动来促进学生的综合能力发展。同时，教师和学生还可以与社会、行业和科研机构等进行合作，将课程教学与现实问题相结合，培养学生解决问题的能力和创新的能力。

三、信息技术与课程教学融合的主要方法

信息技术与课程教学融合的主要方法是以信息技术为支撑，通过教学工具融合、个性化学习、互动交流、资源共享等方式，提高教学效果，促进学生的学习和发展。信息技术与课程教学融合的方法主要有翻转课堂、混合式教学和融合式教学等。这些方法可以根据不同学科和教学目标进行综合应用，为学生提供更加丰富、灵活和个性化的学习体验。

（一）翻转课堂

翻转课堂的核心思想是将传统课堂中的知识传授环节与作业完成环节进行颠倒，让学生在课堂上更多地参与讨论和实践，而将知识的学习和理解放在课堂之外完成。

在传统课堂中，教师通常在课堂上向学生讲解新的知识点，而学生在家中完成作业。而在翻转课堂中，学生需要在课前通过预习、学习视频、阅读材料等方式自主学习相关知识，将课堂时间用于与教师和同学之间的互动和协作。翻转课堂的核心理念是将学生从被动的接受者转变为主动的学习者。通过提前学习知识，学生可以在课堂上提出、讨论和解决问题，进行实践和案例分析等，从而更深入地理解和应用所学知识。教师在课堂上充当指导者和辅导者的角色，引导学生的学习过程，提供个性化的指导和反馈。

翻转课堂的优势在于能够提高学生的学习效果和参与度。学生通过自主学习，可以更好地掌握课程知识，而在课堂上的互动和实践则促进了学生深层次的学习和思考。

（二）混合式教学

混合式教学结合了传统面对面教学和在线学习的元素，是结合网络教学和传统教学优势的"在线"＋"离线"教学模式，旨在充分利用技术和

互联网资源来提升学生的学习效果和学习体验。混合式教学将传统课堂教学与在线学习相结合，通过在线学习平台、教学软件、多媒体资源等技术工具，为学生提供学习内容、教学视频、练习和作业等学习资源。学生可以根据自己的学习进度和学习风格，在课前或课后进行在线学习，巩固和拓展所学知识。在混合式教学中，传统课堂仍然具有重要的作用。教师可以利用课堂时间进行互动、讨论、实践和案例分析等活动，引导学生主动参与并应用所学知识。课堂上的互动和合作有助于学生深入理解和应用知识，并获得及时的教师指导和反馈。

混合式教学的优势在于结合了传统教学的互动和在线学习的灵活性。学生可以根据自己的学习节奏和需求，在在线平台进行个性化的学习，而课堂上的互动则促进了学生深层次的学习和思考。此外，混合式教学也提供了更大范围的学习资源和更多的机会，拓宽了学生的学习空间。

(三) 融合式教学

融合式教学将传统面对面教学和在线学习相结合，利用互联网和技术工具，在线上和线下环境中进行教学和学习。融合式教学是一种新型教学样态，它推动了教学变革与创新，实现了四个方面的融合：线上与线下的融合、现实与虚拟的融合、技术与教学的融合、数据与服务的融合，并助力教学向全景化、智能化、精准化与个性化迈进。[1] 融合式教学是学习服务与教学融合的教学方式，可通过构建无缝学习环境，实现多维、实时的学习服务，助力学生进行个性化学习。[2]

融合式教学的优势在于提供了更灵活、个性化和综合的学习体验。学生可以根据自己的学习风格和需求，在线上进行自主学习，并在线下课堂中与教师和同学进行互动和合作。这种教学模式有助于培养学生的自主学习能力、合作能力和创新能力，提升学生的学习效果和学习体验。

---

[1] 朱龙，付道明. 教育高质量发展背景下融合式教学的价值意蕴与发展路向 [J]. 现代教育技术，2022，32 (10)：26-33.

[2] 穆肃，王雅楠，韩蓉. 线上线下融合教学设计的特点、方法与原则 [J]. 开放教育研究，2021，27 (5)：63-72.

第二节　翻转课堂

翻转课堂的背景可以追溯到 20 世纪 90 年代，当时科技的快速发展为教育领域带来了新的机遇。教育者开始意识到在传统的课堂模式里，学生无法跟上课堂的进度、无法及时解决问题等。为了解决这些问题，他们开始尝试用视频录制教学内容，并要求学生在课前观看，以便在课堂上更好地与学生互动和解答问题。因此翻转课堂这一概念应运而生。

翻转课堂是一种以学生为中心的教学模式，与传统教学模式相比，在翻转课堂教学中，学生在课前通过自主学习获取基础知识，而将课堂时间用于互动、合作和实践活动。教师由侧重传授知识的角色转变为侧重指导学习的角色；学生化被动为主动，整体流程从先教后学转变为先学后教，把课堂的重心从教师转移到学生身上，把课堂的目的从灌输知识转变为能力培养。① 翻转课堂的本质在于回归教学活动的逻辑起点——学生的学习。在教学活动中，"教"是条件，"学"是本体，教师之"教"存在的逻辑在于有利学生之"学"，学习活动是一切教育真正的逻辑起点。② 那么在翻转课堂广泛运用的当下，教师该如何把握好翻转课堂的教学，为翻转课堂的开展做好哪些准备呢？在翻转课堂的实施过程中又存在哪些问题？如何有效地应对？这些都是翻转课堂中亟待解决的重要问题，本节将在此基础上进行深入探讨。

一、翻转课堂的准备

翻转课堂教学与传统教学相比更加注重教师引导学生自主学习的能力。为了做好翻转课堂的教学，教师应从教学理念、教学能力、教学资源三个方面着手准备。

（一）教学理念准备

翻转课堂中的教学理念是使教学更加灵活和多样化，激发学生的学习兴趣和主动性，培养学生的合作能力和自主学习能力。教师需要深刻理解

---

① 侯新，张津铖，何倩倩. 基于翻转课堂模式下高校审计学教学改革探讨 [J]. 对外经贸，2022（10）：158-160.

② 王鉴. 论翻转课堂的本质 [J]. 高等教育研究，2016，37（8）：53-59.

翻转课堂的教学理念和原则，明确学生在课堂之前自主学习的重要性，并且了解如何在课堂上引导学生进行合作探究和互动交流，以及如何个性化地指导学生的学习。

首先，教师要以学生为中心。在翻转课堂中，学生成为教学的中心，教师的角色变为学生的指导者和引导者，鼓励学生主动参与、自主学习和合作探究。其次，在翻转课堂中，学生在课堂上可以与教师和同学进行互动和讨论。教师提出问题、引导讨论，并及时给予学生反馈和指导。这种课堂互动可以激发学生的自主思考和创造力，加深其对知识的理解和应用。最后，翻转课堂的教学理念注重学生的个性化学习。教师可以根据学生的不同情况和需求，提供个性化的指导和支持，帮助学生取得更好的学习效果。学生也可以根据自己的学习需求和兴趣，选择适合自己的学习资源和学习路径。

（二）教学能力准备

在翻转课堂的教学能力准备中，教师需要掌握教学视频制作技能，设计学习任务和活动，具备良好的课堂管理能力和教学评估反馈能力，并在实践中不断反思和改进自己的教学。这些能力可以帮助教师更好地引导学生的学习，提高教学效果。

首先，教师要熟练运用信息技术，利用现代科技工具准备课堂中要用到的内容。教师需要熟练掌握 PPT 制作、数据可视化、课堂互动与测试、虚拟仿真实验教学、思维导图绘制等工具。其次，教师要具备良好的课堂管理能力。在翻转课堂中，课堂管理变得更加重要。教师要确保学生能够按时完成学习任务，积极参与课堂活动，并维持良好的学习氛围。最后，教师需要具备良好的评估反馈能力。教师需要确定评估学生学习成果的方式和标准，并及时给予学生反馈，并通过课堂讨论、小组项目、作业等评估方式来了解学生的学习情况和掌握程度，进而指导学生改进学习方法和提高学习效果。

（三）教学资源准备

在准备教学资源时，教师需要确保资源的质量、适用性、多样性和灵活性，以满足不同学生的学习需求。教师还可以不断寻求新的教学资源，与其他教师进行交流和分享，共同提高教学质量。

首先，教师可以通过互联网、教学平台①、教材等途径搜集教学视频、学习文档、在线课程、练习题等相关的教学资源，并筛选出符合学习目

---

① 目前国内成熟的教学平台有中国大学 MOOC、学堂在线、超星学习通、智慧树网等。

标、内容准确、质量高的资源。教师可以根据学生的不同需求和学习进度来提供一些个性化的学习资源，帮助学生深入学习。其次，对于翻转课堂来说，教学视频是一种常见的教学资源。教师可以利用录屏软件、教学视频制作软件等工具①制作教学视频。在制作教学视频时，教师需要清晰地讲解知识点，突出重点，结合示例和案例进行讲解。最后，教师还可以准备相关的学习文档，② 如课件、学习笔记、阅读材料等。这些文档内容应该简洁明了，便于学生理解和掌握。

二、翻转课堂的设计模型与实践案例

著名教育学家杰拉尔德·奥尔德的"学习金字塔"理论指出，不同的学习方式下，学生对知识掌握和记忆的效果是不同的。而翻转课堂教学模式正是运用了"学习金字塔"理论，为学生提供了更多参与和互动的机会，有效提高了学生的学习效果。

（一）翻转课堂教学模式的设计

1. 理论基础

翻转课堂相关的理论包括倒置教学理论、个性化学习理论、社会建构主义理论等。这些理论为翻转课堂教学模式的实施提供了实践指导和支持。

（1）倒置教学理论

翻转课堂的设计模式可以追溯到倒置教学理论。倒置教学理论是将学生的学习活动放在课堂外，让学生在课前自主学习获取基础知识，然后在课堂上更好地互动和实践，以此更好地促进学生的深入学习。

（2）个性化学习理论

翻转课堂教学模式借鉴了个性化学习理论的思想。个性化学习理论认为每个学生都有独特的学习风格、能力和兴趣，教学应该根据学生的个体差异进行调整。在翻转课堂中，学生可以根据自己的学习进度、能力和兴趣，在课前通过预习进行自主学习，这样可以满足学生的个性化学习需求，提高学习效果。

（3）社会建构主义理论

翻转课堂教学模式也受到社会建构主义理论的影响。社会建构主义理

---

① 常用的视频制作工具有剪映、Premiere（PR）等。
② 常用的学习文档制作工具有博思白板、Xmind、MindMaster 等。

论认为学习是社会建构的过程，通过与他人的互动和合作，学生可以共同构建知识和理解（相关理论基础包括社会认知理论、协作学习和社会情境理论等）。在翻转课堂中，学生在课堂上可以与教师和同学进行讨论、解答问题、开展实践活动等，促进知识的共建和深入理解。

2. 设计原则

（1）以学生为中心

翻转课堂的设计要以学生为中心，关注学生的学习需求和兴趣。教师应该根据学生的不同特点和学习差异，提供个性化的学习资源和指导，鼓励学生主动参与和探索。

（2）提供多样化的学习资源

翻转课堂的设计要提供多样化的学习资源，包括教师录制的视频、在线教材、互动游戏等。学生可以根据自己的学习风格和喜好，选择适合自己的学习资源，提高学习的效果和兴趣。

（3）促进互动和合作

翻转课堂的设计要鼓励学生之间的互动和合作。教师可以设计讨论、小组项目、合作实践等活动，让学生在课堂上进行交流和合作，促进知识的共建和深入理解。

（4）教师的引导和辅导

翻转课堂的设计要强调教师的引导和辅导作用。教师应该及时给予学生指导，解答学生的问题，激发学生的思考和探索。教师还可以利用课堂时间进行个性化辅导，帮助学生解决困惑和提高学习效果。

（5）及时评估和反馈

翻转课堂的设计要建立及时评估和反馈的机制。教师可以设计课堂活动和作业，对学生的学习进行评估，及时给予学生反馈和指导。学生也可以通过自我评估和同伴评价，了解自身的学习情况，促进学习的进一步提高。

3. 设计思路

设计翻转课堂教学模式需要根据具体的课程内容和学生特点进行灵活调整，关注学生的学习需求和兴趣，激发学生的学习动力和积极性。

首先，要明确学习目标。教师应以课程的学习目标和关键概念为基础设计预习材料和课堂活动；并且设计制作相关预习材料，为学生提供学习指导，指导学生如何有效地预习和整理自己的知识。教师可以提供预习问题、思考导向等，促进学生在预习中主动地思考和探索。其次，在课堂上，鼓励学生之间的互动和合作。教师可以设计小组讨论、案例分析、问题解决等活动，引导学生彼此交流和分享观点，共同探讨知识和解决问题。最后，教师应及时给予学生反馈和评估，帮助学生发现和纠正错误，促进学习的进步。教师可以通过个人作业、小组项目等方式评估学生的学习成果。在实施翻转课堂教学模式后，教师应及时收集学生的反馈意见，对教学设计进行改进和优化，以提高教学效果。

4. 设计环节

（1）课前阶段

对于教师而言，其首先要选择合适的教学资源和学习材料，例如录制讲解视频、准备 PPT 或教材等。教师应该清晰地规划每堂课的学习目标，并提前准备好相关的问题和练习。教师需要确保学生能够方便地访问和学习这些教学资源，并通过在线平台或课堂网站等方式分发这些教学资源。此外，教师还需要准备好课堂的组织和引导工作。如，教师可以制定详细的课堂计划，明确每个环节的时间安排和内容安排。

对于学生而言，其需要积极参与预习，认真阅读教材或观看教学视频，并做好相关的笔记。学生应该主动思考和理解课程内容，准备讨论和解决问题的思路。

（2）课中阶段

对于教师而言，其需要根据预设的课堂计划进行引导和讨论。教师可以提出问题，引导学生思考和表达观点；还可以组织小组活动，促进学生之间的合作和讨论。

对于学生而言，其需要积极参与课堂讨论和活动，提出自己的观点和问题，向教师和同学请教；与教师和同学互动交流，合作解决问题，共同探讨和学习。

（3）课后阶段

对于教师而言，其需要对课堂进行回顾和总结，评估学生的学习情况。教师可以收集学生的作业和讨论记录，对学生的学习成果进行评估和反馈；还可以根据学生的学习情况，调整和改进教学策略，以提高教学效果。此外，教师还可以为学生提供补充学习资源或推荐相关阅读，以加深学生对课程内容的理解。

对于学生而言，其需要进行课后复习和巩固。学生不仅需要回顾课堂讨论和笔记，将学到的知识和自己的理解进行整理和巩固，而且还可以自主学习相关的扩展知识，进一步拓宽对课程内容的理解。此外，学生还可以与同学进行讨论和交流，共享学习经验。

5. 评价与反思

在翻转课堂教学中，评价与反思是至关重要的环节。评价与反思是促进教学改进和学生自主学习的重要手段。通过评价与反思，教师可以了解学生的学习情况和理解程度，并进行改进，以进一步提高教学质量；学生可以了解自己的学习情况和不足，并进行改进，以进一步提高学习效果。

对于教师而言，评价可以帮助其了解学生的学习情况和理解程度，以便调整和改进教学策略。教师可以收集学生的作业和讨论记录，进行定量和定性分析，评估学生的学习成果；还可以通过观察学生的参与度和表现，了解他们对课程的兴趣和反应。此外，教师还可以自我评估和反思自己的教学方法和策略，不断改进和提高课堂教学效果。

对于学生而言，评价可以帮助他们了解自己的学习情况和不足之处，进一步提高学习效果。学生还可以参与课堂讨论和小组活动，与他人分享和比较学习成果。此外，学生还可以对自己的学习过程进行反思和总结，找出自己的优点和不足，设定进一步的学习目标和计划。

（二）翻转课堂教学实践的经典案例分析

【案例一：可汗学院】

一个经典的翻转课堂教学案例是 Khan Academy（可汗学院）。该学院是一个由孟加拉裔美国人萨尔曼·可汗创立的教育性非营利组织的在线学习平台，采用翻转课堂的教学模式提供免费的教育资源和课程。主旨在于利用网络影片进行免费授课，现有关于数学、历史、金融、物理、化学、生物、天文学等科目的内容，教学影片超过 2 000 段。

在 Khan Academy 的翻转课堂教学中，学生在课前通过在线视频观看讲解内容，自主学习和理解相关知识点。他们可以按照自己的学习进度和学习风格，反复观看视频，直到完全理解为止。

在课堂上，教师不再是传统的知识灌输者，而是变成了学生的指导者和辅导者。教师通过课堂讨论、小组活动等形式，与学生互动并解答他们的问题。学生在课堂上可以更深入地理解和应用知识，通过与教师和同学的合作交流，加强对知识的掌握和理解。

Khan Academy 的翻转课堂教学模式具有许多优势。首先，学生可以根据自己的学习节奏和能力自主学习，提高学习效果。其次，教师可以更加关注和指导学生的个体学习，帮助他们解决困惑和提出问题。最后，课堂时间可以更好地用于互动和实践，促进学生的主动学习和合作学习。

【案例二：基于会计学原理课程的翻转课堂教学设计】

1. 前期准备工作（见表6-2）

表6-2　翻转课堂教学的前期准备

前期准备	具体内容
课程联络群的建立	课程交流群里，教师可以上传一些课程心得、教师感悟等作为课堂的补充
课程前的问题导入式预习	教师在课前提出问题，学生带着问题开始提前预习
SPOC 课的设计及录制	拆分知识点，并且控制每节课程时间不要过长

2. 线上授课+线下翻转课堂

一方面，要求学生提前学习线上 SPOC 课程，以供应环节的核算一节为例。在这个过程中，遇到的最大问题就是部分学生不愿意提前看视频或者不认真观看视频，解决的方法主要有：教师将提前学习的线上视频课，计入考核成绩；教师从学习通后台可以清晰查到学生的上课情况；教师还可以在课程内容中插入简单问答，需要作答后才可以继续。

另一方面，以作业和问题为导向线下翻转。第一讲的前20分钟，以回顾课程的重点内容为主，主要是串讲和强调知识点。后25分钟，以练习题为主，学生需要从易到难完成练习题。真正的翻转是在第二讲，主要是问题的抛出，四个问题层层递进，这就要求在翻转课堂中要以问题导向为本，问题要有适当的挑战性，但难度不宜过大。其次要求提前分组，小组中每位同学都有明确的角色和任务，如买家与卖家或者供货商和采购方，或者直接引入类似甲方乙方的身份。带着角色去思考问题，回答的侧重点自然会不同。最后要善用师生间的互动机会，让他们在交流中学习。强调知识在实践中的应用，肯定学生的集思广益及团队间互助的行为。[①]

---

① 郭益盈，李裕坤. 基于 SPOC 的会计学原理混合式翻转课堂教学模式研究［J］. 对外经贸，2023（6）：55-58.

【案例三：基于慕课的翻转课堂教学模式研究】

1. 六种课前学习活动（见表6-3）

表6-3　六种课前学习活动

课前学习活动	具体内容
观看视频	学生需要观看课前系列视频，其是重要的课前学习资源
客观测试	学生自我检查课前学习效果，教师也可以通过这个活动来了解课前学习情况
论文写作与检索	安排阅读测验和随堂测验两类测试，用来检查不同阶段的学习成效
同伴互评作业	学生完成之后还需要评阅其他同伴的作业并给出反馈
课前布置作业或思考题	上课时老师可以抽查作业或思考题
安排课前小组活动	以阅读文献、项目研究的形式为主

2. 六种课堂教学活动（见表6-4）

课堂教学活动是翻转课堂教学的重要环节，教师需要在学生课前学习的基础上引导学生完成知识的内化。[①]

表6-4　六种课堂教学活动

课堂教学活动	具体内容
课前回顾	是针对课前学习内容的串讲并结合课前学习任务中体现出的共性问题进行统一回复和讲解
新知讲授	讲解新知识，由教师讲解和补充不同于慕课中的知识
课堂练习	教师在课堂上和学生一起解题并进行小组讨论，类似习题课
互动活动	包括课堂讨论、模拟游戏、提问互动，可以是全班性的，也可以分小组进行
小组汇报	由学生小组汇报课前的小组学习成果，通过小组汇报来开展项目式学习
课堂总结	师生不仅要针对课堂所学内容进行概括回顾，而且要引导学生反思自己的学习过程和学习方法

---

① 张金磊."翻转课堂"教学模式的关键因素探析［J］. 中国远程教育，2013（10）：59-64.

3. 四种翻转教学模式

（1）练习导向的翻转模式。这种翻转模式以多种练习活动为主线，贯穿整个学习过程。课前，学生通过慕课视频学习基本知识点，并完成慕课中的练习活动。课堂活动主要以各种练习为主，但要比慕课中的练习题更难也更加综合。

（2）学术对话型翻转模式。这种翻转模式主要是基于项目式学习，课堂活动主要是激发师生和学生之间的学术对话。学生被分成小组，在整个学期中完成一项课题研究。这种流程强调各类讨论交流活动的设计，如慕课论坛讨论、小组和教师团队讨论、小组汇报时的挑战提问等。

（3）反馈驱动的多轮翻转模式。"论文写作与检索"一课采用了两轮翻转来帮助学生掌握文书写作的方法技能，在整个过程中强调对学生学习及作品的及时反馈。

（4）知识扩展型翻转模式。若慕课内容难度和深度都不够，则其将无法满足教师的教学需求。教师应以课堂讲授为主。一方面，课前对基础知识的学习保证了进入课堂的学生具有一定的知识基础，更容易理解和接受更深更难的内容；另一方面，教师也会开展一些课堂互动活动，比如小游戏、提问互动等。①

三、翻转课堂的注意事项

翻转课堂作为一种创新的教学模式，它相较于传统教学存在很多优势，但翻转课堂在实施过程中也会暴露出一些问题。这些劣势需要在实施翻转课堂时加以考虑和解决，以充分发挥翻转课堂的优势。

（一）翻转课堂的优势与不足

1. 翻转课堂的优势

翻转课堂的优势包括个性化学习、深度理解、互动和合作、反馈和个性化指导、提高学习动机和兴趣以及促进批判性思维和创新能力。这些优势使得翻转课堂成为一种创新的教学模式，能够提高学生的学习效果，培养学生的综合能力。

（1）提高学生的自主学习能力和学习效率

翻转课堂将传统的课堂讲授转移到课前自主学习的阶段。在课前的自

---

① 冯菲，于青青.基于慕课的翻转课堂教学模式研究［J］.中国大学教学，2019（6）：44-51.

主学习中，学生可以在课前通过在线视频等方式预习课程内容并可以反复观看视频自主解决问题。① 课堂时间则用于深入讨论和解决问题。学生可以通过在课堂上与教师和同学互动，进行合作学习和探究式学习，以加深对知识的理解和应用。

（2）锻炼学生的思辨能力和团队合作能力

翻转课堂鼓励学生之间的互动和合作。在课堂上，学生可以与同学进行讨论和交流，分享学习经验和解决问题的方法。这种合作学习可以提高学生的思辨能力、团队合作能力。翻转课堂也鼓励学生在不依靠他人帮助的情况下解决问题；这种在整个学习过程中频繁的批判性思考是一种有益的思考锻炼。② 这种思辨和团队合作能力培养，对学生的终身学习和职业发展具有重要意义。

（3）提高学生的学习动机和兴趣

翻转课堂通过给予学生更多的自主学习权和参与度，提高他们的学习动机和兴趣。学生可以在自己感兴趣的领域或学习方式上进行深入学习，从而增强学生学习的积极性和主动性。

2. 翻转课堂的不足

（1）学生自主学习能力不足

翻转课堂要求学生在课前自主学习，但部分学生可能缺乏自律和自主学习的能力，无法有效利用课前学习时间。这可能导致学生对课程内容理解不深或准备不充分。并且一些学生可能习惯了传统的教学方式，对自主学习抱有抵触情绪。他们可能更喜欢被动接受知识，而不愿意在课前自己主动学习。这种抵触情绪可能影响学生对翻转课堂的参与度和学习效果。

（2）不适用于所有学科和内容

翻转课堂更适用于一些理论类学科和知识点的学习，而实验类、实践类学科或技能类学科可能需要更多的现场指导和实际操作。因此，在某些学科和内容领域，翻转课堂的效果可能有限。

（3）需要良好的技术支持和设备

翻转课堂依赖于在线教育平台、视频教学资源等技术工具。然而，一

---

① 赵丽，张慧. 基于 ITIAS 的翻转课堂教学行为及效果分析［J］. 中国大学教学，2022（11）：87-95.

② 董江丽，周群，何志巍等. 运用"翻转课堂"教学法推动教与学系统性改革［J］. 中国高等教育，2022（9）：56-58.

些学校或地区的教育资源和设备可能不足，无法提供良好的技术支持，限制了翻转课堂的实施。

（4）增加教师时间管理压力

翻转课堂要求教师在课前制作教学视频、准备课堂讨论和活动等，增加了教师的时间管理压力。教师需要更多的时间和精力来设计和组织学习活动，以保证学生的学习效果和参与度。

（二）翻转课堂的改进途径

改进翻转课堂的途径包括提供学生支持、设计多样化的学习活动、教师培训和支持，以及鼓励学生反馈和评价。学校通过这些途径的努力，可以提高翻转课堂的效果，促进学生的学习成果和综合能力的提升。

1. 提供学生支持

为了帮助学生克服自主学习的困难，教师可以为学生提供学习策略和技巧的培训，教授他们如何有效地进行预习和自主学习。同时，学校和教师应该建立学生支持系统，包括在线辅导和答疑，以及学习小组的互助学习等，让学生能够相互支持和解决问题。

2. 设计多样化的学习活动

为了激发学生的学习兴趣和参与度，教师设计多样化的学习活动是必要的。教师可以结合课堂讨论、小组合作、案例分析、实践操作等多种形式，让学生在课堂上积极参与互动。同时，教师可以为学生提供实践机会和项目任务，让他们能够将知识应用到实际情境中，提高学习的实效性和可持续性。

3. 积极参加相关培训

教师是翻转课堂的关键角色，需要具备相应的教学能力和技能。因此，教师积极参加翻转课堂的相关培训是必要的，包括翻转课堂的理念和原则、教学设计和评估方法、技术工具的使用等方面的培训。同时，教师可通过教研室、学习社群和合作平台等，进行相互交流、分享经验和资源，提高自身教学水平。

4. 鼓励学生反馈和评价

学生的反馈和评价对于改进翻转课堂非常重要。教师可以定期收集学生的意见和建议，了解他们对翻转课堂的看法和体验，根据反馈进行相应的调整和改进；同时，鼓励学生参与课程评价和教学反思，让他们成为课堂改进的参与者和共同创造者。

第三节　混合式教学

随着教育数字化转型时代的到来，线上相结合的混合式教学模式得到了快速发展。该模式拓展了学生学习的时间与空间，使得学生能够自主选择课程学习，打破了传统教学中以教师为教学主导、实体教室为唯一学习场所的时空限制，充分发挥了传统教学方法与数字学习模式各自的优势，既体现了教师教学的主导作用，又突出了学生学习的主体地位，有利于激发学生的学习兴趣，提高学生的积极性和综合素质。

那么，高校教师应如何做好混合式教学的准备？如何有效地组织课堂？在教学过程中应注意哪些问题？这些都是混合式教学实践中亟待解决的重要问题，本节将对这些方面进行深入探讨。

一、混合式教学的准备

混合式教学是一种结合传统面对面教学和在线教学、能够有效提高学生学习效果和教学效率的教学模式。与传统单一进行线上或线上的教学模式相比，线上线下混合教学模式更加重视课前的准备工作，教师需转变教学理念，规划教学内容；提升教学能力，设计教学环节；选择教学工具，推动教学的顺利进行并确保良好的教学效果。具体准备内容如下：

（一）教学理念准备

树立混合式教学理念可以帮助教师更好地适应高等教育数字化转型的环境变化，提升教学质量。首先，教师需转变教学理念，重视并充分学习了解混合式教学模式，促进学生自主学习与教师教学有机结合，真正体现学生的主体地位。其次，教师需进一步意识到其承担的新技术背景下的指导者地位，不断创新教学内容与形式，积极主动为学生指明学习路径，激励和促进学生深度学习。最后，教师还应深刻认识到混合式教学下教师角色的转变，做好混合式教学理念与方式的适时调整，当好课程设计者、活动组织者、教学管理与监督者等角色，调动学生学习的积极性与主动性，促进学生全面发展。

（二）教学能力准备

混合式教学的效果很大程度上取决于教师的态度和能力准备。[①] 在混合式教学准备阶段，高校教师应首先明确教育改革和发展的方向，深入系统地理解混合式教学方法，并全面融入日常教学中。在此基础上，教师需意识到混合式教学的潜在价值，评估个人能力，积极尝试，请教有经验的优秀教师，观摩学习混合式教学的优秀课程，借鉴教学经验，为自身有效开展混合式教学做好充足的能力准备。同时，教师要不断学习混合式教学的理论与实践知识，构建清晰成熟的混合式教学知识框架，不断提升自身思维能力。此外，教师还应通过网络自学、教学培训等方式，不断提升混合式教学策略的运用能力、组织教学的管理能力和应用多种教学工具的实践能力等，不断提升自身教学水平。

（三）教学资源准备

教学资源的充分准备是混合式教学高效开展的重要基础。在进行混合式教学时，教师应对教学资源进行充分准备，包括选择教学工具、制作线下课堂教案、讲义和课件，以及准备线上平台的视频学习资源、作业和测试等。在教学工具选择上，教师应广泛、深入了解各类教学工具的功能与操作，如博思白板、图表秀、学习通、Mathpix、ScreentoGif、Classin、Unity3D 等，并对不同教学工具的特点进行对比分析，选择合适的工具以确保教学质量。在教学内容设计上，教师需基于混合式教学方法规划课前、课中和课后的教学内容，提前准备所需的教学资料，如 PPT 演示文稿、视频文件和测试题库等，以促进教学的有效开展。

二、混合式教学的设计模型与实践案例

在了解混合式教学的基本概念与课前的必要准备后，教师需对混合式教学进行具体的设计。因此，下面将详细介绍混合式教学的设计过程，并结合 6 个高校混合式教学经典实践案例，具体呈现该教学模式的课程安排，以促进教师不断加深对混合式教学的理解，优化教学设计，提高教学质量。

（一）混合式教学方法的设计

1. 理论基础

社会建构主义理论、掌握学习理论以及深度学习理论这三大理论为混合式

---

① 冯晓英，王瑞雪，吴怡君. 国内外混合式教学研究现状述评：基于混合式教学的分析框架[J]. 远程教育杂志，2018，36（3）：13-24.

教学的实施提供了的理论指导和支持。社会建构主义理论在前面已经介绍，此处不再赘述，以下具体介绍掌握学习理论和深度学习理论两大理论基础。

（1）掌握学习理论

面向全体学生的"掌握学习理论"由布卢姆等人提出，其基本理念是：只要给予足够的时间和适当的教学，几乎所有的学生对几乎所有的学习内容都可以达到掌握的程度。掌握学习理论认为学习是学生自主建构知识并不断对新知识进行同化和顺应的过程，强调教师应根据学生的身心发展特点，引导学生进行学习与掌握。在整个教学过程中，教师需让学生主动参与到整个学习活动中并进行有意义的建构，让其在主动思考和辩论中逐渐形成自我独特的人格发展。掌握学习理论后，教师开展混合式教学不应只关注课堂，而要延伸到课前和课后的各个环节，并为学生提供个性化的辅导，以使得大多数学生都能较好地掌握所学知识。

（2）深度学习理论

关注高阶思维养成的"深度学习理论"是由杰弗里·辛顿及其学生鲁斯兰·萨拉赫丁诺夫提出的概念。深度学习是一种基于人工神经网络的机器学习方法，即通过学习样本数据的内在规律和表示层次，在学习过程中获得信息，并对诸如文字、图像和声音等数据进行解释，其最终目标是让机器能够像人一样具有分析学习能力，能够识别文字、图像和声音等数据。该理论后被学者广泛应用于教育领域。深度学习理论研究者批评孤立记忆和机械式问题解决，强调教师应将高阶思维能力作为教学目标。在当下课堂教学中，学生在浅层学习时得到较多帮助，但在深度学习、知识迁移和问题解决时却缺乏支持。因此，混合式教学模式倡导在课前进行浅层学习，而深度学习则在有教师指导的课堂中进行，以提升学生的高阶思维能力。

2. 设计原则

混合式教学的最终目标是提高学生自主学习能力，推动理论与实践知识相互转化，从而促进学生的全面发展。因此，教师进行混合式教学设计时应坚持以学生为主体、理论与实践相结合以及整体性原则。教师的教学设计应以学生的需求和学习为中心，注重激发学生的学习兴趣和主动性。同时，教师要积极促进学生理论知识与实践的相互转化，引导学生将理论知识应用于实际操作中，提升实操技能。此外，教师还应根据课程目标与内容合理安排教学，发挥传统与网络教学的优势，注重学生专业知识与技能的掌握，培育学生正确的情感观、人生态度、价值观，全面提升学生的综合素养。

3. 设计思路

混合式教学线上与线下相结合的设计，贯穿教学过程的始终。高校教师开展混合式教学时，应设计清晰的学习目标，使学生明确课程学习的目的，促进学生对所学知识逻辑关系的理解。在此基础上，进行教学环节设计时，教师需针对课前、课中和课后三个阶段所侧重的教学目的不同，设置针对性的教学内容与活动。而在完成每次教学后，教师应利用科学的评价方法，综合评估教学效果，重点考核学生学习自主性、团队协作和综合素质等方面，以反馈结果正确评价自身混合式教学实践，总结经验，不断优化改进教学设计。

4. 设计环节

（1）课前阶段

课前，教师应根据不同专业人才培养目标，进行课情和学情分析，明确教学任务与教学内容，提前为每节课布置基本和扩展的课前学习任务，并规划好线上线下课程设置。同时，教师应及时上传教学课件和学习资料至网络平台，并可适当发布课前线上测试，及时查看平台反馈的学生预习的重难点内容，汇总讨论区反馈的问题，总结共性，为有针对性的课堂教学做好准备。此外，教师还可下达学习任务单，明确学习目标，帮助学生了解课程的教学目标和主要内容，为后续学习做好铺垫。

（2）课中阶段

课前的线上预习为教师课堂教学的顺利进行打下了重要基础。教师在授课时，可首先对课程进行引入，引导学生进入知识学习状态，并对线上平台反馈的学生课前预习难度较高的知识点进行展示与初步讲解。在后续知识教学中，教师应做到将内容清晰易懂地呈现给学生，可适当介绍相关案例进行教学。同时，对于某些实操性较强的知识板块，教师可在有条件的情况下让学生亲自动手操作，或者可以通过情景模拟、小组讨论、角色扮演等丰富的活动形式帮助学生深入理解知识点，增强学生的学习兴趣与思考能力，帮助学生学以致用，更好地将理论与实际相结合。此外，教师还可以在课堂设置小组讨论环节。在此环节，教师应时刻关注学生的学习动态，及时进行答疑解惑，以促进课堂教学高效而有序地进行。

（3）课后阶段

课后，教师的教学活动并未结束，教师应及时在线上学习平台发布相关作业与探究式问题，进一步引导学生巩固知识点。教师应及时在线上平台了解学生线上学习的情况，如视频观看度、作业完成率等，基于以上数据分析评估学生线上学习的学习质量，据此调整线下课程内容。对学习任务完成不理想的学生，教师应及时联系沟通，了解原因，并进行引导和督促；对学有余力的同学，教师可适当上传相关视频、学术文章、热点评论及经典案例等作为拓展性学习资源，帮助学生拓展知识面。此外，教师还可针对重难点知识或该领域热点，在线上平台讨论区发布话题，供学生思考和讨论，并可适当考虑将学生在讨论区的发帖数量和质量作为成绩考核依据，以此激励学生思考。对于学生在线上讨论区中提出的疑点与问题，教师应及时给予回复，以加强对学生学习情况的了解。

5. 评价与反思

教学评价反思是促进教师成长的重要组成部分，没有评价与反思的实践经验仅是经验的量变而非质变，教师在此过程中也无法获得专业成长。在混合式教学设计中，教师要及时对自身教学进行评估，设计具体合理的评价体系，利用科学的评价工具和评价方法对教学效果进行评价，如可进行教师评价、学生评价，师生互评等，整合教师评价与学生自我评价，充分发挥评价的诊断、激励和调节作用。同时，教师要结合学生学习数据与评价情况，及时进行自我反思与总结，如可根据线上讨论区学生提出的问题的共性，结合教案对自身教学内容设计进行反思，及时调整教学安排。此外，教师还可通过听取学生意见或邀请其他有经验的教师现场观摩等方式，获取多方评价与建议，不断促进自身混合式教学能力的优化提升。

（二）混合式教学实践的经典案例分析

2019 年，教育部印发《关于一流本科课程建设的实施意见》，强调通过现代信息技术与教育教学深度融合让课堂活起来，实现课程改革创新。[1] 随着"实施一流本科课程双万计划"政策的出台，许多高校都积极开展"线上+线下"的混合式教学改革实践。本部分选取了来自全国不同高校的6 个混合式经典教学案例，以期为高校教师有效开展混合式教学提供借鉴。

---

[1] 教育部. 教育部关于一流本科课程建设的实施意见[EB/OL]. (2019-10-30)[2022-08-27]. https://www.gov.cn/gongbao/content/2020/ content_5480494. htm.

【案例一："设置动作补间动画"混合式教学】

某高校为高效利用课堂、培养学生的自主学习能力，基于 UMU 互动平台开展了混合式教学实践，其在不同阶段的设计展示了混合式教学的可操作性。

在混合式教学过程中，教师在课前进行分析，确定教学目标、设计任务和活动，并开发所需学习资源，制定评价方式。学生接收到学习任务清单后，在 UMU 平台上展开自主学习。在课中实践阶段，学生在多媒体教室集中学习，教师引导学生活动并实时调整课堂内容。在课中评价阶段，学生展示作品并互评交流，教师利用 UMU 数据关注学情并表彰学生。在课后巩固阶段，学生独立自学，教师发布作业和推送拓展性学习内容，并在讨论区答疑互动。整个过程注重学生合作探究、交流表达，解决问题，以及教师的引导和监控，促进学生的全面发展。"设置动作补间动画"混合式教学模式的教学环节、教学方式和教学安排见表6-5。

表6-5 "设置动作补间动画"混合式教学模式

课程名称	教学环节	教学方式	教学安排
"设置动作补间动画"	课前预习	线上，独立自学	旧知热身
			微课学习
			新知初试
			预习诊断
	课中实践	线下+线上，集中学习	疑难解答
			新知应用
			课堂小结
			阶段小测
			分层任务
			成果上传
	课中评价	线下+线上，集中学习	作品分享
			评价总结
			UMU 数据总结
	课后巩固	线上，独立自学	巩固练习
			选修拓展
			持续交流

在此案例中，教师采用混合式教学方式，学生在课前自主预习，在课中有充分的合作、实践探究和分享表达的机会，这有利于培养学生独立学习和合作探究的能力。该混合式教学基于 UMU 平台开展，提供了丰富的学习资源，让不同层次的学生都能平等获取在线资源，学有所获，对当下其他教师采用混合式教学具有一定的借鉴意义。

【案例二："MOOC+SPOC" 模式下的审计学混合式教学设计】

"审计学"是某高校审计、会计、财务管理三个专业的专业核心课程，在人才培养方案中配备了 3 学分，54 学时。"审计学"课程普遍存在难教、难学的痛点，主要原因为专业术语多，教学缺乏场景，理解难度大，复合程度高等。在信息化时代下，该校"审计学"课程团队积极探索了教学改革，在"MOOC+SPOC"模式下进行了审计学混合式教学的创新设计（见表6-6）。

该课程团队首先通过调查发现学生每周只愿意花 1~2 小时进行在线学习。因此，该课程教学团队合理筛选和分类了混合式教学资源，以满足不同层次学生的学习需求，避免学生因学业任务过重而失去兴趣。团队教师将课程结构划分为一般章节、基础章节和核心章节，教学内容重点向核心章节倾斜；在教学实施过程中，教师采用案例教学法和探究式教学法，提前推送课件和视频讲解资源供学生预习。课堂上，教师通过在线测试和错题精讲巩固知识，讲解难点并进行头脑风暴，引导学生深入探究。课后，教师在 SPOC 平台上发布讨论与答疑，激励学生参与并建立答疑库，同时推送思维导图和学术论文，帮助学生深入学习。此外，该课程团队还建立了反思机制，包括教师自评、学生评教、同行互评和督导评教，以持续改进教学设计。

表 6-6　"MOOC+SPOC" 的混合式教学安排

教学环节	教学方式	教学内容
线上教学	承前	以微课、PPT 等形式回顾理论知识点
	新知识	以小组讨论等形式开展案例分析
	巩固	在线测试
	启后	利用视频、音频、链接等丰富的在线资源引导学生拓展学习

表6-6(续)

教学环节	教学方式	教学内容
	案例分析	学生演示、辩论
课堂教学	案例引导	教师评价与答疑
	案例拓展	头脑风暴
		教师自评
教学质量评价	MCMC AHP	学生评教
		同行互评
		督导评教

该课程团队通过创新教学方法，基于"MOOC+SPOC"模式进行了混合式教学的创新设计，有效地丰富了教学活动和资源形式，提升了学生学习的主动性，使理论知识更具现实感。

【案例三：基于多智慧平台的"四个一"混合式教学设计】

"大学英语"课程是我国高等院校中普遍开设的基础课程之一，该课程传统课堂存在学生人数多、学时少、实践不足及学生参与度不高等问题，学生个性化需求无法满足，思辨创新能力无法提高，教学效果也难以有所突破。为解决以上问题，某高校教学团队借助"中国大学 MOOC"及"超星学习通"为智慧教学平台，将混合式教学方法引入了"大学英语"教学中，为课程带来了全新的活力与生机，该课程教学安排如下：

课前，教师会根据教学计划及目标发布预习任务清单，要求学生在中国大学 MOOC"学校云"平台完成异步 SPOC 视频赏析及单元测试任务，同时通过大数据分析精准定位教学重难点，对学生每周学习内容及目标提出要求，使教学目的明确化。在智慧教室授课时，教师主要利用"超星"学习通 APP 辅助教学。对于听力训练部分，课堂上教师会利用"超星"学习通的"音/视频链接功能"进行针对性训练，并分组进行讨论与思考，以促进学生的自主学习能力。课下，学生除完成教师布置的拓展阅读及在线作业等常规任务之外，还要定期根据不同的学习主题进行小组合作探究，进一步促进了学生对知识点的理解与掌握。

形成性评价注重学生学习的过程性、自主性和反馈性，促进教与学的及时反馈，有助于提高教学质量①。为给学生提供更加多维、科学、灵活与公平的反馈机制，该课程团队教师依托"中国大学 MOOC"及"超星"学习通智慧平台制定了"大学英语"课程过程化考核体系，适当丰富了考核方式，增加分析题、讨论总结、小论文、演示汇报等多种考核方法，并合理增加了考核频次，利用 SPOC 自带题库及"超星"自建题库等资料对学生进行系统性前测、后测及阶段性测试，保证了学生学习效果的不断巩固。同时，该课程团队教师逐步丰富了评价主体，增开了生生互评等渠道，向学习者适当放权，具体评价体系如表6-7所示：

表6-7　混合式"大学英语"课程过程性评估考核指标表

名称	阶段	考核内容	比重	评价主体	智慧平台
过程性考核	课前	MOOC 视频	20%	平台统计 教师干预	中国大学 MOOC
	课中	讨论	5%	平台统计 师生皆评	"超星" 学习通
		考勤	10%	平台统计	
		课堂互动	25%	平台统计 教师评价 组内评价 生生互评	
		在线作业	20%	平台统计 教师评价 生生互评	
	课后	PBL	10%	生生互评 社会评价	
		笔记	10%	教师评价 人工计分	人工评价

该教学团队采用了"课前异步 SPOC+课堂智慧教学+课下项目实践"的具体模式，打通了师生、生生时空双向互动。同时，整个教学流程推翻了"平均化教学成果"的测量机制，利用超星智能 APP 实现了考核反馈及时化、考查指标多样化、学习记录个性化，在运行期内受到了同行督导及学习者的一致好评，教学效果良好，对高校教师开展混合式教学具有一定的借鉴意义。

---

① 董嘉佳，于歆杰，朱桂萍，等. 形成性评价在大班教学中的应用：以"电路原理"课程为例 [J]. 现代教育技术，2020，30 (10)：119-123.

【案例四："三阶+四化+三省"混合式教学设计】

"风景园林简史"为某高校面向本科新生开设的专业必修课。面对理论知识枯燥和学生参与度低等问题，该课程教师对课程体系、教学设计和评价进行了重构，自建SPOC，创建了基于沉浸式虚拟现实案例资源的"三阶+四化+三省"混合式教学方法（见表6-8），教学取得了良好的反馈。

"三阶"即分阶段设定渐进式教学目标、教学设计、评价体系。"四化"即教学过程互动参与化+游戏趣味化+沉浸体验化+课程思政化。教师基于教学设计，从学生学习的角度出发，进行教学互动参与化、游戏趣味化、沉浸体验化和课程思政化的转译。"三省"即分阶段、渐进式构建多元化评价体系与详细量规，根据学生的不同需求和学习目标，构建相对合理和公平的多元化的课程评价体系和详细量规。

表6-8 "三阶+四化+三省"混合式教学设计

教学过程	教学形式	教学内容	教学目标
课前 （线上）	雨课堂	发布课程预告	课前预习知识点
	雨课堂	发布前测题目	前情回顾与前测
课堂 （线下）	视频引入	基于问题讨论	激发学生学习兴趣
	教师引导	游戏化学习	增强学生学习体验
	雨课堂提问	提问、弹幕与讨论	促进学生深入思考
	学生合作	角色扮演	加强学生情境认知
	学生合作	组织辩论	培养表达思辨能力
	教师讲授	讲解教学重难点	增强学生知识理解
	教师引导	VR虚拟现实模型构建	培养学生实操技能
课后 （线上）	雨课堂、SPOC	发布后测题目	巩固学生学习记忆
	SPOC讨论板块	发布拓展阅读资料	促进学生深入思考
	雨课堂	发布课程预告	增强学习主动性

该课程教师充分利用雨课堂平台，将课程预告包含慕课资源、PPT和拓展阅读文献发布，引导学生积极进行课前预习。此外，教师进行在线测试，既复习知识点又进行新课前测，题目主要为不定项选择，帮助学生梳

理逻辑脉络。课堂任务设计涵盖问题导向和视频激励，激发学生兴趣，引导他们深入思考。通过雨课堂发布问题和讨论，学生可匿名回复，营造轻松的讨论氛围。教师还组织多样化的活动如角色扮演、情景剧改编等，活跃课堂氛围，帮助学生更好地理解知识点。课后任务设计包括后测和作业发布。教师通过实时反馈激励学习积极性，提升学生综合能力；此外，还可利用 SPOC 平台进行课后作业设计和拓展思考，组织学生讨论热点问题。最后，教师通过雨课堂发布下节课程预告，形成教学闭环，培养学生主动学习能力。

"三阶、四化、三省"的线上线下混合式教学方法贯穿在课前预习，课堂教学和课后复习的整个教学环节中。课前预习重在发现和提出问题，课堂教学重在参与互动，课后作业的设置重在促进学生的拓展思考与反思。此教学方法的极大地调动了学生的学习积极性与主动性，有助于学生将所学理论与实践相联系，符合高校高质量教学发展的安排。

【案例五："六步融合"的混合式教学方法】

"水生生物学"是某高校生命科学学院为生物科学专业本科生开设的专业选修课，课程设置为 36 学时，2 学分。为帮助减轻学生"游戏瘾、手机控"、加强学生专业阅读能力、改变传统教学方法，该校课程老师建立了以闯关游戏化学习为特色的"六步融合"混合式教学方法（见表6-9）。

表 6-9 "六步法"混合式教学方法

教学过程	教学形式	教学步骤	教学目标
课前	线上	分享式阅读	加强阅读教材
		视频式自学	前移教学内容
		闯关式测验	测评自学效果
课中	线下	集中式讲解	构建章节体系
		研讨式报告	进军科学前沿
课后	线上	推文式科普	创作推广知识

在课前，教师利用线上方式引导学生自主学习，鼓励分享阅读体会，并通过线上平台加强学生的阅读理解。针对学生喜欢游戏的特点，教师通过自动出题、限时答题等闯关测试形式测评学生自学效果。课堂教学中，

教师采用线下方式讲解重难点知识，并引导学生阅读与讨论相关论文进行研讨式学习。课后，教师继续线下指导学生创作科普作品，并通过微信公众号推送，培养学生的创新与思考能力，全面提升学生的高阶能力。

该课程通过游戏闯关、分享式阅读和推文科普等在线活动，让学生在愉快氛围中自主快乐地学习。闯关式测验结合游戏与学习进度，学生能轻松愉快地检验学习效果，填补漏洞；分享阅读鼓励学生分享思考与经验，共同成长，获得认同与尊重；推文科普将微信公众号融入教学，激发学生的积极性和创造性。这些教学活动使学生成为学习主角，激发了其主动学习兴趣，培养了其阅读、合作和批判思维能力，完美贯彻了以学生为中心的教学理念。

【案例六："以学生为中心"的混合式课程设计】

某高校为非计算机专业理工类本科生开设的公共基础课程"C 语言程序设计"，旨在提升学生的计算思维能力，培养学生的编程技能。该课程教师通过采用多元算法、程序重构等方法，引导学生理解计算实现机制，培养计算思维模式下学生的实践与创新能力，从而支持其对本专业知识的学习。

由于其底层性质和繁多的语法知识，传统教学容易导致学生疲倦且学习兴趣不足。为解决这些问题，该高校采用线上线下混合模式，以提高教学质量，促进学生达到高阶认知水平为目标。该教师团队通过智慧教学工具如"雨课堂"，采用"课前自学检测—课上教师对学生参与—课后训练拓展"教学方式改革，实现从"以教师为中心"向"以学生为中心"的转变。线上学习强调低阶知识学习，而线下课堂侧重对学生进行应用、分析、评价和创造类高阶认知的训练，以提升其学习动力和自主学习能力。这种混合式教学模式能引领教学进步，使教学过程更具互动性和效果性。

同时，围绕计算机基础教育改革前沿，该教师团队基于"两性一度"的课程建设总要求进行对标挖潜，对教学中存在的痛点、难点问题进行总结和细致分析，将改革创新的着眼点放在教学目标、模式、内容、方法与组织、评价与反馈五个方面。该教师团队经过五年的总结锤炼，形成了包含"一核七翼"混合式教学模式（见图 6-1）的创新构建、"六维度三境界"课堂教学设计理念（见图 6-2）的创新实践、结合学科培养"四新"人才的线上线下混合式教学新模式。

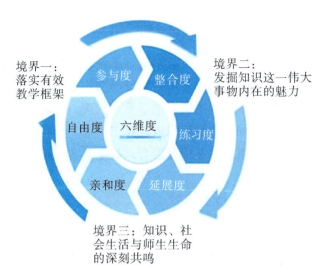

图6-1 "一核七翼"教学模式

境界一：落实有效教学框架

参与度　整合度

自由度　六维度　练习度

亲和度　延展度

境界二：发掘知识这一伟大事物内在的魅力

境界三：知识、社会生活与师生生命的深刻共鸣

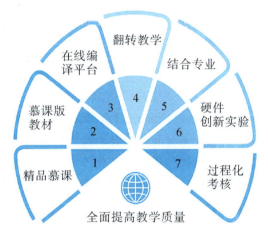

翻转教学
在线编译平台
结合专业
慕课版教材
硬件创新实验
精品慕课
过程化考核
全面提高教学质量

图6-2 "六维度三境界"课堂

在实施混合模式教学改革之后，传统课堂沉闷的氛围、学生单一的学习方法、课程一元的考评模式均得到极大改观。该课程教学模式已经逐步迁移到该校同类课程的评价体系之中，并通过教学交流向省内、国内院校推广，受到学习者和同行的好评。该课程获评国家精品在线开放课程、首批国家线上一流课程、首批国家线上线下混合式一流课程，入选该省课程思政示范课重点培育项目，获省级虚拟教研室试点建设项目。

三、混合式教学的注意事项

相较于传统教学方法，混合式教学融合了各种教学方式的优势，将线上与线下学习、自主与合作学习、结构化与非结构化学习有机整合，极大地促进了教师的教学效果和学生的自主学习。然而，目前我国高校混合式教学仍存在一些问题，如学生缺乏积极性和主动性、教师教学能力有待提升等。因此，教师应客观评估并善用混合式教学，在实践中不断改进，提升教学质量与水平。

（一）混合式教学的优势与不足

1. 混合式教学的优势

（1）灵活性

混合式教学具有灵活性，教师可根据教学内容选择线上或线下的教学方法。具体来说，对于基础理论知识点，教师可选择线上教学；而对于实践性强的部分则可以选择线上教学结合线下实践。同时，此模式下教师还能根据环境情况灵活调整，如在新型冠状病毒感染疫情防控期间采用线上教学方法，保证停课不停学。

（2）自主性

混合式教学具有自主性。学生在课前通过线上学习平台，预习视频、课件等学习资料，参与主题讨论和知识点测试，激发求知欲和学习主动性。课堂中，教师通过教学平台开展抢答、选人、投票等互动活动，提高学生的参与度。课后，教师通过平台布置作业或测试，考查学生的掌握情况，促进学生自主学习。学生也能自主通过平台资源进行复习巩固，将被动学习转变为主动地深化研究。

（3）高效性

混合式教学具有高效性。线上线下混合式教学融合了线上和线下教学的优点，通过线上听课平台，学生不仅能够针对重难点知识进行截图，快速做好记录，还能根据需要反复听课直至理解消化。由于学生在课前已经观看了相关视频，因此，在线下授课中，教师可大量节省引入和简单知识讲解的时间，使课堂更高效。

2. 混合式教学的不足

（1）学生积极性不高，知识构建差异大

对学生而言，混合式教学中的在线学习部分离开了班级氛围与教师监督，学生的积极性受到影响，学生主动学习能力减弱，加之网络环境缺少监督，学生容易抵不住诱惑，深陷其中，导致出现在线学习敷衍了事的现象。学生之间学习基础的差异导致学习能力的分层，学习基础较好的学生能如鱼得水般在线上线下混合式教学方法中习得知识；相反，基础较差的学生在进行知识建构时可能会失去信心，造成学习结果的差异。

（2）教师教学准备不充分，教学重点易偏离

在具体的混合式教学应用中，教师教龄不同，教龄较高的教师面对线下课堂尚有余力，但对混合式教学中相关教育技术软件的使用则可能力不从心，甚至有的教师对腾讯课堂等教育软件的简单功能使用也存在困难，导致教学进度拖延，影响教学效果。同时，许多教师忙于日常研究，并未投入足够的时间和精力去学习混合式教学的相关理论，导致教师的混合式教学能力相对不足，教学效果不理想。此外，部分教师还存在教学目的定位不准确，教学拘泥于形式、重点偏离的现象。

（二）混合式教学的改进途径

为进一步提高混合式教学模式中学生的学习主动性，促进全面发展，高校教师需要转变教学理念，科学设计线上线下课堂教学活动，更新教学资源，不断提升自身教学能力。具体要求如下：

1. 坚持正确教学理念，科学设计教学活动

教师要更新自身教学理念，坚持发挥课程培育高质量人才的积极作用，把握课程教学规律，遵循学生成长规律，主动适应时代发展和学生需求的课堂环境，运用新技术为学生提供新学习平台；同时，教师需关注学生全面发展，全方位、立体化分析教材和学情，认真设计教学环节，开展针对性教学活动，培养学生的个性与社会性；此外，在实际教学中，教师应密切关注学生变化，及时完善、修改教学内容，科学对待教育教学。

2. 合理安排教学资源，发挥学生主观能动性

促进教学资源的合理安排是顺利开展教学、提高教学效果的保障。开展混合式教学要做到教学内容的最优化，这是每一位老师应该秉持的原则①。教师开展混合式教学要针对具体教学内容和学生发展目标，构建最优学科知识网，选取真实性、针对性的学习资源，保持政治导向，引导学生树立正确的价值观念；要合理安排学生在线课程学分获取，合理分配学

---

① 谢晓丽，刘静，旦菊花. 基于雨课堂的混合式教学对医学免疫学教学效果的影响［J］. 中国免疫学杂志，2023，39（5）：1056-1058.

生视频自学、在线互动及课后测试等的占比，调动学生学习积极性；要及时跟踪学生学习进度，做好监督与引导工作；要实现对课堂教学内容的创新，如利用案例、视频等激发学生学习兴趣，拓展学生知识面，提升学生综合素养。

3. 深入学习教学技术，提升教育教学能力

信息化技术在当下高校教学中得到广泛应用，但许多教师仍缺乏熟练运用教学软件的能力，这在一定程度上阻碍了教育改革的进程。高校教师应通过合理安排增加学生线上学习的效果，促进教学水平提升；应积极探索教学的新模式，主动学习新技术，加强对混合式教学理论方法和技能的认识，如积极参加教学培训、观摩学习课堂教学等，积极探索与实践，时常总结与反思，不断增强自身应用混合式教学的能力。

第四节　融合式教学

随着科技的不断发展和教育理念的更新，教育领域也在不断探索更加灵活、多样的教学方式。融合式教学作为一种整合传统面对面教学和现代在线教学的教学模式，提供了丰富的学习体验，逐渐受到人们的关注和重视。融合式教学模式和混合式教学模式虽都是将传统教学和现代教学方法相结合的教学模式，但混合式教学模式更注重在线学习和实体课堂的有机结合，通过在线学习平台提供更加便捷的学习途径。而融合式教学模式则更注重资源整合和灵活的学习方式，旨在提高学生终身学习能力，其核心是通过教师在线实时教学，进一步打破教与学的时空限制，加强师生课堂实时互动，确保"实现高质量教育"目标的实现。

那么，在进行融合式教学设计中，教师如何有效整合线上线下教学资源？如何确保在线实时教学的质量和效果？如何促进师生之间更加紧密地互动和合作？本小节将对以上问题进行深入探讨。

一、融合式教学的准备

融合式教学不是线上线下教学的简单相加，而是将不同层次教学目标对应的知识配置到不同的教学形式中，以实现每一种教学方式的最大效能。融合式教学模式因其"同步模式"而具有灵活性、互动性、多元性等

特点。因此，教师需做好充分的课前准备，以实现从混合式教学向融合式教学方式的转变。

（一）教学理念准备

教学理念设计是教师在教学过程中制定教学目标、方法和策略的总体框架，对于教师的教学工作起着至关重要的作用。融合式教学改革首先是教师教学观念的变革。当下，许多高校教师对混合式教学和融合式教学的认识还较为混乱，缺乏清晰的概念和分析框架。因此，教师首先需转变自身教学理念，理清融合式教学与混合式教学的概念与区别，认识到"融合"不同于"混合"，"融合式教学"不是"线上+线下"简单的结合，而是对所有教学要素进行优化选择和组合，实现"主导—主体"相结合的课堂教学结构，促进学习者的高阶学习，是混合式教学的升级版。[①] 同时，教师要增强以人为本、素质教育、创造性思维及个性化发展的教学理念，意识到融合式教学新模式不能照搬线下教学，需更加注重在线实时教学的方式与效果，更加有效地发挥在线学习与面对面学习的优势。

（二）教学能力准备

当下，新发展的融合式教学方式更深入融合了信息技术工具与课堂教学，线上实时授课方式在进一步打破教与学时空限制的同时，也对教师线上教学平台的应用能力与教学内容的设计能力提出了更高的要求。在教学能力准备方面，教师需要具备开展融合式教学的技术能力、课程设计能力、激发学生兴趣能力、引导自主学习能力和跟进评估学习能力等，具体包括熟练使用在线教学平台和多媒体资源，确定目标、选择方法和资源，设计评估方式等在课堂上激发学生学习兴趣，引导学生自主学习，课后及时跟进和评估学生学习成果，以帮助其不断提升学习效果。

（三）教学资源准备

教师进行教学资源的准备是提高教学质量、促进学生学习的重要手段，有助于实现教学目标，提升教学效果。为更好地利用融合式教学模式进行课堂教学，教师应做好充分的教学资源准备工作。具体可按以下步骤进行：教师首先要明确教学目标，确定学生需达到的学习成果；其次根据教学目标和学生特点，选择合适的教学方法，如讲授、讨论、案例分析、小组合作等；再次，收集相关教学资源，根据教学内容和教学方法制作相

---

① 易祯，吴美玉. 从"混合"到"融合"：线上线下融合式教学设计研究［J］. 中国教育信息化，2023，29（11）：84-96.

应教学材料，如 PPT、教学大纲、练习题等，并上传至在线平台便于学生学习；最后，设计相应的评估方式，及时进行反馈和评估，以进行教学的反思与进一步探索。

二、融合式教学的设计模型与实践案例

融合式教学模式将传统的教学方法和现代的教学技术相结合，更加强调跨学科学习，注重学生的参与和互动，教学形式更加灵活多样。融合式教学模式的核心在于教学环节和活动的设计，教师应该深入学习融合式教学模式的设计过程，并将其运用到自己的教学实践中，通过科学合理地设计教学内容，促进自身的教学水平和质量的不断提升。

接下来本节将对融合式教学的设计实施过程进行详细介绍，并结合 6 所高校融合式教学实践的经典案例，探究该教学模式的发展现状，以进一步促进教师对该模式的了解与应用。

（一）融合式教学方式的设计

融合式教学方式是将传统的面授教学与现代科技手段相结合，是在混合式教学基础上对信息技术与教师授课更深入地融合，二者虽在设计过程上存在一定的重合部分，如理论基础、设计原则与思路等方面，但融合式教学在线上实时授课方面的设计却是更为独特且重要的。融合式教学具体设计过程包括以下部分：

1. 理论基础

由于融合式教学是对混合式教学的进一步发展，是以混合式教学为基础的，因此，建构主义理论与掌握学习理论同样是融合式教学的重要理论基础。这些理论前面已经介绍，此处不再赘述。此外，融合式教学还需要坚持情境学习理论和首要教学原理两大理论。

（1）情境学习理论

情境学习是由美国加利福尼亚大学伯克利分校的让·莱夫（Jean Lave）教授和独立研究者爱丁纳·温格（Etienne Wenger）于 1990 年前后提出的一种学习方式。该理论认为，学习不仅仅是一个个体性的意义建构的心理过程，更是一个社会性的、实践性的、以差异资源为中介的参与过程。该理论强调两个学习原则，一是要在实际应用知识的环境中展示知识，二是要通过社会互动和协作来学习。情境学习理论的实际应用是为在现实世界中解决问题而进行的各种活动，教师开展融合式应坚持情境学习

理论，从提高学生解决实际问题的能力出发。

（2）首要教学原理

以问题为中心的"首要教学原理"由 Merrill 教授研究提出，他认为单纯追求信息设计精致化的多媒体教学和远程教学产品虽然质量高、外观吸引力强，但未按学生学习需求设计，仅强化教师讲授式教学。Merrill 结合社会认知主义、建构主义等理论，认为学生需要通过解决真实世界的问题来促进学习，提出了有效教学的四个阶段，即激活、展示、运用和整合，强调教师需设计面向真实世界的问题并提供解决指导，从而提升学生学习效果。该理论推动教学走向更广泛复杂的真实世界，要求教师转变为学生学习过程中的指导者、协助者、促进者，而非仅仅是知识传授者。

2. 设计原则

融合式教学过程与任务的设计原则主要包括注重学生主体参与、注重课堂教学的互动以及注重多元情境创设三个部分，前两部分内容可参见前面翻转课堂的设计原则部分，此处不再赘述。此外，融合式教学更加强调教师课堂中的情景教学与引导，采用"步步设疑"和"情景式案例教学"，充分利用智慧在线平台，创设探究情境，激发学生学习兴趣，帮助学生建构知识体系，促进学生创新能力与思辨能力的培养。

3. 设计思路

教师在进行融合式教学设计时，应分层次对教学内容进行系统而全面的安排，按照确定教学目标、整合教学资源、设计多元化教学活动、强调学生主体参与、注重反馈评估和持续改进优化的顺序进行。同时，教师在设计教学时要特别注重探究学习活动的支架设计，包括有助于学生信息获取与理解的输入支架、进行信息分析与吸收的转化支架及呈现、分享、应用学习成果的输出支架。[①] 在学习探究活动中，教师应通过扮演预设者和引导者的角色，将教学与信息技术深度融合，在线上课堂设置更加多样化的教学内容，进一步激发学生学习兴趣，提高学生的自主学习能力。

4. 设计环节

融合式教学的课堂规划与设计同样可以分为课前、课中和课后三个阶段。其中，课前和课中阶段分别重在达成低层次和较高层次的认知目标，而课后阶段则重在巩固前面两个阶段的学习成果，并进一步达成更高层次

---

① 郑燕林，秦春生. 研究生课程"探究型-混合式"教学方式的构成与教学设计 [J]. 现代远距离教育，2018，（4）：69-75.

的认知目标。具体设计如下：

（1）课前阶段

在课前，教师首先需进行学习者和教学目标分析，清晰划分知识层次，并根据认知目标安排教学内容；确定教学安排后，提前在在线平台上传课件、任务和目标，以助学生明确学习内容。同时，教师可在学习平台提前查看学生的学习情况，及时在学习群或课堂发布信息督促学生，并根据需求设置在线课前测试，帮助学生在更好地预习课程内容的同时，提升教师对学生自主学习情况的掌握程度。

（2）课中阶段

课中教学可分为三个阶段进行。首先，教师通过视频、案例或提问等方式导入课程内容，连接学生的旧知和新知，并展示课前自主学习中重难点问题，加强学生知识点的初步构建。其次，教师对基本概念、知识点等进行讲解，深入、详细地解释重难点和高出错率点，穿插检测题并利用在线课堂工具发布，验证学生学习效果并重点指导。同时，组织学生开展探究活动，如案例分析、课堂抢答、找不同小游戏或角色扮演等，促进学生讨论，增强课堂互动，调动学生学习积极性。最后，教师总结本节课内容。教师可通过线上平台随机点名同学进行总结，提高学生课堂参与感，促进学生对知识的全面理解。

（3）课后阶段

学生经过课前预习与课堂学习已经初步掌握了课程知识，因此课后阶段的目标是进一步巩固其学习效果。为此，教师可通过在线平台发布课后作业并设置截止时间，同时提供学生在完成作业过程中的求助方式，例如在在线平台论坛中提出学习或课堂教学中碰到的问题。教师需要定期关注论坛的发帖情况，及时解决学生疑问或听取建议。对课堂互动中不方便提问或线上直播听课未完全理解的学生，教师应适时提醒并提供个性化辅导。针对学生作业中出现集中错误的知识点，教师或助教应及时查看汇总，以便在下节课前对这部分知识点进行进一步讲解。

5. 评价反思

在采用融合式教学模式时，教师需及时对自己的教学进行正确、合理地评价，并通过反思不断提升自身教学水平。在融合式教学设计中，教师可依据柯克帕特里克评估模型①建立完善的教学评估体系，包括反应评估层、学习评估层、行为评估层和成功评估层。反应评估层主要评价教学满意度，涵盖教师自身、教学资源、教学环节和自我预期的满意度，主要关注学生学习资源获取的便捷性、资源多样性和个性化需求的满足程度；学习评估层关注教学对学生知识掌握程度的评估，包括记忆、理解、应用和分析能力，教师需重视知识分类和不同教学目标的达成，尤其要关注在融合式教学中对学生更高层次认知目标的测量和评估；行为评估层评估教学对学生学习能力的促进，包括学习效率、兴趣增强和知识迁移等方面，教师可根据在线平台数据分析学生学习情况，以此进行教学评估；成果评估层评价教学对学生综合能力提升的效果，包括语言表达、小组协作、人际交往、独立思考和开拓创新能力等，教师应根据学生课前自主学习、课中合作探究及课后复习情况，综合评估教学效果，持续反思改进，提升教学水平。

（二）融合式教学实践的经典案例分析

"混合"是掺杂、掺和的意思，而"融合"则是融解、熔化的意思，后者更注重渗入性和交织性，融合比混合的交互程度更深，意义范围更广②。混合式教学注重线上与线下教学的异时空叠加与结合，而融合式教学更加注重线上线下实时同步教学，强调不同的学科、教学方式、理论与实践等相互融合，更加契合当下我国高校对高质量人才培养的要求。当下，已有许多高校教师运用了融合式教学方式进行教学实践，以下将详细介绍 6 个融合式教学案例，以期为教师深入开展融合式教学提供借鉴。

【案例一：某高校法学课程跨学科融合式教学】

近期，某高校法学院一位副教授的课程"民事诉讼法学"被评选为该校在线教学创新案例，并向全校推广。然而，最初接到新学期要进行融合式教学的任务时，该副教授却有点儿"慌"：课程要怎么设计？学生能不能适应？一连串的问号在其脑海中闪过。面对全新的融合式教学，他经过

---

① "柯克帕特里克评估模型"由威斯康星大学教授唐纳德·L.柯克帕特里克（Donald. L. Kirkpatrick）于 1959 年提出，该评估法包括四层：受训人员的反应评估、学习评估、行为评估和结果评估。该评估体系具有科学性、先进性和可操作性强的特点，被业界评为经典培训评估理念。

② 沈欣忆，范大勇，陈晖. 从"混合"走向"融合"：融合式教学的设计与实践［J］. 现代教育技术，2022，32（4）：40-49.

不断地实践创新，最终实现了从"不知所措"到"应对自如"的转变。

"民事诉讼法学"是该高校法学院研究生和本科高年级必修课程，每学期研究生选课人数为 100 人左右，课程主要讲授民事诉讼模式、基本原理和程序法律思维等内容，学生可以根据兴趣选择课程，无须参与学分考核，全校有 250 余名学生选择此课程。2020 年秋季学期，新型冠状病毒感染疫情得到控制后，学生们陆续返校上课，但仍有少部分学生受疫情影响无法返校。融合式教学模式可为线上线下学生提供同等受教育机会，这也是在法律上和程序上维护所有学生获得同等教育权的保障。

该授课教师秉持通过全新的教学模式让学生受益更多的目标，不断学习思考融合式教学和传统线下教学、单纯线上教学等模式的区别，同时积极与有经验的老师讨论，得出融合式教学不能照搬线下教学的结论。他从课前准备、课中教学设计和课后答疑三大教学环节全面入手，积极探索尝试了融合式教学新模式，具体教学设计如表 6-10 所示：

表 6-10 法学课程融合式教学设计

教学环节	教学环节	教学内容	实践效果
课前准备	进行师生互动的演练模拟	授课老师本色出演"老师"角色，助教则饰演"学生"，模拟线上提问交流，检查调试设备	提前解决课堂中遇到的技术性问题
课中教学	探索极简主义的授课方式	设计更适合网络交互、多单元式、板块式的课程大纲	提升线上教学中学生听课的注意力与满意度，增强线上学习的学习氛围与约束力
	摸索"三位一体"的教学模式	15～20 分钟为一个完整单元，以"重点法条+经典案例+基础理论"三个方面有机结合方式进行	提升教学逻辑感，由浅入深，理论与实践结合，帮助学生增强知识理解与吸收
	建立开放多元的交流机制	授课中秉持多元包容的态度，鼓励法学、新闻、政治学等多学科背景学生结合本专业知识思考，碰撞出新的灵感火花	促进不同教学方式、不同专业背景以及不同年龄段师生之间的融合，产生强烈的互补性，激发学生的学习兴趣，促进学生对法律问题进行多角度思考

表6-10(续)

教学环节	教学环节	教学内容	实践效果
课后答疑	培养积极有为的助教团队	授课老师几乎所有博士生都参与助教工作，将学生分成10~20人一组，为每组学生分配一名助教，学生可当面或通过微信、邮件向老师和助教团提问，助教团每周整理问题作为课程的延伸	促进双向提升，既可以为学生答疑解惑，增强学生对知识理解，又为助教团的成员提供检验所学知识、增加论文选题方向的机会

课程不是封闭的，而是开放的。该授课老师积极响应学校开展的融合式教学安排，在课堂教学中探索出极具特色的教学模式，课后建立分工明确的助教团为学生答疑解惑，注重教学方式与跨学科的多方面融合。可以说，融合式教学打破的不仅仅是场所的限制，也打破了知识壁垒。该授课老师坦言，"全新的教学方式，让我们不再墨守成规，可以说是教学上的一次突破。"此教学案例为其他高校教师进行融合式教学提供了良好的探索方向。

【案例二："雨课堂克隆班"的融合式教学新模式】

2021年秋季学期第一周，某高校36门优质本研课程利用以雨课堂克隆班为代表的融合式教学技术向全国近50所兄弟高校同步开放，各高校教师实时在线观摩不同课程教师的教学过程，参与观摩的教师近千人，参与学习的学生超4 000人次。

该克隆班除本校授课老师外，每门课程还配备了其他高校的教学辅助教师1~4人、教务协助教师1人、课程助教1人、技术助教1人，主讲教师和助教团队的有效协作，有力地保障了克隆班的教学质量。其质量保障框架见图6-3。

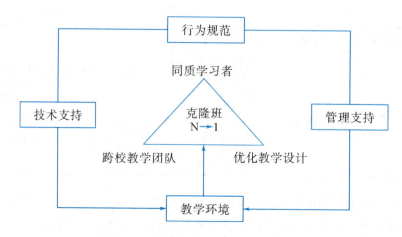

图 6-3 "雨课堂克隆班"质量保障框架

在课堂教学中,该克隆班主要采用在线直播方式授课,创设了与校外克隆班同时听课、同步答题、实时交互的新场景。与 MOOC 主要采用录播方式授课不同,该校克隆班教学主要采用直播的方式,同时借助雨课堂、视频会议软件的实时交互功能,除支持课堂发言、分组讨论等传统课堂中常见的行为,还支持弹幕、投稿、点不懂等新的交互方式,随堂测验、形成性评价也更加灵活便捷,能积累课堂学习行为数据,有助于授课教师实时掌握学生的学习状态。具体教学设计如表 6-11 所示:

表 6-11 "雨课堂"克隆班教学设计

教学形式	共享课程(部分)	在线实时教学主体	在线实时学习主体(部分)	教学成效
线下教室授课+线上实时共享直播	自动化学院"数字电子技术基础"	该校 36 门优质本研课程的教师与学生	多所农业大学教师	(1)促进教师和优质课堂资源的实时共享。(2)帮助不同高校学生步入其他高校,同步异地进行学习,拓宽知识面
	数学学院"线性代数"		多所综合类大学教师	
	建筑学院"新城市科学"		多所军事院校教师	
	写作与沟通中心"写作与沟通"		多所工业大学教师	

教学中不同授课教师有不同的风格和印迹,这种风格和印迹仅通过普通的讲座和演示课并不能完全体现出来。原汁原味的学习和交流对教师教学能力的提升产生着重要作用。该高校凭借学科与教学资源优势,与其他高校教

师联动，共同搭建"雨课堂"克隆班，通过线上复制真实课堂，保证了课堂的实时交互，既弥补了一般录播课程生生交互和师生交互的不足，又通过网状交互方式，在一定程度上解决了传统线下课堂点对点交互、参与不够的问题，进一步促进了不同学校、不同学科教师之间的教学互助与交流，提高了教师的教学质量与水平，其教学方式具有一定的借鉴意义。

【案例三：数智化平台下的双线融合式教学设计】

"经济学原理"是某高校经济学专业的一门核心基础课程，其在人才培养和课程体系建设中均占据着极其重要的地位。该校教师基于学生对手机、网络等资源较为依赖的特点，利用数智化平台开展了"线下+线上"双线融合式教学，具体教学框架如图6-3所示：

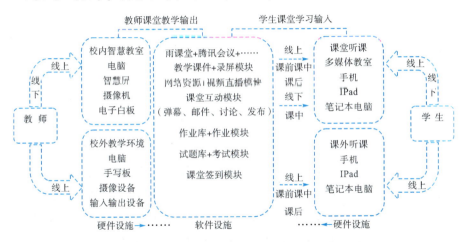

图6-4　数智化平台与双线融合式教学方式的运行逻辑

教师以课前自主学习为先导，将知识准备与理论学习前置，在线上平台发布学习任务和预习课件，明确学习任务，促进学生提前预习并思考。此阶段教师要求学生在线上平台开展线上自学，对无法理解的问题进行记录，以便在课堂提出。对于课堂授课环节，该校教师分为线上与线下授课两种形式的教学安排（见表6-12）。线下教学主要依据设计方案进行面对面授课，课中适当增加与学生互动及课堂讨论，在课程实践周带领学生参加社会调研、学科竞赛等活动；在线上教学环节，教师主要通过智慧教室中的"青鹿课堂"平台进行，让学生分组展示和复述课程知识，了解学生的掌握情况，同时教师线上播放相关案例，学生在课堂中利用电脑、手机、平板等工具配合课堂学习，积极开展小组讨论、汇报展示等。学生在线上听课过程中遇到的未理解或需要深入学习的内容，可以在学习平台随时标注。课后，教师利用"雨课堂"教学平台提前建设的习题库与作业库，布置作业、习题，巩固学生学习效果，并集中开展线上习题讲解课，为学生答疑解惑。

表6-12 "线上+线下"双线融合式教学安排

教学阶段	教学内容	教学形式	活动安排
课前自主学习	知识准备与理论学习	"雨课堂"平台提前发布学习任务和预习课件	提前预习并思考
线下授课	课堂讨论，安排社会调研、学科竞赛等活动	面对面授课	在课中适当增加互动和讨论活动
线上授课	学生分组展示复述课程基础知识，播放相关案例，小组讨论、	通过智慧教室中的"青鹿课堂"平台进行教学	利用电脑、手机、平板等工具配合课堂学习
课后学习	建设习题库与作业库	利用雨课堂教学平台进行学习	学生标注未理解内容，教师开展线上习题讲解课

从教师教学成果和学生学习实践情况来看，该校"线上+线下"双线融合教学方式极大地促进了学生学习成绩的提升，提高了教师的教学水平。此外，数智化教学平台考评模块的智能功能也减轻了教师完成教学任务和批改作业的压力，在一定程度上有利于教师科研质量的提升，使教师与学生实现了双赢。虽然该模式在教学效果、学习成效和课堂时间分配等方面仍然存在不断完善之处，但其对其他高校教师开展融合式教学仍具有一定的借鉴意义。

【案例四："采购管理"课程线上线下融合式教学方式】

某高校教师以超星泛雅为教学管理平台，以超星学习通为教学平台，结合线下课堂教学，在物流管理专业大三学生中开展了"采购管理"课程的线上线下融合式教学实践（见表6-13），具体实施过程如下：

课前阶段，该课程教师将每节课课件上传至超星泛雅平台，同时分章节进行题库建设，题型包括单选题、多选题、填空题、判断题等。课前签到时，教师会在每堂课前10分钟发布签到二维码，为避免学生将签到码转发其他同学导致考勤作弊，教师采用了每10秒自动变化的二维码。课中授课阶段，教师同步使用学习通教室端开启直播，方便因各种原因无法到课的学生参与直播学习。对于重难点部分，教师主要采用多媒体和板书相结合的方式对课堂内容进行讲解，并结合实际案例加深学生的理解，同时采用学习通投票功能和分组讨论汇报的形式，及时了解学生的知识点掌握情况。在课后阶段，每次直播结束后，教师会将直播转为录播课程，便于学生根据需要收看课程回放。为减少作业本的收、发、管理工作，教师课程的所有作业均通过学习通布置，教师可随时随地通过手机端或电脑端进行批改。此外针对学生选修课程多、课表差异大、仅能组织较少次统一答疑活动等问题，教师鼓励学生通过学习通平台提出疑惑，教师在收到学生留言信息后，会及时通过图片、文字、语音给予解答，这进一步增强了师生互动，提升了教学效果。

表 6-13　"采购管理"课程融合式教学实践

主体	教学环节	教学设计	教学方式
教师	课前准备	资源与题库建设	超星泛雅电脑端、学习通 APP、线下教学
		课程通知	
		发布签到	
	课堂讲授与互动	课堂直播	
		内容讲解	
		布置分租任务	
		发布投票	
		发布随堂测试	
	课后巩固	发布课堂录播	
		作业布置与批改	
学生	课前准备	答疑与线上沟通	
		课前预习	
		接受通知	
		二维码签到	
		收看直播	
	课中吸收	课堂听课	
		分组讨论	
		投票确认	
		随堂测试	
	课后复习	巩固复习	
		课后作业	
		提问与沟通	

该校"采购管理"课程使用超星泛雅平台和学习通软件开展线上线下融合式教学后，将学生成绩与上一学年该授课教师教授的学生的成绩情况进行了对比，结果显示出此教学方式确实能够提高学生的学习效率与学习成绩。当然，由于教师对软件操作和流程不太熟练，且对于先进的教学理念理解得还不够，也在一定程度上影响了融合式教学的教学实践效果。实践证明，该模式的实践应用具有极大的提升空间。

【案例五：英语课程信息化深度融合式教学】

某高校教师面向研究生和本科生分别开设了"博士生英语"与"英语阅读写作（B）"两门课程，其结合学生需求，灵活调整了授课模式，真正做到了"一个都不能少"。为了确保"博士生英语"课程中身在国外的两名学生能够与线下课堂的同学们有同样的学习体验，该授课教师和其助教团队在课前就进行了精心的布置和准备（见表6-14）。

研究生课程主要采用瞩目会议和雨课堂相结合的方式。国外的学生主要用雨课堂听讲，镜头对课程讲义和在讲台上的教师进行同步直播；瞩目会议连接另一个外接摄像头，将课堂上同学们的视频画面同步共享给国外的学生，使得国外的学生有"身临其境"的感受，如需要发言，线上学生可通过瞩目会议打开麦克风和摄像头进行交流。

本科生课程则更多地依靠信息技术与学科融合的指导，该授课教师在每周主题慕课观看的基础上，持续优化线下课堂的设计，并辅以软件练习与优质学习资源共享等环节，为有不同需求的学生提供个性化指导，并有针对性地训练其英语技能。课堂授课中，教师通过"英语听力口语"让学生观看TED演讲，用FiF软件练口语，听英语专业学生分享听力速记方法，现场教学学生使用专业网站和软件查询学术词汇、查找下载文献、检查语法、对写作进行评分等，进一步提升学生英语应用的综合能力。

表6-14 信息化深度融合式教学设计

教学课程	教学形式	教学内容	教学成效
"博士生英语"	瞩目会议＋雨课堂	国外学生雨课堂在线听讲，瞩目会议同步课堂画面	帮助因特殊原因无法到校上课的学生实现"远在天涯，近在咫尺"般的沟通与互动。

表6-14(续)

教学课程	教学形式	教学内容	教学成效
"英语阅读写作（B）"	线上慕课学习+线下教学授课	每周学生在慕课平台自主学习视频，课下授课时教师现场演示优质学习资源的搜寻与使用方式	利用多媒体技术为学生提供优质学习资源共享，进一步促进学生英语听说读写能力的全面发展

该授课教师提醒自己，要改变期末才做课堂展示的做法，让准备好的学生提前展示，给了学生更多的自主展示空间与时间。同时，其重新审视教学，在本科生教学中让学生回归"手写"作文，在博士生的教学中把"黑板"留给同学，让学生享受合作学习的快乐。因此，教师应最大限度地让学生的自主学习成为常态，把选择权还给学生，以进一步提高学生课内外学习的主动性，去体验"放权"后的惊喜。

【案例六：从"形式融合"到"深度融合"的医学课堂】

某高校教授医学的教师积极响应教育教学改革，不断改变课堂形式，从单纯的现场讲授，到线上线下混合式教学，再到多种方式同步进行的融合式教学，其接受改革的压力，也享受着创新的乐趣。

"融合式教学"侧重于"线上线下实时互动融合"，该授课教师对其"走近医学"课程进行了融合式教学的尝试，课程中部分学生在教室内学习，另一部分同步在线上学习。为了让远程学生能够同步学习，该教师向学校申请增加了不同视角的摄像头设备，并实现了多摄像头随时切换的功能。这样远程学生不仅可以看到老师讲课的画面，还能查看课件内容和现场学生的发言。另外，考虑到医学课程实验操作的特殊性，该教师还专门请来专家在实验室安装了摄像头，并购置了相应的设备，以便在实验室进行融合教学。

除了硬件设施的完善外，该授课教师还注重软件的创新，根据学生需求将其分为校内学生、校外实习学生和海外学生三类，针对不同类型的学生进行有针对性的教学。校内学生采用"线下+雨课堂+微信"方式，校外实习学生采用"在线会议系统+看回放+雨课堂+微信"方式，而海外学生则采用"在线会议系统+雨课堂+微信+看回放"方式。该教师认为并不是使用更多的工具就是融合教学，他强调在融合式教学中使用的工具要考虑其特点和效果，要在教学设计中巧妙运用数字化工具，将课程知识和教学理念贯穿其中，使专业知识既得到深入讲解，又易于学生理解。深度融合的医学课堂设计见表6-15。

教学设计要真正为学生服务，就要根据学生的需求进行调整，要给学生传递正确的价值理念，培养学生的责任心。此外，该授课教师在进行融合式教学实践中，还十分注重学生正确价值观念的培养。无论是线上线下，该授课教师在课堂中很少直接去告诉学生应该怎样做，而是用身边的故事、真实的案例，让学生自己去感受，了解疾病，珍惜生命，从容面对人生。

表6-15　深度融合的医学课堂教学设计

教学环节	教学设计	教学安排	教学形式
课前准备	完善硬件设备	在教室、实验室安装多角度摄像头	线下授课+线上同步直播
课堂教学	根据需求将学生分类	校内学生	线下+雨课堂+微信
		校外实习学生	在线会议系统+看回放+雨课堂+微信
		海外学生	在线会议系统+雨课堂+微信+看回放
课后反思	传递学生正确的价值观念	医学专业学生	用身边故事、相关案例引导学生自主感受
		非医学专业学生	

融合式教学不能仅停留在形式上，还要在思路上进行创新。该高校教师这种非填鸭式灌输的融合式教学，既能激发学生的学习兴趣，又具有较高的价值引导性，对当下各高校教师不断完善课程内容，探索课程形式创新，进行融合式教学实践具有一定的借鉴意义。

三、融合式教学的注意事项

相较于混合式教学，融合式教学更强调将传统课堂与在线教育交织在一起，即"你中有我，我中有你"①。当下已有许多教师运用融合式教学方式进行教学实践，不可否认，该模式极大地创新了传统教学，进一步促进了学生自主学习能力与教师教学水平的提升。但同时我们应注意到，当下

---

① 孟香惠.基于网络课程的融合式教学方式设计与实践探索［J］.中国远程教育，2013（6）：56-60.

融合式教学方式也存在一定的不足，教师应深入学习理解，正确对待，并在此基础上不断改进与提升，以提高教学质量与自身能力。

(一) 融合式教学的优势与不足

1. 融合式教学的优势

(1) 有利于激发学生学习兴趣

受应试教育影响，当前我国高校学生在专业知识方面存在贫乏现象，对专有名词理解困难，这导致了学生学习兴趣不高、学习积极性下降。为应对这一挑战，部分教师采用融合式教学模式，结合传统理论教学和网络技术，通过实物展示课程重难点内容，并充分利用网络资源和教学软件，加强学生理论学习的同时，更通过虚拟操作实践，深化了学生对知识的理解。此外，融合式教学还能贯穿概念性理论，引导学生自主学习，拓展学习空间，改变传统灌输式教学，培养学生的创造性思维，提升学生学习的积极性，帮助其理解学习过程，把握学习规律，合理分配时间和精力。

(2) 有利于提升教师教学质效

教师运用网络技术不仅可以丰富课堂内容，还能紧密联系理论和实际，为学生阶段性实训及毕业前岗位实习做好充分的铺垫。同时，通过合理设置线上与线下教学内容，教师可以细化教学目标，促使学生提前预习。在融合式教学授课中，教师可以创建知识技能输出平台，以学代教，帮助学生掌握重难点和困惑。此外，融合式教学模式还缩短了理论与实践教学的教学间隙，教师通过将相关知识以实际案例的形式提前发布在线上平台供学生学习，并在此过程中锻炼学生的实操分析能力。

(3) 有利于提升学生总体就业竞争力

当前用人单位对高校学生需求岗位胜任能力要求较高，基于效率和价值考虑，大学生毕业一旦被录用，就需要快速适应工作。教师开展线上线下融合式实践教学，将实训纳入课程体系，通过计算机技术整合实验资源，模拟仿真环境，可以使学生较为系统地接触到行业领域，进行业务流程的探索与思考，从而建立起对相关业务实操的全面认识。这可以进一步激发学生内生动力，参与实习实践，加强学生对专业认识的理解与应用，提升学生的岗位胜任力，增强学生总体就业竞争力。

2. 融合式教学的不足

(1) 教师线上线下教学脱节

融合式教学包括线上和线下两个教学环节，可以实现教师与学生、学生与学生之间面对面和实时在线交互。然而，目前我国各高校融合式教学实践存在线上线下教学脱节的问题。一种是替代式教学，即把线下教学机械地照搬到线上，用线上教学简单替代线下教学；另一种是点缀式教学，即只在线下教学过程中偶尔穿插在线学习，线上教学仅是整个教学过程的点缀。这些做法都未将线上与线下教学有机结合，存在为了线上教学而教学的问题，导致融合式教学形式空洞，没有实质性发展，教学效果难以保障。

（2）教师教学过程互动不足

教有成效，学有所获，需要有学生对课程教学的参与[①]。为有效开展课堂教学，学生的参与至关重要。目前，我国高校教师开展的融合式教学存在教师与学生互动数量不足、质量不高等问题，互动时间短且方式单一。在教学中，仍普遍存在教师过于简单提问和点名，导致学生学习兴趣不足、理解知识基于被动接受的现象，这与教学目标背道而驰。同时，线上教学中由于空间距离，学生有不在场的自由度，教师难以实时观察学生反应，教学互动不足，这一方面与学生参与度不高有关，另一方面也是因为教师线上创设的实时互动式学习情境存在局限。

（3）学生自主学习动力欠缺

学生的自主学习能力是融合式教学获益的重要前提之一。自主学习意味着学生能够主动、有效地探索、分析知识，成为学习的主体。当下，融合式教学为学生提供了更开放的学习环境，大部分任务学生可通过自主学习完成，这是其优势所在。然而，当前的融合式教学中，学生缺乏主动利用学习资源进行自主学习的动力，大多数仍是被动接受式学习，缺乏主动性和独立性。教师在线教学无法观察到学生主体性的表现，学习似乎成为一项必须完成的任务。线上实时教学尤其对缺乏自律性的学生影响更大，其学习活动局限于课堂直播，课下专业学习又时间不足，因此严重制约这类学生学习能力的提升。

（二）融合式教学的改进途径

1. 促进线上线下教学的深度融合

线上线下教学深度融合可以充分发挥各类教学资源作用和优势，提升教学效果和学生学习体验。教师在开展融合式教学时，应深入理解融合式

---

① 马红光. 高校融合式教学困境及对策研究 [J]. 现代商贸工业，2022，43（21）：235-236.

教学理念，强化线上线下教学有机融合，避免教学脱节。教师要对课程教学进行一体化设计，统筹线上和线下教学，遵循教育规律，合理安排课前、课中和课后活动，确保线上线下教学衔接有序、有机联动，促进教学实质内容的融合而不仅是时间和平台的简单结合。同时，在"互联网+"环境下，教师还需加强信息技术的应用培训，提升自学能力，增强线上教学准备和适应能力。此外，教师应有机融合各类教学要素，将互联网信息技术有机整合进课程教学中，创设以学生为中心的教学环境，满足学生需求，提供个性化学习体验，引导学生深度学习，提高学习效率和效益。

2. 增强教师教学互动的多样化

良好的教学互动可以激发学生的主体性，提升学习效果。教师在开展融合式教学时，应合理安排互动时间，增加互动频率，加强师生交流。在充裕的课程时间下，教师可采取多种方式进行师生双向互动和学生间互动。在师生双向互动中，除传统的教师提问、学生回答外，学生应被鼓励自主提问，教师要及时解答，解决学生困惑，促进信息交流；在生生互动中，教师可采用学生互查、互辩、互评等方式，调动学生参与积极性，增强学生对知识的理解与应用，帮助教师及时发现问题并提供反馈。此外，教师还应充分发挥线上线下教学优势，综合运用多种教学方法如理论讲解、案例分析、专题讨论、情景模拟等，增强学生兴趣，提升学生参与度，优化教学效果。

3. 强化学生自主学习的能力

培养学生自主学习能力是我国培养高质量人才的重要目标之一。教师在开展融合式教学时，应以学生为中心，为学生创造自主学习的环境和时间。教师可在教学内容设计中增加自主探究元素，在授课中适当介绍学习方法，帮助学生找到适合自身的学习策略，引导学生从"要我学"到"我要学"的转变，改善其被动学习局面，激发学生的学习兴趣。同时，教师还应引导学生结合自身特点，积极主动制订学习目标与计划，合理安排学习时间与任务，选择合适的学习方式，减少学习的盲目性。此外，教师应加大支持学生的力度，提供多种便捷沟通方式，为学生答疑解惑，同时尽力去了解学生的学习情况，调整教学安排，不断提高教学质量与水平。

【本章小结】

当下，信息技术正深刻影响着高校的教学改革。本章基于信息技术进课堂的视角，对当下高校教师开展信息化课堂教学的方向与内容进行了介绍。

当然，由于教师的教学习惯和教学设计不同以及学生学情差异等原因，教师采用不同教学模式开展教学实践的效果各异。基于当下我国各高校实施信息技术与课堂融合的实践来看，教师选择不同教学模式的实践应用仍具有较大的提升空间。因此，教师在进行信息技术融入课堂教学的过程中，要更加注重转变教学理念，与时俱进地认识教学；要正确看待不同教学模式的优与劣，有针对性地进行取舍，更加注重学生的参与和互动；要讲究方法策略，不断加强对现代信息技术和学科专业的研究分析，找准信息技术与学科教学的最佳契合点，融会贯通形成更加符合自身教学能力和学情的完整、系统的教学新模式，使教学内容能够以学生更易接受的方式呈现，使学生在学习过程中更加积极主动，使自身教学优势得以充分发挥，从而全面提高人才自主培养质量。

参考文献

［1］孟宪乐，王润强，曹雪菲. 教育原理与教学技术概论［M］. 北京：研究出版社，2022.

［2］朱龙，付道明. 教育高质量发展背景下融合式教学的价值意蕴与发展路向［J］. 现代教育技术，2022，32（10）：26-33.

［3］穆肃，王雅楠，韩蓉. 线上线下融合教学设计的特点、方法与原则［J］. 开放教育研究，2021，27（5）：63-72.

［4］侯新，张津铖，何倩倩. 基于翻转课堂模式下高校审计学教学改革探讨［J］. 对外经贸，2022（10）：158-160.

［5］王鉴. 论翻转课堂的本质［J］. 高等教育研究，2016，37（8）：53-59.

［6］郭益盈，李裕坤. 基于 SPOC 的会计学原理混合式翻转课堂教学模式研究［J］. 对外经贸，2023（6）：55-58.

［7］张金磊."翻转课堂"教学模式的关键因素探析［J］. 中国远程教育，2013（10）：59-64.

［8］冯菲，于青青. 基于慕课的翻转课堂教学模式研究［J］. 中国大

学教学，2019（6）：44-51.

[9] 赵丽，张慧. 基于 ITIAS 的翻转课堂教学行为及效果分析 [J].
中国大学教学，2022（11）：87-95.

[10] 董江丽，周群，何志巍，等. 运用"翻转课堂"教学法推动教
与学系统性改革 [J]. 中国高等教育，2022（9）：56-58.

[11] 冯晓英，王瑞雪，吴怡君. 国内外混合式教学研究现状述评：
基于混合式教学的分析框架 [J]. 远程教育杂志，2018，36（3）：13-24.

[12] 教育部. 教育部关于一流本科课程建设的实施意见[EB/OL].
（2019-10-30）[2022-08-27].https://www.gov.cn/gongbao/content/2020/
content_5480494.htm.

[13] 董嘉佳，于歆杰，朱桂萍，等. 形成性评价在大班教学中的应用：
以"电路原理"课程为例 [J]. 现代教育技术. 2020.30（10）：119-123.

[14] 谢晓丽，刘静，旦菊花. 基于雨课堂的混合式教学对医学免疫
学教学效果的影响 [J]. 中国免疫学杂志，2023，39（5）：1056-1058.

[15] 易帧，吴美玉. 从"混合"到"融合"：线上线下融合式教学设
计研究 [J]. 中国教育信息化，2023，29（11）：84-96.

[16] 郑燕林，秦春生. 研究生课程"探究型-混合式"教学方式的构
成与教学设计 [J]. 现代远距离教育，2018，（4）：69-75.

[17] 沈欣忆，苑大勇，陈晖. 从"混合"走向"融合"：融合式教学
的设计与实践 [J]. 现代教育技术，2022，32（4）：40-49.

[18] 孟香惠. 基于网络课程的融合式教学方式设计与实践探索 [J].
中国远程教育，2013（6）：56-60.

[19] 马红光. 高校融合式教学困境及对策研究 [J]. 现代商贸工业，
2022，43（21）：235-236.

第七章　良好课堂关系构建

在高等教育体系日益庞大与复杂化的进程中，教育之本质往往面临被遮蔽的风险，故而我们亟需正本清源，溯本求新，以明晰教育之真谛。正如古希腊哲学家苏格拉底所言："教育不是灌输，而是点燃火焰。"这一洞见启示我们，理解教育需回归其最质朴的起点。而课堂关系，作为教育活动的灵魂与纽带，其良好与否直接决定了教育的实质与边界。良好，则教育生机勃勃，充满生命力；不好，则教育沦为机械的知识传授，失去了其应有的温度与深度。因此，有良好的课堂关系才有真正的教育，没有良好课堂关系带来的情感交流、思想碰撞与价值共鸣，教育便失去了其存在的根基与意义。

高等教育虽旨在促进学生的全面发展，其中学习无疑是重要的一环，但我们必须清醒地认识到，学习仅仅是教育目标的一个方面，而非全部。高等教育更深层次的价值在于通过课堂之上的良好关系，引导学生形成正确的世界观、人生观和价值观，培养其独立思考、创新实践和社会责任感等综合素养。

为此，本章将以良好课堂关系的构建为轴心，详细探讨良好课堂关系的构成要素、影响因素以及构建策略，从而启发高校青年教师深刻领悟良好课堂关系在教育实践中的决定性意义，并进一步认识到可以通过强化课堂关系的建设与维护，更好地激发学生的内在潜能与创造力，促进其全面发展与个性成长，为社会的和谐与进步贡献更多的智慧与力量。

第一节　良好课堂关系的构成要素

【教学案例】

　　孙老师是某高校青年老师，在一次给大二学生的新开课上，发现大部分学生都在低头玩手机，学习动力不足，课堂氛围很沉闷，孙老师一气之下，要求学生把手机都交到讲台上，不交的学生扣平时分。结果大部分学生不情不愿、慢慢腾腾地把手机交了上去，个别学生甚至直接拿起书包走人。更糟糕的时候，交完手机后，课堂关系更紧张了，学生不仅听讲更不认真，还互相小声嘀咕、抱怨，一次课下来，师生都非常疲惫。后来，孙老师进行了认真反思，觉得这样也不是办法，如果一学期关系都如此对抗，教学效果肯定不好。于是，在第二次上课时，孙老师坦诚地跟学生们进行了沟通，说自己虽然教书心切，但也不该简单粗暴地制止大家看手机，而是应该和大家一起想办法，自己接下来会多征集意见改进教学，也希望同学们能够齐心协力，共同珍惜这段美好的师生缘分。一番真诚沟通下来，同学们也放下了防御，并且很配合地听讲互动，教学效果也越来越好。

　　上述案例深刻揭示了良好课堂关系构建对于教育质量提升、学生全面发展及学习成效增强的深远影响，其学术价值不言而喻。这一关系的优化，如同催化剂，不仅有效化解了师生间的潜在冲突，拉近了心灵距离，更在无形中激发了学生的内在学习动力，增强了他们的自我效能感。学生在感受到被尊重与理解后，更愿意投身于知识的探索与技能的磨炼中，从而实现了知识掌握、能力提升与情感成长的全面丰收。这一过程不仅验证了教育互动理论的实效性，也为教育实践提供了宝贵的参考与启示。可见，探讨良好课堂关系的构成要素极为重要。

一、良好课堂关系的内涵与特征

　　人本主义心理学家卡尔·罗杰斯（C. R. Rogers）曾说："个体在他们自身内就具有巨大资源，如果能提供一定的具有推动作用的心理气氛，那么这些资源就能被开发"；"只有当我们创造出这样的自由气氛时，教育才能成为真正名符其实的教育。"这种自由的氛围其实就是良好课堂关系的呈现，罗杰斯深信情感是教学活动的基本动力，课堂教学的成败关键不在于教师的教学技巧，而在于人际关系和情感态度，并指出师生关系应该包含三个要素，即真诚、接纳和理解①。

（一）真诚

真诚在构建良好课堂关系中占据非常核心的地位，不仅是人际交往的基石，更是优化教学环境的关键要素。

罗杰斯曾强调："真诚是建立有效人际关系的先决条件。"他认为，在课堂关系中，教师的真诚态度能够直接影响学生的情感投入和学习动力。当教师以真实的自我面对学生，不掩饰、不伪装，其言行举止便能传递出一种信任与尊重的信号，从而促进学生产生积极的情感反应。

研究表明，教师的真诚态度能够显著增强学生的信任感与归属感，从而激发学生的学习动机与参与度②。正如马斯洛需求层次理论所揭示的，当个体在社交需求层面得到满足时，其将更倾向于追求更高层次的知识与技能提升。

此外，真诚还能促进师生间的情感共鸣与深度交流。教育学者苏霍姆林斯基曾言："教育首先是人学。"③ 这强调了教育过程中对人性的深刻洞察与尊重。真诚作为教师对学生个性的认可与接纳，为这种深度交流提供了可能，进而促进了知识传授与人格塑造的双重目标实现。

因此，真诚作为良好课堂关系的核心要素，不仅具备深厚的学术理论基础，更在实践中展现出对学生全面发展的深远影响。

（二）接纳

"有教无类"，这一源自中国古代教育思想的精髓，深刻揭示了接纳在良好课堂关系中的重要性。孔子作为这一思想的倡导者，主张不分贵贱贤愚，广开门路，对所有的学生一视同仁，悉心教导。这一思想跨越时空，至今仍对我们构建良好课堂关系具有深远的启示意义。

在现代教育理论的视野下，接纳被赋予了更加丰富的内涵。罗杰斯强调，教师应以无条件的积极关注对待学生，接纳他们的全部，包括优点与不足。这种接纳，不仅能够营造出一个安全、自由的学习环境，让学生能够勇敢地表达自我、探索未知，还能够增强学生的自我认同感和归属感，

---

① 曹树真. 论罗杰斯的师生观 [J]. 外国教育研究, 2000, (6)：1-6.

② 马艳云. 教师评语对学生学习动机的影响 [J]. 教育科学研究, 2006 (7)：3.

③ 苏霍姆林斯基. 育人三部曲 [M]. 毕淑芝, 等, 译. 北京：人民教育出版社, 1998.

激发他们的学习动力与创造力。

　　此外，接纳是建立良好师生关系的前提。当教师以开放的心态接纳学生时，学生也更容易对教师产生信任与尊重，从而愿意与教师进行深入的交流与互动。这种基于接纳的师生关系，有助于促进信息的有效传递与情感的深刻共鸣，为课堂教学质量的提升奠定坚实的基础。

　　可见，接纳是良好课堂关系的基石。它要求教师以开放的心态、包容的胸怀去接纳每一位学生，尊重他们的个体差异与独特性，为他们的学习与发展提供有力支持。

（三）理解

　　教师之伟大，不仅在于传授知识，更在于能走进学生的心灵，理解他们的困惑与梦想。当学生感受到被教师理解时，他们会更加乐于投入学习，享受探索知识的乐趣。教师对学生的理解，不仅仅是对其学习状态的把握，更是对其内心世界、兴趣爱好及个性差异的深入洞察。这种理解能够帮助学生建立自我认知，增强自信心，从而在学术道路上勇往直前。

　　同时，理解也是师生互动的桥梁。在高校课堂上，教师与学生之间的思想碰撞与学术交流是常态。教师以开放的心态去理解学生的观点与疑问，不仅能够激发学生的思考热情，还能促进师生之间的深度对话与共同探索。这种基于理解的互动，有助于培养学生的批判性思维与创新能力，为他们的未来发展奠定坚实的基础。

　　此外，理解还体现了教育的人文关怀。在快节奏的高校生活中，学生面临着来自学业、就业等多方面的压力。此时，教师的理解与支持显得尤为重要。一个理解学生的教师，能够成为学生心灵的港湾，为他们提供必要的情感支持与心理慰藉。这种人文关怀不仅能够缓解学生的压力与焦虑，还能增强他们的归属感与幸福感，使他们更加积极地投入到学习中去。

　　可见，理解是高校良好课堂关系的基石。它要求教师以开放的心态、深邃的洞察力去理解每一位学生，关注他们的内心世界与成长需求。只有这样，才能建立起一种基于尊重、信任与支持的师生关系，共同推动高校教育事业的蓬勃发展。

　　综上所述，高校教师在建立和维护良好的课堂关系中扮演着关键角色。高校教师通过营造真诚、接纳和理解的课堂氛围，可以有效地提高教学质量，促进学生的学术成就和个人成长，为他们未来的职业和生活奠定坚实的基础。

二、良好课堂关系的主要功能

良好的课堂关系对高校教学发展具有不可估量的价值，是教学质量提升的关键环节。正如古罗马教育家昆体良所言："教师不仅要德才兼备，还需把握学生心理，构建和谐的师生关系。"这一理念深刻揭示了师生间情感交流与理解在教学中的核心作用。

在现代教育体系中，良好的课堂关系能激发学生的主动性与创造性，促进知识的有效传递与内化。它不仅是学生身心健康发展的前提条件，也是提升教学质量、推动教育创新的重要保障。因此，高校青年教师应致力于构建良好的课堂关系，以期实现教育质量的持续提升与人才培养目标的全面达成。具体来说，它发挥着以下几个功能：

（一）提升教学质量和效果

在高校里，良好的课堂关系可以显著提升教学质量和效果。在良好的课堂关系中，教师和学生能够积极互动，共同参与教学活动，这有助于提高学生对课堂内容的理解和掌握程度，提升学生的学习效果。同时，良好的课堂关系还能够激发学生的学习积极性和主动性，提高学生的课堂参与度和抬头率，从而推动教学效果的提升。

（二）培养学生综合素质和能力

课堂不仅仅是传授知识的地方，更是培养学生综合素质和能力的场所。在良好的课堂关系中，教师注重培养学生的独立思考能力、创新精神、批判性思维和自主学习能力等；同时，通过小组讨论、案例分析、角色扮演等多样化的教学方式，可以培养学生的团队协作能力、口头表达能力和解决问题的能力等，从而全面提升学生的综合素质和能力。

（三）促进教师专业发展和教育水平提高

良好的课堂关系对于教师的专业发展和教育水平提高也具有积极的作用。在良好的课堂关系中，教师能够得到学生的支持和认可，这有助于增强教师的职业成就感和自信心，激发教师的工作热情和创造力。同时，良好的课堂关系还能够促进教师之间的交流和合作，分享教学经验和资源，互相学习和借鉴，从而推动教师专业发展和教育水平的提高。

（四）营造积极向上的校园文化氛围

良好的课堂关系对于营造积极向上的校园文化氛围具有积极的作用。在良好的课堂关系中，教师和学生能够互相尊重、信任和合作，这有助于形成良好的师德师风和学风学貌，促进校园文化的建设和发展。同时，良好的课堂关系还会影响学生的社交行为和价值观念，从而推动校园文化氛围向着更加积极向上的方向发展。

（五）增强学生归属感和校园适应能力

高校新生在入学后需要适应新的学习和生活环境，对于一些学生来说，这个过程可能会比较困难。而良好的课堂关系可以增强学生的归属感和校园适应能力。在良好的课堂关系中，教师关注学生的情感需求，注重与学生进行情感交流和心理疏导，帮助学生解决学习和生活中的问题。同时，在有良好的课堂关系的前提下，教师可以通过组织多样化的教学活动和社团活动，让学生更好地了解校园文化和活动，从而增强学生的归属感和校园适应能力。

（六）推动高校教育教学改革和创新

良好的课堂关系还可以推动高校教育教学的改革和创新。在良好的课堂关系中，教师注重培养学生的创新能力和实践能力，关注学科前沿和发展动态，从而能够更好地引领教育教学改革和创新。同时，良好的课堂关系也鼓励教师之间进行交流和合作，分享教学经验和教学资源，从而推动教育教学改革和创新，提高高校的整体办学水平。

综上所述，高校良好课堂关系的主要功能在于提升教学质量和效果、培养学生综合素质和能力、促进教师专业发展和教育水平提高、营造积极向上的校园文化氛围、增强学生归属感和校园适应能力以及推动高校教育教学改革和创新。这些功能对于高校教育教学的持续发展具有重要的意义和作用。

二、良好课堂关系的主要类型

在现代教育环境中，构建良好的课堂关系是促进学生学术成长和个人发展的关键。良好的课堂关系不仅能够创建一个支持和挑战并存的学习环境，还能够激发学生的学习动力和提高他们的学术表现。本节将详细探讨三种主要的课堂关系类型：师生互动关系、学生合作关系以及教师合作关系。这些关系类型各自承担着独特的功能和角色，共同构建一个积极、互动和平等的教学氛围。深入理解这些关系的内涵及其对教育实践的影响，我们可以更好地把握教学策略的调整与优化，进而有效支持学生的全面发展。

(一) 师生互动关系

帕克·帕尔默曾言，教育为伟大事物的魅力所凝聚[①]，而它真实地存在于师生互动关系之间。首先，师生互动关系鼓励教师与学生之间的积极沟通。教师应该倾听学生的声音，关注他们的需求和兴趣。通过与学生进行对话和交流，教师能够更好地了解学生的学习情况、困惑和问题，从而能够为学生提供个性化的指导和支持。其次，教师还应该积极回应学生的问题和反馈，鼓励他们展示自己的观点和思考。师生互动关系强调教师的支持和鼓励。教师应该给予学生积极的反馈和鼓励，激发他们的学习动力和自信心。教师可以通过赞扬学生的努力和进步，来增强学生的自尊心，提升学生的学习兴趣，使他们更加积极主动地参与到课堂活动和学习过程中。再次，师生互动关系还鼓励教师与学生之间的互动合作。教师可以通过提供合作学习的机会，鼓励学生之间的互助和团队合作。通过小组活动、讨论和共同解决问题，学生能够彼此支持、分享知识和经验，共同学习和成长。最后，师生互动关系还强调教师的关怀和关注。教师应该关注学生的个体差异和需求，为他们提供个性化的教学和支持。通过与学生建立良好的关系，教师能够更好地了解学生的背景、兴趣和学习风格，从而为他们提供更有针对性的教学和辅导。

(二) 学生合作关系

学生合作关系是指鼓励学生之间互助和支持。学生可以相互分享知识、经验和学习资源，共同解决问题和克服困难。这种互助关系不仅能够加深彼此的理解，还能够培养学生的合作能力和团队意识。首先，友好合作关系能促进学生之间的积极互动和交流。通过小组活动、讨论和合作项目，学生能够相互倾听和尊重对方的观点，学会协商、合作和共同制定解决方案。这种积极互动不仅有助于提高学生的学术能力，还能够培养他们的沟通和表达技巧。其次，友好合作关系能培养学生的社交技能和人际关系。学生通过与不同背景和兴趣的同学合作，能学会尊重和包容他人的观点和意见，培养友善和合作的态度，这种社交技能对于学生的终身发展和职业成功都具有重要意义。

(三) 教师合作关系

首先，教师与教师之间的合作关系建立在互相尊重和信任的基础上。

---

① 帕克·帕尔默. 教学勇气：漫步教师心灵 [M]. 吴国珍，等，译. 上海：华东师范大学出版社，2014：83.

教师应该尊重彼此的专业知识和经验，相互支持和鼓励。通过分享教学资源、课程设计和教学经验，教师能够相互学习和成长，提高教学效果。其次，教师与教师之间的合作关系强调团队合作和协作精神。教师可以组成教学团队，共同制定教学目标、课程计划和评估方法。通过定期的教研活动、教学讨论和互相观摩，教师能够相互借鉴和启发，提高教学水平。再次，教师与教师之间的合作关系还包括互相支持和帮助。教师可以互相提供教学上的建议、反馈和指导。在面对教学困难或挑战时，教师可以相互协作解决问题，共同寻找最佳的教学解决方案。最后，教师与教师之间的合作关系还鼓励专业发展和学习共同体的建立。教师可以参加专业培训、研讨会和学术交流活动，不断更新自己的教学知识和技能。

本节详细探讨了在高等教育环境中，构建良好的课堂关系是促进学生学术成长和个人发展的关键。这种关系涵盖了真诚、接纳和理解三个核心维度，基于此创造的良好课堂关系可以提升教学质量和效果、培养学生综合素质和能力、促进教师专业发展和教育水平提高、营造积极向上的校园文化氛围、增强学生归属感和校园适应能力。此外，良好的课堂关系还包括师生间的互动关系、学生之间的友好合作关系以及教师间的协作关系，这些都极大地丰富了课堂的教学动态，促进了一个积极向上的教学和学习环境的形成。

第二节　良好课堂关系的影响因素分析

【教学案例】

　　唐老师是某高校优秀青年教师，曾获得过青年教师教学比赛的一等奖，长期教授本专业的课程，也一直很受学生欢迎，教学效果很好。有一学期，因其他学院有一门选修课邀请唐老师负责教学，唐老师也很认真地做了备课，但是课堂关系却和本专业的相差甚远，学生的配合度和参与度都很弱，而且是大班阶梯教室，互动也受到了很大的影响。后来，为了让自己的课堂关系有所改善，唐老师给学生专门发了一份问卷，采集学生们对这门课的兴趣点。汇总后，唐老师发现外专业的学生对这门课的期望值和本专业的学生是有差异的。于是，唐老师把课程的内容和该专业的学生进行了一个结合，并且设计了一些适用于大班教室的互动游戏，课堂关系果然得到了明显的改善。

通过这个案例可以看出，良好课堂关系的构建是一个多维度、综合性的过程，远非教师单一角色所能全然驾驭。其核心不仅在于教师的教学方法、情感投入及对学生个体差异的尊重与理解，更需学生的积极参与、主动学习态度及相互间的合作与尊重。教学环境作为另一关键因素，其物理布局、资源配备、学习氛围等均会对课堂互动产生深远影响。此外，学校层面的管理制度，如课程设置、教学评估机制、师生沟通平台等，也为课堂关系的和谐构建提供了制度保障。评教体系若设计得当，就能够激励教师创新教学，同时反馈学生需求，促进教学相长，进一步加固课堂关系。可见，良好课堂关系的塑造是教育生态系统中各要素协同作用的结果，体现了教育活动的复杂性与系统性。为此，本节将详细探讨良好课堂关系的影响因素。

一、教师因素

教师作为知识的传递者、学习的促进者以及课堂生态的塑造者，其个人特质与专业能力对课堂关系的构建具有深远的影响。以下从专业知识与教学能力、人格魅力与亲和力、教育理念与教学态度三个维度，深入探讨教师因素在学术视角下的重要性。

（一）专业知识与教学能力

教师的专业知识水平不仅是其职业身份的基本标识，更是影响课堂互动深度与广度的关键因素。一个知识渊博的教师，能够凭借其深厚的学科功底，将复杂的概念以清晰、准确且富有吸引力的方式呈现给学生，从而有效吸引学生的注意力，激发学生的学习兴趣。此外，教学方法的得当与否直接关系到教学效果的好坏。教师需具备灵活多样的教学策略，如案例分析、小组讨论、项目式学习等，以适应不同学生的学习风格和需求，促进知识的内化与迁移。同时，良好的教学组织能力和课堂管理能力是教师不可或缺的技能，它们能够确保教学活动的有序进行，为师生之间的有效互动创造有利条件。

（二）人格魅力与亲和力

在高等教育环境中，教师的人格魅力和亲和力是构建良好师生关系的重要情感基础。"没有爱就没有教育"[1]，学会爱才能学会教育。一个充满

---

[1] 顾明远. 中国教育路在何方：顾明远教育漫谈 [M]. 北京：人民教育出版社，2016.68.

热情、关爱学生、善于沟通的教师，能够以其独特的人格魅力感染学生，激发学生的积极情感，进而促进师生之间的情感联结。这种情感联结不仅有助于增强学生对教师的信任感和尊重感，还能激发学生的学习动机和参与度，使课堂成为一个充满正能量和创造力的学习空间。相反，缺乏亲和力和沟通能力的教师往往难以与学生建立深厚的情感联系，导致课堂关系冷漠疏离，影响教学效果和学生的学习体验。

（三）教育理念与教学态度

教师的教育理念和教学态度是其教育行为的内在驱动力，直接决定了课堂关系的性质和方向。持有以人为本、注重学生全面发展教育理念的教师，将学生的成长视为教育的最终目的，关注学生的个体差异和多元需求，致力于培养学生的综合素质和能力。教育是为了学习，但不限于学习，"凡为教，目的在于达到不需要教"[①]，这种教育理念促使教师采取更加开放、包容和个性化的教学策略，激发学生的学习兴趣和创造力，促进师生之间的深度交流和合作。相反，一味追求应试成绩、忽视学生个体差异的教师则容易陷入功利主义的泥潭，导致课堂关系紧张对立，不利于学生的全面发展和健康成长。因此，教师应不断更新教育理念，调整教学态度，以更加科学、合理和人性化的方式构建和谐的课堂关系。

可见，教师因素在塑造高校课堂关系中发挥着至关重要的作用。教师的专业知识与教学能力、人格魅力与亲和力以及教育理念与教学态度共同构成了影响课堂关系的关键因素。高校应高度重视教师队伍的建设和发展，通过提升教师的专业素养、培养教师的人格魅力和亲和力以及引导教师树立正确的教育理念和教学态度等措施，为构建和谐、高效、富有活力的课堂环境提供有力保障。

二、学生因素

在教育生态系统中，学生作为学习活动的主体，其内在特质与外在表现对课堂关系的塑造起着不可忽视的作用。接下来我们将从学习动机与兴趣、学习态度与习惯、个性特征与社交能力三个维度，深入剖析学生因素对良好课堂关系构建的影响，以期为教育实践提供理论参考。

（一）学习动机与兴趣

学习动机与兴趣是学生学习行为的内在源泉，也是影响课堂关系质量

---

① 叶圣陶. 叶圣陶教育文集［M］. 北京：人民教育出版社，1994：491.

的关键因素。学习动机明确的学生，通常能够清晰地认识到学习的目的和价值，从而保持持续的学习动力。这种动力不仅促使他们主动探索知识、解决问题，还促使他们在课堂上积极参与讨论、提问和反馈，与教师形成积极的互动关系。相反，缺乏学习动机的学生往往对学习持消极态度，缺乏主动性和探索精神，难以与教师建立有效的沟通桥梁，导致课堂关系疏远。

学习兴趣则是学生学习动机的重要表现形式。浓厚的学习兴趣能够激发学生对知识的渴望和追求，使他们在学习过程中体验到乐趣和成就感。这种积极的情感体验促使学生更加投入地参与课堂活动，与教师共享学习的喜悦和挑战，从而构建出和谐、融洽的课堂关系。因此，教师应注重激发学生的学习兴趣，通过多样化的教学手段和方法，营造生动有趣的学习氛围，以促进学生与教师的积极互动。

（二）学习态度与习惯

学生的学习态度和习惯是课堂纪律与秩序的重要保障，也是构建良好师生关系的重要基础。勤奋好学、遵守纪律的学生通常能够自觉遵守课堂规则，尊重教师的劳动成果，以积极的态度投入到学习中去。这种良好的学习态度和习惯不仅会赢得教师的喜爱和关注，还能促进师生之间的信任和尊重，为构建和谐的课堂关系奠定坚实的基础。

相反，学习态度不端正、学习习惯不良的学生则容易在课堂上表现出分心、捣乱等不良行为，破坏课堂纪律和秩序。这些行为不仅影响了自身的学习效果，还干扰了其他学生的学习和教师的教学活动，导致师生关系的紧张和冲突。因此，教师应加强对学生学习态度和习惯的培养和引导，通过制定明确的课堂规则、实施有效的奖惩机制等方式，帮助学生养成良好的学习习惯和纪律意识，从而促进课堂关系的和谐稳定。

（三）个性特征与社交能力

学生的个性特征和社交能力是影响课堂关系多样性的重要因素。每个学生都是独一无二的个体，他们具有不同的性格、兴趣、价值观等个性特征。这些个性特征使得学生在课堂互动中展现出不同的行为方式和情感反应，从而丰富了课堂关系的内涵和层次。性格开朗、善于交往的学生通常能够更快地融入课堂环境，与教师和其他同学建立良好的关系。他们乐于分享自己的想法和感受，积极参与课堂讨论和合作活动，为课堂增添了活力和色彩。

然而，性格内向、缺乏社交能力的学生则可能感到孤独和无助，难以与教师和同学建立良好的关系。他们可能因为害怕被拒绝或嘲笑而不敢表达自己的观点和想法，导致在课堂互动中处于边缘化地位。这种情况不仅影响了学生的学习效果和心理健康，还限制了课堂关系的多样性和包容性。因此，教师应关注学生的个性差异和社交需求，通过个别辅导、小组合作等方式，帮助学生克服社交障碍，提升社交能力，从而促进课堂关系的多样性和包容性。

可见，学生因素对良好课堂关系的构建具有深远的影响。学习动机与兴趣、学习态度与习惯、个性特征与社交能力等因素相互影响、共同作用于课堂关系的形成和发展过程中。因此，教师应全面了解学生的需求和特点，采取有针对性的教学策略和方法，以促进学生与教师的积极互动和良好关系的建立。同时，学生也应自觉调整自己的学习态度和习惯，提升社交能力，以更好地适应课堂环境和学习要求。

三、教学环境因素

在探讨影响课堂关系的多维度因素时，教学环境因素作为外部条件，其重要性不容忽视。教学环境的优劣不仅直接关系到学生的学习体验，还深刻影响着师生之间的互动与课堂关系的构建。以下从教室布置与氛围、教学设备与资源两个层面进行探析。

（一）教室布置与氛围

教室作为教学活动的主要场所，其布置与氛围对学生的学习情绪、认知过程乃至课堂关系的形成具有深远的影响。宽敞明亮的教室能够为学生提供足够的视觉空间，减少压抑感，促进身心的放松与舒展。而合理的座位布局，如圆桌式、马蹄形等，则有利于促进学生之间的交流与合作，打破传统"讲台—课桌"的单一模式，营造更加开放、平等的课堂氛围。此外，教室的装饰风格、色彩搭配等细节，也能在一定程度上激发学生的学习兴趣，营造轻松愉快的学习环境，进而促进师生之间的积极互动与良好关系的建立。

（二）教学设备与资源

随着信息技术的飞速发展，教学设备与资源的丰富程度已成为衡量教学质量的重要指标之一。现代化的教学设备，如多媒体教学系统、智能黑板、在线学习平台等，不仅极大地丰富了教学手段，提高了教学效率，更为学生提供了多样化、个性化的学习体验。这些设备能够直观地展示复杂的概念和过程，激发学生的学习兴趣和创造力，使他们更加主动地参与到学习活动中来。同时，丰富的教学资源，如电子图书、在线课程、教学案例等，也为学生提供了广阔的学习空间，使他们能够根据自己的兴趣和需求进行自主学习和探索。教师作为教学资源的整合者和引导者，应充分利用这些设备和资源，创新教学方法，提高教学效果，进而促进课堂关系的和谐与发展。

因此，在教育实践中，我们应高度重视教学环境的优化与改善，为师生创造一个更加舒适、高效、富有活力的学习环境。

四、制度与政策因素

在教育体系的复杂网络中，制度与政策因素作为外部调控力量，对高校课堂关系的塑造与优化起着不可估量的作用。这一层面不仅涉及宏观层面的教育政策与法规，还涉及微观层面的学校管理制度与评价体系，共同构成了一个多维度、多层次的影响体系。

（一）教育政策与法规

教育政策和法规作为国家意志在教育领域的体现，为高校课堂关系的构建提供了宏观指导和规范保障。这些政策和法规往往基于教育发展的时代需求，明确了高等教育的培养目标、教学内容、教学方法等关键要素，为高校课堂教学设定了基本框架和标准。教育政策引导教师关注学生的全面发展，注重培养学生的创新思维和实践能力，从而为课堂关系的和谐与高效奠定了基础。同时，教育法规的刚性约束，如对教师行为规范的明确界定，对学生权益的保障措施等，有效遏制了教学过程中的不当行为，维护了课堂秩序和师生关系的稳定。

（二）学校管理制度与评价体系

学校管理制度与评价体系则更多地聚焦于高校内部的微观层面，对课堂关系的构建发挥着直接的调控与激励作用。一个科学合理的管理制度，不仅能够确保教学资源的合理配置和有效利用，还能通过明确的职责划分和流程规范，减少管理上的混乱和冲突，为课堂关系的和谐创造有利条件。同时，管理制度中的激励机制，如教师评价、职称晋升等，能够激发教师的教学热情和创造力，促使他们不断探索和实践新的教学方法和技巧，从而提高课堂教学的质量和效果。

全面客观、注重实效的评价体系是教学质量提升和课堂关系优化的重要保障。这一体系不仅关注学生的学习成果，还重视对教学过程的评价，包括教师的教学态度、教学方法、教学效果等多个方面。通过定期的教学评估和反馈机制，学校能够及时了解课堂关系的现状和存在的问题，为教师提供有针对性的改进建议和支持措施。这种基于数据的评价和反馈机制，有助于教师不断优化自己的教学行为，促进课堂关系的持续改进和良性发展。

本节全面分析了影响高校良好课堂关系的多重因素，主要包括教师、学生、教学环境和制度与政策四个方面。其中，教师因素是关键，教师的专业素养、教学能力、教育理念、教学态度以及人格魅力和亲和力均会对课堂关系产生深远影响。专业素养高、教学技巧精湛的教师能激发学生学习兴趣，形成积极互动；而持有以学生为中心教育理念的教师，更能尊重学生差异，促进师生关系和谐。学生因素同样重要，学生的学习动机、兴趣、学习态度与习惯，以及个性特征与社交能力均会影响课堂关系的构建。明确的学习目标和浓厚的学习兴趣促使学生积极参与课堂；勤奋好学、遵守纪律的学生则能与教师形成良好的互动；而性格开朗、善于交往的学生则能更快融入课堂环境。教学环境因素也不容忽视，教室的物理环境如光线、温度等直接影响学生的学习效果和课堂氛围；同时，教学资源和设备的丰富程度也是关键因素，现代化教学设备能为学生提供更多的学习机会，提升教学效果。制度与政策因素作为外部调控力量，对课堂关系具有宏观指导作用。教育政策和法规为高校教学提供方向和目标，规范师生行为；而学校科学合理的管理制度与评价体系则能激发教师积极性，提高教学质量，促进课堂关系和谐。

综上所述，高校良好课堂关系的构建需综合考虑教师、学生、教学环境和制度与政策等多方面的因素。未来，高校应持续优化这些因素，以构建更加和谐、高效的课堂环境，提升教育质量，促进学生全面发展。

第三节　良好课堂关系的构建对策

【教学案例】

　　王老师是某大学市场营销课程的老师，开课初期，王老师采用传统的讲授方式，课程内容理论性强且缺乏实践案例，导致学生感到枯燥乏味，参与度极低，学生们要么低头玩手机，要么昏昏欲睡，与教师的互动几乎为零，形成了明显的隔阂，课堂关系非常紧张。为了改善这一状况，王老师采取了一系列策略。首先，他引入了真实企业的营销案例，让学生分组分析并提出解决方案，增强了课程的实践性和趣味性。同时，他鼓励学生在课堂上积极发言，无论观点对错都给予正面反馈，逐步建立起学生的自信心和表达欲。此外，王老师还利用社交媒体平台创建了一个课程讨论群，让学生在课外也能继续交流和分享学习心得，进一步拉近了师生和生生之间的距离。经过一段时间的努力，王老师的课堂关系发生了显著的变化。学生们开始主动参与到课堂讨论中，思维活跃，观点碰撞激烈。王老师也更加注重倾听学生的声音，及时调整教学内容和方法，以满足学生的需求，整个课堂关系都变得更加和谐融洽。

　　通过这个案例，我们可以清晰地认识到，良好课堂关系的构建并非无章可循的随机过程，而是遵循着一定的教育学原理与心理学规律。它要求教育者深入了解学生的需求与特点，灵活运用教学策略与沟通技巧，以促进学生主动学习、积极参与为目标。同时，这一过程也强调了环境对个体行为的影响，通过优化课堂物理与心理环境，营造出一个既有利于知识传授又促进情感交流的空间。此外，教师的领导力与专业素养在这一过程中发挥着核心作用，他们不仅是知识的传授者，更是学习共同体的引领者与协调者。因此，良好课堂关系的构建是一个科学性与艺术性相结合的过程，需要教育者不断探索与实践。综合来看，良好课堂关系的构建主要有五大策略，分别是尊重学生、积极有效沟通、创造友好课堂环境、增强教学领导力、构建学习共同体。

一、尊重学生

作为高校教师，尊重学生不仅在于维护学生的尊严与权益，更是提升教育质量、促进学术创新的关键。尊重能激发学生的内在动力，使他们敢于质疑、勇于探索，为学术领域注入新鲜活力。当教师真正倾听并尊重学生的观点时，课堂便成为了思想碰撞、智慧交融的殿堂，有利于培养学生的批判性思维和创新能力。此外，尊重学生也是构建良好课堂关系的基础，这种基于平等与理解的互动，能够营造一个更加和谐、高效的学习环境，从而推动学术研究的深入发展。具体而言，尊重学生主要表现在三个方面，分别为倾听和尊重学生的观点、关心学生的情感需求、接纳学生的个体差异。

(一) 倾听和尊重学生的观点

倾听学生的观点可以激发他们的思考和创造力。每个学生都有独特的经历、见解和思维方式。通过倾听学生的观点，教师可以了解到不同的思考方式和解决问题的方法，从而促进学生的思维发展。教师可以通过提出问题、组织小组讨论和开展辩论等方式，鼓励学生表达自己的观点，并给予他们展示自己思考能力的机会。

尊重学生的观点可以建立起师生之间的信任和互动。当学生感受到自己的观点被倾听和尊重时，他们会感到被理解和关心。这种信任和互动关系对于学生的学习和发展非常重要，学生更愿意与教师分享自己的想法和困惑，教师也能更好地了解学生的需求和学习进展，这种积极的师生互动关系可以促进学生的积极参与和学习动力。

倾听学生的观点还可以培养学生的批判思维和表达能力。通过与教师和同学的交流，学生可以学会分析问题、评估证据和提出合理的论点。他们可以在学会尊重他人观点的同时，也能够有自己独立的思考和判断，这种批判思维和表达能力对学生的学术能力和社交能力发展都具有重要意义。

倾听和尊重学生的观点可以促进学生的自信心和自尊心的发展。当学生的观点得到认可和尊重时，他们会感到被重视和肯定。这种积极的反馈可以增强学生的自信心，让他们更有勇气表达自己的观点和想法。学生在积极的学习环境中能建立起自信心，更容易克服挑战和困难，取得更好的学习成果。

(二) 关心学生的情感需求

关心学生的情感需求可以满足他们的归属感和安全感。学生在学校中度过大部分时间，他们希望在这个环境中感到被接纳和关心。教师可以通过与学生建立亲密的关系、了解他们的兴趣和关注点、倾听他们的困扰和问题等方式，传递出对学生的关心和支持，这种关怀能够帮助学生建立积极的情感状态，增强他们的自尊心和自信心。

关心学生的情感需求可以提供情感支持和指导。学生在学习和成长过程中会面临各种情绪和挑战。教师可以成为学生的支持者和指导者，帮助他们应对情感困扰和压力；可以与学生进行一对一的谈话，倾听他们的心声，提供情感支持和建议。通过关怀和指导，教师能够帮助学生发展积极的情感状态，增强他们的情绪调节能力和应对能力。

关心学生的情感需求可以培养积极的课堂氛围。学生在积极、支持性和有益的学习环境中更容易投入学习。教师可以通过鼓励学生的努力和进步、赞赏他们的成就、提供积极的反馈和奖励等方式，营造一个充满爱和关怀的课堂氛围。这种氛围能够激发学生的学习动力，增强他们的自信心，提升他们的学习兴趣。

关心学生的情感需求是教师在建立积极课堂关系中的重要任务。通过关心学生的情感需求，教师能够满足学生的情感需求，营造一个温暖、安全和有益的学习环境，促进学生的学习和发展。这种关怀和支持将帮助学生建立积极的情感状态，增强他们的自尊心和自信心，培养他们的情绪调节能力和应对能力，并激发他们的学习动力和兴趣。

（三）接纳学生的个体差异

个体化学习风格的理论强调，学生的学习效率往往依赖于教学方式是否符合其个人偏好。例如，在北京师范大学心理学课程中，教师结合视觉、听觉和动手操作的多样化教学活动，通过引入视频材料和互动式模拟，满足了不同学习风格的学生的需求。上海交通大学的工程课程采用混合学习模式，设置在线自学和面对面讨论，以图文、视频、音频材料及实验操作，支持视觉和听觉学习者，以及偏好互动和实践的学生。南京大学的教育研究项目则通过问卷和测试初步了解学生的学习风格，进而为每位学生设计个性化的学习计划，如为视觉学习者提供图表和信息图形，为听觉学习者提供讲座和音频材料。这些策略不仅提高了教学质量和学生的学习体验，还激发了学生的学习兴趣和自主学习能力，为他们的学术能力和职业生涯发展打下了坚实的基础。

接纳学生的个体差异可以促进学生的自信心和积极参与。每个学生都有自己的优势和困难。通过接纳学生的个体差异，教师可以强调学生的优势，鼓励他们发挥自己的潜力。同时，教师也可以提供额外的支持和指导，帮助学生克服困难，这样的个性化支持可以增强学生的自信心，激发他们的学习动力，使他们更积极地参与课堂活动。

接纳学生的个体差异还可以培养学生的合作能力和团队意识。在教室中，学生拥有不同的背景、不同的文化传统和价值观。通过接纳学生的个体差异，教师可以鼓励学生之间的合作和交流，促进彼此之间的理解和尊重。教师可以组织小组活动和合作项目，让学生共同努力解决问题，培养他们的合作能力和团队意识。

接纳学生的个体差异可以帮助教师更好地了解每个学生，并建立起良好的师生关系。通过了解学生的个体差异，教师可以更全面地了解学生的需求、兴趣和挑战。这种了解可以帮助教师更好地与学生沟通和互动，建立起信任和尊重的关系，学生在这样的关系中更愿意表达自己的想法和困惑，教师也能更好地提供个性化的支持和指导。

二、积极有效沟通

在教育领域，有效的沟通是教学成功的关键。通过积极和有效的沟通策略，教师能够建立和维护一个支持性和包容性的学习环境，促进学生的学术成长和个人发展。本节将探讨三个主要的沟通策略：清晰明确的表达、鼓增加情感共鸣、给予学生积极的反馈和鼓励。这些策略不仅有助于提高教学效果，还能增强学生的参与感和满意度，从而激发学生的学习热情和主动性。通过实施这些策略，教师可以更有效地传达知识，同时帮助学生培养必要的学术和社交技能。

（一）清晰明确的表达

清晰明确的表达在教学中至关重要。首先，教师应清晰地传达学习目标和期望，让学生知道他们将学到什么以及期待达到的标准。明确的目标有助于学生理解学习的方向，提高学习动力。其次教师应清晰地解释和示范概念和技能，使用简明扼要的语言和适当的示例。清晰的表达可以帮助学生更好地理解和掌握知识。最后，教师应提供明确的指导和反馈，帮助学生改进和提高。明确的指导可以帮助学生知道如何进行学习和完成任务，明确的反馈可以指出学生的优点和改进的方向。此外，教师应鼓励学生进行清晰明确的表达，包括口头和书面表达。通过练习和反馈，学生可以提高他们的表达能力，有效地传达他们的思想和价值观。

（二）增加情感共鸣

情感共鸣是有效沟通的另一个重要方面，它能够增进师生之间的情感联系，使课堂关系更加和谐融洽。高校教师在与学生的沟通中，应关注学生的情感需求，理解他们的情感体验，并尽可能地给予支持和安慰。教师可以通过分享自己的经历和感受来拉近与学生的距离，让学生感受到教师的真诚和亲切。同时，教师还可以关注学生的情感变化，及时给予关注和回应。例如，当学生表现出困惑或焦虑时，教师可以主动询问原因，并提供帮助和建议。这种情感上的支持和关注能够让学生感受到教师的关心和理解，从而增强他们的学习动力和自信心。

（三）给予学生积极的反馈和鼓励

在高等教育领域，提供积极反馈和鼓励是强化学生学习动力和建立有效师生关系的重要策略。通过积极反馈，教师能够显著强调学生的努力和进步，从而激发学生的内在动机和自我效能感。具体而言，积极反馈不仅关注学生的成绩，更重视他们在学习过程中的付出与挑战，这种策略有效地增强了学生对自身努力的认同感和价值感。例如，当学生在解决复杂问题或完成需求高的任务中展现出色时，教师应通过口头赞扬或书面评论的方式明确表达对其努力的认可。这种反馈应具体指出学生的哪些行为是值得表扬的，如他们如何有效地运用了课程理论来分析实际问题，或是他们在项目中如何展示出创新和批判性思维。积极反馈的另一个层面涉及目标导向的学习支持。教师应协助学生设定明确且具有挑战性的学习目标，并在学生朝这些目标进步时给予持续的反馈和鼓励。这种策略不仅能帮助学生认识到自己正走在正确的学习路径上，还通过目标的逐步实现，增强了学生的成就感和自我效能感。例如，教师可以在课程中设置阶段性目标，并在学生达成这些目标时给予具体的正面反馈，同时提供进一步提升的指导和策略。此外，积极的反馈和鼓励也是营造积极学习氛围的关键。在一个支持性和鼓励的教学环境中，学生更易于表现出自己的潜力和创造力。教师可以通过赞赏学生的创新思维和独到见解，鼓励他们在课堂上积极表达和参与讨论。同时，定期的个别会议、小组讨论和反馈评估等互动形式，为学生提供了一个开放且互动的学习平台，这不仅加强了学生对学习内容的掌握，还促进了师生间的信任和尊重关系。

可见，积极的反馈和鼓励在高等教育中起着至关重要的作用，它不仅促进了学生的学习成效，还增强了教学的互动性和学生的参与度，为高质量的教育体验提供了支撑。因此，教师应认识到积极反馈的重要性，并将其作为日常教学的一部分，以激发学生的潜力并优化教学效果。

此外，教师还可以利用课堂讨论、小组活动等方式来促进学生的互动和成长。在这些活动中，学生可以相互交流和分享学习经验和心得，共同解决问题和探讨问题。这种互动不仅能够增强学生的沟通能力和协作能力，还能够培养他们的思维能力和创新精神。

三、营造友好课堂环境

根据当下国家最新教育政策，创建一个友好和包容的课堂环境已成为教育改革的重要方向。这种环境不仅能促进学生的全面发展，也符合现代教育理念的要求，即尊重每个学生的独特性和提供平等的教育机会。本小节将探讨如何通过具体的教学策略和行为，创造一个友好的课堂环境，这些策略和行为包括建立积极师生关系、尊重和包容多样性、鼓励积极互动和合作。通过这些方法，教师可以有效地实现政策目标，为每位学生创造一个安全、支持和激励的学习空间，使他们能够在积极和互相尊重的氛围中达到最佳学习效果。这种课堂环境不仅有助于学生的学术成就，更重要的是，它还有助于培养他们的社会责任感和生活技能，为他们未来的社会生活打下坚实的基础。

（一）建立积极的师生关系

建立积极的师生关系对于创造良好的学习环境和促进学生全面发展至关重要，教师应该以尊重和理解为基础，对待每个学生。通过倾听和关注学生的需求和兴趣，教师可以建立起师生之间的信任和互动。教师应积极与学生进行沟通和交流，鼓励他们表达自己的观点和想法，这种开放性的交流可以促进师生之间的理解。同时，教师还可以通过个别指导和辅导，关注学生的个人发展和需求，帮助他们克服困难、实现目标。此外，教师应该提供积极的反馈和鼓励，让学生感受到自己的进步和成就。通过赞扬和认可，教师可以增强学生的自信心和学习动力。另外，教师还可以鼓励学生之间的合作和互助，培养他们的团队合作和社交能力。通过小组活动和项目合作，学生可以学会相互支持和倾听他人的观点。教师应该成为学生的榜样，展示积极的态度和价值观，通过身教和言教的方式，激发学生的学习热情和追求卓越的意愿。总之，建立积极的师生关系可以促进学生的学习和成长，培养他们的自信心和社交能力，为他们的未来发展奠定坚实的基础。

（二）尊重和包容多样性

尊重和包容多样性是创造友好课堂环境的重要方面。教师应该认识到每个学生都是独特的个体，具有不同的背景、文化、价值观和学习风格。在课堂中，教师应该尊重学生的多样性，并为他们提供一个受欢迎和包容的学习环境。教师可以通过了解学生的背景和文化差异来增进尊重，这包括了解他们的家庭背景、语言能力、宗教信仰和文化传统。通过了解学生的多样性，教师可以更好地理解他们的需求和利益，并在教学中提供相关的支持和资源。教师应该鼓励学生之间的相互尊重和包容，这可以通过组织合作项目、小组讨论和互动活动来实现。教师可以引导学生分享彼此的观点和经验，倡导理解和接纳不同观点的重要性。同时，教师还可以提供多样化的学习材料和资源，以反映不同文化和背景的视角，促进学生对多元世界的理解和尊重。教师应该避免歧视和偏见，并教育学生关于平等和公正的重要性，教师可以引导学生探索和讨论社会正义的问题，培养他们的批判思维和同理心。

（三）鼓励积极互动和合作

鼓励积极互动和合作是创造友好课堂环境的关键要素之一。通过积极互动和合作，学生可以相互借鉴、分享知识和经验，培养团队合作和沟通技巧，以及建立互相支持和尊重的关系。教师可以设计课堂活动和任务，鼓励学生之间的合作，如小组项目、合作讨论、角色扮演或共同解决问题等。通过这些活动，学生可以共同努力，互相学习和帮助，培养团队合作和协作的能力。教师可以设立互动和合作的机制和规则，例如，鼓励学生提问、回答问题和分享观点，以及互相批判性地评价和提供反馈。教师还可以组织小组讨论和合作活动，让学生在小组中分享和交流彼此的想法和观点。教师应该提供支持和指导，确保学生能够有效地进行互动和合作，如教授沟通技巧、解决冲突的方法，以及培养学生的团队合作和领导能力。教师还可以设立明确的目标和期望，激励学生参与到互动和合作中，并提供必要的资源和指导。教师应该认可和鼓励学生的积极互动和合作。教师通过赞扬和奖励，可以增强学生的自信心和动力，促进他们更积极地参与到课堂互动和合作中。

四、增强教学领导力

良好的课堂关系离不开教师的教学领导力。高校青年教师应积极增强教学领导力，以推动教学质量的持续提升。教学领导力不仅涵盖对教学内容的深度把握，更强调对教学方法的创新和对教学环境的塑造。教师应通过引领教学改革，激发学生学习的主动性和创造性，同时促进教学团队的合作与发展；在学术研究的支撑下，不断提升教学领导力，以实现教学效果的最优化。

（一）设定明确的目标和期望

在教育过程中，明确设定学习目标与期望是提升教学效果和学生学习成果的关键因素。教师应确保这些目标不仅具备可衡量性和可实现性，而且明确具体，确保学生能够准确理解及有效执行。例如，学习目标可以是完成指定的学术任务、掌握特定知识或技能，或达到一定的学业水平。教师通过与学生合作制定这些目标，可以显著增强学生的参与感和责任感，从而提升他们的学习积极性。教师与学生之间的目标设定合作，不仅仅是一个目标制定的过程，更是一个激励和赋能的机会。在这一过程中，教师应深入探讨学生的学习需求和兴趣，根据学生的反馈和能力水平调整和设定合适的学习目标。这种互动确保了学生能够更全面地理解目标的意义，并且更加积极地接受这些学习目标。

此外，明确向学生传达教学期望是教育过程中的另一个核心环节。这些期望可能关乎学习态度、课堂参与度和作业质量等方面。通过明确告知学生预期的课堂行为、作业完成标准及展示学习成果的方式，教师能够帮助学生清晰地认识到自己所承担的学术责任，激发他们的自我管理意识和努力意识。

为了支持学生实现这些学习目标，教师应提供必要的学习资源、指导策略和有效的反馈机制。这包括提供学习材料、教学方法的指导以及适时的学习反馈，帮助学生在遇到学习障碍时找到解决方案。通过定期检查学生的学习进度并通过个别或集体讨论提供反馈，教师能确保学生在达成学习目标的道路上获得持续的支持和指导。

可见，通过确保学习目标的明确性、可衡量性和可实现性，以及通过与学生的合作设定目标、清晰传达期望，并提供恰当的支持和指导，教师不仅可以有效地引导学生明确学习方向，还能极大地激发他们的学习动力，并推动他们朝着目标稳步前进。这些策略对于增强教学领导力和优化学生的学习成果具有至关重要的作用。

（二）提供有效的指导和支持

首先，教师应该建立良好的师生关系。与学生建立积极的关系可以增强学生的信任和合作意愿。教师可以倾听学生的需求和关注点，关心他们的学习进展和个人发展，并提供情感上的支持和鼓励。其次，教师应该了解学生的学习需求和能力水平。通过评估学生的学习风格、兴趣和学术能力，教师可以为他们提供个性化的指导和支持。教师可以采用不同的教学策略和资源，以满足学生的不同需求，并提供适当的挑战和支持，促进他们学习进步。教师应该提供清晰的指导和解释。在教学过程中，教师应该明确阐述学习目标和期望，并提供具体的指导和解释，帮助学生理解和掌握知识和技能。教师可以使用示范、实例、图表等多种方式来解释复杂的概念，并鼓励学生提出问题和参与讨论，以加深他们的理解。教师应该提供及时的反馈和评估。通过定期检查学生的学习进展和成绩，教师可以及时发现学生的困难和错误，并提供具体的反馈和建议。教师可以鼓励学生参与自我评估和同伴评估，以促进他们的自主学习和互助学习。教师应该鼓励学生自主学习和解决问题。教师可以提供学习资源和工具，引导学生独立思考和解决问题。教师可以鼓励学生提出问题、探索知识和寻找答案，培养他们的批判性思维和创新能力。总之，提供有效的指导和支持对于增强教学领导力和促进学生的学习至关重要。通过建立良好的师生关系，了解学生的学习需求和能力水平，提供清晰的指导和解释，及时反馈和评估，以及鼓励学生自主学习和解决问题，教师可以帮助学生克服困难，提高学习成果，并促使他们全面发展。

（三）激发学生的学习兴趣和参与度

教师可以通过创设有趣和具有挑战性的学习环境来吸引学生的兴趣；运用多样的教学方法和资源，如故事讲述、实践活动、多媒体技术等，来吸引学生的注意力，引导他们积极参与。此外，教师还可以鼓励学生提出问题、进行探究和发表观点，以培养他们的好奇心和主动性。教师可以与学生建立关联，将学习内容与学生的兴趣和现实生活联系起来；通过实际案例讲解、个人经历讲述、社会问题讨论等方式，将抽象的概念和知识与学生的日常生活联系起来，使学习内容更具意义和实用性。这样做可以激发学生的学习兴趣，让他们看到学习的重要性和应用价值。教师可以提供个性化的学习体验，满足学生的不同需求和学习风格；采用不同的教学策略和资源，以适应学生的个体差异。例如，教师通过小组合作、个别指导、多样化的学习任务等方式，让学生以自己喜欢的方式参与学习，激发他们的学习兴趣和动力。教师可以赋予学生更多的自主权和责任感。给予学生选择和决策的机会，让他们参与制定学习目标和规划学习进程，可以增强他们的主动性和参与度。教师可以鼓励学生设定个人学习目标，制订学习计划，并提供支持和反馈，以帮助他们实现目标。激发学生的学习兴趣和参与度对于增强教学领导力至关重要。通过创设有趣和具有挑战性的学习环境，与学生建立关联，提供个性化的学习体验，以及赋予学生更多自主权和责任感，教师可以激发学生的学习热情，引导他们积极参与，促进他们全面发展。

（四）持续专业发展和反思

教师可以积极参与专业培训和学习机会，如参加教育研讨会、研讨班、专业培训课程等，以获取最新的教育理论和教学方法；加入教师专业组织或网络社区，与其他教师分享经验和资源，进行专业交流和合作。教师应该进行反思和自我评估，定期回顾自己的教学实践，思考自己的教学目标是否达到，学生的学习效果如何，以及自己的教学方法是否有效。教师可以借助同伴评估、学生反馈、教学观摩等方式，获取多样的反馈和意见，并据此调整自己的教学策略和方法。此外，教师可以进行教学研究和实践探索。教师可以选择一个教学问题或挑战，进行深入研究和实验，寻找最佳的解决方案；阅读相关的研究文献，参与教学实验，收集数据并分析数据，以改进自己的教学实践并推动教育创新。教师应该建立反思和成长的观念。教师可以与同事进行合作和互助，共同探讨教学问题和挑战，分享经验和教学资源；可以参加专业发展活动、教研讨论会等，与其他教师进行交流和合作，共同提高教学质量和领导力。

五、构建学习共同体

在响应国家最新教育政策的号召中，构建学习共同体已成为推动教育现代化的关键策略之一。这种政策倡导在学校内部培养合作精神和集体责任感，以增强教育的整体效果和社会影响力。本小节将探讨有效构建这样的学习共同体的方法，包括建立合作文化、搭建多元化的交流平台、促进学习资源共享，以及实施有效的教学评价。通过实施团队合作的教学方法、鼓励共同解决问题的活动以及建立持续的学习支持网络，我们可以创造一个充满活力和互助的学习环境。这样的环境不仅支持学生的学术成就，更重要的是，它也促进了学生的社会情感发展，帮助他们为未来的职业和社会生活做好准备。

（一）建立合作文化

教师可以设定明确的合作目标和期望。教师可以明确告诉学生合作的重要性，并与他们共同制定合作规则和期望，如互相尊重、倾听他人观点、分享资源和知识等。通过明确的目标和期望，学生可以明白合作的价值，并努力实现共同目标。教师可以设计合作性的学习任务和活动。合作性的学习任务可以促使学生之间进行合作和互助。例如，小组讨论、合作项目、角色扮演等可以激发学生的合作意识和团队精神。教师可以提供指导和支持，鼓励学生共同解决问题和分享彼此的想法；创造积极的合作氛围；鼓励学生互相支持和合作，建立友好的师生关系；表扬和奖励学生的合作行为和成果，以激励他们继续合作；提供适当的支持和指导，帮助学生克服合作中的困难和挑战；定期评估和反思合作文化的效果教师可以与学生讨论合作的优点和挑战，并鼓励他们提出改进的建议；倾听学生的声音，根据反馈进行调整和改进，以进一步提升合作文化的质量。

（二）搭建多元化的交流平台

首先，教师可以利用现代技术手段搭建线上交流平台，如社交媒体、在线论坛等，搭建线上交流平台，方便师生、生生之间的交流和互动。通过线上平台，学生可以随时随地分享自己的学习心得、疑惑和困难，得到教师和同学的及时帮助和支持。其次，组织丰富多彩的线下交流活动。除了线上交流平台外，教师还可以组织丰富多彩的线下交流活动，如小组讨论、学术研讨会、实践活动等。这些活动能够让学生面对面地交流和互动，加深彼此之间的了解和信任，形成更加紧密的学习共同体。

（三）促进学习资源共享

教师可以提供多样化的学习资源。教师可以选择丰富的教材、参考书籍、在线资源和多媒体资料，以满足不同学生的学习需求和兴趣。通过提供多样化的资源，教师可以激发学生的学习兴趣，并鼓励他们主动探索和分享自己的学习资源。教师可以鼓励学生之间资源共享；组织学习小组或合作项目，让学生分享彼此的学习资源和经验。学生可以互相借阅书籍、笔记和学习工具，共同解决问题和探索新的学习途径。教师还可以鼓励学生在课堂上展示他们的学习成果和创意，以促进资源共享和学习交流；利用技术工具促进学习资源共享；创建在线平台或社交媒体群组，让学生分享学习资源、链接和学习笔记，方便学生之间的交流和资源共享，并扩大学生获取学习资源的渠道。通过促进学习资源共享，教师可以扩大学生的学习机会和资源获取途径，促进学生之间的合作和互助，提高整体学习效果和学生的综合能力。

（四）实施有效教学评价

首先，要采用多元化的评价方式。在学习共同体中，教师应采用多元化的评价方式，综合考虑学生的知识掌握、能力发展、情感态度等方面；通过自评、互评、师评等多种方式，全面了解学生的学习情况，为他们的学习提供有针对性的指导和建议。其次，注重过程性评价，关注学生的成长过程。除了结果性评价外，教师还应注重过程性评价，关注学生的成长过程；通过观察学生的课堂表现、参与程度、合作能力等方面，了解学生的学习状态和发展趋势，为他们的学习提供及时的反馈和帮助。最后，教师还应鼓励学生进行自我评价和反思，培养他们的自我认知和自我提升能力。

总之，高校教师构建学习共同体、促进良好课堂关系的四大策略包括建立合作文化、搭建多元化的交流平台、促进学习资源共享以及实施有效教学评价。这些策略需要教师在实践中不断探索和完善，以确保学习共同体能够真正发挥作用，促进学生全面发展。

综上所述，在高等教育中，构建良好的课堂关系是提升教学质量和学生学习效果的关键。为实现这一目标，高校教师应采取一系列具体且有效的对策。第一，尊重学生是构建良好课堂关系的基础，包括倾听和尊重学生的观点、关心学生的情感需求、接纳学生的个体差异。第二，积极有效的沟通是维持良好课堂关系的重要手段。教师应通过清晰明确的表达、情感共鸣、积极的反馈与鼓励等方式促进师生间的互动和信任。第三，创造友好课堂环境有助于学生的全面发展。教师应通过建立积极师生关系、尊重和包容多样性、鼓励积极互动和合作来营造支持性和包容性的学习氛围。第四，增强教学领导力是教师打造良好课堂关系的关键，具体策略主要包括设定明确的学习目标和期望、提供有效的指导和支持、激发学生的学习兴趣和参与度以及持续的教学发展与反思。第五，构建学习共同体可以促进学生之间的合作和资源共享。教师应通过建立合作文化、搭建多元化的交流平台、促进学习资源共享，以及实施有效的教学评价来培养学生的团队合作和社交技能

通过以上策略，教师不仅可以构建良好的课堂关系，还能显著提高教学质量，促进学生的学术成就和个人成长。教师在实际教学中应灵活运用

这些对策，以确保每一位学生都能在支持性和包容性的环境中充分发挥其潜力，取得最佳的学习效果。

【本章小结】

在教育实践中，良好课堂关系的构建不仅是教学活动顺利开展的基石，更是实现教育本质回归的核心路径。本章通过多维度分析，揭示了良好课堂关系在教育生态中的核心地位及其深远影响。课堂关系的本质在于师生之间真诚、接纳与理解的互动，这些要素共同构成了教育的人文底色。罗杰斯的人本主义理念强调，唯有在自由、尊重的氛围中，学生才能充分释放内在潜能，教师也才能真正成为学生成长的引路人。这种关系超越了传统知识传授的局限，将教育升华为心灵的对话与智慧的碰撞，使课堂成为思想激荡与情感共鸣的场域。

课堂关系的影响因素错综复杂，涵盖了教师、学生、教学环境及制度与政策等多个层面。教师的专业素养与人格魅力是构建和谐课堂的关键，其教学能力、情感投入及教育理念直接决定了师生互动的质量。学生作为学习的主体，其学习动机、态度及个性特征同样深刻影响着课堂氛围的塑造。此外，教学环境的物理布局与资源配备，以及制度政策的导向与保障，共同构成了课堂关系的外部支撑系统。这些因素相互交织，形成动态平衡的教育生态。

在构建策略上，尊重学生、积极有效沟通、创造友好课堂环境、增强教学领导力、构建学习共同体等路径，为教育者提供了实践指南。尊重不仅体现在倾听学生的观点与需求，更在于通过个性化教学激发其创造力；积极沟通则通过情感共鸣与正向反馈，搭建起师生信任的桥梁。而友好课堂环境的塑造，既需物理空间的合理设计，亦需心理氛围的精心培育，让每个学生感受到安全感与归属感。教学领导力的提升进一步要求教师成为学习共同体的引领者，通过设定明确目标、提供专业支持及持续反思，推动教学质量的螺旋式上升。学习共同体的构建更将课堂延伸至更广阔的协作网络，通过资源共享、多元互动与过程性评价，促进学生从被动接受者转变为主动参与者，实现知识建构与社会化发展的双重目标。

总之，良好课堂关系的构建是一场关乎教育本质的深刻变革。它要求教师以敬畏之心对待教育，以真诚之态拥抱学生，以创新之力突破传统，最终在师生共同成长的过程中，让教育回归其点燃智慧火焰的初心。

参考文献

[1] 金佳慧. 教育心理学发展历程的反思：评《高等教育投资体制效率的研究——从利益视角的探索》[J]. 教育发展研究，2023.

[1] 徐锦芬. 教育家精神引领下以学生为中心和谐师生关系的构建 [J]. 当代外语研究，2024（4）：5-15.

[3] 罗生全. 教育家精神的价值谱系及塑造机制 [J]. 南京社会科学，2023（10）：135-142.

[4] 于博文. 他者性师生关系：内涵、特征与实践路径：基于他者伦理学的视角 [J]. 教育理论与实践，2024，44（19）：39-44.

[5] 黄若岚. 教育心理学发展历程的反思：评《科学发展视域下的教育心理学研究》[J]. 教育发展研究，2023（10）.

[6] 迈克尔·J 马洛，桃莉·海顿. 靠近另类学生，关系驱动型课堂实践 [M]. 韩扬，刘艳艳，赵瑾娜，译. 北京：华夏出版社，2015.

[7] 王建强. 融创课堂：基于关系的课堂转型 [J]. 教育评论，2021（3）.

[8] 张慧婧，王金莹. "以学生为中心"高校课堂的师生互动关系建构探析——基于社会角色理论视角 [J]. 教书育人，2024（21）.

[9] 彭贤，马千珉. 人际关系心理学 [M]. 北京：北京交通大学出版社，2019.

[10] 张俭民. 迷失与重建，大学师生关系探讨 [M]. 武汉：华中师范大学出版社，2018.

[11] 曹树真. 论罗杰斯的师生观 [J]. 外国教育研究，2000（6）：1-6.

[12] 李猛，王后雄. 高校青年教师和谐师生关系的意蕴、价值及实现路径：基于人本主义教育思想的视角 [J]. 教育探索，2020（7）：72-75.

[13] 张祥云，许若林. 论教育以师生关系为中心 [J]. 高等教育研究，2023，44（8）：1-9.

[14] 全国十二所重点师范大学联合编写. 教育学基础 [M]. 北京：教育科学出版社，2008.

第八章　学生学业指导

1995 年，美国学者巴尔（Robert B. Barr）和塔戈（John Tagg）发表了划时代的论文《从教学到学习：一种新的本科教育范式》，这标志着美国本科教育从关注教师的教学转向关注学生的学习。[①] 尽管我国高校也倡导"以学为中心"的教育理念，但是在实践场域中大学教师对课堂教学的主要关注点仍旧集中在"如何教"这一问题上，而对学生"如何学"关注不足。实际上，相当一部分学生进入大学后都会遇到学业方面的问题，甚至有部分学生因未能在规定年限达到毕业要求而被大学清退。这不仅给学生个体、家庭和学校造成极大的压力，而且也是对高等教育资源的极大浪费。对此，本章聚焦大学生的学习，在分析当代大学生特征基础上，为教师指导学生学习提供策略建议。

第一节　当代大学生的特征

一、当代大学生的群体特点

美国著名高等教育学家马丁·特罗以适龄青年高等教育毛入学率为衡量标准，划分了高等教育的三个阶段：高等教育毛入学率低于 15% 的精英化阶段、15%~50% 的大众化阶段、大于 50% 的普及化阶段。参照这一标准，我国高等教育已经进入普及化阶段。教育部统计数据显示，2022 年我国普通本科招生 467.94 万人，职业本科招生 7.63 万人，高职（专科）招

---

① BARR R B, TAGG J. From teaching to learning-a new paradigm for undergraduate education [J]. Change 1995 (27)：13-15.

生 538.98 万人，研究生招收 124.25 万人，高等教育毛入学率已达到 59.6%。① 随着更高比例的中学生进入高校，大学生群体呈现出多元化的结构特征。相比于精英化阶段，大学校园中一些来自特定群体的学生（如农村籍大学生）数量日益扩大，具有独特的共性特征。

来自农村的大学生在教育经历、文化心理、行为策略等方面具有独特性，对其大学学习和发展具有重要影响。已有研究指出②，农村大学生不仅面临着从高中到大学的场域转换，而且还需要跨越城乡文化的屏障。③ 通常而言，他们需要不断摒弃原生文化并习得新的文化才能融入主流文化当中。④ 然而，这并不是说农村大学生完全没有优势。有研究表明，一些进入精英大学的农村大学生，在特定的家庭背景和成长环境中习得了独特的底层文化资本，比如先赋性动力、道德化思维和学校化心性品质等，帮助他们取得高学业成就。⑤

除了农村大学生外，大量家庭第一代大学生（即父母未接受过高等教育的大学生）也进入大学校园。相比于非家庭第一代大学生群体而言，家庭第一代大学生的家庭经济资本和文化资本一般都相对较薄弱。已有研究发现，在一些特定类型的学习行为上，家庭第一代大学生的表现弱于其他群体，比如对个体主动性要求更高的学习行为（如师生互动、探究性学习等）以及资源依赖度较高的学习行为（如升学或出国等）等。⑥

此外，各高校因其招生规模、层次、学科等多方面的差异，招收的学生群体亦不尽相同。教师可以通过所在学校的招生办或者学生工作部了解录取的学生的总体情况，亦可以通过就业中心了解学生的毕业去向等，以

①　教育部发展规划司. 2022 年全国教育事业发展基本情况［EB/OL］（2023-03-20）［2023-08-22］http：//www.moe.gov.cn/fbh/live/2023/55167/sfcl/202303/t20230323_1052203.html.

②　陈乐. 农村大学生与城市大学生学习差异分析：基于上海四所研究型大学的调查数据［J］. 大学（研究版），2017（4）：46，47-57.

③　谢爱磊. 精英高校中的农村籍学生：社会流动与生存心态的转变［J］. 教育研究，2016，37（11）：74-81. 徐新林. 农村大学生社会化过程中的文化冲突［J］. 青年研究，1998（3）：16-20. 马道明. 输在起点的流动：农村大学生的城市之路［J］. 中国青年研究，2015（10）：56-60，65.

④　谢爱磊. 精英高校中的农村籍学生：社会流动与生存心态的转变［J］. 教育研究，2016，37（11）：74-81.

⑤　程猛，康永久. "物或损之而益"：关于底层文化资本的另一种言说［J］. 清华大学教育研究，2016，37（4）：83-91.

⑥　张华峰，赵琳，郭菲. 第一代大学生的学习画像：基于"中国大学生学习发展和追踪调查"的分析［J］. 清华大学教育研究，2016，37（6）：72-78，94.

此增进自身对于学生的了解。

二、当代大学生的心理发展特点

从人生发展阶段来看，大学生一般在 18~24 岁，具有独特的心理发展特征。不仅如此，这些成长于特定年代的大学生，还具有鲜明的时代烙印。

一般而言，大学生在其生命历程上处于"成年早期"阶段。这一阶段的学生突出表现为"身份/认同探索""不稳定性""自我中心""可能性/乐观主义"等特点。[①] 虽然这一阶段的学生在生理上已经跨入成人阶段，但是在心理发展和社会化方面还未发展成熟。例如，在自我意识发展方面，他们一方面希望得到他人的关注和承认，但是受到自身生活经验的限制，又表现出一定的片面性和幼稚性。在思维发展方面，大学生经过十多年的学校教育，具有一定的知识和能力，一般不会轻易盲从他人的意见。但是由于社会阅历浅、生活经验较为匮乏，他们在思考和解决问题时常常考虑不周全。在情感发展方面，许多大学生离开原生家庭，与同学、朋友之间的交往增多，情感体验更为丰富。但是大学生对情绪的调控能力有限，容易出现较大的情绪波动。在意志品质方面，经过高考的洗礼，多数大学生具有较强的意志力，能够确定目标、制订计划并努力实现目标。但是其意志水平又具有不稳定性。[②]

从成长背景来看，当前我国大学生主体构成为"05"后的学生，他们成长于经济更加繁荣的信息时代，具有鲜明的时代特征，主要表现在以下几个方面。第一，经济发展给当代大学生创造了优越的物质生活条件，但同时也给他们带来了现实压力。在学业、就业等竞争压力下，当代大学生表现出较强的目的性、功利性和实用性，学习往往被视为获得外部物质的渠道，而非获取知识本身。第二，成长于信息时代的当代大学生，具有较强的获取知识和技能的能力，善于接受新事物，更富于创新，更有主见。第三，当代大学生具有更强的综合素质，也具有更强的自我表现欲望，希望通过自我展示而获得他人的关注和认可，但他们成长于条件优良的环境

---

① SCHWARTZ S J, Côté J E, ARNETT J J. Identity and agency in emerging adulthood: Two developmental routes in the individualization process [J]. Youth & society, 2005, 37 (2), 201–229.

② 陈晓蕾，单常艳，田云平. 当代大学生身心发展特点和规律 [J]. 科教导刊 (上旬刊)，2011 (3)：15, 17.

中，承受挫折和压力的能力往往不足。[1]

三、当代大学生的学习特点

高等教育普及化为学生提供了更多的入学机会，这一时期的大学生具有鲜明的时代特点。针对当代大学生的学习，学术界现已积累了非常丰富的研究成果。

从入学匹配度看，大学生的个人期待与就读学校之间存在不匹配现象。日本学者金子元久将大学生划分为四种类型：高度匹配型（学生具有较为明确的自我认知和社会认知，而且学校教育与学生个人期待相匹配）、被动顺应型（学生的自我认知和社会认知不明确，而且被动接受大学的教育）、独立型（学生具有较为明确的自我认知和社会认知，但不认同大学的教育内容）和排斥型（学生的自我认知和社会认知不明确，也不认同大学的教育内容）。[2] 参照这一分类框架，有学者对我国 6 省市 18 所高校日语专业的学生进行调查，结果显示高度匹配型、被动顺应型学生分别占36.4%、17.8%，独立型、排斥型学生分别占 15.4%、30.4%。换言之，有近一半的学生（45.8%）对学校教学内容持消极或否定态度（独立型学生和排斥型学生）。同时，有近一半的学生（48.2%）尚未确定自己的发展目标（被动顺应型学生和排斥型学生）。[3] 由此可以看出，大学生群体对大学教育的期待和规划存在较大差异。

从在校学习阶段看，不同年级的大学生的学习体验具有阶段性特征。既有研究表明，在大学生涯中，大学生的学习体验呈现出明显的"U"型特征，即大二、大三年级学生的各维度体验水平明显低于大一和大四及以上年级学生。[4] 基于此，学者们从学生主体出发，将大学生涯划分为"兴奋适应""困境求索"和"回稳超越"三大阶段。另有研究者概括了"新生适应""大二低谷""大四现象"等不同阶段大学生的群体特征。总体而言，在第一阶段，大学生从高中繁重的学业压力中释放出来，进入大学

---

① 高媛. 分析当代大学生特点，创新理想信念教育工作 [J]. 中国校外教育，2011（4）：2，5.

② 金子元久. 大学教育力 [M]. 徐国兴，译. 上海：华东师范大学出版社，2009.

③ 窦心浩. 大学生的学习状况与高等教育质量保障：关于大学生群体分化的实证分析 [J]. 复旦教育论坛，2013，11（4）：69-74.

④ SCHWARTZ S J, Côté J E, ARNETT J J. Identity and agency in emerging adulthood：Two developmental routes in the individualization process [J]. Youth & society，2005，37（2），201-229.

校园，充满了新鲜感。大学生普遍表现出积极乐观的精神面貌。在第二阶段，随着大学生活与专业学习的深度体验以及自我意识觉醒程度的加深，大学生在探索适应大学与社会之道中面临价值观的冲突、个人角色的转换、人际互动的纠结，容易陷入一种发展性心理焦虑状态，影响学习体验，走向"困境求索"阶段。此后，随着年龄的增长，大四及以上高年级学生的认知、心理、思想品德等个体成长要素步入稳定成熟阶段，该群体大多在整体上确立了积极乐观的压力应对态度，对学习环境感知和自我时间管理等的评价出现回升。[①]

从毕业去向上看，近年来大量高校学生本科毕业后选择继续深造，尤其是"双一流"建设高校的学生。史静寰和陈乐针对 35 所"双一流"建设 A 类高校的研究显示，这些高校超过一半的学生（55.32%）本科毕业后继续升学，其中清华大学、北京大学、中国科学技术大学和北京航空航天大学的本科毕业生升学率甚至超过了 70%。另外，17.13% 的毕业生选择出国或出境升学。[②] 对于这些继续深造的学生而言，大学学习与未来就业之间的联系越发薄弱。

综上所述，在高等教育普及化时代，大学生的群体构成、心理发展和学习情况均呈现出不同于精英化时代的大学生群体特征。其在践行"以学为中心"的理念时，教师应以发展的、动态的、多元的视角来认识学生，理解当代大学生的发展特点和需求，关注不同类型学生的差异性，只有这样，才能为之提供更加适宜的高质量教育。

第二节 大学生学业指导概述

一、大学生学业指导概念

学业指导（academic advising）源自欧美近现代高等教育，我国不同学者将之翻译为"学业指导""学业辅导""学术指导"等。美国学业指导协会（The National Academic Advising Association，NACADA）将学业指导

---

① 史秋衡，孙昕妍. 当代大学生成长规律与育人路径[J]. 中国远程教育，2022（11）：15-23，74-75.

② 史静寰，陈乐. 构建"本研一体""双一流"高校人才培养模式 [J]. 中国高等教育，2019（1）：23-26.

定义为一种发展性的过程，旨在帮助学生认清他们的人生和职业目标，并通过教育来帮助他们实现这些目标。① 事实上，早期的学业指导是教师的一项工作职责，旨在对学生的课程学习进行指导。随着高等教育普及化的发展，学业指导逐渐发展成为一个专业化的领域，其内容亦从针对课堂知识传授的指导逐渐扩展到对学生的学业生涯、学业规划、学习动机、学习能力、学习方法等的全方位辅导。②

清华大学耿睿和詹逸思结合国内外大学生学业指导的相关实践和成果，指出学业指导是基于高等教育的教学目标和学生学习发展的共同需要，搭建相应的管理服务体系，系统整合、优化配置课堂内外教育资源，依托教育学、社会学、心理学等领域的相关理论和研究方法，综合运用多种指导方法和手段，为学生的学习和发展提供专业化的指导和支持，进而推动学生成长成才。③

二、大学生学业指导模式

早期的高校学业指导以"诊断式"为主。在这一模式下，学生被视为"病人"，指导者根据学生的问题，做出诊断并给出建议。学生则按照指导者所开具的"处方"来解决问题。在这一模式下，指导者被视为权威，负责为学生提供建议。对于建议是否采纳以及效果如何则取决于学生自身。尽管诊断式学业指导模式受到学生发展理论的冲击，但是这一指导模式仍旧有特殊的价值。比如，对于一些规定性的职能，尤其是那些围绕准确信息的诊断性指导，仍旧有必要存在。此外，一些低年级的学生也更偏好诊断式学业指导。④

后来，受到学生发展理论的影响，克鲁克斯顿（Crookston）和欧班尼（O'Banion）提出了"发展型"学业指导模式。在《学业指导即教学：一种发展性视角》（*A development view of academic advising as teaching*）一文中，克鲁克斯顿比较分析了传统的"诊断式"学业指导模式和他所提出的"发展型"学业指导模式。他认为，学业指导不仅要关注学生的具体问题

---

① 耿睿，詹逸思，等. 中国高校学业指导手册 [M]. 北京：清华大学出版社，2017：4.

② 耿睿，詹逸思，等. 中国高校学业指导手册 [M]. 北京：清华大学出版社，2017：2.

③ 耿睿，詹逸思，等. 中国高校学业指导手册 [M]. 北京：清华大学出版社，2017：6.

④ SMITH J S. First-year student perception s of academic advisement: a qualitative study and reality check [J]. NACADA Journal, 2002, 22 (2): 39-49.

或职业选择，还应关注学生的理性过程、与环境的互动、人际关系、问题解决能力、决策能力和评价技巧。① 欧班尼则提出学业指导过程是由人生目标探索、职业目标探索、方案选择、课程选择以及课程安排等组成的。② 自从发展型学业指导提出以后，这一指导模式受到指导教师和学生的广泛推崇。它使指导者能够更加全面地了解每个学生，以最大限度地提高学生的教育经验，努力促进学生实现自身学业、个人和职业目标。

除了基于信息的"诊断式"指导模式和聚焦学生发展的"发展型"指导模式外，指导者们还提出了主动型指导、欣赏型指导、基于优势的指导、基于训练的指导等模式。③

主动型指导，又被称为"侵入型指导"（Instrusive advising），是由内华达大学（University of Nevada）的格伦南（Glennen）及其同事在 1975 年提出的。这一指导模式允许指导教师在学生意识到自己需要帮助前或者提出指导需求前为之提供支持，是一种主动干预的指导模式。

赏识型指导，是指导人员通过有意识地提出积极的、开放式的问题，帮助学生优化其教育经历，实现他们的梦想、目标和潜力的模式。④ 这一模式突出了积极主动的思维模式。布鲁姆等人提出了这一模式的六阶段模型，具体如下：相互建立信任和融洽的关系，发现他们的特质和优势，被彼此的希望和梦想所激励，共同制订计划以使目标成为现实，在整个过程中提供相互支持和问责，支持学生对自己的教育经历设定更高的期望。

基于优势的指导，代表了高等教育从预防失败到促进成功的范式转变。指导者并不评估学生的不足和需要补习的地方，而是采用以优势为基础的方法评估学生带入大学环境的个人特质和能力，并与他们一起将这些能力发展成优势。指导人员的关注重点从学生可能遇到的问题转移到帮助学生设想未来的可能性，并学会利用优势来解决未来可能出现的障碍。⑤

---

① 耿睿，詹逸思，等. 中国高校学业指导手册 ［M］. 北京：清华大学出版社，2017：106. CROOKSTON B B. A Developmental View of Academic Advising as Teaching ［J］. Journal of College Student Personnel，1972.

② O'BANION TERRY. An Academic Advising Model ［J］. NACADA Journal，2009（1）：83-89.

③ 夏凤琴，刘青. 美国高校学业指导模式发展研究 ［J］. 东北师大学报（哲学社会科学版），2020，（3）：136-142，158.

④ HEYE，HUTSON B. Assessment for faculty advising：beyond the service component ［J］. NACADA Journal，2017，37（2）：66-75.

⑤ SCHREINER L，ANDERSONE. Strengths-based advising：a new lens for higher education ［J］. NACADA Journal，2005，25（2）.

劳里·A. 施莱纳（Laurie A. Schreiner）提出了这一指导模式的五个实施步骤，具体如下：确定学生的优势；肯定学生的优势，增强优势意识；展望未来；规划达成目标的具体步骤；运用学生的优势面对挑战。[①]

基于训练的指导，是由一系列问题驱动，鼓励学生对发展、改进和参与他们自己的决策和计划活动的过程负责。[②] 具体体现在五个指导阶段中：①积极倾听：倾听学生，而不是告诉学生应该做什么。②确定梦想或问题：将关注点从确定需要解决的问题或潜在问题移开，确定学生积极的目标或发展梦想。③评估学生努力：学生为其梦想或问题已经做了什么。这可以帮助指导人员评估学生解决问题的能力，同时鼓励学生积极参与指导过程。④确定并选择方案：鼓励学生通过头脑风暴和从他人视角来探索所有可能的以及创造性的解决方案，并确定一份可行方案。指导人员帮助学生评估和选择合理方案。⑤评估方案：鼓励学生参与并说明进展。

既有研究表明，不同类型的学生所偏好的学业指导模式受其个人特质、发展阶段以及学业发展问题等因素影响。通常而言，低年级学生、寻求信息类指导（如各项规章制度）的学生更加偏好诊断式指导，高年级学生、寻求个人个性化发展指导（如大学发展规划）的学生更偏好发展型指导，学业困难学生则更适合主动型指导，信心不足的学生适合赏识型指导，动力不足的学生适合基于训练的指导。指导者需要根据对象的特点和问题，灵活应用、发展和创新学业指导模式，有效开展学业指导。

第三节　当代大学生的学业指导

对于大学生而言，从高中到大学意味着诸多方面的转变。比如，大学学习具有新的标准和要求、教师的教学方式不同、要求学生更加独立自主，等等。[③] 这些都可能成为大学生（尤其是新生）的学业挑战。本节将

---

① SCHREINER L, ANDERSONE. Strengths-based advising: a new lens for higher education [J]. NACADA Journal, 2005, 25 (2).

② MCCLELLAN JEFFREY, MOSERCLINT. A practical approach to advising as coaching[EB/OL]. (2018-11-27) [2023-11-18]. http://www.nacada.ksu.edu/Resources/Clearinghouse/View-Articles/Advising-as-coaching.aspx.

③ 戴夫·埃利斯. 优秀大学生成长手册 [M]. 15版. 毛乐, 何雨珈, 于吉美, 等, 译. 北京：科学出版社, 2015：2-5.

围绕大学生学习内容、学习方法、学习动力等方面的常见问题，借鉴心理学、教育学等多个学科关于自我认知和行为塑造等方面的成果，为教师指导大学生学业发展提供策略建议。

一、针对学习内容的指导

如前所述，相比于精英化时代，高等教育普及化后大学生群体更加多元化。来自不同地域、具有不同社会背景的学生，所具有的知识基础、兴趣爱好、学习能力和学习目标等大不相同。因此，在课堂教学（尤其是大班教学）中，教师需要针对不同基础的学生提供学习内容安排及指导。针对这一问题的相关建议如下。[①]

（一）了解学生的学习基础并提出明确要求

任课教师应确保修读本门课程的学生已经具备所需知识基础。如有欠缺，其需引导学生补充先修课程内容。

（1）分析所教课程与培养方案中的其他课程之间的关系，并在课程描述、课程大纲以及第一节课上，向学生清楚说明学好该门课程需要哪些必备基础。

（2）向学生明确说明你的课程教学内容以及课程考核要求，以帮助学生评估自己是否要选择该门课程。

（3）设计一次测试，帮助学生判断自己是否具备学习该课程的能力。如果有学生基础欠缺，建议他们选择其他课程，或者让他们在学期初补上所欠缺的知识和技能。

（4）在教学过程中，通过与学生的非正式交流、课上提问题、平时作业或者小型测试等方式，及时了解学生对课程材料的掌握程度。

（二）设计具有选择性和差异化的课程任务和学习资源

由于学生所具备的知识基础、学习能力等存在差异，所以任课教师应尽量设计差异化的课程任务和学习资源，以供不同水平的学生从中选择，最大化学习效果。

（1）参照学生的不同水平，设计差异化的参考资料清单。比如，为基础薄弱的学生提供补充学习材料，针对全体学生提供该门课程的必读材料，以及为学有余力的学生提供深入学习的材料等。

---

① 芭芭拉·格罗斯·戴维斯. 一个好老师必备的教学工具 ［M］. 2 版. 韩金龙，田婧，译. 广州：华南理工大学出版社，2014：76-79.

（2）设计不同类型和难度的课程作业。每个作业有不同的分值，允许学生自主选择作业进行组合，以达到课程要求分数。这样基础弱一点的学生可以选择多做几个难度低一点作业，基础好的学生可以选择更难一点的作业。

（3）鼓励学生之间的合作学习。鼓励学生自主组成学习小组，或者设计专门的小组作业要求学生合作完成，以促进学生之间的相互学习。

（三）针对学习有困难的学生提供额外帮助

对于那些在课程学习中出现困难的学生，任课教师要及时发现并提供相应帮助。

（1）尽早发现哪些学生学习很吃力。教师应通过学生的平时作业、测验成绩和出勤情况等信息，尽早发现那些在学习上可能遇到困难的学生。

（2）了解学生学业困难的原因并提供相应的帮助。通常而言，大学生出现学业困难的原因主要包括学习基础薄弱、学习动力不足、学习方法不适宜等。[①] 教师可以针对能够指导的问题为学生提供帮助，比如怎样弥补学习基础，采用何种学习方法等。一些具体方法可以参见本节中"针对学习方法的指导"的建议。对于指导能力之外的问题，其可以推荐学生联系辅导员，或者转介学校辅导中心。

（3）充分利用答疑时间和助教资源。教师可以请学习遇到困难的学生在答疑时间来找自己，共同寻找学业困难的原因和解决办法；还可以请助教专门关注这类学生，为他们提供额外的辅导和反馈。这不仅能帮助学生及时意识到自己的问题，还能让学生感受到老师的关心和关注，进而推动他们更加努力地学习该课程。

（4）向学生展示优秀学生的作业。教师可以让学生用自己的作业与优秀作业进行比较，这有助于学生理解你的标准和期望。

（四）对学有余力的学生提供鼓励和引导

对于课堂表现优秀、学有余力的学生，任课教师可予以更多的引导，帮助他们深入拓展学习。

（1）为学有余力的学生补充学习资料。为学有余力的学生提供额外的学习资源和机会，让他们可以进一步拓展学习。

（2）利用答疑时间进行深入讨论。鼓励学有余力的学生利用答疑时间

---

① 张莉，王远均，魏华. 高校学生学业预警与指导联动机制探索与实践［J］. 教学质量与创新型人才培养，2014（7）.

来与自己进行深入讨论。

（3）鼓励学有余力的学生参与高阶学习，如选择难度更高的荣誉课程、参与相关竞赛或研究工作等。

二、针对学习方法的指导

学习方法或学习策略是各种学习技能的组合，是有效提升学习效果和效率的特定程序、规则、方法和技巧。[①] 学习策略水平的高低会对大学生的学习适应和学业成就产生显著影响。对此，本节将围绕一门课程学习的阅读、听课、小组合作和考试准备等方面问题，提供指导建议。

对我国大学生而言，由于其在高中的学习阶段缺乏自主学习经验，因此许多学生进入大学后会遇到许多学习困难。比如在网络上，一位学生提问"大学会遇到哪些困难?"下面的跟帖反映了大学生一些常见的学习问题。有人回复道："上课和学习模式和高中差挺多，都是上大课，老师上完课就走了，然后上课没听懂的东西课后基本靠自学。上课速度也快，容易跟不上，久而久之，就不爱听了。"还有人说："最大的问题是你找不到方向，大学和高中不同，大学可以选择的方向太多了，容易导致找不到方向。""高中的压力突然得到释放，陷入无规律、无目标、无组织的生活和学习中。"[②] 事实上，这些问题并非独特的个人体验。牛端等人从阅读策略、听课策略、时间管理策略三个方面，调查了某"985 工程"大学 37 个院系的 3 749 名新生。结果显示，新生整体学习策略水平较低，其中听课策略得分最高，时间管理策略得分最低。[③] 对此，面对大学生尤其是新生，教师首先要帮助他们了解大学的学习方法，转变学生自身学习的策略，提升学生主动学习和终身学习的能力。

（一）帮助学生认识自己的学习风格

学习风格是学习者具有的相对一致和持久的学习取向，反映了学习者习惯性地以何种方式处理不同学习情景中的信息。[④] 心理学家大卫·库伯（David Kolb）指出，个体在感知和处理信息的方式上存在一定差异。比

---

① 刘儒德. 论学习策略的实质 [J]. 心理科学，1997（2）：179-181.

② 佚名. 大学会遇到哪些困难?（2023-08-29）[2023-11-20]. https://www.zhihu.com/question/412509080.

③ 牛端，张杰锋，方瑞芬. 学习策略与人际交往能力对大学新生学校适应的影响 [J]. 复旦教育论坛，2017，15（5）：50-55，70.

④ 陆根书. 学习风格与学习成绩的相关分析 [J]. 高等工程教育研究，2005（4）：44-48.

如，在感知信息方面，有的人喜欢通过各种感官系统（或具体经验）来接收信息，从直接的体验中学习；另外一些人则喜欢通过思考（或抽象概念）来感知信息，他们善于理性分析和创建理论。在处理信息方面，有的人偏好于通过思考性观察来处理信息，他们在采取行动前会综合考虑多重观点，预测所有可能结果，喜欢一步到位的信息理解方法；另外一些人则是行动派（也称主动试验），他们偏向从尝试和错误中学习，并且喜欢将学到的东西应用到实际生活之中。①

此外，关于学习风格的 VAK 模型，将人的学习风格按照采集信息的方式差异划分为四种类型，分别是视觉、听觉、阅读/写作和动觉（或动手操作）。虽然一个人的学习风格可能随着任务和形势的变化而变化，但该模型假定个体在学习新信息时会有一种占主导地位的学习风格。

学习风格并无好坏之分，但是会影响学习者的学习成效。当学习者的学习风格与学习内容、教师的教学风格相匹配时，则会促进学习者的学习；反之，则会阻碍学习者的学习，弱化学习效果。"学习者风格测试"旨在帮助学生了解自身的学习风格，发现自己擅长的学习方式以及需要改进的方面，从而进一步思考如何发挥自身的优势，提升学习效率和学习效果。具体测试量表和操作说明见本章附件一。

学习方式量表中的每一种学习模式都代表了感知和处理信息方式的不同组合。学生了解了自己的学习风格后，可以在课程选择、专业学习、合作学习甚至未来工作中，寻找与自己学习模式相匹配的方向。同样，学生也可以根据不同学习风格下的行为，探索新的学习方法，培养对自己更有效的学习模式。以下是对不同学习风格学生拓展学习方法的建议。②

如果你想更多地通过观察去思考，你可以：

（1）坚持记日记、写下各门课程之间的联系。

（2）组织一个学习小组，对与课程有关的话题展开讨论。

（3）建立一个与自己的专业相关的网站、博客、电子邮件组或者网络聊天室。

（4）建立各种类比来使不同的概念形象化，比如，看看你是否能找到

---

① 戴夫·埃利斯. 优秀大学生成长手册 [M]. 15 版. 毛乐，何雨珈，于吉美，等，译. 北京：科学出版社，2015：2-5.

② 戴夫·埃利斯. 优秀大学生成长手册 [M]. 15 版. 毛乐，何雨珈，于吉美，等，译. 北京：科学出版社，2015：41-42.

事业规划和拼拼图的相似之处。

（5）在办公时间去向老师请教相关问题。

（6）与朋友或亲人在一起的社交场合，简单地对他们说说自己学的是什么。

如果你想要更多地获得抽象概念，你可以：

（1）边阅读边列出梗概大纲，可以考虑运用能够列出大纲模式的软件。

（2）除了完成布置的作业外，读一些相关的书籍、杂志或者报纸文章，或者浏览一下相关的网站。

（3）多学一门相关的课程，不管是现在老师在教的还是其他人在教的。

（4）将课本上或上课时所讲到的观点视觉化，变成表格、图形和地图。

（5）在图表化之后，运用电脑软件让这些图表更详细、更精确，还可以做成动画，使之更为生动形象。

如果你想要更多地积极行动和参与，你可以：

（1）参加实验室实验或实地田野调查。

（2）去运用和实践理论的地方看一看。

（3）根据学习的理论作出预测，接着看看日常生活中有没有什么事符合你的预测。

（4）实施一门课或一篇文章中所说的新行为，看看你的生活会因此有什么改变。

如果你想要获得具体经验，你可以：

（1）观看与课程内容有关的现场展示或表演。

（2）通过阅读与课程有关的小说或观看相关视频，让自己对其投入感情。

（3）采访一位你正在学习的课程的相关领域的专家，或者走访一位你想获得的技能方面的大师。

（4）运用相关的角色扮演、动手实践或游戏来学习你的课程。

（5）在你所选择的事业领域中选一个从业人员，进行一次咨询性采访，或者在工作日"跟踪"他一天。

（6）找一份能帮助你更好地学习某一门课程的兼职、实习或志愿工作。

（7）去国外学习，加深你对另一种文化的理解，并提高你的外语水平。

（二）指导学生如何更有效地阅读

不同的阅读方式产生的效果可能有天壤之别。在大学学习中，面对大部头的教科书以及教师推荐的大量阅读材料，学生想要仔细阅读完所有材料显然是不现实的。对此，大学生必须掌握浏览式阅读的习惯，掌握一口气看完上百页书的技能。卡尔·纽波特在《如何在大学里脱颖而出》一书中，开篇第一条法则就是"不必通读全书"，取而代之的是浏览主要内容，然后在上课时做好笔记，把内容补充完整。①

那么，如何做到快速阅读呢？核心要义就是要做一个积极的阅读者。戴夫·埃利斯在《优秀大学生成长手册》中提出了"肌肉阅读法"，既通过建立相对固定的阅读流程，来避免学习时开小差，从而提高阅读效率。肌肉阅读只是一种总体的方法，并不需要刻板地一步一步去做。下面是对肌肉阅读法比较简洁的概括。大学生可以随便选一章内容来尝试练习一下。

肌肉阅读法②

> ·预览和提出问题。快速浏览每一页，寻找任何吸引你眼球的东西——标题、副标题、图表、照片。将每一篇文章的标题变成问题。比如，"肌肉阅读的原理"可以变成"肌肉阅读的原理是什么？"将你的问题在纸上列出来，或者把每一个问题分别写在小卡片上。
>
> ·边读边回答问题。阅读每一篇文章，然后再回去看一遍，把能回答你问题的内容标出来。
>
> ·背诵和复习。读完这一章之后，关上书。通过看每一个问题并回答的方式来背诵书里的内容。复习的时候，继续用纸上的问题来自己考自己。

---

① 卡尔·纽坡特. 如何在大学里脱颖而出［M］. 赵娟，译. 成都：四川人民出版社，2018：8.

② 戴夫·埃利斯. 优秀大学生成长手册［M］. 15版. 毛乐，何雨珈，于吉美，等，译. 北京：科学出版社，2015：143.

除了浏览式阅读之外，还有一些学习内容需要采用"深度阅读"的方法。肯·贝恩的著作《如何成为卓越的大学生》一书中，总结了那些具有高度创造力和批判思维的学生在阅读中所采用的方法。

优秀学生的深度阅读经验[①]

· 具有深刻的阅读动机。比如，这本书主要讲什么？与所学内容或者其他学科有什么关系？

· 在阅读前仔细思考自己有何期待，并在阅读中对这些期待加以证实或抛弃。

· 在正式阅读前对书籍做一些调查。比如，这本书的目录、结构、主要结论等，了解作者的背景，本书尝试回答的问题等。

· 在阅读过程中一边阅读一边建立各种连接，把阅读内容与更大的问题相连，不时停下来思考并整合。比如，对于文学作品思考其文学价值、象征意义等，对于非文学作品思考其论点及论证方式等。

· 评估证据的质量和本质。比如，现有的推理合乎逻辑吗？有没有其他可能的办法去分析同样的证据呢？

· 认识到阅读材料与自己既有观点之间的共识或分歧。

· 边阅读边写大纲，然后压缩最初的结构，在原先笔记的基础上反复再做笔记。

· 同时运用记忆、理解、应用、分析、综合、评价等多种层次的认知活动。

· 像打算给别人上课一样去阅读。

（三）指导学生高效做笔记

学生在课堂上记笔记不仅有助于课后的复习，而且能够帮助他们在课堂上集中注意力，更加积极地思考。然而，很多大学生在课堂上并不记笔记，尤其是在老师提供课件的情况下。他们错误地认为有了这些课件就足以掌握这门课程的知识。另外一些学生虽然在课堂上记录了笔记，但是其笔记的质量也差强人意。已有研究表明，一般学生的笔记只记录了讲课内

---

① 肯. 贝恩. 如何成为卓越的大学生 [M]. 孙晓云，郑芳芳，译. 北京：北京大学出版社，2015：253-261.

容的 10%，只有三分之一的学生笔记记得很好。[①] 那么，教师如何指导学生做好笔记呢？一方面，教师可以为学生提供概要的课件，只有讲课内容的主标题和次标题，并在下面留出适当大小的空白就可以了。这样学生可以基于提纲更好地记录笔记。另一方面，教师还可以教学生一些记录笔记的方法和技巧。

常用的记笔记技巧[②]

·使用关键词，例如概念、专业术语、数字等。关键词可以帮助你串联起整堂课程的内容。在记录时要对关键的内容进行标记，如在下面画线、圈起来，或者在旁边重写。

·使用图片和图标，让关系可视化。

·分段记笔记。不要塞满笔记，要留出适当空白，以备之后补充、复习、浓缩时写内容。

·使用活页本，便于增加或调整笔记内容。

·使用单页纸，便于复习时展开来看。

·使用卡片。

·区别自己的想法和老师的内容。

·对于困惑的内容及时标注。

·给笔记标记时间、页码等。

·培养和使用自己的速写方式，用一些缩写或符号来代替一般性的词语。

·使用不同颜色的笔做笔记。

·在 24 小时内复习、编辑你的课堂笔记，一周后和一个月后再次复习。

此外，常用的笔记方法还有康奈尔笔记法、思维导图法、提纲法等。比如，康奈尔笔记法将笔记分为两个部分，在右边三分之二的页面记笔记，留下左边的三分之一的地方复习时使用，比如浓缩笔记、重写关键内

---

① JOHNSTONE A H, Su, W Y. Lecture：A Learning Experience ［J］Education in Chemistry，1994（35）：76-79.

② 戴夫·埃利斯. 优秀大学生成长手册 ［M］. 15 版. 毛乐，何雨珈，于吉美，等，译. 北京：科学出版社，2015：173-176.

容等。① 另外还可以利用软件做笔记，比如简易记事本（Simplenote）、印象笔记（Evernote）、微软电子笔记本（Microsoft OneNote）等。

（四）指导学生开展小组合作学习

在大学学习中有许多任务需要小组合作完成。这一过程对于培养团队合作能力是很有助益的。然而，并不是所有的小组协作都会一帆风顺。一个团队中，有可能会有专断的组长，或者懒散的组员。那么，作为大学生，如何顺利、高效地与同学一起开展合作学习，完成小组任务呢？事实上，小组合作涉及两个截然不同的主题：一是完成任务，比如提交论文或报告；二是找出适合团队合作的流程，进而促进合作任务的完成。对此，戴夫·埃利斯从"团队沟通"的角度，为大学生合作完成小组课题提出了建议。

1. 把握好第一次小组会议

第一次会议需要对小组合作的各项细节进行讨论和分工。对于较为复杂的任务，小组可能需要多次会议才能确定各项内容。那么，第一次会议需要完成哪些工作呢？

（1）小组成员自我介绍，共享邮件、电话等联络信息，最好能有专人记录下来分享给小组成员。

（2）分享自己过去的团队经验，讨论如何才能确保任务的顺利完成，如何避免过去小组合作中出现的问题。

（3）明确小组任务需要达成的成果，讨论最终的成果是什么样子的，是否与作业的要求相符合等。

（4）分配小组成员的角色和任务。比如组长负责组织召开会议，监督课题进度等；计时员负责确保小组按时完成各阶段任务；记录员负责会议记录等。

（5）制订任务计划和时间表，明确各阶段具体的任务内容、负责人、完成时间等。这里要注意的是，刚开始同学们常常会低估自己完成任务所需要的时间，因此其需要尽早动手完成分配给自己的任务。

（6）商定之后会议的时间、方式以及小组成员之间的联络等。②

---

① 尼尔森. 最佳教学模式的选择与过程控制 [M]. 魏清华，陈岩，张雅娜，译. 广州：华南理工大学出版社，2014：140.

② 戴夫·埃利斯. 优秀大学生成长手册 [M]. 15 版. 毛乐，何雨珈，于吉美，等，译. 北京：科学出版社，2015：278-280.

2. 处理好小组合作的冲突

小组合作中难免会遇到矛盾和冲突。如果你遇到了这类问题，就把它看作提升自己沟通、合作能力的机会吧。下面有一些建议供你参考。

（1）充分利用会议时间。在组织召开小组会议时，要在会议前提前告知大家会议议程，并留给大家充足的时间做准备，会议结束后要确保各项任务都有专人负责，明确下次会议前该做哪些事情。

（2）建议大家在会议前梳理自己的观点，甚至提前发给其他小组成员，以便在会议中讨论，同时避免有人滔滔不绝或无话可说。

（3）化解冲突的具体办法。比如，允许大家出现生气、厌烦等负面情绪，可以请对方表达出来；当其他成员发言时，认真倾听，注意接受信息而不是急于回应；从第一人称视角出发提问，如"我没有完全明白你的意思，可以再解释一下吗"；避免使用批评性语言；关注问题的解决办法，请大家共同讨论对策。①

3. 任务完成后的后续工作

任务完成后，我们可以从中汲取经验教训，甚至可以与小组成员建立更长久的友谊。对此，你可以：给小组成员发送邮件，感谢每个人的贡献；总结小组在哪些方面做得好，哪些方面需要改进以及如何改进等。②

（五）指导学生准备期末考试

尽管大学生已经熟悉了标准化考试的过程，但是对于大学生而言，通过自主安排来准备期末考试仍旧是一种挑战。获得好的分数是学生认真准备考试的最大动力，但是也要认识到，分数只是在考试中取得的成绩，既不能完全看出一个学生在一门课程中所学到的知识，也不能代表一个学生的价值。因此，大学生要正确看待考试和分数，踏实做好期末考试的准备。

那么，大学生该如何准备期末考试呢？在《大学生学习方法十二讲》中，郎曼将期末客观考试的准备流程划分为了五个阶段，分别是计划、组织、安排、学习和评价。每个阶段都有具体的问题以及相应的完成策略。

1，在计划阶段可以参考以下问题进行准备：

---

① 戴夫·埃利斯. 优秀大学生成长手册［M］. 15 版. 毛乐，何雨珈，于吉美，等，译. 北京：科学出版社，2015：281–282.

② 戴夫·埃利斯. 优秀大学生成长手册［M］. 15 版. 毛乐，何雨珈，于吉美，等，译. 北京：科学出版社，2015：283–284.

（1）考试范围包括哪些部分？

（2）考试的形式是判断题还是证明题？

（3）整个考试包括多少个不同类型的题？

（4）考试会从哪些方面要求应用信息或进行分析？

（5）这次考试占课程分数的比例有多大？

（6）什么时候考试，在哪进行？

（7）为应对考试我需要准备什么？

完成策略：听讲，询问往届师兄师姐、任课教师等。

2. 在组织阶段可以参考以下问题进行准备：

（1）我预测哪些内容将会出现在考试中？

（2）我该学习哪些材料？教材、打印材料、讲课笔记还是补充阅读材料？

（3）就这些材料而言，哪些学习方法或记忆方法效果最佳？

（4）是否可以找个伙伴或学习小组共同学习？

完成策略：把材料搜集到一起，制作一些协助学习和记忆的东西等。

3. 在安排阶段可以参考以下问题进行准备：

（1）考试前我的复习任务有哪些？

（2）每个课程每项复习任务的优先级别是什么？

（3）考试前我还有多少时间？

（4）为这次考试我需要多少时间学习？

（5）每天学习多长时间？

（6）什么时间学习？

（7）如何分配学习时间？

（8）在哪学习？

（9）如有必要，我该在哪儿与学习小组或学习伙伴见面呢？

（10）有没有与自己学习时间有冲突的活动？

完成策略：设定一个时间安排表，确定学习伙伴等。

4. 在学习阶段可以参考以下问题进行准备：

（1）我是否积极学习了？

（2）是否通过书面和口头表达的方式学习了？

（3）在安排学习时间时，我是否避开了记忆干扰和身体疲惫？

（4）我遵循自己的日程安排了吗？为什么？我该从哪些方面调整？

（5）我的学习有效率吗？为什么？我该从哪些方面调整自己的学习计划？

完成策略：调整计划与时间安排。

5. 在评价阶段可以参考以下问题进行准备：

（1）重点章节的作业题是否能不看答案也可以很自信地做出来？

（2）所有作业题是否能不看答案也可以很自信地做出来？

（3）与书后作业题类似题型的题是否能不看答案也可以很自信地做出来？

（4）是否可以根据作业题、往届试卷预测1~2套试题模拟考试？

（5）模拟题是否能不看答案也可以很自信地做出来？是否有需要遵循的考试策略？

完成策略：试题模拟。

三、针对学习动力的指导

沃顿商学院教授拉塞尔·L. 阿克夫（Russell L. Ackoff）指出，大学本科教育应该培养和鼓励创造性，使学生能够在一生中继续开发学习的能力，以及拥有一直学下去的内在动力，从而获得学习过程中内在的奖赏和愉悦。[①] 作为教师，我们当然希望学生能够积极主动地投入到大学的学习生活之中。然而，有很多因素都会影响学生学习的积极性。比如，对所学专业的兴趣、对未来的发展目标、个人的自信心、自尊水平和学习习惯等。那么，如何帮助学生寻找到学习动力呢？以下是一些可供参考的指导策略。

（一）鼓励学生积极探索专业选择和学业规划

缺乏学习动力的学生常常会以"受害者心理"去面对自己的学业困境。比如，抱怨大学不是自己选择的，专业不是自己喜欢的。这种心理带来的最大问题就是学生通过寻找借口，剥夺了自己改变现状的动力和能力。鼓励学生主动思考自己的专业选择和未来规划，可以激发学生的学习动力。教师可以从以下几方面引导学生。

（1）通过专业测评或与相关人员交流等方法，更加深入地了解自我。教师通过职业兴趣测评（如霍兰德职业探索量表），帮助学生了解自身兴

---

① 拉塞尔·L 阿克夫，丹尼尔·格林伯格. 21世纪学习的革命 [M]. 杨彩霞，译. 北京：中国人民大学出版社，2010：169.

趣、优势和短板，初步确定自身的发展方向。同时，学生通过阅读优秀学生访谈、参与优秀学生交流等方式，了解优秀学生的成长经验，为制定切实可行的个人发展规划提供参考。

（2）深入了解大学专业。进入高校后，学生有了更多的机会深入了解大学的各个专业。许多高校都为学生提供了第二次专业选择的机会，学生可以充分利用这一机会，认真地考虑并选择自己的专业。

（3）了解学校的各类政策。学生可通过教务处网站、学生手册等途径，了解学校关于专业分流、专业设置、双学位、辅修等的各项政策，及时了解本专业人才培养方案和意向转入专业的报名条件要求，合理规划修读课程。

（4）自主决策。学生要综合考虑个人兴趣、能力水平和未来就业等信息，确定专业方向和学业规划；学会为自己的决定负责，制订可实施的计划。如果需要更加系统、专业的指导，教师可以推荐学生预约学校就业指导中心等专门机构的服务。

（二）以好的课堂教学激发学生的课程学习动力

对于教师而言，好的课堂教学是激发学生学习动力的重要途径。对此，教师可以从激发学生学习积极性的视角出发，进一步完善课堂教学设计。已有研究发现，教师对课程和教学的热情，如教师掌握课程材料充分、课程结构清晰、学习内容难易适度、学习策略有效、教学方法多样、师生关系和谐、案例使用恰当等，都是提升学生学习效果和提高学生学习成绩的有效策略。[①] 为了激发学生学习动力，教师可以采取以下策略。

（1）热爱所教课程。老师对所教课程的热爱会激发学生的学习动力。当你表现出对所从事专业的认可、投入和热爱时，学生也会受到感染。当你跟学生分享自己为何选择这一专业，所学内容如何对社会有益时，学生可能会更明白学习的意义与价值。

（2）适度设计课程难度。心理学研究表明，具有一定挑战度但又不至于太难的设计最能激发学生学习。这里还需要综合考虑不同学生的能力差异，可能的话给学生提供一些作业的选项，让学生可以决定做什么、怎么做。

（3）在教学设计中考虑学生的兴趣、经历等内容。比如在课程教学的

---

① SASS E J. Motivation in the college classroom: What students tell us [J]. Teaching of psychology, 1989, 16 (2): 86-88.

案例选择、作业设计等方面，结合学生感兴趣的内容做设计，这样会吸引学生更加投入到课程学习之中。

（4）综合运用多种鼓励学生参与的教学方法。比如，小组讨论、案例分析、角色扮演、模拟实战等。

（5）为学生提供反馈和建议。进入大学后，许多学生对于大学课堂反馈较少（至少相比于高中时期而言）这一点很不适应。他们渴望获得关于自己学业表现方面的信息。教师不仅要为学生提供反馈和建议，还要注意提供反馈和建议的方式。一般而言，学生更可能受到正向反馈的激励。如果学生做得不够好，评价时可以表示你相信他有能力做得更好。当你提供负面评价时，最好能够尽可能的具体，表明你的评价只针对一件具体的事情或任务，而不是对他整个人的评价。

（6）引导学生关注学习的内在成就感而不仅仅是分数。相比于外在激励，学习的内在激励（如掌握知识、克服困难、个人成长等）更能激发学生长久的学习动机。老师可以强化学生在学习过程中的成就感，鼓励学生关注自己的进步，从而激励学生。

（三）激励学生出勤

一些教师可能会比较关注学生在课堂上的出勤情况。尽管影响学生出勤率的因素很多，但是教师仍旧可以采取一些办法来激励学生到课堂上课。

（1）强调上课的独特作用。尽管在线教学、录播课程等技术发展为学生提供了更丰富的学习内容和多元化的学习路径，但是现场教学仍旧具有不可替代的作用。此外，教师还可以强调学生出勤对于整个班集体的影响和贡献。

（2）设计一些具体的激励机制。比如，任意挑选几节课，设计一些在课上完成和提交的小作业，作为平时作业的一部分；设计一些只能现场参与的教学活动，如角色扮演、分组讨论等。

（3）转介遇到严重问题的学生到辅导部门。当你发现学生遇到一些不在你的职责范围内的棘手问题时，你可以建议学生去找（或者陪同他们）学校的相关部门，并告知学生的辅导员。比如，连续旷课或者多次未提交作业的学生可能面临着棘手问题。这时，有情绪困扰的学生可能需要心理中心的专业辅导，在学习方面缺乏基本技能的学生可能需要学业中心的支持。

第四节　学业困难学生的学业指导

我国高等教育在规模扩张后进入内涵发展阶段，提高人才培养质量成为核心议题。2019 年，教育部印发《关于深化本科教育教学改革全面提高人才培养质量的意见》，要求严把考试和毕业出口关，坚决取消毕业前补考等"清考"行为。自此，高校学生挂科、休学甚至退学等问题逐渐显露。据统计，某"双一流"高校 15 000 余名本科生中，平均每学期有近 2 000 人次考试不及格，不仅给学生个体、家庭和学校造成极大的压力，而且也是对高等教育资源的极大浪费。

学业困难学生（后文简称"学困生"），是指"一个智力水平正常的异质群体，在学习策略、学习动机等方面问题的直接影响以及在学校、家庭、社会环境之间的不利因素的间接影响下，其实际学业成就和智力潜力与期望的学业成就的差异较大。'学困生'包括无法达到国家规定的学业标准的学生，也包括考试成绩达标但学习效率明显低下的学生"。[①] 在高等教育领域，学困生主要是指未达到学校基本修读要求，导致无法顺利完成规定学业的学生。

通常而言，各高校一般根据学生不及格课程学分数来确定学困生。某一流学科建设高校《本科学生学籍管理规定》明确规定，学校根据学生注册课程不及格累计学分数，分别给予学业警示、试读及退学处理。学业处理的具体标准及流程如下：每学期开学初，由教务处统计学生累积不合格课程学分数后，下达学业预处理名单及累积不合格课程学分数，学生补考结束后再次统计，如学生不合格课程学分数高于（含）10 学分，低于 16 学分，教务处则做出学业警示处理；如不合格课程学分数高于（含）16 学分，低于 22 学分，教务处则做出试读处理；如高于（含）22 学分，教务处则报校务会，审定后作退学决定，学生进入退学流程。对于警示和试读的学生，一方面由各学院通知学生及家长，另一方面学生则根据自己的学习能力放缓学习进程，并在规定时间内退选部分课程。

对高校而言，学业困难学生的学业表现是高等教育质量保障的底线，

[①] 张启钱，王小青，谈静艳.我国高校"学困生"的成因分析及对此研究：基于对"学习困难"定义回归解读的视角［J］.高等理科教育，2011（2）：77-82.

做好此类学生的学业指导是高校教育教学工作的痛点和难点。当前，学界针对高校学困生的学习现状、形成过程和原因以及教育干预和帮扶机制等问题开展了研究。那么，作为教师，如何开展对这类学生的指导实践呢？本节将从教师的视角出发，集中探讨对学业困难学生的指导。

一、引发大学生学业困难的主要因素

现有研究指出，高校"学困生"在心理上表现出学习兴趣不高、效率低下、缺乏学习动力等现象，在行为上表现为旷课、逃学、自我封闭等问题，存在结构和心理的双重边缘化特征。[①] 对于大学生而言，引发其学业困难的因素较多。已有研究从学习情境、父母教养方式、社会交往以及学生个体因素等多个视角出发，指出学习基础不牢、学业规划不明、网络社交占用时间过多但现实社会支持过少等多重因素导致了大学生学业表现不良。[②]

（一）学习方式不适应

与中学学习不同，大学学习对学生的学习自主性有着很高的要求，学分制、选修课等制度给了学生个性化学习的自由空间，但是却不是每个学生都能科学、合理地安排个人学习的。高中时期，有老师制订学习计划，有父母监督自己学习，这样的"保姆式"的培养方式让大学生缺乏自主学习的学习经验。面对大学的自主学习，许多学生都要经历一段艰难的适应过程。

（二）学习基础薄弱

大学生的学业表现不仅与个人及其所在高校的教育教学相关，而且还与之所受的基础教育有着紧密联系。由于我国基础教育发展不均衡，进入同一高校和专业的学生学习基础存在较大差异。部分基础较为薄弱的学生进入大学后，会感到学习吃力，难以跟上大学课程学习节奏，从而表现出学业困难。

---

① 王自华，罗葆青. 高校学困生成因分析及预警机制构建 [J]. 人民论坛，2011（8）：172-173. 向燕. 高校学困生类型分析及精准帮扶路径探索 [J]. 教育观察，2021，10（45）：60-62.

② 王自华，罗葆青. 高校学困生成因分析及预警机制构建 [J]. 人民论坛，2011（8）：172-173. 向燕. 高校学困生类型分析及精准帮扶路径探索 [J]. 教育观察，2021，10（45）：60-62. 刘颖. 父母教养方式与高校学困生学习关联度研究 [J]. 东北师大学报（哲学社会科学版），2013，265（5）：213-216. 包志梅. 我国高水平大学学困生的形成过程与边缘化轨迹研究 [J]. 中国青年研究，2022，314（4）：112-119.

（三）学习动力不足

新生对就读大学的满意程度会对其之后的学习产生深远的影响。部分学生对大学专业了解不足，听从家长建议填报或调剂到不擅长或不喜欢的专业。等到进入大学后，他们发现实际情况与个人预期差距过大，从而产生厌学情绪，表现为迷茫、逃课、无法专注于学习之中，为学业困难埋下了隐患。

（四）人际网络缺失

学生与学校之间的联系不仅体现在身体置于校园之中，更有着深层次的文化联系。Tinto用"学生融入"来强调学生与学校文化之间的联系。所谓学生融入，是指学生与学校之间的社会性和学术性的联系，包括学生在学校活动中与教师、同辈、职员的交往，以及学生在正式和非正式学术体系中的体验①。难以正常融入学校环境与群体中也是造成学生学业困难的一个重要因素。尤其是当前高校普遍实行弹性修读年限（可在4~6年内修读完大学课程），一些不及格课程学分较多的学生通常选择暂时休学一年再回校继续学业。但是这些原本适应性不良的学生再次回到学校后，将面临新的融入困难，极大地影响了其学业表现。

二、针对学困生的学业指导策略

根据学业指导的时间、方式和对象等差异，各高校通常会对学困生提供专门的指导，主要包括早期预警干预、普及性课程干预和个性化咨询干预三大范式。② 在具体实践中，高校也不同程度地实行了预警性机制、过程管理机制、协同帮扶机制、差异教育干预策略、闲暇时间管理等策略。③ 那么，作为教师，当你的课堂上或者指导的学生中有学困生时，该如何进行指导呢？以下是一些可供参考的具体策略。

---

① 叶超. 关注学生经历视角下的概念区分与整合：对高等教育大众化背景下如何改善研究型大学本科教育的讨论 [J]. 江苏南京：高教文摘，2013 (6).

② 鲍威，金红昊，曾庆泉. 学业辅导对高校学困生的干预效应研究 [J]. 教育发展研究，2019，39 (1)：29-39.

③ 尉民. 对高校学习困难学生实施"过程管理"培养模式研究 [J]. 教育与职业，2009，624 (20)：37-39. 田甜，王友国. 高校学习困难学生的闲暇时间研究 [J]. 山东师范大学学报（人文社会科学版），2017，62 (1)：111-121. STEPHENS N M, HAMEDANI M Y G, DESTIN M. Closing the social-class achievement gap：A difference-education intervention improves first-generation students' academic performance and all students' college transition [J]. Psychological science, 2014, 25 (4)：943-953.

（一）正向引导策略

教师首先要鼓励学生积极认识所面临的学业困境。实际上，"问题"这一词的英文单词"problem"源于一个古希腊词"proballein"，意思是"向前抛"。问题的存在也为我们创造了去到新的境界的机会。我们如果能改变自己对问题的态度，选择接纳并拥抱自己所面临的障碍，那么就能获得新的成长，扩大自己的人生边界。反之，如果选择回避困难，拖而不决，则可能形成沉疴痼疾，越发难以解决。

（二）主动预防的策略

以学生不及格学分数为标准的学业预警机制具有一定的滞后性。学困生通常要在学业困难已经累积到一定程度，反映成多个学分不合格后才得以识别出来。这种"事后处理型"的策略不仅给学生造成较大压力，而且也使学校的学业指导工作变得被动。因此，教师应采取"早期主动预防"的策略，主动关注学生的学业参与和学业表现，在学生挂科之前帮助他们及时解决学业困难。一是从学生学科背景、相关课程修读成绩等方面，关注学习基础较为薄弱的学生。二是从课堂参与情况、作业反馈情况等入手，关注学习投入和学习动力不足的学生。三是综合学习投入和学习效果等情况，关注学习方法不恰当的学生。教师应根据学生的具体问题，帮助学生了解大学学习特点，掌握大学学习方法，改善学习策略，提高学习效率，促使其成为反思性学习者，为适应大学生活做好准备，也为终身学习奠定良好的基础。

（三）换位倾听的策略

大学生遭遇学业困难的原因千差万别，但很多教师在指导有学业问题的学生时，常常将学生的学业问题的原因归结为一个字——懒。由此导致思维、情感业已成熟的大学生在面对教师的指导时，带着强烈的抵触成分。对此，在面对学困生的过程中，教师首先要做到放下自身的权威以及心中预设的道德评判，以倾听者的身份去理解学生遇到的困难。只有这样，学生才会放下戒备，坦诚地交流自己的困境。其次，教师要善于识别学生隐含的问题，正确识别学生的困难和需求。有些时候学生难以清晰地意识到自己的问题，教师就需要帮助学生正确认识到自己的困难所在。① 比如学生是缺乏知识背景，还是在内容理解上有困难？是找不到有用的学

---

① 冯晓英. 在线辅导的策略：辅导教师教学维度的能力[J]. 中国电化教育，2012(8)：40-45.

习资源，还是不会有效地运用资源？学习者是欠缺某种学习技能，还是在学习上的投入程度还不够？这些问题需要教师认真倾听后，与学生一起来寻找解决办法。

（四）联合支持的策略

如前所述，大学生遭遇学业困难的背后有着多重原因，学习目标不清、学习能力不足、学习方法不当等问题，通常难以依靠任课教师的一己之力来帮助学生解决。事实上，已有调查显示，大学生在遇到学业问题时，自己解决、与同学讨论以及咨询相关教师是排在前三位的解决途径。因此，面对学习遇到困难的学生，教师要主动联合学校相关职能部门和辅导员的力量，共同为学困生提供支持和帮助。一方面，教师应利用自身的专业优势，引导学生了解特定课程的学习方法，建立良好的学习习惯，引导学生充分认识所学专业，增强专业认同感。另一方面，教师要在熟悉校内学生发展资源的基础上，主动联系辅导员和相关职能部门，寻求更多的资源为学业困难学生提供支持。针对两类主要学习困难学生的指导策略见表8-1。

表8-1　针对两类主要学习困难学生的指导策略[①]

	不适应大学学习状态与方法	缺乏学习兴趣和动力、投入不足
客观表现	时间安排混乱；上课跟不上，无法掌握课程重点；自习效率低；与其他人交流较少；提不出问题	逃课、自习时间少、学习主动性不强
深层原因	未适应大学学习的节奏与方式；不会主动选择、深层次加工学习内容；性格特点偏内向	学习目标不明确、不喜欢本专业
指导策略	班主任、辅导员等个别谈话，多理解、看进步、多鼓励；陪伴；与任课教师沟通，获取单独辅导的机会；组建学习小组或集体自习；建议参加学校学业指导中心关于学习方法与技巧的讲座；建议参加相关课程的答疑活动；预约学业指导中心一对一辅导	班主任、辅导员等个别谈话，多理解、看进步、多鼓励；提供多方面客观信息和资源；明确学习目标；共同制订符合个人情况的具体学习计划；预约学业指导中心一对一规划辅导

（五）持续关注的策略

大学生遭遇学业困境往往难以在短时间内解决，甚至部分尝试改变的

---

① 耿睿，詹逸思，等. 中国高校学业指导手册［M］. 北京：清华大学出版社，2017：141-142.

学困生也可能因多种原因出现反复。因此，教师对于学困生的学业指导要在一段时间内持续进行。教师在引导学困生克服当前学业困境的过程中，要及时关注其进展，鼓励学生的积极改变，同时也针对新的问题提供针对性的支持。在此基础上，教师更要帮助学生树立明确的学习目标，建立良好的学习习惯，使之成为有效学习者。

【本章小结】

本章基于"以学为中心"的基本理念，重点关注学生"如何学"，在分析当代大学生特征的基础上，为教师如何指导学生学习提供策略建议。

本章首先分析了当代大学生的群体特征。我国高等教育进入普及化阶段后，大学生规模急剧扩张，学生群体的异质性增强。本章第一节从大学生的群体构成、心理发展特点以及学习特点三个层面，分析了当代大学生的群体特征，以帮助教师科学认识所教学生的基本特点，继而为有效设计课程教学、指导学生学业发展奠定基础。第二节着重阐述了大学生学业指导的概念和模式，详细介绍了诊断式学业指导、发展性学业指导、主动型指导、欣赏型指导、基于优势的指导、基于训练的指导等不同模式。通过对不同指导模式的科学认识，教师可以自主选择更加适合学生的特点和需求的指导模式，切实提升学业指导的有效性。第三节和第四节分别围绕大学生学习方面的常见问题和学业困难学生这一特殊群体，借鉴心理学、教育学等多个学科的研究成果，为教师指导大学生学业发展提供具体的策略建议。

教师对大学生的学习指导，其核心在于培养学生自主学习能力。培养学生自主学习能力不仅对学生学业成绩具有重要作用，还可以提高学习动机，促进学生掌握学习策略，提升学习效果①。从长远来看，自主学习可以提高个体的自主性，让个体具备按自己意愿行事的能力②，为其终身学习奠定必要的心理基础③。然而，教师对大学生学习指导的重视程度存在

---

① ZIMMERMAN B J. Self-regulated learning and academic achievement: An overview [J]. Educational psychologist, 1990, 25 (1): 3-17.

② DIGNATH C , BUETTNER G , LANGFELDT H P.. How can primary school students learn self-regulated learning strategies most effectively? A meta-analysis on self-regulation training programmes [J]. Educational Research Review, 2008, 3 (2): 101-129.

③ PONTON M K , CARR P B. Understanding and promoting autonomy in self-directed learning [J]. Current Research in Social Psychology, 2000, 5 (19): 271-284.

较大差异。对此，大学教师应正确认识大学生学习指导的重要意义，准确把握不同指导模式的适用范围，有效选择适合不同学生的特点和需求的指导方式，及时、有效地为大学生学习提供指导，帮助大学生树立良好的学习理念，习得高效的学习方法，及时解决学生在学习中的困难，丰富学生在校学习体验，进而有效提升教与学的效果。

附件一：

学习风格量表（Learning Styles Inventory）[①]

第一步：请对表8-2每行中的 A、B、C、D 四项进行排序。依照叙述的句子，给你认为的适合你或你喜欢的学习方式排序（最适合、最喜欢为4，其次为3，再次2，最不像你为1，以此类推）。每项都必须有排序分，分数不可相同或有小数点。

当我学习时，我会

表8-2 学习风格量表

	A	B	C	D
1.	对（我）喜欢的东西有偏好	有足够时间充分准备后才会行动	参与	喜欢有用的东西
2.	不排斥新的经验	尝试新事物	分析	考量一个问题的各个方面
3.	理清我的感受	看	想	做
4.	接受人/事本来的样子	敢冒风险	评估事情	知道在我周遭所正在发生的事
5.	依赖直觉	把事情完成	我是理性的	有很多问题
6.	喜欢新点子和理论	喜欢观察	喜欢我能看得到和摸得到的东西	喜欢活跃地做事

---

① 本表根据 ISW 培训手册和戴夫·埃利斯所著《优秀大学生成长手册》第37~41页内容整理而来。

表8-2（续）

	A	B	C	D
7.	比较喜欢及时地学习	行动前会先考虑	通常会思考未来、后续	喜欢看到我的工作的成果/成绩
8.	相信/依赖我的感觉	相信/依赖我的观察	相信/依赖我的想法	得自己去尝试
9.	我是积极的	我是安静的	我倾向理性行事	我做事有责任感

第二步：请在下面抄写下每栏里你对特定题目所给的排名。例如，在A栏里，抄写下你给第2、3、4、5、7、8行的排名。然后，把每一栏的数字加起来。注意：不是每行排名都被使用。

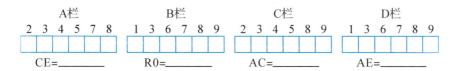

现在，把计算得到的 CE、RO、AC、AE 四个分数，分别在图 8-1 中标记出来。每一条线上标注点所在的位置，表示你在学习中某个方面的偏好程度。

CE 代表"具体经验"。这条线上的标注点对应的数值，表示你更喜欢学习对个人有意义的东西。得分越高，表明你的偏好越强。

RO 代表"反思观察"。这条线上的数值表示你对学习中思考的重视程度。分数越高，表明你认为观察他人完成某种任务并写出观察报告也很重要。你应该凡事都喜欢做计划，你愿意花时间去琢磨某一个具体的问题。

AC 代表"抽象概念"。这条线上的数字表示你对学习理论、事实和数字的偏爱程度。得分越高，表明你越喜欢吸收概念，也喜欢就某一个问题去搜集很多信息。

AE 代表"主动实践"。这条线上的数字表示你应用理论、从尝试和错误中学习以及学以致用的能力。得分越高，表明你越喜欢亲自动手，用时间来检验学到的理论。

第三步：做减法计算，并在图 8-2 中标记出来，找到你的学习风格类型（见表 8-3）。[1]

---

[1] 如果你有任何负数的分数，请保留负数的符号。分数并不代表成绩，而是用于在图表上找对应的学习方式。

AC _____ – CE _____ = _____   AE _____ – RO _____ = _____

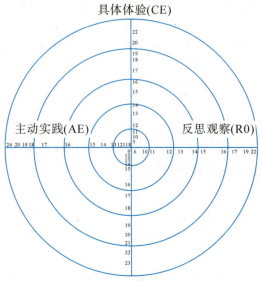

图 8-1 学习具体倾向

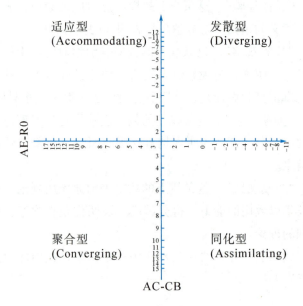

图 8-2 学习风格

表8-3　学习者风格测试解读

适应型 Accommodating（CE 具体经验+AE 积极实践）：	同化型 Assimilating（AC 抽象概括+RO 反思观察）：
●注重实践； ●喜欢非线性的、多方面的、指导方针广泛的指导； ●从实际经验中学习； ●主动寻求问题和开放性的解决办法，迎接挑战； ●利用直觉思考，发散性思维，探究式思考； ●追求独立、创造力和选择性； ●时刻准备给出新颖的方法，通过提供选择权并争取领导地位来实现目标； ●主动实践，有冒险精神； ●在探索可能性的过程中期待带来有益的改变 ●喜欢充斥着各类人的忙碌环境；经常扮演指导者的角色	●注重观点和想法； ●喜欢结构化的、有序的和有逻辑的指令； ●通过思考来学习； ●寻求确切的、经过充分调查的信息、文件及教学内容相关领域的专业知识； ●运用脑力的、分析的、系统的、可评估的方式进行思考； ●追求概念化、知识及范围、顺序化； ●时刻准备创建理论模型、验证观点、分析和评估研究数据； ●按照传统的规则和条例，在合议协商的关系中有逻辑地进行操作； ●希望能够整合已有信息、分析新知识、达到专业知识水平； ●喜欢安静的、学术的氛围，喜欢传统的学术角色。
发散型 Diverging（CE 具体经验+RO 反思观察）：	学习风格偏好聚合型 Converging（AC 抽象概括+AE 积极实践）：
●注重感觉和个人价值； ●喜欢和谐的、非线性的、非传统结构化的指导； ●积累个人经验，积极的人际关系，关注和支持； ●运用解释的、感知的、想象的方式进行思考； ●力求理解人性，尤其是沟通和情感；以满足他人的需求为乐； ●愿意与重要他人分享情绪和对某事的反应； ●乐于改变，同时投身很多项目； ●靠内在的、可意会的一套指导思想进行，寻求信任和忠诚； ●希望进行整体分析，以自己的方式来实现目标； ●喜欢美观的、非正式的环境，喜欢与他人合作、喜欢按照自己的时间安排工作	●注重具体的、物质的世界以及亲身实践； ●喜欢有序的、结构化的、按部就班的指令； ●全面运用五种感官进行学习； ●要求具体的、明确的数据，确切的指令，具体、正确的答案和细节； ●以有条不紊的、有序的、可预见的方式进行思考； ●力求完美、精确和结构化； ●在技术和机械意义上进行创造，通过实用的方法实现目的性的目标，生成有形的产品； ●在层级结构内按照常规的正确步骤使用经过检验而可靠的模式； ●希望为产品提供详尽的答案，希望努力有所回报，以表面的价值判断事物； ●喜欢安静的、能掌控的实践环境，并注重高效利用时间

参考文献

［1］芭芭拉·格罗斯·戴维斯. 一个好老师必备的教学工具［M］. 韩金龙，田婧，译. 广州：华南理工大学出版社，2014.

［2］戴夫·埃利斯. 优秀大学生成长手册［M］. 毛乐，何雨珈，于吉美，等，译. 北京：科学出版社，2015.

［3］卡尔·纽坡特. 如何在大学里脱颖而出［M］. 赵娟，译. 成都：四川人民出版社，2018.

［4］尼尔森. 最佳教学模式的选择与过程控制［M］. 魏清华，陈岩，张雅娜，译. 广州：华南理工大学出版社，2014.

［5］BARR R B, TAGG J. From teaching to learning-a new paradigm for undergraduate education［J］. Change 1995（27）：13-15.

［6］DIGNATH C, BUETTNER G, LANGFELDT H P. How can primary school students learn self-regulated learning strategies most effectively? A meta-analysis on self-regulation training programmes［J］. Educational Research Review, 2008, 3（2）：101-129.

［7］HEYE, HUTSON B. Assessment for faculty advising：beyond the service component［J］. NACADA Journal, 2017, 37（2）：66-75.

［8］JOHNSTONE, A. H., SU, W. Y. Lecture：A Learning Experience［J］Education in Chemistry, 1994（35）：76-79.

［9］MCCLELLAN JEFFREY, MOSERCLINT. A practical approach to advising as coaching［EB/OL］.（2018-11-27）［2023-11-18］. http://www.nacada. ksu. edu/Resources/Clearinghouse/View - Articles/Advising - as - coaching.aspx.

［10］O´BANION TERRY. An Academic Advising Model［J］. NACADA Journal, 2009（1）：83-89.

［11］PONTON M K, CARR P B. Understanding and promoting autonomy in self-directed learning［J］. Current Research in Social Psychology, 2000, 5（19）：271-284.

［12］SASS E J. Motivation in the college classroom：What students tell us

[J]. Teaching of psychology, 1989, 16 (2): 86-88.

[13] SCHREINER L, ANDERSONE. Strengths–based advising: a new lens for higher education [J]. NACADA Journal, 2005, 25 (2).

[14] SCHWARTZ S J, CÔTÉ J E, ARNETT J J. Identity and agency in e-merging adulthood: Two developmental routes in the individualization process [J]. Youth & society, 2005, 37 (2), 201-229.

[15] SMITH J S. First–year student perception s of academic advisement: a qualitative study and reality check[J]. NACADA Journal, 2002, 22 (2): 39-49.

[16] STEPHENS N M, HAMEDANI M Y G, DESTIN M. Closing the social–class achievement gap: A difference–education intervention improves first –generation students' academic performance and all students' college transition [J]. Psychological science, 2014, 25 (4): 943-953.

[17] ZIMMERMAN B J. Self – regulated learning and academic achievement: An overview [J]. Educational psychologist, 1990, 25 (1): 3 -17.

[18] 鲍威, 金红昊, 曾庆泉. 学业辅导对高校学困生的干预效应研究 [J]. 教育发展研究, 2019, 39 (1): 29-39.

[19] 陈乐. 农村大学生与城市大学生学习差异分析: 基于上海四所研究型大学的调查数据 [J]. 大学 (研究版), 2017 (4): 47-57, 46.

[20] 陈晓蕾, 单常艳, 田云平. 当代大学生身心发展特点和规律 [J]. 科教导刊 (上旬刊), 2011 (3): 15, 17.

[21] 程猛, 康永久. "物或损之而益": 关于底层文化资本的另一种言说 [J]. 清华大学教育研究, 2016, 37 (4): 83-91.

[22] 窦心浩. 大学生的学习状况与高等教育质量保障: 关于大学生群体分化的实证分析 [J]. 复旦教育论坛, 2013, 11 (4): 69-74.

[23] 冯晓英. 在线辅导的策略: 辅导教师教学维度的能力 [J]. 中国电化教育, 2012 (8): 40-45.

[24] 高媛. 分析当代大学生特点, 创新理想信念教育工作 [J]. 中国校外教育, 2011 (4): 2, 5.

[25] 耿睿, 詹逸思, 等. 中国高校学业指导手册 [M]. 北京: 清华大学出版社, 2017.

[26] 金子元久. 大学教育力 [M]. 徐国兴, 译. 上海: 华东师范大学

出版社，2009.

　　［27］肯·贝恩. 如何成为卓越的大学生 ［M］. 孙晓云，郑芳芳，译.
北京：北京大学出版社，2015：253-261.

　　［28］拉塞尔·L 阿克夫，丹尼尔·格林伯格. 21 世纪学习的革命
［M］. 杨彩霞，译. 北京：中国人民大学出版社，2010：169.

　　［29］刘儒德. 论学习策略的实质 ［J］. 心理科学，1997（2）：179
-181.

　　［30］刘颖. 父母教养方式与高校学困生学习关联度研究 ［J］. 东北师
大学报（哲学社会科学版），2013，265（5）：213-216.

　　［31］包志梅. 我国高水平大学学困生的形成过程与边缘化轨迹研究
［J］. 中国青年研究，2022，314（4）：112-119.

　　［32］陆根书. 学习风格与学习成绩的相关分析 ［J］. 高等工程教育研
究，2005，（4）：44-48.

　　［33］马道明. 输在起点的流动：农村大学生的城市之路 ［J］. 中国青
年研究，2015（10）：56-60，65.

　　［34］牛端，张杰锋，方瑞芬. 学习策略与人际交往能力对大学新生
学校适应的影响 ［J］. 复旦教育论坛，2017，15（5）：50-55，70.

　　［35］史静寰，陈乐. 构建"本研一体""双一流"高校人才培养模式
［J］. 中国高等教育，2019（1）：23-26.

　　［36］史秋衡，孙昕妍. 当代大学生成长规律与育人路径 ［J］. 中国远
程教育，2022（11）：15-23，74-75.

　　［37］田甜，王友国. 高校学习困难学生的闲暇时间研究 ［J］. 山东师
范大学学报（人文社会科学版），2017，62（1）：111-121.

　　［38］王自华，罗葆青. 高校学困生成因分析及预警机制构建 ［J］. 人
民论坛，2011（8）：172-173.

　　［39］向燕. 高校学困生类型分析及精准帮扶路径探索 ［J］. 教育观
察，2021，10（45）：60-62.

　　［40］尉民. 对高校学习困难学生实施"过程管理"培养模式研究
［J］. 教育与职业，2009，624（20）：37-39.

　　［41］夏凤琴，刘青. 美国高校学业指导模式发展研究 ［J］. 东北师大
学报（哲学社会科学版），2020，（3）：136-142，158.

　　［42］谢爱磊. 精英高校中的农村籍学生：社会流动与生存心态的转

变 [J]. 教育研究, 2016, 37 (11)：74-81.

[43] 徐新林. 农村大学生社会化过程中的文化冲突 [J]. 青年研究, 1998 (3)：16-20.

[44] 叶超. 关注学生经历视角下的概念区分与整合：对高等教育大众化背景下如何改善研究型大学本科教育的讨论 [J]. 江苏南京：高教文摘, 2013 (06).

[45] 张华峰, 赵琳, 郭菲. 第一代大学生的学习画像：基于"中国大学生学习发展和追踪调查"的分析 [J]. 清华大学教育研究, 2016, 37 (6)：72-78, 94.

[46] 张莉, 王远均, 魏华. 高校学生学业预警与指导联动机制探索与实践 [J]. 教学质量与创新型人才培养, 2014 (7).

[47] 张启钱, 王小青, 谈静艳. 我国高校"学困生"的成因分析及对此研究：基于对"学习困难"定义回归解读的视角 [J]. 高等理科教育, 2011 (2)：77-82.

第九章 教学考核与评价

第一节 教学考核与评价概述

一、教学考核与评价的理论基础

教师教学评价，实则是对教师日常教学工作进行全面而客观的评估的过程。其主旨在于激发并提升教师在教育和科研领域的专业能力，确保他们能在不断变化的教育环境中持续进步。作为教育评价体系中不可或缺的一环，教师教学评价必须严格遵循教育评价的基本理念，确保评价的公正性、科学性和有效性。通过这一评价过程，我们期望能够构建一个更加完善、更具活力的教育生态，为培养更多优秀人才奠定坚实基础。[①]

（一）持续性改进教学评价理念

OBE教育理念，又称成果导向教育、能力导向教育、目标导向教育或需求导向教育，是当前教育领域中备受推崇的先进理念。这一理念的核心理念是以学生为核心，采用逆向思维的策略构建课程体系。它旨在将课程教学目标精准定位为促进个体的认知发展，并引导学生实现自我潜能的深度挖掘。在这一过程中，课程教学的焦点是能力培养，确保每一位学生都能在知识的海洋中畅游，不断提升自己的实力。

持续性改进的教学评价理念强调以学生为中心，基于学生的实际情况，精心组织和策划教学活动，密切关注学生的学习与发展状态，借助创新的教学方式、现代化的教学手段以及先进的教育理念，全方位地加强对学生专业核心能力、综合素质及专业技能的培育。在尊重学生个性的同

---

① 邱均平，王碧云. 教育评价学［M］. 3版. 北京：科学出版社，2018.

时，引导他们树立正确的发展观，激发他们参与教学活动的热情，使他们真正成为知识的挖掘者、整理者与应用者。

同时，课程考核方式与评价方式必须与时俱进，紧随教学理念、教学方法及教学模式的变革而不断更新。我们构建了基于"评价—反馈—改进"的循环评价体系，旨在突破传统评价机制的局限，从学生专业核心素养、综合素质以及教学质量等多个维度进行全面评价。这样的评价方式不仅能够更准确地反映学生的学习状态，还能为教学质量的提升提供有力的支撑，促进教学质量的螺旋上升，形成良性的教学循环。

（二）发展性课堂教学评价的理念

发展性教师评价制度，作为一种前瞻性的、创新性的教师评估框架，不仅聚焦于教师当前的工作成效，更将目光投向了教师与学校未来的共同发展。在实施过程中，该制度强调教师个人价值、伦理价值及专业价值的全面体现，旨在根据每位教师的工作表现，精准定位其个人成长需求，从而量身定制个性化的发展蓝图。该制度不仅为教师提供了持续成长与自我完善的契机，如通过专业培训或自主研修，不断增强履行教育职责的能力，更助力学校在教育领域迈向更加光明的未来。

发展性教师评价注重评价的真实性与客观性，鼓励同行间的深度交流与互鉴。通过教学经验的分享，如教学策略、方法与技巧的相互学习，教师能够开拓新的教学视野，审视并优化自己的教学实践。这种交流能增强教师间的团队合作意识，构建一个积极向上、互相扶持的教学共同体。在这样的氛围中，教师们更有可能进行教学创新，同时也能够获得跨专业和领域的教学资源与信息，进而提升整个学校的教学质量与影响力。

二、教学考核与评价的方法及工具

教育教学评价的方法在多个关键领域发挥着至关重要的作用，涵盖了评价的组织架构、数据的精确收集、数据的细致处理、数据的有效应用以及深入的数据调查研究等方面。在组织评价的过程中，这些方法涉及定量与定性双重维度，确保了评价结果的全面性和准确性。下面列举的是几种最常用的评价方法：

（一）定量评价法

此方法侧重于以数据为基础的量化分析，通过收集和分析大量数据，以具体数值形式呈现教育教学的效果，使评价结果更具客观性和可比较性。常用的定量评价法主要是问卷调查法，它作为一种高效的评估手段，能够迅速在大范围内从学生群体中汇集其对教师教学质量的评价信息。其标准化的设计确保了数据的统一性和可比性，使得我们能够对大规模的数据进行详尽且全面地分析。

（二）定性评价法

定性评价法侧重于通过深入观察和描述，揭示教育教学现象的本质和特性，捕捉那些难以量化的信息，使评价结果更加全面和深入。常用的定性评价法主要有座谈法、专家调研法、专家评价法等。座谈法虽然需要投入更多的时间和资源，但它允许我们与参与者进行深入的交流，针对特定问题展开详尽的讨论，有助于揭示教学过程中的深层次问题，对于探索复杂的教学难题以及不断完善教学策略具有显著的优势；同时，还有助于建立师生之间的信任与理解，促进双方之间的沟通与反馈，能进一步提升教学评价的全面性和准确性。

（三）成果分析法

1. 学生学习成果评定

学生学习成果分析法是一个极具综合性的评价体系，它不仅横跨多个维度，更贯穿多个层次，其核心目的在于全方位、精准地衡量学生的学习效果。这一方法通过细致观察学生在特定时间段内的学习进步轨迹，如考试成绩的稳步提升，以及他们学业成绩的具体表现，如就业率的提升、各类奖项的斩获等，来全面评价教师的教学实力，并进一步揭示其教学效果及其对学生的深远影响。

在深入分析学生学习成效的过程中，我们必须综合考量多方面的影响因素。这些因素包括学生个体层面的因素，如学习动力是否充沛、学习习惯是否良好、家庭环境是否有利于学习等；还包括社会层面的因素，比如教育模式的选择是否合适、教师的教学技能是否精湛等。此外，学校层面的因素也不容忽视，如课程设置的合理性、教学管理的有效性等。为了确保分析的准确性和客观性，我们需要运用控制变量的科学方法，以精确揭示学生学习成效与教师教学技能之间的内在联系。

2. 成长档案袋评价

教师教学成长档案袋，作为一种促进教师专业发展的精良工具，具有重要的作用。它系统地、规范地捕捉并整合了教师职业生涯中的教育教学点滴，如深厚的专业背景、承担的教学职责、精心策划的教学实施方案、独具匠心的教学设计以及丰硕的教研获奖成果等。这一档案不仅为教师构建了一幅完整而详细的教学成长画卷，使教师能够更全面地认识自我，更为教师的专业发展评价提供了有力的支撑。

更重要的是，这份档案袋不仅是教师成长的见证，更是其专业成长道路上的导航灯。它鼓励教师不断追求自我完善，形成独具特色的教学风格，并在这一过程中，不断增强职业幸福感和自信心。通过持续地反思与自省，教师能够在专业化的道路上实现真正的成长与进步，为教育事业贡献自己的力量。

（四）课堂听课法

课堂听课法，其核心在于通过细致入微的课堂教学观察、全面记录的教学录像以及深入实际的教学观摩等多种形式，全面把握教师的教学实际状况，并进行深入的分析和精准的判断。这一过程不仅为优化教师教学策略、促进其专业成长提供了宝贵的实践依据，还为相关教育决策的制定提供了有力的参考。在此过程中，听课的主要参与者不仅包括学生，还有具备丰富经验的专家，他们共同为教学质量的提升贡献智慧与力量。

1. 学生评教

学生参与教师评价，对教师的教学行为、态度、专业素养及教学效果等多个维度进行综合考量。这种学生评教的方式，以其民主性深受推崇，通常以问卷调查这一形式进行。回顾多年来的学生评教实践，不难发现，教师们对于学生评教的结果持有高度的关注度。尤其是当评价结果不尽如人意时，其对教师的情绪影响尤为显著。然而，值得欣喜的是，教师们普遍认同来自学生的反馈意见和建议[1]，其是助推他们教学进步的重要动力。

学生评教之所以能得到教师的广泛认可，根源在于学生在教育过程中的特殊地位。学生不仅是教师教学行为的直接见证者，更是教育成果的最直观体现者。在师生双方构成的教育生态中，学生无疑是直接的"利益攸关方"，他们对教学的感受既深刻又直接。同时，教师作为教育服务的提供者，也普遍认可学生对自己教学活动的评价权，因为学生的声音往往能最直接地反映出教学的成效与不足。

2. 专家评教

教师之间的互评无疑是发扬民主精神的一种高效评价模式。与单一的

---

① 谢秉智. 试论高等学校学科专家评价的实践活动 [J]. 上海高教研究，1990，(2)：43-47.

学生评教不同，专家评教呈现出一种更为全面且深入的视角。它不仅仅局限于课堂上的师生互动，更涵盖了课程实施方案的合理性、课程建设资源的丰富性、随堂作业的布置与反馈等课堂教学的"幕后英雄"。通常，专家评教作为教师评价的一种有益补充，旨在协助教师精准识别教学中的问题，进而优化教学策略，提升教学质量与效果。

专家评价的优势在于其多元性与客观性。来自不同学科领域、不同高校的专家，能够打破专业壁垒，提供更为全面且中肯的评价。这种跨学科的交流不仅有助于教师拓宽教学视野，还能促进同行间的相互学习与成长。同时，专家评价也为教师提供了一个全面审视自我、形成独特教学风格的契机。

在利用课堂听课法进行综合评价时，我们更应追求精准与全面。这需要我们不仅仅关注单一的课堂教学活动或某位教师的个别教学实例，而是要广泛观察多个类似的教学场景或该教师的多个教学实践，以此汇聚成更为丰富、真实的评价素材。同时，借助精心设计的评价量表，能够将教师的课堂行为以更为精准的数据形式进行量化，这不仅有助于评价者更清晰地把握教师的教学特点，还能为教师改进教学提供更为明确、具体的指导方向。

（五）教师自评法

教师自评是发展性教师评价体系中最为关键的改进动力，为教师的自我审视与成长提供了坚实的心理支撑。它有助于教师深入洞察自身的优势与短板，从而明确目标，驱动自我提升与自我鞭策。随着教师教学评价理念的演进，教师自评已然成为一股潮流，教师们以自我研究为基石，开展深刻的自我反思，并通过实际行动来不断优化教学方法。

教师评价方法繁多，然而每种方法都应恪守公平、实用、全面、高效、适宜的原则，以确保每种评价方法都能发挥其最大的价值，为教师的专业成长提供有力支持。

三、教学考核与评价的过程及原则

教学考核与评价，是一个错综复杂的过程，涵盖了多方面的考量与实施策略。一个精心构建的教学考核与评价流程，其核心目的在于全面、公正地评估课堂教学质量，推动教学改革的深入发展，并促进教师与学生的共同进步。以下是这一过程中不可或缺的几个关键步骤：

首先，明确考核与评价的目标和标准，确保评价过程的针对性和客观性。通过清晰界定的目标和标准，我们能够更加准确地评估教学质量，从而提出有针对性的改进措施。

其次，实施多元化的评价方法。这包括课堂观察、学生反馈、作业评估等多种方式，以全面捕捉教学过程中的各种信息，为评价提供丰富的数据支持。

再次，注重教师与学生的互动参与。教师作为教学的主体，其反馈和建议对于改进教学质量至关重要。同时，学生的反馈也是衡量教学效果的重要依据。通过促进双方的互动参与，我们能够更加深入地了解教学中的问题和需求。

最后，及时反馈评价结果并制订改进计划。对于评价过程中发现的问题和不足，我们需要及时进行反馈并制定相应的改进计划。这不仅能够促进教学质量的持续提升，还能够为教师和学生提供宝贵的成长机会。

教学考核与评价的原则主要包括公正性、客观性、科学性、全面性和发展性。公正性是指在评价过程中应公平对待每一位被评价者，不偏袒、不歧视。客观性要求评价者依据事实和数据，避免主观臆断和偏见。科学性意味着评价方法和手段应符合教育规律和学科特点，能准确反映教学实际情况。全面性则要求评价应涵盖教学目标、教学内容、教学方法、教学效果等多个方面。发展性强调评价不仅关注当前的教学成果，还要关注教师的专业发展和学生的长期成长。①

第二节　教师评学

一、评学的目的

在探讨课程教学评价时，其核心无疑是对教学质量进行精准评估。随着高等教育改革的浪潮汹涌向前，我们愈发聚焦于学生的专业学习成效。经过深入研究，我们发现"以学评教"这一模式作为提高教学实效性的策略，在诸多方面都展现出了显著的积极作用。它强调学生在教育过程中的主体地位，不仅有效提升了学生的学习动机和学业效能感，更是激发了他

---

①　田中耕治. 教育评价 [M]. 高峡，等，译. 北京：北京师范大学出版社，2011.

们的学习热情，助力其实现自我学习与全面发展的双重目标；同时，还优化了师生之间的关系，使学生能够更积极地反馈学习体验，从而让教师更深入地了解并反思自己的教学效果，增强了教师的专业能力和教学能力①。

二、教师评学的标准及过程

（一）教师评学的标准

学习评价是一项至关重要的教育环节，它旨在通过多维度的评价机制，全面促进学生的综合发展。具体而言，学习评价活动不仅致力于提升学生的知识深度和广度，实践技能和创新能力，也注重培养学生的社会责任感，使他们能够成为有担当的公民。此外，学习评价活动还注重学生学习能力的提升，帮助他们掌握有效的学习策略和方法。因此，在涉及学习评价时，我们必须充分参考这些多维度的标准，确保评价结果的全面性和准确性。

1. 知识境界的升华

大学的核心使命在于知识的传承与创新。在这里，学生们通过学习、交流，不断拓展自己的知识边界，为未来的知识创新奠定坚实基础。知识的深度，体现在对专业领域的深入钻研；而知识的广度，则体现在对不同领域的广泛涉猎。后者尤为重要，因为它代表着一种跨学科的思维模式，这种思维模式能够激发人的潜能，促进创新思维的迸发。正是这些知识的交融与碰撞，构成了人类不断前进、持续发展的源泉②。

2. 技能的锤炼与能力的飞跃

在求学与成长的道路上，我们不仅需要掌握一系列基本技能，如流畅的交流能力、精湛的书面表达能力以及强大的环境适应能力，还需要深入培养一系列专业技能。这些专业技能包括但不限于：运用数据进行定量推理的能力、科学严谨的分析能力、全面透彻的辩证思考能力、锐利准确的批判性分析能力、精湛的实验操作能力以及提出假设并有效验证其可行性的能力。学生只有通过不断地学习与实践，将这些技能与能力磨炼得炉火纯青，才能在未来的社会岗位上，取得卓越的成就。

3. 个人与社会责任感的深化

在掌握深厚知识和卓越技能的同时，个人与社会的责任感是每个人不可或缺的品质。在广泛的社会领域中，无论是何种工作，都不可避免地需

---

① 金新宇. 以学评教，提高教学实效性的实证研究［D］. 上海：上海师范大学，2016.
② 金新宇. 以学评教，提高教学实效性的实证研究［D］. 上海：上海师范大学，2016.

要与他人合作，在这一过程中，尊重不同个体间的差异、理解并接纳各种文化背景显得尤为重要。在日益复杂多变的社会环境中，一个具有强烈责任感和使命感的人，不仅能更好地融入集体，更能在面对挑战和困难时，展现出坚韧不拔的毅力与勇于担当的精神。因此，我们应当在教育中不断加强这方面的培养，为学生的未来奠定坚实的基础。

4. 学习能力的显著提升

从金融危机的震荡，到数字革命的浪潮，再到科技革命的推进，这些变革带来的冲击已超乎想象。学生在校园内所积累的知识与技能，显然已无法全面满足复杂多变的社会工作需求，学习能力的重要性日益凸显。学习，是一个终身的过程，是持续不断、自我更新、自我提升的过程，应超越课堂与校园的界限。学习者在任何环境中都需保持敏锐的感知与适应性，即在面对新知识和新技能时，能够迅速建立起与其已有知识与经验之间的联系，从而实现知识的整合与更新。这种适应性学习的能力，本质上是在知识与技能之间建立起新的联系，即要求学生不仅要有深厚的知识储备，更要有灵活的思维方式和敏锐的洞察力。

通过评学这一机制，我们旨在推动教师不断完善其教学，建立一种有效的反馈循环。评学的反馈体系主要由直接反馈与间接反馈两部分构成。直接反馈方面，我们采用详尽的问卷调查，旨在深入了解学生对于课程的具体需求、教学建议，以及他们对知识的理解和接受程度，从而获取第一手的学生心声。间接反馈层面，主要依赖于教师对学生试卷、作业、实践等多元化学习成果的细致剖析。我们可以据此洞察学生的真实能力水平和潜在需求的变化，从而为教学的持续改进提供坚实的依据。[①]

在构建评价反馈体系时，我们始终以学生的专业能力、素质与技能的培养为核心，同时紧密结合实习实践环节。基于学生在处理复杂问题时的实际表现，我们将进行详尽的定性与定量分析，力求精确捕捉学生各项专业能力的细微差别。此体系的建立，旨在克服过去教学中存在的实践能力不足、应对复杂问题能力欠缺的难题。评价结果的及时反馈将帮助教师灵活调整教学策略、组织形式等，从而更精确地强化学生的专业核心能力培养，确保每位学生都能在全面而深入的教育中受益。

---

① 汪霞，嵇艳.美国研究型大学本科生课程与教学评价研究［M］.南京：南京大学出版社，2018.

（二）教师评学的流程

教师评学的过程可以遵循以下步骤：

（1）明确评估目标：教师需要明确评估的目标，这涵盖了学生的学习效果、动力、习惯、潜能及诚信等方面。同时，教师应根据学科特点、年级和教学阶段的要求，制定具体的评估目标，为后续的评估实施与结果反馈提供坚实的基础。

（2）设定评估指标：教师应基于评估目标，遵循指标设计的原则，通过一系列流程如初步构建、筛选、合理性检验、反馈性检验等，运用层次分析法、聚类分析、非参数检验、德尔菲法等方法，精准地选取和优化指标。值得注意的是，指标体系需要根据实际情况进行动态调整，并在评价结束后进行评估以不断优化。

（3）设计评估工具：教师应设计多样化的评估工具，如观察记录、问卷调查、学生作品分析等，以全面捕捉学生的学习信息。评估工具的设计应注重科学性和客观性，以准确衡量学生的学习质量。

（4）实施评估：教师应根据评估目标和学习情况，采用观察、问卷调查、学生作品分析等多种方式对学生进行全面评估。在评估过程中，教师应关注学生的个性差异和全面发展，了解每个学生的学习特点和需求，以更好地指导学生。[1]

（5）分析评估结果：教师应深入分析评估结果，并将其与日常教学活动相结合，反思并优化教学方法和手段。同时，教师应及时将评估结果反馈给学生和家长，帮助他们了解学习情况，从而调整学习计划。

（6）制定改进措施：基于评估结果，教师应针对学生的学习问题制定切实可行的改进措施。这些措施应涵盖教学计划的调整、教学方法的改进、课外辅导的提供等，以更好地提升学生的学习效果和动力。

三、教师评学的案例分析

（一）国外一流大学 A

在该大学的课堂上，教师们总是敏锐地关注着每一位学生的学习进程，并会适时地给予评价。这种评价具有多样性，因课程性质和内容的不同而有所差异，但总体而言，它涵盖了学生日常学习的参与度、测试成绩

---

① 叶立群，潘懋元，王伟廉，等. 高等教育学［M］. 3 版. 福州：福建教育出版社，2013.

和论文质量等方面。具体来说，学生的参与度不仅体现在日常的考勤、阅读和课堂上的提问与讨论，还包括他们对课程内容的深入思考和实践应用。测试成绩则涵盖了课堂随练、期中考试和期末考试等多个环节，全方位地考查了学生对于知识的掌握程度和应用能力。而论文方面，无论是课程论文还是团队协作的主题报告，都要求学生综合运用所学知识，进行独立思考和创造性表达。

每位教师在课程实施过程中，都会根据实际情况灵活调整评价方式，具体的评价标准都会在课程实施方案中明确指出，供学生在选修课程时提前了解。以"认知科学"这门课程为例，它的目标是让学生深入理解人类思考的方式，且需要借助计算机科学、语言学、哲学、人类学、行为经济学和心理学等多学科的知识。在课程实施方案中，教师明确了将要讲解的理论与工具，以及如何运用这些观点来探索思维过程，旨在锻炼学生的推理力、记忆力、智力、决策力和图像处理能力等多方面的能力。对学生的评价，该课程从日常阅读量、日常测验和小论文三个方面进行，分别占20%、60%和20%的比重。其中，日常阅读量强调学生需要阅读大量资料，并进行批判性思考，而日常测验则主要检验学生对课堂教学内容和阅读内容的掌握情况。

再以"数据分析入门"这门课程为例，教师强调学生不仅要学习知识点和充分参与学习，还要学会如何投入学习。评价方面，包括课后作业（占50%）、随堂测验（占10%）、假期后的测验（占15%）和总结（占25%）等多个环节。其中，课后作业涵盖了独立和小组完成的作业，随堂测验主要在课堂上进行，假期后的测验则用于检验学生在假期期间的学习成果，而总结则主要指的是期末考试或研究项目。

通过对该大学多门课程的评价方式进行观察，我们不难发现，该校教师非常重视对学生的过程性评价，特别是在学习投入方面的评价占比较大。这种评价方式有助于教师更全面地了解学生的学习情况，及时发现并解决问题，从而更好地促进学生的全面发展。

（二）国际一流大学 B

该大学坚定倡导授课教师对学生学习进行深度评价，坚信此举不仅有益于学生的学业进步，亦能推动教师教学的持续优化。尽管各类课程的评价手法大同小异，涵盖随堂测验、期末考试、论文撰写等，但每位授课教师都应深思：我开设此课程的初衷与目标何在？课程中哪些部分是学习的重难点？哪些环节能够激发学生的学习热情？我又应如何在课程内容和教学方法上不断寻求改进？

该大学的核心理念在于助力学生的学术成长，因此，教师对学生的学习情况进行细致的评估与反馈是重中之重。该校鼓励教师在授课前进行前测，以准确把握学生的初始水平和学习需求，进而将前测结果与课程结束后的评估结果进行对比分析；同时，进行期中过程性检验，以便及时了解教学效果，并据此进行适时的教学调整；每堂课结束后，更应预留时间解答学生的疑问与困惑。

以该大学"中国与现代世界"课程为例，该课程深入探讨了当代中国——这一基于悠久而伟大文明之上的新兴国家的相关内容。课程内容涵盖"现代中国"的定义、历史演进以及一系列热点问题如人口增长、环境挑战、商业化和全球化趋势等。该课程最终的探讨焦点为：21世纪是否将是中国的世纪？该课程形式丰富，包括授课视频、阅读材料、学习要求、作业评估以及主题讨论等，并在网络上开放注册，鼓励学生自我管理学习。每个学习部分需投入 2~4 小时的时间，课程共分为五个部分。若要获得该课程的结业证书，学生必须完成课程视频观看、主题讨论参与、阶段测验以及期末考试等所有环节。

（三）国际一流大学 C

该大学的学术评价体系，深入考量了学生在知识广度、技能与能力、社会责任感以及适应性学习等多维度的表现。在知识的衡量上，该大学首先通过综合各种证据进行三角验证，以确保评价能够全面捕捉学生学习的多样性和复杂性。其次，细致观察并量化学生在课堂内外活动中的表现，结合学生调研作为间接参考，并以学生毕业后的职业与教育成就作为长期学习效果的直接证据。在技能与能力方面，评价体系涵盖沟通、外语、美学、解释性研究、定理推理、创造性表达、道德推理等多个层面，特别重视口语表达和思维训练，传承着培养自由心智和探索人性之美的教育传统。

面对不同学科的独特性，该大学采用了差异化的评价方法。在人文学科中，其侧重于深度分析与长篇幅研究论文的撰写；在科学与工程领域，其强调实验报告、项目以及研究方案的实践与应用；而在社会科学领域，其倾向于论证性论文或实验组合的综合性评估。值得一提的是，该校的评价体系不仅展现了分类的精准性，更彰显了循序渐进的过程性。例如，在英语课程中，教师通过学期初的短文写作（类似前测）、中期的一手资料阅读以及期末的进阶写作，来全面评价学生的学术进步；在政治科学课程中，教师通过写作作业、文献检索与分析能力测验以及期末的论证论文，实现了对学生学习全过程的跟踪与评估。

（四）国内一流大学 D

该校在学习评价方面也体现了过程与结果的双重考量。在课程的实施过程中，教师会设置多元化的评价环节，如课堂随测试、小组合作汇报、小论文等，以追踪学生的学习过程；同时，通过期末考试、课程论文等方式，检验学生的学习成果。在学期的第 9~11 周，教师还需对班级学生的学习情况进行总体评价，涵盖课堂纪律、思考活跃度、自主学习能力、任务完成情况以及学习效果等多个维度，并针对存在的问题提出具体的解决策略，以期为学生的全面发展提供有效支持。

第三节　教师自评

一、教师自评的目的

教师自我评价，实质上是教师以深刻的自我洞察为基石，进行自我审视和剖析，进而追求自我完善与提升的过程。这一过程要求教师必须具备扎实的自我认知能力，这种认知不仅涵盖教学工作、专业素养、人际交往等诸多方面，更要深入触及个人能力的短板以及工作中显现的种种问题。同时，教师还需拥有出色的自我分析能力，能够精准地剖析自身的不足，并深究问题背后的根源。只有当这些条件都具备时，教师才能探寻到自我提升的有效路径。

事实已经证明，源自评价对象内部的成长动力，相较于外部的奖惩机制，具有更强大的激励效应。这种内在的动力能够促使教师在清晰认知自我不足的基础上，结合外部条件的支持，激发出自身巨大的发展潜能，最终实现个人价值的最大化。①

---

① 　方贤忠. 教师专业发展的 4 项基本技能［M］. 上海：华东师范大学出版社，2013.

二、教师自评的标准及过程

（一）教师自评的标准

教师的自我评价，无疑是贯穿其整个专业成长的重要环节。这种自评不仅是一种教师自我提高的内在动力，更是促进教师素质全面提升的关键机制，是教师专业自主发展的基石。实践中，教师自评的方法多种多样，主要包括：

（1）以他人评价为镜，深刻反思自己的教学行为和成果；

（2）通过与同行对比，寻找自己的优势与不足，为进一步的改进提供方向；

（3）进行深入的自我剖析，了解自我在教学中的真实状态与需求。

作为教师自我评价的主体，教师对自己的教学动机、价值观念有着最为深刻的了解。这种自我评价能够更有效地推动教师改善教学行为，成为其自主发展和进步的不竭动力。然而，教师自评也往往带有一定的主观性，容易出现自我评价过高的现象。因此，教师需要养成客观自我认识与分析的习惯，以全面、发展、联系的视角进行自我审视，并将这种审视融入日常的教学实践中。

在自评过程中，教师可以从以下几个维度进行考量：

（1）师德师风：教师应关注自身的思想政治素质、立德树人、教书育人、价值引领以及社会服务等方面，致力于学生的全面发展。

（2）职业素养：教师应以身作则，严谨治学，不断提升自身的知识水平和教学能力，及时把握学科前沿动态，确保教学内容成熟、条理清晰、逻辑严密。

（3）教学质量：教师应注重教学目标的明确性、教学内容的充实性、教学方法的恰当性以及教学效果的优良性。同时，教师还需密切关注学生的成长和进步，灵活调整教学策略，助力学生更好地学习。

（4）师生关系：教师应注重与学生的情感交流，尊重、关注学生，公正对待每一位学生，及时解答学生的疑问。良好的师生关系有助于激发学生的学习积极性和参与度，进而提高教学效果。

（5）自我发展：教师应持续关注自身的专业成长和发展，不断学习新知识、更新教育观念、提高教学技能和科研能力。同时，积极参与教育改革和学术交流，不断提升自己的学术水平和教育教学能力。①

（二）教师自评的过程

当教师步入自我评价的境地时，一个普遍存在的挑战在于他们往往倾向于过高或过低地评估自己。为了有效应对这一挑战，我们应引导教师遵循一套明确的流程和策略，具体如下：

（1）深化教师的自我评价教育，确保他们树立起全面而客观的自我评价观念。自我评价的首要前提是自我觉察与反思，只有让教师真正意识到自我评价的重要性，他们才能深入剖析自身的长处与短板，进而发扬优点、改进不足。史蒂芬·柯维的观点在此颇具启发性："完美无缺并非一蹴而就，而是终其一生不断自我完善的过程。旧有的错误观念是'不破不立'，而今我们应秉持'常查常新'的态度。"② 此外，教师还需认识到，随着时代的演进，社会对教师角色的期待也在不断提升。从最初的"教书匠"到"能师"，再到如今的"人师"，教师的职责已不仅仅是传授知识，更要肩负起育人的重任，以崇高的人格魅力影响学生。诚然，成为"人师"对教师而言是高标准、严要求，但这正是我们推进素质教育的必经之路，也是教师专业成长的必然要求。为了实现这一目标，教师在自评时应将自身定位为"持续的学习者"。因为"真正的学习，是触及人性本质的过程。通过学习，我们重塑自我，突破界限，重新认识世界与我们之间的关系，并蓄积创造未来的力量。我们内心深处都渴望这种深刻而真实的学习体验"③。

2. 构建一套切实可行的教师自评指标体系

在国内，教师自评的研究，无论是在理论层面还是实践层面，都处于起步阶段。实践急需理论的指引，而教师自评在学校层面的推进却面临着重重阻碍。究其根本，是缺乏一个明确的教师自评依据，即一套科学、系统的自评指标体系。为此，我们必须明确自评的初衷，那就是引导教师进行深刻的自我反思与持续的自我提升。

在构建这一指标体系时，我们应更多地考虑主观层面的评估，而不仅

---

① 美国总部州高等教育委员会. 美国高等教育质量认证与评估［M］. 北京：北京大学出版社，2013.

② 史蒂芬·柯维. 高效能人士的七个习惯［M］. 高新勇，王亦兵，译. 北京：中国青年出版社，2008：305-322.

③ 史蒂芬·柯维. 高效能人士的七个习惯［M］. 高新勇，王亦兵，译. 北京：中国青年出版社，2008：337-347.

仅是量化的指标。主观评估能够更全面、更深入地体现教师的意见和建议，而量化的指标则往往更侧重于衡量教师在思想素质、专业能力、教学能力等方面的表现。具体来说，这一指标体系可能涵盖以下几个方面：

首先，教师的思想素质，即其在道德观念、职业态度、责任心、依法执教、爱岗敬业、师德师风等方面的表现；其次，教师的专业能力，包括其对学科知识的掌握、对教学方法的运用、对教育科研的能力、了解专业领域的前沿研究及发展概况的能力等；最后，教师的教学能力，主要体现在教学设计、课堂管理、学生学习、教学成效学科、思想引领、课程学习资源情况等方面。通过这些综合性的指标，我们能够更全面地了解教师的自我评价，为教师的专业发展提供有力的支持。

3. 强化自评结果的实效性

当前自评的实践，往往过于倾向于满足他评的需求，导致教师自评在一定程度上流于形式，进而忽视了自评的核心价值。为了扭转这一局面，我们应当在实际操作中加以调整，使教师自评不再仅仅是他评的参照，而成为教师自我提升与反思的宝贵资源。

具体而言，教师在完成课堂教学活动后，可以积极采取多种途径，如发放纸质问卷、与学生进行深度交流等，来获取学生对自己教学效果的直观反馈。通过亲自收集这些信息，教师可以减少外部因素的干扰，从而更为客观地审视自己的教学表现，深入反思自身存在的问题。

三、教师自评的案例分析

（一）国内一流大学 A

该大学的教师自评表见表 9-1。

表 9-1　大学 A 的教师自评表

评价内容	评价标准	发展优势	发展目标	发展措施
思想素质（10%）	1. 遵纪守法，依法执教； 2. 爱岗敬业，爱校爱生； 3. 讲正气、讲学习、讲奉献			

表9-1(续)

评价内容	评价标准	发展优势	发展目标	发展措施
专业素质 （30%）	1. 了解本学科的前沿研究和发展概况； 2. 掌握本学科的理论与概念； 3. 熟悉本学科的教学要求； 4. 灵活运用本学科的教学方法； 5. 善于将本学科的知识与生活实际相结合			
教学能力 （30%）	1. 教学方式有趣又有效； 2. 能运用过程性和总结性评价了解学生学习情况； 3. 能管理课堂，师生关系平等，善于鼓励、激励学生； 4. 熟练运用现代化教育手段； 5. 善于进行学科思想引导； 6. 善于因地制宜地对学生的学习进行方法指导； 7. 积极开发校内外课程教育资源并提供给学生； 8. 能承担本课程相关的综合社会实践课			
科学与 人文素养 （10%）	1. 了解国际国内学科发展的历史及动态； 2. 了解和热爱祖国文化并能影响学生； 3. 关注和正确评价社会、生活中的焦点问题并给予学生积极的影响；			
团队精神 （10%）	1. 能经常性地为学校的发展提供建设性意见； 2. 积极参与课程组备课，能提出个性化、合理的举措和建议； 3. 鼓励学生团队协作，培养学生的团队精神； 4. 能与学生建立良好的合作关系			
教学科研 能力 （10%）	1. 具有教育科研的意识； 2. 能用科学研究方法主动解决教育教学过程中的问题； 3. 积极主动参与教育教学观摩、研讨并撰写学术论文； 4. 能主动参与教育教学调研并撰写调研报告			
总分				

(二) 国内一流大学 B

该大学的教师自评表见表 9-2。

表 9-2　大学 B 的教师自评表

评价内容	评价标准	落实情况
思想素质（20%）	1. 坚持学习政治理论、教育理论，有学习笔记、心得体会； 2. 自觉遵守法律法规及学校的规章制度； 3. 为人师表，恪守职业道德，弘扬社会主义核心价值观； 4. 教育学生树立正确的世界观、人生观、价值观	
教学态度（10%）	1. 备课充分，内容娴熟； 2. 精神饱满，认真负责	
教学能力（20%）	1. 精心设计课程教学，安排合理； 2. 教学过程中思路清晰，重难点突出； 3. 讲解深入浅出，学生易于理解和掌握	
教学方法（20%）	1. 有效熟练利用教学技术、教学工具等； 2. 有效组织教学互动； 3. 课程和教学具有挑战度、高阶性、启发性	
教学效果（20%）	1. 教学和课程能激发学生的兴趣，能引导学生深度学习； 2. 学生有所收获	
学业评价（10%）	1. 对学生的评价考核内容、方式、时间等安排合理； 2. 能最大程度反映学生学习效果	
总分		

(三) 国内一流大学 C

该校大力倡导开展主观评价。主观评价可以不受指标限制，鼓励学生发表对老师的看法，尤其是意见和建议，这可以极大地帮助老师认识到自己在教学过程中存在的问题。大部分老师非常乐于接受学生对自己的评价，尽管有时候并不是特别好的评价。该校常用的主观评价主要是：

（1）对老师进行陈述性评价；

（2）该教师最大的优点是（限 3 条）：

（3）该教师最大的缺点是（限 3 条）：

（4）该教师可能需要改进的地方：

（5）该教师对我最有启发的是：

（6）我想对老师说：

（四）国内一流高校 D

该校坚持"学生中心、产出导向、持续改进"，指标体系涵盖思想品德、教学能力、教学内容要求、教学方式方法、师生互动共进、教学素养表现、学习成长效果等方面。其教师自评表如表9-3所示：

表9-3　大学 D 的教师自评表

指标内容	成绩评定				
	很好 （20分）	好 （15分）	一般 （10分）	差 （5分）	很差 （0分）
1. 课程学习的挑战度					
2. 老师授课内容娴熟、条理清晰、逻辑严密					
3. 课堂教学思考的情况					
4. 教师对问题的解答情况					
5. 讨论或作业等对教师学习效果的提升情况					
总分（满分100分）					
最大的收获是： 还需要进一步改进的地方是： 建议是：					

第四节　他人评教

一、他人评教的目的

教师评价是构筑高素质师资队伍、提升学校教学品质的坚实基石。这一评价过程不仅促使教师深入剖析、细致反思自己的教学行为，更激励他们持续优化、精进教学技艺，以确保自己高效且优质地完成教育教学使命。同时，根据发展性教学的核心理念，我们应当高度重视并强调学生的全面发展。因此，教师评价应当构建一个旨在实现学生与教师共同发展的评价体系，将学生置于核心地位，充分展现教育评价的导向作用、激励效应和改进功能。通过评价反馈并进行及时调整，我们期望教师能够不断完善教学工作，借助客观且科学的评价方式，充分激发教师的积极性与创造力，推动学生的全面发展，从而切实提高学校的教学质量。①

二、他人评教的标准及过程

（一）学生评教

学生评教，作为评估教师教学成效的关键环节，不仅反映了学生的学习体验，也为教师提供了宝贵的反馈。学生们在学期中间或期末时段，对教师的授课表现进行细致评价，这样的评价可以由学校统一组织，也可以由老师自行组织。学生们通过纸质问卷或在线调研平台，畅所欲言地表达他们的看法和建议。

学校组织的学生评价，其结果由专业团队进行整理与分析，形成详尽的评价报告，以供全校师生参考。而老师自行组织的学生评价，则使教师能够更加直接地接收到学生的反馈，便于他们及时反思和调整自己的教学方法和内容。这样的评价机制，鼓励教师不断优化课程设计，选择更为高效和适宜的教学方式。②

学生评教的指标体系设计，更是体现了对教师教学全过程的细致考量。它不仅关注教学的结果，更注重教师在教学过程中的每一个细节。各学校应根据自身的办学特色和发展目标，制定出符合本校实际的评价指标；同时，通过小范围的试点工作，广泛征求师生意见，不断修订和完善指标体系，确保其科学性和实用性。

（二）同行专家

同行专家评价是一项旨在优化教师教学实践的关键机制，它通常汇聚了具有相似职级或更高资历的、同属特定学科领域的专业人士的洞察。在此过程中，同行之间开展深入的交流、审慎的质询和深度的反思，从而为彼此在教学能力的提升、教学方法的革新上提供宝贵的见解和实质性的支持。同行专家评价的核心要素可概括为同行互助与同行指导两大方面。

同行互助体现了一种教师间的互助精神，他们相互扶持，共同面对挑战。在这种模式下，教师们积极分享各自的教学困惑，并携手寻求解决方案，以集体的力量克服教学中的困难，实现共同成长。

而同行指导则侧重于专家教师对新教师的引领与指导。专家教师凭借

①　史秋衡，吴雪，王爱萍，等.高等教育大众化阶段质量保障与评价体系研究［M］.广州：广东高等教育出版社，2012.

②　崔允漷.学校课程实施过程质量评估［M］.2版.上海：华东师范大学出版社，2022.

丰富的教学经验和深厚的专业素养，通过公开课展示、教学观摩活动、微格诊断等多种方式，主动向新教师传授教学智慧，新教师则从中汲取养分，不断提升自身的教学技能和艺术。

同行专家评价贯穿于整个教学过程，对教师的教学表现进行全面而细致的评估。在评价过程中，其通常会参考一套科学、合理的指标体系，并结合同行专家的专业意见和建议，为教师提供全方位、多角度的反馈与指导，助力教师不断优化教学策略，提升教学效果。

（三）家长和社会专业人士

从经济学的视角审视，家长作为教育投资的实际"出资者"，社会专业人士作为教育成果的直接"受益人"，他们理应对教师的教育工作拥有评价的话语权。我们应积极邀请家长和社会专业人士参与到教师教学评价中来，形成多方合力，为学生的健康成长和全面发展保驾护航。

诚然，家长和社会专业人士并非专业的教育工作者，对教育的深层次内涵可能缺乏全面的理解。但正因为此，他们的评价维度往往更加多元和真实，聚焦于学生成长的多个方面。对于家长的评价，我们可以重点关注教学管理效能、教学手段的创新、师生间的和谐关系、知识体系的广度与深度、实际技能的运用情况以及学生在学业上的实际收获等方面，这样的评价更多地倾向于过程性评估，能够更全面地反映教师教学的真实效果。

（四）教育行政部门

教育行政部门在教育领域中发挥着举足轻重的角色，不仅致力于教育教学工作的精心管理，更肩负着确保教学质量和培育卓越教师的崇高使命。为了达成这一目标，教育行政部门负责人需深入洞悉每位教师的教学状态，亲临课堂教学现场进行观摩，从而确保对教师教学实际情况的全面了解。然而，教育行政部门所承载的功能并不是单一的，它既包含了对教育教学工作的"管理"职责，也涵盖了对教育政策执行的"服务"义务。这一双重角色的本质，即在于对教育政策实施进行严格的监督与切实的执行。因此，在评价教师时，我们主要聚焦于其教学能力的胜任度，细致考量教学任务是否得以圆满完成，教学手段的运用是否得当且效果显著，以及教学管理能力是否达到既定的标准。这些评价指标和内容，不仅是对教师教学水平的客观反映，更是教育行政部门保障教育质量、提升教师教学技能的有力举措。

三、他人评教的案例分析

（一）国外一流高校 A 的学生评教

在这所学校，学生学习成果的评估被确立为保障教育质量的关键环节之一。这一流程涵盖了院校认证、培养方案认证、课程与教学评价以及教师与学生的双向评价，旨在构建一个全面而细致的质量监控体系。学校通过多元化的评价方式，收集、整理并分析教学过程中的各类信息，形成详尽的研究报告，为教学部门提供宝贵的改进建议和专业支持。

为了更准确地掌握学生对教育教学的看法，该校主要采用了访谈和调查两种形式，深入挖掘学生对学习目标的了解、课程设置的合理性、核心能力培养的效果以及教师教学质量的感知等。具体评价内容涵盖了诸如"你是否清晰了解该课程的学习目标？""你认为该课程的学习内容与你的个人发展紧密相关吗？""你认为在专业教学中，哪些方面需要进一步优化以更好地满足你的学习期望？"等问题。

值得一提的是，该校致力于打破传统教学评价中的管理主义倾向，强调评价的本质是为了促进教师教学能力的提升而非单纯的管理需要。因此，学校管理部门在收到评价结果后，会首先将其反馈给相关教师，以便他们针对问题进行改进。同时，学校还会对数据进行深入分析，形成具有指导意义的报告，为教师和学校提供更多有价值的信息。对于学生而言，参与教学评价是完全自愿的，学校尊重每个学生的意见和选择。

（二）国内一流大学 B 的学生评教

目前国内高校均比较重视内部教学信息的调查和评估。学生评教是保障教学质量的重要措施。大多数高校采用最新的教育教学理念，将过程性评估和结果性评估相结合，开展网上大规模评教。学生每学期对所有开课教师进行课堂教学质量评估，为学校、院系和任课教师本人能及时了解和掌握教学质量评估情况，为教师改进教学方法和提高教学能力提供有针对性的信息，学校、院系推进教学工作提供有用的信息。例如，国内某双一流高校的学生评教主要从老师教学能力、教学方法、师生互动等方面展开，该校将内部教学信息的调研与评估置于核心地位。

学生评教是保障教学质量的关键环节，融合了最新的教育教学理念。该校巧妙地将过程性评估与结果性评估相结合，以网络为平台，实施大规模的学生评教活动。每学期，学生们都会对所有任课教师的课堂教学质量进行全面评价。学校、院系及任课教师本人能够迅速获取并深入分析这些评估数据，从而为教师提供精准的教学改进建议，帮助他们不断提升教学水平，同时，这些数据也为学校及院系领导在推进教学工作方面提供了宝贵的参考。该校的学生评教活动，覆盖了教师的教学能力、教学方法、师生互动等多个方面，主要有：①老师教学态度是否认真负责？②老师讲解是否清楚，深入浅出？③这门课是否有挑战度，能激发我在课后认真用功？④老师是否严格要求，促使我认真学习？⑤老师教学是否注重师生互动？⑥老师教学是否能让我体会学科特点和思维方式？⑦课程教学是否符合教学大纲（教学内容及要求）？⑧老师的教学是否能有效激发我的学习志趣？⑨我是否了解这门课程的目标和要求？⑩学习这门课是否有收获。此外，设置开放性问题供学生选填，如该教师在教学上的优点和缺点？该教师对我最大的帮助？（限写3条）等。

（三）国内一流大学C的专家评教

专家评教主要是站在同行指导或者同行互助的角度开展，例如国内双一流高校C的专家评教，从教学纪律、教学态度、教学能力、教学手段、教学内容等方面展开，具体包括：①教师和学生上课是否迟到早退？②讲课是否有热情，精神饱满？③讲课是否有感染力，能吸引学生的注意力？④对问题的阐述是否深入浅出，有启发性？⑤对问题的阐述是否简练准确，重点突出，思路清晰？⑥对课程内容是否熟悉，运用自如？⑦讲述内容是否充实，信息重大？⑧教学内容能否反映或联系学科发展的新思想，新概念，新成果？⑨能否给予学生思考、联想、创新的启迪？⑩能否调动学生情绪，课堂气氛活跃？最后专家给出听课后总体评价（分为优、良、中、及格、不及格五等）以及意见和建议。

（四）国内双一流大学D的教育行政部门评教

教育行政部门评教一方面，主要从教育学、教学纪律等方面开展，例如国内双一流高校D的教育行政部门评教，主要从教师授课情况、学生上课情况两方面进行。教师授课情况主要包括：①教师是否遵守教学纪律，准时上下课？②上课精神是否饱满，认真投入？③讲课思路是否清晰，重点突出；④授课是否注意启发引导学生积极思考？⑤师生是否互动，课堂是否气氛活跃？⑥是否自觉践行和弘扬社会主义核心价值观？⑦对本堂课教师授课情况的总体评价？学生上课情况主要包括：①学生是否遵守学习纪律，不迟到、不早退？②是否认真听课，积极思考？③是否尊敬老师，举止文明？④对本堂课学生上课情况的总体评价？此外，也对老师的教学纪律和课堂管理纪律、学生的上课纪律以及学生的到课率进行记录，最后给出总评（分为优秀、良好、一般、较差、差五等）以及对课堂内容的意见和建议。

（五）国内双一流高校 E 的社会人士评教

社会实业界人士在评价教师教学时，与其他评价主体的评价完全不同，他们重点考察课程的实用性以及老师对学生在就业前、中、后期的指导等方面，指标主要根据可雇佣性 KSAIBs（即知识、技术、能力、个人品质、行为）模型来设置。其可以参考如下指标对教师教学进行评价：①该课程具备专业知识、学科理解、广泛的知识基础；②该课程能培养听说读写、解决问题、目标设定、人际（沟通、团队）、决策、资源运用技能、职业生涯规划、组织、领导等方面的能力；③该课程能培养逻辑推理、学习、思维、理解、创造方面的能力；④该课程能培养责任感、诚实度、职业动机、职业价值观、求职主动性和积极性、自尊、自信、自我管理、自我推销方面的能力；⑤老师为学生提供"择业准备中的行为、面试中的行为、择业后的行为"的辅导等。最后给出对该课程的总体意见和建议。

（六）国内一流高校 F 的综合教学评价体系

该校的综合评价包括学生评价和专家评价两种。教师的每门课程的得分由学生评价得分和专家评价得分采取不同的权重组成。

该校学生评教指标体系依据"以学为中心"的教学理念。"以学为中心"的教学理念是建构主义学习理论。建构主义认为，知识不是通过教师传授得到，而是学习者在一定的情境即社会文化背景下，借助其他人（包括教师和学习伙伴）的帮助，利用必要的学习资料，通过意义建构的方式而获得。[1]

"以学为中心"不是指教师与学生角色、身份、地位的高低之分，而是指教学理念、管理理念、服务理念的转变，教学方法、评价手段的转变。教学的目的、任务不在"教"，而在"学"。"以学为中心"，最根本的是要实现从以"教"为中心向以"学"为中心转变，即从"教师将知识传授给学生"向"让学生自己去发现和创造知识"转变，从"传授模式"向"学习模式"转变。[2]

---

[1] 何克抗.建构主义—革新传统教学的理论基础（上）[J].电化教育研究，1997（3）.

[2] 刘献君.论"以学为中心"[J].高等教育研究，2012（8）.

该校的学生评教指标体系如表9-4所示：

表9-4　该校的学生评教指标体系

序号	本科评教指标内容	研究生评教指标内容
指标1	课程学习的挑战度情况	课程学习的挑战度情况
指标2	老师授课内容娴熟、条理清晰、逻辑严密	课堂组织能激发学生主动学习与研究
指标3	课堂教学促使我思考的情况	教师与我的互动情况
指标4	老师对我的问题的解答情况	讨论或作业等对我学习效果的提升情况
指标5	讨论或作业等对我学习效果的提升情况	通过课程学习我的收获情况
指标6	通过课程学习我的收获情况	综合评价这门课程的课堂教学
指标7	综合评价这门课程的课堂教学	愿意向其他同学推荐这位教师的程度
指标8	愿意向其他同学推荐这位教师的程度	—
指标9	意见和建议	意见和建议

该校专家评价由校级专家评价和院级专家评价构成，评价内容涵盖思想政治引领、教材使用情况、教学内容要求、教学方式方法、师生互动共进、教学素养表现、学习成长效果等方面。教学单位通过科学合理地制订每学期专家听评课计划，安排具有专业水准的专家对开课教师进行全覆盖听评课。一般情况下，听评课专家由教学单位党政负责人、系所负责人、课程（组）负责人和骨干教师等担任。专家评价体系能从学习过程、学习收获、综合评价、开放式问题等维度进行评价，引导教师注重学生学习体验和学习收获。该校的专家评教指标体系如表9-5所示：

表9-5　该校的专家评教指标体系

评价角度（观测点）	分值	评分
1. 思想政治引领（政治导向、立德树人、价值引领等）	20	
2. 教材使用情况（与课程实施方案的一致性，教材使用效果等）	15	

表9-5(续)

评价角度（观测点）	分值	评分
3. 教学内容要求（设计合理、内容熟练、重点突出、难度适当、逻辑严谨等）	15	
4. 教学方式方法（灵活有效、兴趣激发、思维培养等）	15	
5. 师生互动共进（课堂氛围、合作学习、学生参与等）	10	
6. 教学素养表现（精神饱满、仪容整洁、仪态端庄、语言文明简洁、表达准确等）	10	
7. 学习成长效果（教学目标达成、学生学习收获等等）	15	
总分	100分	
教学情况记录：		
课程教学评价及改进建议：		

【本章小结】

本章通过教学考核与评价，涵盖理论基础、方法、过程及原则，并详细介绍了教师评学、教师自评和他人评教的实践与案例。以学生为中心、以教师专业发展为导向的教学考核与评价体系，在一定程度上可助推教师教学质量提升。

在教师日常教学过程中，教师可通过定量评价法、定性评价法、成果分析法、课堂听课法和教师自评法等，从数据量化到观察描述，从学生学习成果到教师自我反思，全方位反映教师教学效果。需要注意的是，评价过程需明确目标设定、多元化方法实施方案、教师与学生互动参与场景以及反馈与改进计划等关键步骤，遵循公正性、客观性、科学性、全面性和发展性等原则。

教师评学、教师自评、他人评教是通过不同角度反映教师教学情况，则分别着重于学生成长、自我反思、他人的意见建议来实现教师教学的专业成长，展示了不同主体在教师评价中的作用和具体实践。

参考文献

[1] 钟秉林. 高等教育评价体系的改革与创新 [J]. 教育研究, 2020, (1): 12-19.

[2] 王洪才. 高等教育评价的困境与突破: 基于"双一流"建设的思考 [J]. 高等教育研究, 2019, (2): 45-56.

[3] 李立国. 高等教育质量评价的理论与实践 [J]. 中国高教研究, 2021, (3): 67-78.

[4] 邱均平, 王碧云. 教育评价学 [M]. 北京: 科学出版社, 2018.

[5] 谢秉智. 试论高等学校学科专家评价的实践活动 [J]. 上海: 上海高教研究, 1990: 43-47.

[6] 张应强. 高等教育评价的国际经验与启示 [J]. 高教育等研究, 2018, (4): 89-100.

[7] 杨德广. 高等教育评价的现状与发展趋势 [J]. 教育研究, 2022, (5): 101-112.

[8] 刘献君. 高等教育评价中的问题与对策 [J]. 高等教育研究, 2020, (6): 113-124.

[9] 田中耕治. 教育评价 [M]. 北京: 北京师范大学出版社, 2011.

[10] 金新宇. 以学评教, 提高教学实效性的实证研究 [D]. 上海: 上海师范大学, 2016.

[11] 汪霞, 嵇艳. 美国研究型大学本科生课程与教学评价研究 [M]. 南京: 南京大学出版社, 2018.

[12] 叶立群, 潘懋元, 王伟廉, 等. 高等教育学 [M]. 福州: 福建教育出版社, 2013.

[13] 方贤忠. 教师专业发展的 4 项基本技能 [M]. 上海: 华东师范大学出版社, 2013.

[14] 美国总部州高等教育委员会. 美国高等教育质量认证与评估 [M]. 北京: 北京大学出版社, 2013.

[15] 史蒂芬·柯维. 高效能人士的七个习惯 [M]. 北京: 中国青年出版社, 2008: 305-347.

[16] 吴岩. 高等教育评价与 "双一流" 建设 [J]. 高等教育研究, 2022, (9): 149-160.

[17] 张力. 高等教育评价的政策导向与实践创新 [J]. 中国高教研究, 2020, (10): 161-172.

[18] 史秋衡, 吴雪, 王爱萍, 等. 高等教育大众化阶段质量保障与评价体系研究 [M]. 广州: 广东高等教育出版社, 2012.

[19] 崔允漷. 学校课程实施过程质量评估 [M]. 上海: 华东师范大学出版社, 2022.

[20] 何克抗. 建构主义一革新传统教学的理论基础 (上) [J]. 兰州: 电化教育研究, 1997 (3).

[21] 刘献君. 论 "以学为中心" [J]. 武汉: 高等教育研究, 2012 (8).

[22] 瞿振元. 高等教育评价的改革与实践探索 [J]. 中国高教研究, 2021, (7): 125-136.

[23] 顾明远. 高等教育评价的理论基础与实践路径 [J]. 教育研究, 2019, (8): 137-148.

第十章 教学竞赛与教学学术

在高等教育领域中，教学竞赛与教学学术如同一对并行的双翼，共同推动着教学质量的提升和教师专业发展的深化。教学竞赛作为一种特殊的教学活动形式，以其激烈的竞争性和高度的实践性，为教师提供了一个展示教学技能、交流教学理念的舞台。通过教学竞赛，教师可以直观地感受到不同教学方法和策略的效果，从而更加明确自己在教学中的优势和不足，为进一步提升教学质量指明方向。而教学学术则以其深厚的理论底蕴和系统的研究方法，为教师提供了深入探索教学规律、创新教学模式的途径。教学学术的研究成果可以为教学竞赛提供有力的理论支撑和实践指导，使教学竞赛更加科学化、规范化。教学竞赛与教学学术的紧密结合，不仅有助于激发教师的教学热情和创造力，还能促进教学理论与实践的相互融合和相互促进。

本章将探讨教学竞赛与教学学术之间的内在联系和相互作用，分析教学竞赛在提高教师教学能力和促进教师专业发展中的作用，以及教学学术在教学改革和创新中的引领作用。我们期望通过深入探讨这一主题，能够为广大教师提供更加全面、深入的教学竞赛与教学学术的知识体系，激发教师的教学创新热情，推动高等教育质量的持续提升。

第一节 教学竞赛的意义、种类和备赛技巧

一、教学竞赛的意义

近年来，中国高等教育学会连续发布"全国高校教师教学竞赛状态数据"，采用竞赛的"获奖贡献"和"组织贡献"作为指标对教师教学竞赛现状进行了分析，认为教师教学竞赛在提高教师教学能力、教学水平和教

学质量方面发挥了重要作用。各类教学竞赛活动对于全面提高高等学校教师质量，建设一支高素质、创新型的教师队伍方面发挥了积极效应。同时，我国众多高校和部分省市也努力将教学竞赛作为提升教师教学水平和学生学习质量的重要品牌进行打造，有部分高校已组织了十多届，形成了品牌与特色，产生了较好的示范效应。

教育部在《关于启动国家级教师教学发展示范中心建设工作的通知》中提出，"推动营造重视和研究教学的氛围，建设具有本校特色的教学文化"，其根本目的是提升中国大学教学活动的成效与水平，为国家培养更多的高质量人才。一所大学越注重教学研究，教学探究，就越能够积淀教学文化，进而越有利于高素质教师的塑造及其对学生的培养。相对于课堂教学活动，教学竞赛活动对于教学水平的认定具有更高的关注度和认同度。研究教学竞赛活动对于促进教师教学水平提高，培育优秀的大学教学文化具有重要意义。

相对于科研，教学存在难以量化和成绩难以凸显的问题，而教学竞赛活动是教学效果和水平实现量化和获得成果的最好体现。相对于课堂教学活动，教学竞赛活动打破了课堂教学的相互隔阂和难以观测的壁垒，将教师对教学的关注引入一个统一的可观测的平台，再通过这个平台实现促使教师进行教学改进。

二、教学竞赛的基本种类

(一) 四川省高校青年教师教学竞赛①

四川省高校青年教师教学竞赛（以下简称竞赛）是一个集教学展示、技能锤炼与理念交流于一体的璀璨舞台，它不仅是对青年教师教学能力的全面检验，更是推动教师队伍整体素质提升的重要契机。

竞赛围绕立德树人根本任务，以加强师德师风建设、锤炼教学基本功为着力点，充分发挥教学竞赛在提高教师队伍素质中的示范引领作用，进一步激发广大高校青年教师更新教育理念和掌握现代教学方法的热情，努力造就一支有理想信念、有道德情操、有扎实学识、有仁爱之心的高素质、专业化、创新型教师队伍，为建设高等教育强省提供人才保障和智力支持。

---

① 内容参考《关于举办第七届四川省高校青年教师教学竞赛的通知》。

竞赛坚持公平、公正、公开的原则，确保每位参赛教师都能在同等条件下展示自己的教学风采；坚持广泛参与、层层发动的原则，让更多青年教师有机会参与到竞赛中来；坚持注重教学基本功和实际应用能力的原则，保证了竞赛的高水平和高质量；坚持程序严谨、规范的操作流程，进一步保障了竞赛的公正性和权威性。

竞赛一般设立五个组别，第七届开始设立七个组别，分别为高校文科、高校理科、高校工科、高校医科（含高职）、思想政治课专项（含高职）、高职（含职业本科）文科综合、高职（含职业本科）理工科综合。

参赛对象为依法建立工会组织的高校中从事教育教学工作，40 周岁（含）以下的青年教师，遵守国家宪法和法律，贯彻党的教育方针，自觉践行社会主义核心价值观，具有良好的思想政治素质和师德师风修养，近三学年持续从事一线教学工作，同时还要获得教师资格证。

1. 竞赛内容及方法

坚持"上好一门课"理念，遵循教学规律。参赛选手应深刻理解和践行"上好一门课"理念，根据课程教学内容灵活采取多种方式进行教学，严禁套用相同模式完成所有教学设计。竞赛总分有 100 分，由教学设计、课堂教学和教学反思三部分组成，三部分分数分别为 20 分、75 分、5 分。

（1）教学设计

教学设计是指以 1 个学时为基本单位对教学活动进行的设想与安排。其主要包括课程名称（注明对应的参赛课程大纲章节）、教学指导思想、内容分析、学情分析、教学目标与教学重难点、教学过程设计等。选手需准备参赛课程 16 个学时的教学设计方案，每个学时的教学设计方案注明对应的参赛课程大纲章节。评委将对整套教学设计方案进行打分。

（2）课堂教学

课堂教学规定时间为 20 分钟。评委主要从教学内容、教学组织、教学语言与教态、教学特色四个方面进行评审。选手需准备参赛课程 16 个学时相对应的 16 个课堂教学节段的 PPT，课堂教学内容要与提交的教学设计内容对应一致。

（3）教学反思

参赛选手结束课堂教学环节后，进入指定教室，结合本节段课堂教学实际，从教学理念、教学方法和教学过程三方面着手，在 45 分钟内完成对本讲课节段的教学反思材料（500 字以内）。反思要求思路清晰、观点明确、联系实际，做到有感而发。反思室提供电脑，不允许携带任何书面或电子等形式的资料。

2. 竞赛评审标准

竞赛评审标准旨在促进青年教师的全面发展，提升他们的教学能力和水平，主要分为教学设计方案（20 分）、课堂教学（75 分）和教学反思（5 分）三大部分，具体要求见本章附录中表 10-5。

3. 相关教学设计范例（节选部分）①

相关教学设计范例见表 10-1。

表 10-1　相关教学设计范例

基本信息	课程名称	当代世界经济与政治
	节段内容	中国特色大国外交中的国际和平之道——建设新型国际关系中的持久和平
教学目标		学时目标：本学时的目标在于，带领学生认识今日世界存在的安全隐患并分析中国在推进中国特色大国外交进程中如何标本兼治，为缔造整体、良性、持久的国际和平发挥负责任大国的应尽义务。 节段目标：作为本学时的构成部分，20 分钟教学片段的授课目标在于，在梳理两百年来人类为追求和平所做出的努力及其局限的基础之上，带领同学认识均势、同盟、国际法、大国势力范围划分四种和平途径的功能及其不足，帮助同学们正确理解今天中国对国际和平所做出的重要贡献，引导同学们对党的十九大之后中国外交进取方向有更为清晰的认识。分析中国今日采取的和平举措的时代必要性和操作可行性。最后通过历史比较培养学生分析一种社会行为或政治制度效用及局限的能力，通过课后提问帮助同学采取跨学科思维来思考现实问题

①　该教学设计范例选自西南财经大学马克思主义学院王翔宇老师的《当代世界经济与政治》一课。

表10-1(续)

教学内容	学时内容：本学时内容主要从新型国际关系的视角论证世界持久和平实现的必要性、建设途径以及可操作性。该部分内容由于要从中国的经验、价值诉求和外交作为分析国际和平实现这一千古难题，因此在现实与结论的转换过程中需要有大量的历史哲学、经济学、政治学基本理论作为依据，以唯物史观为基本方法立场进行论述，对教师的社会科学综合思维能力有较高的要求，提升了备课难度。同时还要看到，由于难度较高，讲好本学时是对教师教学功底的极大肯定，也需要教师用大量的时间丰富教案、充实课件并在教学实践当中不断打磨，提升个人教学水平。 节段内容：20分钟教学节段将从中国特色大国外交的理念及实践中分析今日中国对推进世界和平所发挥的时代性作用。本讲内容从特征上看，具有较强的历史比较性，即从中国与历史上诸大国和平缔造的实践对比反衬中国在全球治理当中提供新方案的必要性、科学性，这无疑增添了授课过程中的历史推演难度，对教师在历史知识储备、史料分析能力两个方面提出了更高的要求，也需要教师在推论过程中具有足够的分析能力、归纳能力，让授课结论有足够的说服力与感染力，实现知识传授和思政育人两个方面的目标达成
教学重难点	重点：当代中国参与国际和平缔造有何历史性创新 难点：（1）历史上的和平缔造经验的主要形式及局限；（2）中国特色大国外交对构建人类命运共同体有何意义
学情分析	学生对世界和平和中国大国责任的认识普遍存在知识体系松散的问题，因此需要教师通过合理的教学方法将相对零碎的知识通过理论和逻辑推导串联成简洁明了的知识体系，使学生能够科学、准确地理解新型国际关系在缔造世界持久和平进程中的时代意义，达到"用科学的理论进行课堂思政"这一总体目标
教学方法	在开篇问题导入时，采用启发分析法，唤起学生对国际和平问题的思考与联想；在总结前人经验时，大量运用比较分析法、案例分析法，找出近两百年来世界主要政治家在追求国际和平进程中所做出的历史性尝试，并对之进行分析、评判，找出不足；在说明当前中国为国际和平提供方案的问题上，主要使用理论推导法、问答法、启发分析法等

表10-1（续）

教学过程设计	学时过程：在本学时的教学中，教师将在紧扣教材主旨的基础上，对"新时代中国如何推动世界持久和平"这一问题进行不限于教材内容的讲解。本学时紧扣当前国际形势，指出今日世界面临传统安全隐患与非传统安全问题相互叠加这一基本背景，进一步论证传统国际关系的制度设计和运作方式无法承担当前国际社会对安全的基本需求，推导出新型国际关系在世界和平建设问题上的重要意义。在此基础上，分析中国在党的十八大以来为何、如何以积极的外交探索新型国际关系之道，并指出相关中国方案在建设国际持久和平方面的有效性和可操作性。 节段过程：作为本学时的构成部分，20分钟教学片段的授课首先通过"如何缔造和平"这一千古难题引发学生对讲授内容的兴趣，进而用第二个问题"今日中国如何进一步创造和平条件"铺垫讲授框架。接下来进一步就第一个问题列举出近两百年来人类为追求和平采取的四种主要形式：均势、结盟、国际法和大国势力划分，并逐一根据四段历史案例加深同学对已有和平追求经验的认识，进一步引出中国部分的内容。最后针对人类历史上的这四种和平经验，逐一从理论层面分析其合理性和局限性，并结合当前中国外交，指出新型大国关系、全球伙伴网络、大国担当及互利共赢合作平台是对已有四种和平途径的超越，推导出今日中国和平追求的历史必要性。最后呼应开篇立论，指出中国特色大国外交在缔造世界和平问题上具有突出的时代性和历史超越性，在授课结构上形成完整的逻辑环
目标达成情况	政治层面，带领同学们正确把握今日中国对国际和平所做出的多途径和平贡献，引导同学们对中国外交进取方向有更为清晰的认识。知识层面，梳理近两百年来人类为追求和平所做出的努力及其局限，带领同学认识均势、同盟、国际法、大国势力划分的功能及其内在不足，分析中国今日推动国际和平建设的时代必要性和操作可行性。能力层面，通过历史比较培养学生分析一种社会行为或政治制度的效用及局限的能力，通过课后提问帮助同学采取跨学科来思考现实问题
教学反思	总体上而言，这一专题的讲授基本达到了预期目标，让同学们能够在20分钟内领会知识内容、加强政治认识，从知识体系完善上看是值得肯定的。但由于本节课讲授内容跨越历史、理论幅度较大，问题本身内涵深刻、外延广泛，因此在有限时间内想要充分表达还需进一步完善，尤其在知识点衔接、语言圆润度以及时间把握上需要重点改进，这将是本人在日后教学中应当落实的。

（二）四川省高校教师教学创新大赛[①]

四川省高校教师教学创新大赛（以下简称大赛）旨在进一步推进教育强国建设与高等教育高质量发展，落实立德树人根本任务，大力弘扬教育家精神，助力高校课程思政建设和新工科、新医科、新农科、新文科建

---

① 内容参考《四川省教育厅关于举办第四届四川省高校教师教学创新大赛的通知》《第四届四川省高校教师教学创新大赛实施方案》。

设，推动信息技术与高等教育教学创新发展，提高产教协同育人成效，提升高校教师教书育人能力和高校人才自主培养质量，打造高校教学改革的风向标。

大赛以"推动教学创新、培养一流人才"为主题，紧扣建设高质量高等教育体系主题，落实"对标竞进、争创一流"工作要求，深化高等教育教学改革，全面提升人才自主培养质量；以课程思政、"四新"建设为引领，以教育数字化战略赋能教学创新，提升产教融合协同育人成效；引导教师创新教学模式，强化教学新理念、新方法推广应用，以赛促改、以赛促教，不断提升教师教学创新能力；充分发挥大赛的示范引领作用，精心打造高校教师教学创新与交流的标杆。

大赛参赛对象要求为普通本科高校、职业本科和军队院校在职教师，主讲教师近5年对所参赛的本科课程讲授2轮及以上。以个人或团队形式参赛均可，若以团队形式参赛，团队成员包括1名主讲教师和不超过3名团队教师。已获得往届大赛全国赛一等奖的主讲教师不能再次参赛。大赛鼓励人工智能、集成电路、量子科技、储能技术、智能制造数字经济（含区块链）、生物育种、智慧农业、智能医学工程、国际传播等相关专业领域和耕读教育、全科医学、中医药经典、"理解当代中国"（外语专业）等相关课程的教师积极报名参赛。

参赛教师按照"新工科组""新医科组""新农科组""新文科组""基础课程组""课程思政组""产教融合组"和参赛主讲教师专业技术职务等级报名。现场赛按"正高组""副高组""中级及以下组""产教融合组"四个组别进行评审。

1. 大赛内容及要求

高校教师教学创新大赛内容包括课堂教学实录视频、教学创新成果报告（或课程思政创新报告）、教学设计创新汇报三个主要部分。

（1）课堂教学实录视频及相关材料。实录视频为参赛课程中两个1学时的完整教学实录，与课堂教学实录视频配套的相关材料包括：参赛课程的教学大纲，课堂教学实录视频内容对应的教案和课件，其中教学大纲主要包括课程名称、课程性质、课时学分、学生对象、课程简介、课程目标、课程内容与教学安排、课程评价等。

（2）教学创新成果报告应基于参赛课程的教学实践经验与反思，体现课程教学的创新举措、过程与成效。其应聚焦教学实践的"真实问题"，通过课程内容的重构、教学方法的创新、教学环境的创设、教学评价的改革等，采用教学实验研究的范式解决教学问题，明确教学成效及其推广价值。课程思政创新报告应立足于学科专业的育人特点和要求，发现和解决本课程开展课程思政教学过程中的"真实问题"。报告包括摘要、正文，字数以 4 000 字左右为宜。

（3）教学设计创新汇报。参赛教师结合教学大纲与教学实践，进行不超过 15 分钟的教学设计创新汇报，评审专家依据参赛教师的汇报进行 10 分钟的提问交流。

2. 大赛评审标准

课堂教学实录视频、教学创新成果报告（或课程思政创新报告）属于网络评审阶段，参赛教师要在规定时间内将课堂教学实录视频、教学创新成果报告（或课程思政创新报告）等相关材料上传到大赛官网。网络评审满分为 60 分，其中课堂教学实录视频成绩占 40 分、教学创新成果报告（或课程思政创新报告）成绩占 20 分。教学设计创新汇报部分属于现场评审阶段，现场评审满分为 40 分，具体要求见本章附录中表 10-6。

3. 相关教学设计范例（节选部分）①

相关教学设计范例见表 10-2。

表 10-2　相关教学设计范例

基本信息	课程名称	组织行为学（英）
	节段内容	领导力权变理论
教学理念与思想	立德树人理念：通过发掘专业知识和思政内容深层次的共性和根源，在课程过程中推进专业课学习和课程思政同向同行。 建构主义思想：围绕"以学为中心"的理念，通过 Mooc 线上平台、启发式教学法、体验式教学法、案例教学法、合作学习法等方法，以学生自主学习为主，教师引导学生进行思考与深入探索。 人本主义思想：关注学生的认知规律，遵循"从浅入深""循序渐进"的教学规律，从简单的问题开始分析，渐进导入较为复杂、新颖的问题	

---

① 该教学设计选自西南财经大学国际商学院向姝婷老师的《组织行为（英）》一课。

表10-2（续）

教材分析	本堂课的教学内容属于第五章"领导力"，位于全书知识点的后半部分，在学生掌握了前书关于个体行为和团队行为的知识点后，对于如何将这些知识点融入组织实践，将个体、群体和组织形成统一有机体具有承上启下的作用。 本堂课内容为"领导力"这一章节第四小节的内容，即"领导力权变理论"。本节课的教学，旨在让学生清晰辨别不同领导方式都存在优势、劣势和适用情景，这对于承接前面小节所学领导力行为理论内容有重要的总结和升华作用。 同时，通过讨论揭示"不存在万用和最有效的领导方式"，引导学生学习领导力权变理论，辨别不同领导方式的适用情景，学会具体问题具体分析，权变地开展领导力实践，这对整个领导力章节的学习都具有升华作用。因此，本节课知识点在全书和全章中都处于重要地位	
教学目标	知识目标	（1）掌握并记忆三种领导力权变理论：费德勒模型、领导力情景理论、路径—目标模型； （2）归纳三种领导力权变理论的共同特征和核心本质； （3）识别西方管理学中权变理论存在的局限之处
	能力目标	（1）提升管理学专业知识能力和学术能力； （2）提升理论联系实际、分析和指导实际的能力； （3）增强辩证性思维能力
	态度与价值观目标	（1）爱党爱国，通过乡村振兴实践案例贯彻党史教育，引导学生坚持党的领导，坚守中国共产党人的初心和使命； （2）批判性思维与创新精神，深刻学习贯彻党的二十大精神中进一步强调的"具体问题具体分析"，创新性看待传统管理理论中的局限性； （3）奉献社会。引导学生全面建设社会主义现代化的责任感，尤其侧重于对"三农"问题的关注

表10-2（续）

学情分析	（1）学生认知能力分析：财经类院校商科大三学生已具备基本的商科专业知识积累、一定的专业能力和专业思维。然而，由于尚无社会工作经验，本节课关于领导力权变理论的知识点具备抽象、难理解、难运用的特点，因此其可能难以被本科生所理解和吸收； （2）学生已有知识经验分析：通过前述关于领导力基本知识的学习，学生已经掌握了领导力的定义、特质理论、行为理论和不同领导力类型等基础知识。但是对于"哪种领导力行为更有效""实际工作中应该采取何种领导方式"等更深入的问题，学生尚不清楚，教师也难以通过简单的讲述来带领学生解决这些实践问题； （3）学生学习兴趣分析："00后"学生拥有较高的自主学习能力，能够运用线上教学平台（如Mooc、哔哩哔哩网站等）自主学习相关知识点。因此，虽然教师可以提前让学生通过Mooc自学课程的基础知识点，但单纯讲授书本上的知识点已经无法满足学生的探索欲和求知欲，无法调动学生的学习兴趣。 综上，本单元将在开展核心知识点讲解时，通过讲解+举例的方式，用生动形象的案例和描述讲述抽象的知识点；通过学术拓展、案例阅读与通过设计辩论游戏的方式，让学生通过体验式学习厘清常见的西方管理学中关于权变理论的局限；通过调动学生的学习兴趣引导学生自主学习
教学重难点	基于对教学目标和学生学情的分析，确定本节课的教学重点如下： （1）知识点1：费德勒模型（fiedler's model）； （2）知识点2：领导力情景理论（situational leadership）； （3）知识点3：路径—目标模型（path-goal model） 基于对教学目标和学生学情的分析，确定本节课的教学难点如下： （1）知识点4：3种权变理论的共同特征和核心本质； （2）知识点5：西方管理学权变理论的局限性
教具准备	Mooc线上课程资源（本团队自主录制并已使用的Mooc课程，因参赛规定隐去网址） 幻灯片（结合教材内容和搜集案例，自行制作PPT） 课堂视频：中国脱贫攻坚战 课程组自主开发思政案例：中国减贫："权变"的脱贫攻坚战 雨课堂练习题 课堂拓展知识阅读材料：学术论文、中国扶贫实践史（百度网盘）
教学方法	（1）体验式教学法：在课堂开始时设计辩论游戏，让学生通过游戏沉浸式探讨课程问题、引导学生思考、调动学生的学习兴趣； （2）讲授法：教师主导讲解核心知识点，梳理知识点之间的逻辑关系，引导学生理解重要知识点； （3）案例教学法：在课程中，大量使用案例和时政热点，帮助学生更通俗、快速地理解现象背后的理论知识。同时，在课程结束后通过案例等方式，引导学生将理论运用到实际，并鼓励他们去讨论如何解决中国企业存在的实际管理问题； （4）混合式教学法：通过线上Mooc让学生学习基本知识点，线下课堂侧重于对知识点逻辑的梳理、问题的探讨和解决、重点知识点的讲解及难点问题的引导探讨

表10-2（续）

教学研究 与设计思路	（1）课前部分：布置 MOOC 学习和课本预习； （2）课中部分：包括以下 3 个环节： 环节 1：复习旧知、引入新课； 环节 2：课程主体讲授。分别介绍本节课三个重要知识点： 　　知识点 1：费德勒模型（fiedler's model）； 　　知识点 2：领导力情景理论（situational leadership）； 　　知识点 3：路径—目标模型（path-goal model） 重点围绕知识点 2 开展雨课堂练习题闪测； 环节 3：总结与拓展。对课堂内容做出总结，并对课堂内容进行拓展，通过辩论游戏引导学生思考权变理论中的"变"与"不变"，引发学生思考西方管理学中关于权变理论阐述的局限性。 （3）课后部分：让学生进行知识复习，完成课中环节 3 布置的案例作业

（三）课程思政教学竞赛

为深入学习贯彻习近平新时代中国特色社会主义思想和党的二十大精神，全面落实《中共中央关于认真学习宣传贯彻党的二十大精神的决定》《关于深化新时代学校思想政治理论课改革创新的若干意见》《高等学校课程思政建设指导纲要》《习近平新时代中国特色社会主义思想进课程教材指南》等文件精神，更好落实立德树人根本任务，充分发挥各类课程的思想政治教育功能，各高校相继举办课程思政相关教学竞赛。

参赛对象要求师德师风良好，没有不良记录，教学要求为具体承担本科或研究生课程教学的教师。部分高校要求承担年度中央高校教育教学改革专项"课程思政"类资助建设项目的教师必须参加竞赛。思政必修课不参加本项比赛。

1. 竞赛内容和要求

竞赛内容包含 5 个教学节段的教案设计（含对应的 5 个 PPT）、整门课程的教学资源、1 个教学节段（20 分钟）的课堂教学演示三部分。

（1）教案设计和课程教学资源

教案设计中每个教案以 1 个教学节段（20 分钟）为单位编写，共编写 5 个教学节段的教学设计方案及相对应的 5 个课堂教学节段的 PPT。主要内容包括课程信息介绍、教学目标、教学理念、学情分析、教学内容和思政融入点、教学方法和策略、教学安排、板书设计、课下思考与作业、教学资源等。教案的设计要符合学生的认知发展规律，能够充分发挥课程的思想教育功能，围绕教学目标，充分挖掘和运用课程内容中思政元素的"触点"和"融点"，运用恰当的教学素材，采取有效的教学方法和评价方式，实现知识学习、能力提升与学生正确世界观、人生观、价值观形成的深度统一。

课程教学资源包括整门课程的课程实施方案、教材、文献库、案例库等，尽量使用1~2个word或pdf文件来详细介绍。课程教学资源应体现现代教育思想和课程思政相关内容，符合教育教学规律，及时反映学科最新发展成果和教改教研成果，具有思想性、科学性、实践性、先进性、创新性和扩展性。教材选用应严格按照选用规定，并根据课程内容和学生特点科学、合理选用，拓展高质量的学生学习资源。

（2）课堂教学演示

课堂教学规定时间为20分钟，用普通话授课。评委主要从思政特色、教学内容、教学组织、语言教态四个方面进行考评。复赛采取自选节段视频录制的方式，参赛教师的参赛视频可在报名登记表中选取时间段参与学校录制，也可自行录像。

教师应深入挖掘课程蕴含的思想政治元素和所承载的思想政治教育功能，要体现习近平新时代中国特色社会主义思想，引导学生树立马克思主义信仰，坚定中国特色社会主义道路自信、理论自信、制度自信、文化自信，立志听党话、跟党走；要有机融入爱国情怀、法治意识、社会责任、仁爱之心等要素，充分实现知识传授与价值引领的有机统一，教书与育人相统一，引导学生树立正确的世界观、人生观、价值观。

2. 评审标准

评审标准见本章节附录中表10-7。

3. 相关教学设计范例（节选部分）①

相关教学设计范例见表10-3。

表10-3　相关教学设计范例

基本信息	课程名称	审计学
	节段内容	大数据审计与信息安全
课程思政理念	"坚持教书和育人相统一，坚持言传和身教相统一。"课堂上采用隐性教育的方式，润物细无声地塑造三观	

---

① 该教学设计案例选自西南财经大学会计学院孙毓璘老师《审计学》一课。

表10-3(续)

教学目标	知识目标: (1) 了解大数据的广泛影响; (2) 理解大数据在审计中的应用; (3) 理解数据安全所存在的危险; (4) 了解《中华人民共和国数据安全法》出台的必要性与重要性。 能力目标: (1) 坚持唯物辩证法、一分为二地看待问题; (2) 形成大数据审计思维。 价值目标: (1) 增强学生的信息安全意识; (2) 认清美国等西方国家说一套做一套的伪善面孔; (3) 树立学生的总体国家安全观		
思政元素 与课程内容 分析	思政元素	课程知识点	价值传递
	唯物辩证法	大数据时代,审计不仅得到了技术手段更新等的诸多好处,也面临新的挑战,尤其是信息安全方面	凡事都具有两面性,要一分为二看待
	棱镜门事件	以揭发棱镜门事件为例,说明目前网络信息安全在个人及国家层面面临的挑战	守卫国家信息安全刻不容缓
	总体国家安全观之信息安全	结合《中华人民共和国数据安全法》的出台,强调信息安全的重要性	落实习近平总书记高屋建瓴的重要指示精神

表10-3(续)

教学重难点	教学重点: 1. 大数据在审计中的运用 本讲以国家审计为例说明大数据技术目前在审计领域的运用。在海量数据采集的基础上,大数据分析可以更快地发现审计线索,提高审计效率。同时,审计思维也要顺应大数据时代转换为全样本思维、技术性思维和相关性思维; 2. 数据安全面临的威胁 当今世界,信息技术革命日新月异,对国际政治、经济、文化、社会、军事等领域发展产生了深刻影响。信息化和经济全球化相互促进,互联网已经融入社会生活方方面面,深刻改变了人们的生产和生活方式。我国正处在这个大潮之中,受到的影响越来越深⋯⋯做好网络安全和信息化工作,要处理好安全和发展的关系,做到安全和发展协调一致、齐头并进,以安全保发展、以发展促安全,努力建久安之势、成长治之业
	教学难点: 理解大数据时代我们所面临的信息安全威胁。单条的身份信息、轨迹信息、视频信息看起来都没有特别的价值,但是如果把这些信息拼接起来,再通过大数据分析,就可以得到很多重要的信息。例如,最新研究显示,只要有一个人的年龄、性别和邮编,就能从公开的数据中搜索到这个人87%的个人信息。随着定位技术的高速发展以及物联网、大数据和人工智能等技术的不断发展与应用,无论是微博、微信、QQ等网络社交应用,还是涉及人们衣食住行的其他相关应用,都存在着个人数据外泄的可能。数据的使用与搜集都具有高度隐蔽性,但结合强大的数据分析能力,便会让众多用户无形中成为"被监控"的对象,于是"天知地知、你知我知"的数据变得"人尽皆知"。数据使用便利的同时,让渡的是隐患重重的消费者隐私安全,甚至是国家安全
教学方法	(1) 理论讲授教学法; (2) 多媒体展示教学法; (3) 讨论思辨教学法

表10-3（续）

	教学过程	设计意图
课堂组织与实施	导入：举例人工智能、云计算等耳熟能详的大数据相关应用	开宗明义，引出主题
	（1）举例说明大数据时代已经来临。 （2）进一步阐释大数据对我们工作生活学习的方方面面所产生的影响	理论联系实际，帮助学生理解大数据的广泛影响
	（3）以自然资源审计中大数据技术手段的应用为例，说明大数据对审计产生的影响。 （4）组织讨论，分析大数据审计带来的思维转换。 （5）提问"大数据有利而无害吗？"	启发学生思考，并自然切入下一个话题
	（6）以数据的方式展现大数据时代个体、公司、国家等层面面临的数据安全威胁	培养学生形成一分为二的唯物辩证观，通过翔实的数据罗列增强理解
	（7）引用2014年2月27日，习近平总书记在中央网络安全和信息化领导小组第一次会议上的讲话，凸显当前数据安全的重要性。 （8）援引棱镜门事件说明当前我国数据安全、信息安全所面临的威胁	增进学生对于暗流汹涌的信息安全的了解，认清美国等说一套做一套的伪善面孔
	（9）在上述背景条件之下，说明《中华人民共和国数据安全法》的重要性。 （10）以滴滴出行为例，说明《中华人民共和国数据安全法》的必要性。 （11）援引习近平总书记在中央国家安全委员会第一次会议上的讲话加以论证	帮助学生理解做好网络安全和信息化工作的意义；梳理总体国家安全观；总结并升华主题
作业布置	请同学们思考： （1）大数据时代给审计带来的挑战除了信息安全威胁，还有什么？ （2）日常生活中我们能做些什么来维护信息安全与国家安全？	一方面让学生带着问题有效复习；另一方面锻炼学生的思考分析能力。

（四）其他教学竞赛

1. 川渝青年教师风采大赛

该项赛事由重庆市教育委员会、四川省教育厅主办，大赛主题展现新时代川渝青年教师扬师德正师风，积极投身教育教学改革，加快教育高质量发展，办好人民满意的教育，为祖国培养德智体美劳全面发展的社会主义建设者和接班人的精神风貌。

大赛参赛对象为川渝地区幼儿园、中小学校、高校的教师及辅导员，要求年龄为45岁以下已取得教师资格证书的在岗青年教师。大赛分为学前教育组、小学组、中学组（含中职）、高校组。

大赛参赛内容方面，分为主题演讲、教师教育教学专业能力（技能）展示、个人才艺展示。主题演讲中，学前教育组、小学组和中学组参赛教师结合工作实际发表教育教学感言或讲述教育故事，高校组参赛教师围绕师德师风建设、教育教学改革以及学生工作等主题进行演讲。才艺展示的形式内容不限。

大赛一般在每年的6~8月开展，一般由学校教师工作部、教师教学发展中心共同组织和选拔教师参赛。

2. 四川省高校思想政治理论课"精彩一课"讲课比赛

（1）该项赛事由四川省委教育工委、教育厅共同主办。该项赛事的举办是为了深入学习贯彻习近平新时代中国特色社会主义思想，全面贯彻落实党的二十大精神，及时推动党的创新理论"三进"，进一步发挥高校思想政治理论课的主渠道作用，充分展示全省各高校深化思政课改革创新的成果，推动新时代高校思想政治理论课高质量发展。

（2）参赛教师要求

参赛教师为承担高校本专科和研究生思想政治理论课教学的一线专职教师，须已进入"高校思想政治理论课教师信息库"，"形势与政策"教师身份可放宽为思政课兼职教师。鼓励各校充分发挥"传帮带"作用，指导中青年教师参赛，原则上参赛教师年龄不超50岁。

参赛教师应政治素质过硬，始终在政治立场、政治方向、政治原则、政治道路上同以习近平同志为核心的党中央保持高度一致，模范践行高等学校教师师德规范。

参赛教师应热爱思政课教学事业，业务能力精湛，潜心马克思主义理论研究，教学科研业绩在本校得到专家同行肯定。

参赛教师应深入落实立德树人根本任务，稳定承担至少1门竞赛范围内课程的教学任务，课堂教学深受学生欢迎，近三年思政课教学评价结果平均排名位居所在高校全体思政课教师教学评价结果前60%。

获得过全国高校思政课教学展示活动特等奖、一等奖的获奖教师不能反复参加。

（3）比赛课程和教学依据

比赛课程：本科"习近平新时代中国特色社会主义思想概论""马克思主义基本原理""毛泽东思想和中国特色社会主义理论体系概论""中国近现代史纲要""思想道德与法治""形势与政策"课，高职高专"习近平新时代中国特色社会主义思想概论""毛泽东思想和中国特色社会主义理论体系概论""思想道德与法治""形势与政策"课，研究生"中国特色社会主义理论体系""中国马克思主义与当代"课。

教学依据：遵循马克思主义理论研究和建设工程统编高校思政课最新版教材基本精神和《高等学校思想政治理论课建设标准（2021年本）》要求。"习近平新时代中国特色社会主义思想概论"课以教育部最新要求及新编统一课件为教学依据。"形势与政策"课以教育部办公厅印发的2023年度《高校"形势与政策"课教学要点》为教学依据。教学内容要及时融入习近平总书记最新讲话精神，充分融入党的二十大精神和新时代十年伟大成就。

该项赛事每三年举办一次。由各学校马克思主义学院、教师教学发展中心共同组织和选拔教师参赛。

3. 四川省师生信息素养提升实践活动（教师部分）

该项赛事依托教育部教育技术与资源发展中心（中央电化教育馆）每年举办的全国师生信息素养提升实践活动（教师部分）举行，目的是提高我省教师信息素养，深化课程改革。

高校教师参加的是普通项目组别中的高等教育组：课件、微课、信息化教学课程案例。

课件：是指基于数字化、网络化、智能化信息技术和多媒体技术，根据教学内容、目标、过程、方法与评价进行设计、制作完成的应用软件；能够有效支持教与学，高效完成特定教学任务、实现教学目标。各类教学软件、学生自主学习软件、教学评价软件、仿真实验软件等均可报送。

微课：是指教师围绕单一学习主题，以知识点讲解、教学重难点和典型问题解决、技能操作和实验过程演示等为主要内容，使用摄录设备、录屏软件等拍摄制作的视频教学资源。主要形式可以是讲授视频，也可以是讲授者使用PPT、手写板配合画图软件和电子白板等方式，对相关教学内容进行批注和讲解的视频。

信息化教学课程案例：是指利用信息技术优化课程教学，转变学习方式，创新课堂教学模式，教育教学改革成效显著的案例；包括课堂教学、研究性教学、实验实训教学、见习实习教学等多种类型，采用混合教学或在线教学模式。鼓励思政课、教师教育类的信息化教学案例报送。

此外，还有一些专业性较强的教学类竞赛，如四川省高校就业创业指导大赛，四川省高校心理健康教育课程教学比赛等。

三、教学竞赛的备赛技巧

教学竞赛备赛技巧需全面而精细，其关键在于精准设计、高效呈现与精彩录制。大部分教学竞赛要求参赛者以教学节段为单位进行教学展示，因此什么是教学节段，如何设计、展示和录制教学节段是我们首先要了解清楚的问题。

（一）竞赛教学节段

1. 什么是教学节段？

高校青年教师教学竞赛使用了教学节段的说法，很多时候和教学学时难免混淆。竞赛中提到的教学节段，是指作为教学活动的基本构成单元，一般是在规定的教学时间内，围绕某一特定教学目标或知识点，通过一系列教学活动和策略，引导学生进行学习、思考和实践的完整过程。教学节段具有明确的目标导向性、知识的系统性和连贯性，以及学生的主体性和参与性等特点。在教学过程中，教师需要精心设计和安排教学节段，以确保教学活动的有效性和高效性。

以青年教师教学竞赛和课程思政教学竞赛为例，历届青年教师教学竞赛要求提供15~20个教学节段的参赛内容，课程思政教学竞赛要求提供5个教学节段的参赛内容，这些节段要求的时长为20分钟。在这么有限的时间范围内，完成一个大学课程的某个知识点的讲授，还要达到竞赛的较高要求就显得尤为紧张，也正因为如此，教学节段的选取就显得尤为重要。

2. 如何选取教学节段？

在教学设计与竞赛准备中，教学节段的选取与安排是至关重要的一环。这一过程不仅关乎教学内容的呈现方式，还直接影响到教学效果与竞赛的成败。

教学节段选取一般从专业擅长与知识储备以及核心知识点的关联这两个出发点。首先，应确保参赛教师能在自己擅长的领域内进行教学，以充分展示其深厚的知识储备和独特的教学技能。其次，所选的每个教学节段都应紧密围绕该领域的核心知识点，确保教学内容的准确性和针对性。

教学节段的编排应遵循学科内在逻辑。一是遵循脉络，按照参赛课程本身学科专业的内在逻辑来安排章节，形成一张紧密相连的知识网络，展现学科的深度和广度。二是通过这一策略，确保教学节段之间存在一定的内在逻辑关联，构建一个逻辑严密、内容丰富的知识体系，形成一条清晰的教学主线，能够系统地引导学习者循序渐进地掌握知识点，并深入理解学科知识。

随着近年来"以学为中心"教学理念的发展，以及教学竞赛的要求，教学节段的编排策略在遵循学科内在逻辑的基础之上也越来越强调"以学为中心"，要求依据教学实践中学习者的学习逻辑来划分章节，关注学生的认知发展轨迹。同时教师还应能够灵活调整教学节段，以适应学生的学习节奏，提高教学过程的流畅性和效率。

教师还应该注意节段名称的设计，一般而言要注意标题的多样性和吸引力。标题的设计可以采用多种形式，如引人思考的提问式、简洁直白的陈述式或含正副标题的混合式等。精心构思的标题旨在吸引学习者的注意力，激发他们的学习兴趣和探索欲望，从而提升教学效果。教学节段设计案例见表 10-4。

表 10-4　教学节段设计案例①

教学节段设计案例： 课程："当代世界经济与政治"	教学节段设计案例： 课程："马克思主义基本原理"
1. 如何理解国际关系中的行为主体 2. 怎样认识国家利益 3. 推动经济全球化的"中国动力" 4. 中国如何借助一体化建设推进全球化 5. 经济全球化对世界经济的影响 6. 中国特色大国外交中的国际和平之道 7. 冷战的今日遗产及中国应对 8. 我们身边的非传统安全风险 9. 文化对经济发展的影响 10. 中国对世界文化新秩序构建的目标及作用 11. 中美关系的想象与现实 ……	1. 大家好，我是马克思 2. 哲学是什么 3. 唯心主义与唯物主义区分过时了 4. 命运从何而来 5. 一根烟头引发的疑问 6. 一万小时定律真的存在吗 7. 人工智能将反客为主吗 8. 真理是非黑即白的吗 9. 月亮还是六便士 10. 如何走向自由 11. 科技改变了什么 12. 谁是历史的创造者 13. 异化劳动 14. 承上启下的空想 15. 朝向共产主义的人工智能

---

① 用《当代世界经济与政治》教学节段设计由西南财经大学马克思主义学院王翔宇老师提供；《马克思主义基本原理》教学节段设计由西南财经大学马克思主义学院王姗姗老师提供。

综上所述，教学节段的精心策划与编排，不仅是教学设计的重要组成部分，更是竞赛成效与影响力的关键所在。教师遵循上述原则、策略与技巧，可以确保教学节段的选择既科学又合理，既能够展现自己的专业素养，又能够激发学生的学习兴趣，达到最佳的教学效果。

（二）节段内容教学设计

在明确教学节段框架之后，后续工作的关键在于精心策划每一节段的具体教学设计，以确保教学活动既符合竞赛的评审标准，又能够高效促进学生发展。教学设计应根据不同竞赛评审标准来设计，一般来说应围绕课程名称、学情分析、教学目标、教学思想、课程资源、教学内容、教学重点与难点、教学方法与工具、教学安排、教学评价、预习任务与课后作业等方面进行。教师在设计时应注意全面而深入地涵盖以下核心要素：

课程定位与学情洞察：首先，需清晰界定课程名称及其在整个教育体系中的位置，随后深入分析学生群体的学习背景、兴趣点及潜在学习障碍，为个性化教学奠定坚实基础。

教学理念与目标引领：明确具体、可衡量的教学目标，不仅聚焦于知识技能的传授，更需融入对学生情感态度、价值观的正向引导，体现课程思政的深刻内涵，助力学生树立正确的三观。

资源整合与内容优化：充分挖掘并整合优质课程资源，包括教材、多媒体素材、实践案例等，确保教学内容既丰富多样又紧贴时代前沿。同时，明确教学重点与难点，采用恰当的教学策略进行突破。

教学方法与工具创新：结合"两性一度"的教学理念，即高阶性、创新性、挑战度，灵活运用多样化的教学方法（如探究式学习、项目式学习）和现代教育技术工具，提升教学互动性与实效性，激发学生主动探索与创造的能力。

教学安排与评价机制：合理规划教学时间分配，确保每个环节紧凑有序。构建多元化评价体系，不仅评价学生的知识掌握情况，更重视其过程表现、创新能力及团队协作能力，促进其全面发展。

预习引导与课后拓展：设计富有启发性的预习任务，激发学生的好奇心与求知欲；布置富有挑战性的课后作业，鼓励学生深入思考与实践，巩固学习成果并拓展学习边界。

案例精选与反思准备：精心挑选贴近学生生活、具有代表性和启发性的教学案例，增强教学的吸引力和实效性。对于教师而言，其尤其需注重教学反思的预设，通过预设反思点，促进自我成长与专业发展。

数字驱动与未来教育：积极响应数字时代的教育变革，将数字化、智能化技术深度融合于教学全过程，创新教学模式，丰富学习体验，提升教学效率与质量，为学生适应未来社会奠定坚实基础。

作为竞赛参赛课程，在以上这些核心要素中，教师要着重把握当前课堂教学的三个趋势：价值引领、"两性一度"、数字驱动。

（三）竞赛课件制作

竞赛课件制作一般依据简洁而不失深度的设计理念，力求每一页内容都能直观清晰地传达教学要点，同时遵循统一的视觉风格，营造专业且和谐的视觉效果。教学多媒体课件应由录课教师精心准备并提供，教师在正式录制前，务必对授课过程中拟采用的多媒体素材（如 PPT 演示文稿、音视频资料、动画演示等）进行细致入微的审核，确保所有内容在文字表述上准确无误，格式编排上规范统一，全面满足拍摄的技术与艺术要求。

具体来讲，其需遵循以下几个原则：

1. 简洁和清晰原则

课件背景和动画效果方面：应选用简洁、不分散注意力的颜色或图案，避免使用过于花哨或复杂的底纹，保证内容的主导地位。尽量减少动画使用，如有需要推荐采用平滑的动画效果，避免使用过于复杂或分散注意力的动画效果，确保信息传达的直接性。

课件文字内容方面：应高度概括，避免冗长段落。建议使用要点列表、关键词或短句来呈现信息，每页字数一般不超过 100 字。可利用简洁而生动的图片或图表来辅助说明，增强信息的直观性和吸引力。

课件文字效果方面：整个课件统一选择易于阅读的字体，如黑体、微软雅黑等，字号大小应根据内容重要性和页面布局合理调整，一般不小于24 号，保持适当的行间距和段间距；同时，通过颜色对比、字体加粗、下划线或高亮等方式，对重要信息进行强调，提高文本的可读性，帮助学生快速抓住重点。

2. 规范性与合规性原则

内容和形式方面：篇、章、节的层级设计应统一，字词句的表述应规范，统一使用简体字，专业术语和单位的表达方式要符合标准，标点使用要规范。课件的首页应清晰标注课程名称、讲授内容概要、明确的章节或小节标题，以便观众快速识别与理解课程的核心要素。主讲人个人信息根据竞赛要求确定是否展示还是回避。

版权与敏感信息方面：尊重知识产权，对于引用的他人作品或资料，应明确标注出处，避免版权纠纷。在添加文字说明时，应将其放置在图片的空白处或通过文本框等方式呈现，避免直接添加在图片上影响视觉效果。地图使用应严格遵守国家相关法律法规，维护国家主权和尊严，防止出现政治性错误或泄密事件。

3. 逻辑性与连贯性

内容结构方面：一个参赛节段应围绕一个中心主题或问题构建课件的故事线，内容结构清晰，层次分明，逻辑严谨。课件之间应有自然的过渡和联系，使用适当的标题、子标题和过渡页来引导听众的思路。教师应通过案例或情境模拟等方式，使抽象概念具体化，帮助学生更好地理解和掌握。

时间管理方面：应合理分配每张幻灯片的讲解时间，避免冗长或过于简短的展示，确保课程节奏紧凑而有序。

4. 互动性和趣味性原则

内容方面：要认识到课件不仅是教师教学的手段，更应该成为学生学习的载体，在课件中适时插入思考问题或练习题，可以增强学生的参与度，提升学习效果。这些问题可以是选择题、填空题或简答题，并通过设置答案页面或使用交互式工具（如在线问卷软件链接）来即时收集反馈。

形式方面：可以利用超链接、视频暂停点问答、互动图表（如滑动条显示数据变化）等多媒体互动技术，提升课堂的趣味性和互动性。同时设计简洁明了的反馈页面，用于展示正确答案或解释错误原因，鼓励学生主动探索和学习。

5. 美观性和技术性

视觉元素方面：根据课程内容选择合适的色彩搭配方案，使用色彩对比来强调重点信息，但避免过于刺眼或复杂的颜色组合；充分利用图表、图形、流程图等视觉元素来展示数据和概念，提高信息的直观性和可读性。

技术方面：确保课件能够在多种平台和设备上正常显示和播放，包括不同的操作系统、浏览器和屏幕大小，课件全屏显示比例一般设置为16：9。竞赛过程中应准备应急预案（如备用设备、离线播放方案等），以应对可能出现的技术问题。

6. 创新性与特色

创新性方面：首先，在内容上，结合学科领域的最新研究成果和发展趋势，更新课件内容，保持其时效性和前沿性；其次，注重融合新技术，尝试将 AR/VR、人工智能等新技术融入课件中，为学生带来更加沉浸式和个性化的学习体验。

个性化特色方面：教师可根据讲授对象的年龄、背景、兴趣等因素，对课件进行个性化定制，使其更加贴近学生的实际需求；也可根据个人形象气质、专业特长、课程特色等对课件进行个性化定制，让人耳目一新。

（四）竞赛视频录制

1. 准备工作

（1）提前联系：主讲教师应至少提前一天（特殊需求提前三天）联系视频录制部门，熟悉流程与注意事项。

（2）课件准备：课件须符合 16∶9 比例，特殊软件提前两天提供，并亲自到录制教室试讲，拷贝课件给技术人员。

2. 录制着装要求

（1）简洁大方：服装硬挺，避免软材质休闲服；建议男教师正装，女教师职业装，裙装自备皮带。

（2）颜色搭配：避免纯白、黑、深蓝、深咖及复杂图案，女教师可淡妆，适量装饰。

3. 视频录制要求

（1）专业场地：采用三机位高清拍摄，提供无线话筒、翻页器、计时器等设备，确保同声录制，声音清晰洪亮。

（2）学生组织：在允许有学生出镜的竞赛视频录制中，参与录制的学生人数根据课程需要一般控制在 8~40 人，需告知肖像权事宜，建议录课教师的学生参与，以保证较好的互动效果，参与录制视频的学生需维持良好的精神状态和课堂纪律。

（3）板书与仪态：板书字体要大和规范，避免写在拍摄盲区，避免背身长时间书写。保持讲台整洁，站姿端正，目光保持在台下学生方向，避免小动作。

（4）互动与回答：如有师生互动环节，需提前沟通安排话筒，指定答题学生，确保拍摄范围内，规范传递话筒流程。

（5）时间控制：LED 显示屏计时以提示教师，视频长度控制在每节段20 分钟以内。

4. 后期制作

课程录制结束后，授课教师提出剪辑要求，技术部门编辑后交教师审阅，确认无误后合成最终视频。

5. 版权说明

所有教学录像版权归教师所在单位所有，视频录制技术部门保留最终成片，如需拷贝，需经相关部门批准。主讲教师可拷贝成片，并承诺不挂网、不作商业用途。

教育家苏霍姆林斯基有句名言："教育的技巧并不在于能预见到课的所有细节，而在于根据当时的具体情况，巧妙地在学生不知不觉中做出相应的变动。"这句话深刻揭示了教学艺术的精髓，也为我们准备教学竞赛提供了宝贵的启示。从教学节段的设计到竞赛课件的制作，再到竞赛视频的录制，每一步都需精心策划与灵活应变。教学节段的设计应紧扣教学目标，同时预留空间以应对课堂上的即时变化；竞赛课件的制作则需简洁而富有表现力，既传达知识又吸引学生；而竞赛视频的录制，更是对教师综合素质的一次全面展现，要求教师在镜头前展现出最佳的教学状态与风采。通过运用这些备赛技巧，并结合个人的教学智慧与风格，教师们定能在教学竞赛的舞台上大放异彩，为教育事业贡献自己的力量。

第二节　教学学术

一、教学学术的意义和内容

"教学学术"（Scholarship of teaching and learning，SOTL）的概念最初由美国著名高等教育学家博耶（Ernest L. Boyer）在其著作《Scholarship Reconsidered：Priorities of the Professoriate》（1990）中提出。博耶认为，学术不仅限于传统意义上的研究活动，还应包括教学的创新与反思，即"教学学术"，教学学术不仅要求教师具备学科知识，还要求教师通过研究和反思优化教学实践，提升学生学习效果。

"教学学术"着眼于教师专业发展，强调教师要把教学作为一种学术来研究，关注教与学的过程，研究教学方法，反思教学效果，促进学生成长。培养和提升"教学学术"能力水平，要求高校教师在教学研究中，着力解决教学实践中的突出问题，把握教改热点，顺应教改趋势，凸显教学学术的实用性、时代性和先进性。①

教学学术的理念可以更好帮助教师认识教学在社会变革中的重要作用，同时能够让教师通过系统的方法提升教学的科学性和有效性。理解教学学术需要从多个角度进行，其中研究的角度和政治的角度是两个重要的维度。

（一）研究视角下的教学学术

从研究的角度来看，教学学术将教学视为一种学术活动，与科学研究具有同等的重要性，这不仅提升了教学的地位，也鼓励教师将其教学经验转化为可传播的知识。研究视角下的"教学学术"要求教师将教学视为一种研究过程，通过系统的探索和反思来提升教学质量和自身专业发展。具体可以从以下几个方面理解：

1. 教学是一种学术性活动

教师在教学过程中不仅教授知识，还需要不断学习、反思和创新，将教学实践与理论研究相结合。这种学术性活动要求教师具备研究能力，能够从教学实践中发现问题、分析问题并解决问题。

2. 以问题为中心的研究

教学研究应根植于教学实践，以问题为中心展开。教学过程中的每一个环节都是独特的、动态的，充满了亟待解决的现实问题。例如，在混合式教学改革中，教师需要研究如何设计课程、安排线上线下内容比例、优化师生互动等具体问题。通过研究这些问题，教师能够不断改进教学方法，提升教学效果。

3. 教学研究的实用性

教师通过研究解决教学中的实际问题，能够更好地适应教育改革的需求，提升教学质量和学生的学习效果。例如，在信息化教学背景下，教师需要研究如何掌握现代教育技术、优化网络教学技巧等，以满足时代对教学的新要求。

4. 教学学术的价值

教学学术的价值在于其能够促进教师的专业发展和教学能力的提升。通过研究教学问题，教师能够不断反思和改进自己的教学实践，成为教学学术型教师。这种研究过程不仅有助于教师的职业发展，也为教育改革的

---

① 黎莉. 谈谈高校教师的教学学术［J］. 南方医学教育，2020，（2）：2.

推进提供了理论和实践支持。

（二）政治视角下的教学学术

从政治的角度来看，教师不仅仅是知识的传授者，还是教育变革的推动者，能够通过教学实践影响社会的教育话语权，理解教学学术的政治维度有助于教师在更宏观的层面发挥作用。政治视角下的"教学学术"要求教师在教学研究中紧跟时代步伐，适应社会经济发展和教育改革的需求。具体可以从以下几个方面阐述：

1. 教育的社会职能

教育是社会发展的基石，其基本职能是服务于社会经济的需求。教学学术要求教师在教学研究中关注社会对人才培养的要求，顺应教育改革的方向。例如，在人工智能技术快速发展的背景下，教师需要研究如何将 AI 技术应用于课堂管理、个性化教学和学生学习评估中，以满足社会对智能教育时代人才培养的需求。

2. 教学的时代性

教学学术强调教学的时代性，要求教师在教学研究中紧跟时代热点和趋势。例如，在"双碳"目标（碳达峰、碳中和）的背景下，教师需要探索如何在各学科教学中融入环保和可持续发展的理念，培养学生的绿色思维和实践能力。这种研究不仅回应了国家战略需求，也丰富了教学内容。

3. 教育改革的必然要求

教学学术是教育改革的必然要求。例如，随着全球化和跨文化交流的日益频繁，教师需要研究如何在教学中融入多元文化教育，提升学生的国际视野和跨文化沟通能力。这种研究不仅是对教育国际化趋势的回应，也是对教育改革方向的积极实践。

4. 教学学术的先进性

教学学术的先进性体现在其能够推动教育改革的深化。例如，在国际经济与贸易专业中，随着数字经济的快速发展，教师需要研究如何将区块链技术、跨境电商等新兴领域融入课程体系，培养能够适应数字经济时代的复合型人才。这种研究不仅提升了教学质量，也推动了教育改革的落实与创新。

二、科研对教学的反哺（有成效的教学学术）

教学学术不仅关注教学实践本身，更强调通过研究推动教学质量的提升和教育改革的深化。在这一过程中，科研扮演着不可或缺的角色。科研成果能够为教学提供前沿的理论支持、创新的教学方法和丰富的教学内容，从而实现科研对教学的反哺。例如，在信息技术领域，教师通过研究人工智能技术在教育中的应用，不仅可以发表高水平学术论文，还能将这些研究成果直接转化为课堂教学工具（如智能学习平台、自适应学习系统），从而提升教学效率和学生的学习体验。此外，科研活动还能激发教师的创新意识，推动其在教学中不断探索新的教学模式和方法。由此可见，科研与教学并非孤立，而是相辅相成、相互促进的。通过加强科研对教学的反哺，教师不仅能提升自身的学术水平，还能为教育事业的发展注入更多活力与创新动力。

（一）丰富教学内容

科研前沿成果可以及时融入课程体系，使学生接触到最新的知识和技术。教师通过将研究成果引入课堂，能够帮助学生了解学科发展的前沿动态，激发学生的学习兴趣和探索欲望。例如，在金融学课程中，教师可以将最新的金融科技研究成果融入教学内容，如区块链技术在跨境支付中的应用案例。这种前沿内容的引入不仅能够增强课程的实用性和时代性，还能为学生的职业发展奠定基础。

（二）创新教学方法

通过科研探索新的教学工具和模式，如虚拟现实（VR）技术用于实验教学、大数据分析用于学习行为研究等。科研活动为教师提供了开发和验证创新教学方法的机会。例如，在管理会计课程中，教师可以引入大数据分析工具（如 Python、Tableau）进行成本预测和预算编制的教学，帮助学生掌握前沿的数字化技能。此外，教师还可以利用案例教学法，通过真实的企业案例分析，提升学生对理论知识的实际应用能力。

（三）提升学生科研能力

教师可以将科研项目与教学相结合，引导学生参与科研实践，培养其创新思维和科研能力。通过参与教师的科研项目，学生能够亲身经历从问题提出到问题解决的全过程，从而提升其科研素养和创新能力。例如，在金融专业课程中，教师可以组织学生参与"金融科技在普惠金融中的应用"研究项目。学生通过实地调研、数据分析和案例撰写，深入了解金融科技如何助力小微企业融资，提升金融服务的可及性。这种"教学科研一体化"的模式不仅能够提升学生的学术能力，还能增强其对学科的热爱和认同感。

（四）推动教育政策落地

通过科研探索教育改革的有效路径，为教育政策的制定和实施提供依据。教师的科研活动不仅局限于学科领域，还可以围绕教育改革和教育政策展开研究，为教育实践提供理论支持和实践指导。例如，教师可以通过研究在线教育在财经类专业中的应用效果，为教育部门制定线上教学政策提供科学依据。此外，科研活动还能帮助教师在教育改革中发挥引领作用，推动教育政策的落地和实施。

（五）科研与教学的深度融合

通过科研与教学的深度融合，教师不仅能够实现自身的专业成长，还能为培养符合时代需求的高素质人才提供有力支持。科研与教学的协同发展能够提升教师的教学能力和科研水平，使其在教学中更具创新性和前瞻性。例如，在财经类专业教学中，教师将企业实际案例转化为教学资源，通过校企合作项目让学生参与企业预算编制、成本控制等实际工作，不仅提升了教学的实用性，还为学生提供了与企业专家交流的机会。

科研对教学的反哺是推动教育质量提升和人才培养模式创新的重要途径。雅斯贝尔斯认为，"最好的研究者才是优良的教师，才能带领人们接触科学的精神"。讲课好的教师，他一定知道如何把相关的知识和方法通过较高效率的方式传授给学生，这本身就是一种思考和研究。因此，高校教师应秉承"教学学术"的理念，"守好一段渠，种好责任田"，以提升人才培养质量为目标，遵循学术规律来开展教学活动，培养开拓精神和创造能力，不断更新思维和理念，创新教学内容和手段。同时，高校教师应将课堂的"活水"注入科研，探寻具有前瞻性和影响力的切入点，将科研成果融入课堂，创新课堂教学，帮助学生把握时代脉搏，确保教学与科研在一体化发展中实现共赢，形成良好的循环供给链。[①]

三、教学学术积累与教学成果凝练

（一）教学学术积累

教学学术积累是教师在长期教学实践和学术研究的过程中形成的知识储备和经验总结。这包括教师对教育教学理论的理解、教学方法的探索、教学资源的整合以及对学生学习需求的深入理解等方面。通过不断地学习

---

① 胡凤霞. 高校教师教学与科研一体化发展策略研究 [J]. 中国成人教育，2022，(20)：73-75.

和实践，教师逐渐形成了自己的教学风格和特色，为教学成果的凝练奠定了坚实的基础。

作为高校教师，有效的教学学术积累有以下几个达成要素：

第一，大量的实践经验：一项校本研究揭示大部分新教师在入校后的第3-6学期会达到教学评价结果的较高点，因此新教师应积极参与教学实践，研究学生学情，观摩优秀教师的课堂，尝试新的教学方法和手段，积累教学经验。

第二，系统的教育教学理论学习：高校教师大多是本专业领域内的优秀人才，虽然入校有教师资格证的培训和考试，但是教师资格考试是从事教师的合格标准，要想在同行中脱颖而出，其应积极参加教师发展的相关培训和会议交流，多研读教改专著和文章，不断学习新的教育教学理论和教学方法，并将之应用于自己的学科专业教学中，拓宽自己的教学思路。

第三，严格的教学竞赛打磨：近年来，高校越来越重视各级各类教学竞赛。教学竞赛以锤炼教学基本功为出发点，重点考察教师的师德修养、综合素质、专业水平和创新能力，发挥了以赛代训、以赛促建的重要作用。教师积极参与教学竞赛，有更多机会收到专家的深度评价和建议，其可结合意见对自己的教学实践进行集中反思和改进，不断提升和突破自己的教学水平。

第四，用科研的态度去研究教学：高校教师要将教学看作是一项科研项目，确立教学目标，研究教学思路，精心设计教学方法和手段，进行必要的实证或反思，不断探索新的教学理念、方法和手段，推动教学的创新和发展；同时，关注教育领域的最新动态和研究成果，将新的教育理念和技术引入到教学中，提高教学效果和质量。总之，高校教师要将科研的严谨性、创新性和系统性引入到教学过程中，像做科研一样去设计教学、实践教学，不断提升教学的质量和效果。

（二）教学成果凝练

教学成果凝练是将教师在教学实践和学术研究中取得的经验和成果进行提炼和总结的过程。教学成果凝练的形式多种多样，可以是教学论文、教学案例、教学课件、微课视频、教学软件、教学改革项目、教学成果奖，等等。这些成果不仅体现了教师的教学水平和研究能力，也为同行提供了可借鉴的经验和启示。这需要教师对自己的教学实践进行深入反思，挖掘其中的创新点和亮点，并将其转化为具有推广价值的成果。

我们仔细观察不难发现，参加教学竞赛并获奖的教师，一部分止步教学竞赛，而有一部分教师将自己在教学竞赛或教学实践中的经验、创新点和亮点进行总结和提炼，通过发表论文、申请教改项目、开展培训讲座等方式，形成具有推广价值的成果。这些成果不仅有助于提升教师个人声誉和影响力，还能为其他教师提供可借鉴的经验。通常意义上而言，教学成果凝练可以划分为以下几方面：

首先，基础层次的凝练聚焦于教学实践中的具体经验和问题。这包括教师在日常教学中所遇到的各种情况，以及如何解决这些问题的过程和方法。这一层次的凝练主要强调对教学实践的直接反思和总结，提炼出具有实用性的教学经验和策略。

其次，中级层次的凝练关注于教学方法和策略的创新与整合。教师在基础层次的经验基础上，进一步探索更有效的教学方法，或者将多种教学方法进行有机整合，以适应不同学生的学习需求和特点。这一层次的凝练注重方法的创新性和实效性，旨在提高教学效果和学习体验。

再次，高级层次的凝练涉及教学理念的升华和教学模式的构建。教师在长期的教学实践中，逐渐形成了自己的教学理念，并构建了相应的教学模式。这一层次的凝练强调对教学的深入理解和独特见解，旨在推动教学的整体改革和创新。

最后，最高层次的凝练则是对教学学术的贡献和引领。教师在教学成果的凝练过程中，不仅关注教学实践的改进，还致力于教学学术的研究和探索。他们的成果不仅具有实践价值，还具有一定的学术影响力，能够推动教学学术的发展和创新。

【本章小结】

本章详细介绍了目前高校常见的教学竞赛，并从教学节段、教学设计、课件制作、视频录制等角度分析了教学竞赛的备赛技巧，深入探讨了教学竞赛和教学学术在高等教育中对教学积累的促进作用，二者共同推动着教学质量提升和教师专业发展。教学学术通过系统化研究和反思，帮助教师提升教学的科学性和有效性，同时推动教育变革和社会发展。科研对教学的反哺和教学成果的凝练是教学学术的重要体现，二者共同促进了教师的专业成长和教育事业的创新发展。通过教学学术的积累与传播，教师不仅实现了自身价值，也为教育领域注入了持续的动力与活力。在未来的教育改革中，教学学术将继续发挥其重要作用，推动教育体系的完善与创新。

表 10-5　青年教师教学竞赛评审标准

项目		评测要求	分值
教学设计方案 （20分）	教学设计方案 （20分）	全面贯彻党的教育方针，坚持以习近平新时代中国特色社会主义思想为指导，落实立德树人根本任务。	2分
		符合教学大纲，内容充实，反映学科前沿。	4分
		教学目标明确、思路清晰。	4分
		准确把握课程的重点和难点，针对性强。	4分
		教学进程组织合理，方法手段运用恰当有效。	4分
		文字表达准确、简洁，阐述清楚。	2分
课堂教学 （75分）	教学内容 （30分）	全面贯彻党的教育方针，坚持以习近平新时代中国特色社会主义思想为指导，落实立德树人根本任务。	6分
		理论联系实际，符合学生的特点。	6分
		注重学术性，内容充实，信息量充分，渗透专业思想，为教学目标服务。	6分
		反映或联系学科发展新思想、新概念、新成果。	3分
		重点突出，条理清楚，内容承前启后，循序渐进。	9分
	教学组织 （30分）	教学过程安排合理，方法运用灵活、恰当，教学设计方案体现完整。	10分
		启发性强，能有效调动学生思维和学习积极性。	10分
		教学时间安排合理，课堂应变能力强。	3分
		熟练、有效地运用多媒体等现代教学手段。	4分
		板书设计与教学内容紧密联系、结构合理，板书与多媒体相配合，简洁、工整、美观、大小适当。	3分
	语言教态 （10分）	普通话讲课，语言清晰、流畅、准确、生动，语速节奏恰当。	5分
		肢体语言运用合理、恰当，教态自然大方。	3分
		教态仪表自然得体，精神饱满，亲和力强。	2分
	教学特色 （5分）	教学理念先进、风格突出、感染力强、教学效果好。	5分
教学反思 （5分）	教学反思 （5分）	从教学理念、教学方法、教学过程三方面着手，做到实事求是、思路清晰、观点明确、文理通顺，有感而发。	5分
总分			100分

表 10-6 高校教师教学创新大赛评审标准

评价内容	评价维度	评价要点
课堂教学实录视频评分表（40分）	教学理念	教学理念体现"以学为中心"的教育理念，体现立德树人思想，符合学科特色与课程要求；以"四新"建设为引领，推动教育教学改革，提高人才培养能力。
	教学内容	教学内容有深度、广度，体现高阶性、创新性与挑战度；反映学科前沿，渗透专业思想，使用质量高的教学资源；充分体现"四新"建设的理念和成果。
		教学内容满足行业与社会需求，教学重、难点处理恰当，关注学生已有知识和经验，教学内容具有科学性。
	课程思政	落实立德树人根本任务，将价值塑造、知识传授和能力培养融为一体，显性教育与隐性教育相统一，实现"三全育人"。
		结合所授课程特点、思维方法和价值理念，深挖课程思政元素，并有机融入课程教学。
	教学过程	注重以学生为中心创新教学，体现教师主导、学生主体。
		教学目标科学、准确，符合大纲要求、学科特点与学生实际，体现对知识、能力与思维等方面的要求。
		教学组织有序，教学过程安排合理；创新教学方法与策略，注重教学互动，启发学生思考及问题解决。
		以信息技术创设教学环境，支持教学创新。
		创新考核评价的内容和方式，注重形成性评价与生成性问题的解决和应用。
	教学效果	课堂讲授富有吸引力，课堂气氛融洽，学生思维活跃，深度参与课堂。
		学生知识、能力与思维得到发展，实现教学目标的达成。
		形成适合学科特色、学生特点的教学模式，具有较大借鉴和推广价值。
	视频质量	教学视频清晰、流畅，能客观、真实反映教师和学生的教学过程常态。

表10-6(续)

评价内容	评价维度	评价要点
教学创新成果报告评分表(20分)	有明确的问题导向	立足于课堂教学真实问题,能体现"以学生发展为中心"的理念,提出解决问题的思路与方案。
	有明显的创新特色	把"四新"建设要求贯穿到教学过程中,对教学目标、内容、方法、活动、评价等教学过程各环节分析全面、透彻,能够凸显教学创新点。
	体现课程思政特色	概述在课程思政建设方面的特色、亮点和创新点,形成可供借鉴推广的经验做法。
	关注技术应用于教学	能够把握新时代下学生学习特点,充分利用现代信息技术开展课程教学活动和学习评价。
	注重创新成果的辐射	能够对创新实践成效开展基于证据的有效分析与总结,形成具有较强辐射推广价值的教学新方法、新模式。
教学设计创新汇报评分表(40分)	理念与目标	课程设计体现"以学生发展为中心"的理念,教学目标符合学科特点和学生实际;在各自学科领域推进"四新"建设,带动教学模式创新;体现对知识、能力与思维等方面的要求。教学目标清楚、具体,易于理解,便于实施,行为动词使用正确,阐述规范。
	内容分析	教学内容前后知识点关系、地位、作用描述准确,重点、难点分析清楚。
		能够将教学内容与学科研究新进展、实践发展新经验、社会需求新变化相联系。
	学情分析	学生认知特点和起点水平表述恰当,学习习惯和能力分析合理。
	课程思政	将思想政治教育与专业教育有机融合,引用典型教学案例举例说明,具有示范作用和推广价值。
	过程与方法	教学活动丰富多样,能体现各等级水平的知识、技能和情感价值目标。
		能创造性地使用教材,内容充实精要,适合学生水平;结构合理,过渡自然,便于操作;理论联系实际,启发学生思考及问题解决。
		能根据课程特点,用创新的教学策略、方法、技术解决课堂中存在的各种问题和困难;教学重点突出,难点把握准确。
		合理选择与应用信息技术,创设教学环境,关注师生、生生互动,强调自主、合作、探究的学习。

表10-6(续)

评价内容	评价维度	评价要点
教学设计创新汇报评分表（40分）	考评与反馈	采用多元评价方法，合理评价学生知识、能力与思维的发展。
		过程性评价与终结性评价相结合，有适合学科、学生特点的评价规则与标准。
	文档规范	文字、符号、单位和公式符合标准规范；语言简洁、明了，字体、图表运用适当；文档结构完整，布局合理，格式美观。
	设计创新	教学方案的整体设计富有创新性，能体现高校教学理念和要求；教学方法选择适当，教学过程设计有突出的特色。

表 10-7 "课程思政"教学竞赛暨优秀教案评选评分表

内容	维度	评分参考要点	分值
教案设计和教学资源（50分）	教学目标	(1) 全面贯彻党的教育方针，坚持以习近平新时代中国特色社会主义思想为指导，落实立德树人根本任务，全面提升课程思政铸魂育人功能，引导学生树立共产主义远大理想和中国特色社会主义共同理想，坚定"四个自信"，厚植爱国主义情怀，把爱国情、强国志、报国行自觉融入全面建成社会主义现代化强国、实现中华民族伟大复兴的奋斗之中。 (2) 根据教学大纲，能够从知识技能、学习态度与价值观等方面设定教学目标，且目标明确、思路清晰。同时以专业知识为载体，加强学生思想政治教育，激发学生认知、情感和行为的认同，实现知识传授和价值引领相统一、教书与育人相统一。让课堂主渠道功能实现最大化。	6
	学情分析	根据学生的实际情况，列出学生的认知特征、起点水平和情感态度准备情况、信息技术技能等，对可能出现的情况进行教学预测并有解决预案。	4
	教学内容	(1) 结合学科独特优势和资源，有机融入习近平新时代中国特色社会主义思想，有机融入党史、新中国史、改革开放史、社会主义发展史等内容。 (2) 符合教学大纲，内容充实，知识体系完善，反映学科前沿，符合学生认知规律。 (3) 深度挖掘专业知识体系中所蕴含的思想价值和精神内涵，在教学内容中融入爱国情怀、法治意识、社会责任、人文精神、仁爱之心等要素。 (4) 能有效引导学生形成实事求是的科学态度，不断提高科学思维能力，增强分析问题、解决问题的实践本领。	13

表10-7(续)

内容	维度	评分参考要点	分值
教案设计和教学资源（50分）	教学方法	（1）注重讲道理与讲故事相结合，抽象概念与生动案例相结合，显性表述与隐性渗透相结合。 （2）采用系统学习和理论阐释的方式，运用理论与实践、历史与现实相结合的方法。 （3）依据不同学科特点，结合各学科独特优势和资源，实现思政元素的有机融入，做到思想内涵充分阐释，学习要求循序渐进、螺旋上升。 （4）能依据专业特点、教学内容和学生特征有效使用上述教学方法，且注重多种教学方法的优化组合。	13
	教学评价	教学效果的测量和评价方法得当，体现形成性评价的要素。	3
	教学安排	（1）准确把握课程的重点和难点，针对性强。 （2）教学进度安排合理，方法手段运用恰当有效。	2
	教学资源内容	（1）严格按照教材选用规定，并根据课程内容和学生特点科学、合理选用授课教材，拓展高质量的学生学习资源。 （2）课程实施方案、演示文稿、案例库等经过精心设计和制作，体现现代教育思想，课程思政相关内容，符合教育教学规律，及时反映学科最新发展成果和教改教研成果，具有思想性、科学性、实践性、先进性、创新性、扩展性。 （3）课程基本资源系统完整，能反映本课程教学理念、教学思想、教学设计。	7
	其他方面	（1）文字表达准确、简洁，阐述清楚。 （2）细节考虑充分，指导教学操作性强。 （3）有鲜明特色，有一定的创新之处。	2
课堂教学演示（50分）	思政特色	（1）全面贯彻党的教育方针，有机融入习近平新时代中国特色社会主义思想，落实立德树人根本任务，有机融入党史、新中国史、改革开放史、社会主义发展史等内容。 （2）有机融入爱国情怀、法治意识、社会责任、人文精神、仁爱之心等要素。 （3）引导学生树立共产主义远大理想和中国特色社会主义共同理想，坚定"四个自信"，厚植爱国主义情怀。 （4）增强学生责任感、使命感，将个人追求融入国家富强、民族振兴、人民幸福的伟大梦想之中。	15

表10-7(续)

内容	维度	评分参考要点	分值
课堂教学 演示 (50分)	教学 内容	(1) 贯彻立德树人的具体要求，突出课题德育，深度挖掘专业知识体系中所蕴含的思想价值和精神内涵。 (2) 符合教学大纲，内容充实，重点突出，条理清楚，承前启后，循序渐进，符合学生认知规律。 (3) 知识体系完善，结合学科独特优势和资源，反映或联系学科发展新思想、新概念、新成果。 (4) 理论联系实际，能有效引导学生形成实事求是的科学态度，不断提高科学思维能力，增强分析问题、解决问题的实践本领。	15
	教学 组织	(1) 能有效发挥教师主导作用和学生主体地位，有效调动学生思维和学习积极性，有利于教学目标实现。 (2) 注重将思想价值引领贯穿于课程全过程，实现专业知识与思政元素深度融合。 (3) 教学过程安排合理，自然流畅，方法运用灵活、恰当，教学设计方案体现完整。 (4) 教师对整个课堂的掌控能力和应变能力强。 (5) 熟练、有效地运用多媒体等现代教学手段，板书设计与多媒体相配合，简洁、工整、美观、大小适当。	15
	语言 教态	普通话讲课，语言清晰、流畅、准确、生动，语速节奏恰当；肢体语言运用合理、恰当，教态仪表自然得体，精神饱满，亲和力强。	5
合计			100

参考文献

[1] 黎莉. 谈谈高校教师的教学学术 [J]. 南方医学教育，2020，(2).

[2] 陈明，欧阳光华. 从分裂走向联合：论教学学术何以生成：一个新的教学学术概念框架 [J]. 江苏高教，2023，(3).

[3] 周川. 教学学术的实践属性及其可能的误区 [J]. 江苏高教，2023，(3).

[4] 郑清浩. 高等教育教学改革发展与教学成果培育分析 [J]. 黑龙江科学，2022，(19).

［5］胡凤霞. 高校教师教学与科研一体化发展策略研究 ［J］. 中国成人教育，2022，（20）.

［6］陈晨. 大学教师"教学与科研"活动的行动逻辑：差异化的选择策略 ［J］. 现代大学教育，2020，（1）.

［7］杨燕英，刘燕，周湘林. 高校教学与科研互动：问题、归因及对策 ［J］. 教育研究，2011，（8）.

［8］沈岑砚，黄明东. 教学与科研融合：高校可持续发展的应然选择 ［J］. 中国人民大学教育学刊，2022，（2）.

［9］相龙伟，邓帆. 浅谈高校教学与科研的融合发展 ［J］. 科教导刊，2022，（17）.

［10］于洁. 如何实现大学教学与科研并重：一个研究框架的构建 ［J］. 北京师范大学学报（社会科学版），2019，（4）.